Sarah Köhlmann

Die Abbildung von nuklearen Entsorgungsverpflichtungen in IFRS-Abschlüssen

GABLER EDITION WISSENSCHAFT

Sarah Köhlmann

Die Abbildung von nuklearen Entsorgungs-verpflichtungen in IFRS-Abschlüssen

Eine Analyse der Bilanzierung, Offenlegung und Prüfung

Mit einem Geleitwort von Prof. Dr. Franz Jürgen Marx

GABLER EDITION WISSENSCHAFT

Bibliografische Information Der Deutschen Nationalbibliothek
Die Deutsche Nationalbibliothek verzeichnet diese Publikation in der Deutschen Nationalbibliografie; detaillierte bibliografische Daten sind im Internet über <http://dnb.d-nb.de> abrufbar.

Dissertation Universität Bremen, 2007

1. Auflage 2008

Lektorat: Frauke Schindler / Sabine Schöller

Der Gabler Verlag ist ein Unternehmen von Springer Science+Business Media.
www.gabler.de

Umschlaggestaltung: Regine Zimmer, Dipl.-Designerin, Frankfurt/Main
Gedruckt auf säurefreiem und chlorfrei gebleichtem Papier

ISBN 978-3-8349-0942-8

Geleitwort

Nukleare Entsorgungsverpflichtungen stellen einen besonderen, hochaktuellen und in vielen Dimensionen zu analysierenden Problembereich dar. Nimmt man die unternehmerische Perspektive ein, so sind einerseits im Zeitverlauf sich verändernde technische und rechtliche Rahmenbedingungen und Bewertungen zu konstatieren, andererseits ist rechtzeitig und angemessen finanzielle Vorsorge in beachtlichem Umfang zu leisten. Die Verpflichtungen aus diesem zeitlich extensiven Dauersachverhalt sind im Jahresabschluss ordnungsgemäß abzubilden und in einem für sachverständige Dritte angemessenen Umfang zu erläutern.

Sarah Köhlmann stellt mit ihrer Arbeit zunächst Bilanzierung, Offenlegung und Prüfung nuklearer Entsorgungsverpflichtungen problemorientiert dar, um anschließend bestehende Regelungen des IASB im Hinblick auf ihre Vereinbarkeit mit den Zwecken der externen Rechnungslegung zu analysieren und zum Dritten Vorschläge für eine bessere finanzielle Berichterstattung zu entwickeln. Dabei nimmt sie eine ganzheitliche Sichtweise ein, die zum einen den Abbildungsprozess (Aufstellung, Feststellung, Offenlegung) umfasst, zum anderen aber auch die Prüfung durch den Abschlussprüfer mit einschließt. Das besondere Gestaltungsinteresse liegt in der Entwicklung einer ordnungsgemäßen und zweckadäquaten Abbildung nuklearer Entsorgungsverpflichtungen in IFRS-Abschlüssen.

Die Arbeit widmet sich sehr sorgfältig den Methoden des Fachs einer besonderen Materie, die bislang noch nicht Gegenstand einer geschlossenen, systematischen und ganzheitlichen Untersuchung war. Sie verdient besonderes Lob im Hinblick auf die deutliche Sachverhaltsorientierung im Sinne einer umfassenden Aufbereitung der einzelnen Bilanzierungsprobleme im Rahmen des zeitlich extensiven und mit großen Unsicherheiten behafteten Dauersachverhalts Entsorgungsverpflichtungen der Nuklearindustrie. Zum Teil sind die Ausführungen mit instruktiven Beispielen belegt und zeigen dem Leser sehr deutlich die Defizite der derzeitigen bilanziellen Lösungen auf. So deutet das vorgefundene breite Spektrum an Angaben über nukleare Entsorgungsverpflichtungen auf die Nutzung bestehender Gestaltungsspielräume hin.

Die Arbeit ist innovativ, gehaltvoll und anwendungsbezogen. Sie führt zu einem Empfehlungskatalog, der neben Ansatz-, Erst- und Folgebewertung die Offenlegung und die Prüfung nuklearer Entsorgungsverpflichtungen umfasst und über die Vereinheitlichung eine verbesserte Einblicknahme ermöglicht. Ich wünsche der Arbeit eine gute Verbreitung.

Prof. Dr. Franz Jürgen Marx

Vorwort

Die vorliegende Arbeit entstand während meiner Tätigkeit als wissenschaftliche Mitarbeiterin am Lehrstuhl für Betriebliche Steuerlehre und Wirtschaftsprüfung der Universität Bremen und wurde im Wintersemester 2007 vom Fachbereich Wirtschaftswissenschaft als Dissertation angenommen.

Meinem verehrten Doktorvater, Herrn Professor Dr. Franz Jürgen Marx, danke ich herzlichst für die wissenschaftliche Betreuung der Arbeit und für die Übernahme des Erstgutachtens. Seine wertvollen Anregungen, seine stete Zuversicht in das gute Gelingen der Arbeit und nicht zuletzt die von ihm gewährten großen Freiräume bei der Gestaltung dieses Projekts haben mir sehr geholfen und eine angenehme Arbeitsatmosphäre geschaffen. Herrn Professor Dr. Axel Sell danke ich für die Übernahme des Zweitgutachtens.

Ganz besonderer Dank gebührt Frau Ina Kronenberger, die mir jederzeit geduldig und hilfsbereit für alle Arten von Fragen zur Seite stand und die mich vor allem in der Endphase meines Dissertationsprojekts umfassend im Umgang mit der Textverarbeitung unterstützt hat. Ihre unübertroffene Hilfsbereitschaft sowie ihre wertvollen Hinweise und Informationen wusste ich mir jederzeit sehr zu schätzen. Ganz herzlich danke ich auch Herrn Dr. Christoph Löffler, der mir seine Erfahrungen zuteil werden ließ und mich mit gutem Rat und konstruktiver Kritik unterstützt hat. Der Bremer Gesellschaft für Wirtschaftsforschung e.V. danke ich herzlich für die finanzielle Unterstützung meines Promotions-Vorhabens.

Ein besonderes Dankeschön möchte ich Herrn Dr. Sven Weichert von E.ON aussprechen, der mir trotz seiner beruflichen Beanspruchung jederzeit mit seinen Erfahrungen und seinem Sachverstand zur Seite stand. Seine Diskussionsbereitschaft und seine umfassenden fachlichen Auskünfte haben mir gerade auch wegen der besonderen Materie der Nuklearenergie sehr geholfen. Seine wertvollen Anregungen haben in erheblichem Maße zu dem guten Gelingen meiner Arbeit beigetragen.

Der größte Dank gebührt jedoch meiner Familie, die mir durch vielfältige Unterstützung mein Dissertationsprojekt erst ermöglicht hat. Meinem Lebenspartner WP StB Leo Zander danke ich für sein großes Verständnis und seine vielfältige

Unterstützung. Mit seiner steten Diskussionsbereitschaft ist er mir eine große Stütze und Hilfe gewesen. Meisterlich verstand er es, mich in nicht selten stundenlangen Diskussionen stets wieder in die Realität zurückzuholen. Nicht zuletzt möchte ich ihm für die vielen „Babysitter-"Stunden herzlichst danken, mit denen er mir den Rücken freigehalten hat. Der größte Dank gebührt meinen lieben Eltern, die mir auf meinem bisherigen Lebensweg mit ihrer Herzensgüte und Wärme Kraft und Mut gegeben haben und mich stets mit großer Zuversicht in vielfältiger Weise gefördert und unterstützt haben.

Gewidmet ist diese Arbeit meiner wundervollen kleinen Tochter Uma.

Sarah Köhlmann

Inhaltsverzeichnis

D Offenlegung: Ableitung von Anforderungen an die Offenlegung von Abschlussinformationen über nukleare Entsorgungsverpflichtungen zur Verbesserung ihrer Entscheidungsnützlichkeit

Abbildungsverzeichnis

Abkürzungsverzeichnis

§	Paragraf
%	Prozent
A	
a. A.	anderer Auffassung
Abb.	Abbildung
ABlEU	Amtsblatt der Europäischen Union
Abs.	Absatz
Abschn.	Abschnitt
ADS	Adler/Düring/Schmaltz
a. F.	alte Fassung
AG	Aktiengesellschaft
AHK	Anschaffungs- oder Herstellungskosten
AK	Anschaffungskosten
AKW	Atomkraftwerk
AltfahrzeugV	Verordnung über die Überlassung, Rücknahme und umweltverträgliche Entsorgung von Altfahrzeugen (Altfahrzeug-Verordnung)
App.	Appendix
ARC	Asset Retirement Cost
Art.	Artikel
AS	Anlagespiegel
AtG	Gesetz über die friedliche Verwendung der Kernenergie und den Schutz gegen ihre Gefahren (Atomgesetz)
AtVfG	Verordnung über das Verfahren bei der Genehmigung von Anlagen nach § 7 des Atomgesetzes (Atomrechtliche Verfahrensordnung)
Atw	Internationale Zeitschrift für Kernenergie
Aufl.	Auflage
B	
BA	Betriebsabfälle
BB	Betriebs-Berater (Zeitschrift)
BBergG	Bundesberggesetz
BBK	Buchführung, Bilanzierung, Kostenrechnung (Zeitschrift)
BBodSchG	Gesetz zum Schutz vor schädlichen Bodenveränderungen und zur Sanierung von Altlasten (Bundes-Bodenschutzgesetz)
BC	Basis for Conclusions
BE	Brennelement

bearb.	bearbeitet
Bek.	Bekanntgabe
BfS	Bundesamt für Strahlenschutz
BFuP	Betriebswirtschaftliche Forschung und Praxis (Zeitschrift)
BGBl.	Bundesgesetzblatt
BGH	Bundesgerichtshof
BilReG	Gesetz zur Einführung internationaler Rechnungslegungsstandards und zur Sicherung der Qualität der Abschlussprüfung (Bilanzrechtsreformgesetz)
BImSchG	Gesetz zum Schutz vor schädlichen Umwelteinwirkungen durch Luftverunreinigungen, Geräusche, Erschütterungen und ähnliche Vorgänge (Bundes-Immissionsschutzgesetz)
BMF	Bundesminister(ium) der Finanzen
BMJ	Bundesministerium der Justiz
BMU	Bundesministerium für Umwelt, Naturschutz und Reaktorsicherheit
Bsp.	Beispiel
bspw.	beispielsweise
BuW	Betrieb und Wirtschaft (Zeitschrift)
bzgl.	bezüglich
bzw.	beziehungsweise

C

ca.	circa
CAG	Consultative Advisory Groups
CAPM	Capital Asset Pricing Model
CDC-C	Colis Standard des Déchets Compactes
cet. par.	ceteris paribus
CN	Cuxhavener Nachrichten (Tageszeitung)

D

D	Draft
d.	der, die, das, des
DB	Der Betrieb (Zeitschrift)
DBE	Deutsche Gesellschaft zum Bau und Betrieb von Endlagern für Abfallstoffe mbH
DDR	Deutsche Demokratische Republik
ders.	derselbe
d. h.	das heißt
dies.	dieselben
DIN	Deutsches Institut für Normung e. V.
DRS	Deutscher Rechnungslegungsstandard
DRSC	Deutsches Rechnungslegungs Standards Committee e. V.

DStR	Deutsches Steuerrecht (Zeitschrift)
DSWR	Datenverarbeitung, Steuer, Wirtschaft, Recht (Zeitschrift)
DWR	Druckwasserreaktor

E

ebd.	ebenda
ED	Exposure Draft
EG	Europäische Gemeinschaft(en)
EITF	Emerging Issues Task Force
ElektroG	Gesetz über das Inverkehrbringen, die Rücknahme und die umweltverträgliche Entsorgung von Elektro- und Elektronikgeräten (Elektro- und Elektronikgerätegesetz)
EnBW	Energie Baden-Württemberg (Unternehmen)
et	Energiewirtschaftliche Tagesfragen (Zeitschrift)
etc.	et cetera
EU	Europäische Union
EUR	Euro
e.V.	eingetragener Verein

F

f.	folgende (Seite)
F.	Framework
FASB	U.S. Financial Accounting Standards Board
FAZ	Frankfurter Allgemeine Zeitung (Tageszeitung)
FEE	Fédération des Experts Comptables Européens
ff.	fortfolgende
FIN	FASB Interpretation
Fn.	Fußnote
FN-IDW	Fachnachrichten des IDW
FoF	Forum of Firms
FS	Festschrift

G

GE	Geldeinheiten
gem.	gemäß
GewAbfV	Verordnung über die Entsorgung von gewerblichen Siedlungsabfällen und von bestimmten Bau- und Abbruch-Abfällen (Gewerbe-Abfallverordnung)
ggf.	gegebenenfalls
GGMS	Georg Gafron Media Service GmbH
GmbH	Gesellschaft mit beschränkter Haftung
GNS	Gesellschaft für Nuklear-Service mbH
GuV	Gewinn- und Verlustrechnung

GW	Gigawatt
GWh	Gigawattstunde

H

HAW	High Active Waste
HFA	Hauptfachausschuss des Instituts der Wirtschaftsprüfer in Deutschland e. V.
HGB	Handelsgesetzbuch
HK	Herstellungskosten
h. M.	herrschende Meinung
Hrsg.	Herausgeber
hrsg.	herausgegeben
hrsg. v.	herausgegeben von
HWB	Handwörterbuch der Betriebswirtschaft

I

IAASB	International Auditing and Assurance Standards Board
IAEA	Internationale Atomenergieorganisation
IAPS	International Auditing Practice Statements
IAS	International Accounting Standards
IASB	International Accounting Standards Board
IASCF	International Accounting Standards Committee Foundation
ICRP	Internationale Strahlenschutzkommission
i. d. F.	in der Fassung
i. d. R	in der Regel
IDW	Institut der Wirtschaftsprüfer in Deutschland e. V.
IDW-FN	IDW-Fachnachrichten (Zeitschrift)
IFAC	International Federation of Accountants
IFRIC	International Financial Reporting Interpretations Committee
IFRS	International Financial Reporting Standards
inkl.	inklusive
insbes.	Insbesondere
IOSCO	International Organization of Securities Commissions
i. S.	im Sinne
ISA	International Standards on Auditing
ISAE	International Standard on Assurance Engagements
i. S. v.	im Sinne von
i. V. m.	in Verbindung mit

K

KA	Konzernabschluss
Kg	Kilogramm
KKW	Kernkraftwerk

KoR	Kapitalmarktorientierte Rechnungslegung (Zeitschrift)
KrW-/AbfG	Gesetz zur Förderung der Kreislaufwirtschaft und Sicherung der umweltverträglichen Beseitigung von Abfällen (Kreislaufwirtschafts- und Abfallgesetz)
KTA	Kerntechnischer Ausschuss

L

Ltd.	Limited (company)

M

MD&A	Management Discussion and Analysis
Mio.	Million(en)
MOX	Mischoxid
Mrd.	Milliarde(n)
MW	Megawatt
MWe	Megawatt elektrisch

N

neg.	negativ
NIS	Nuklear-Ingenieur-Service GmbH
No.	Number
Nr.	Nummer
NWB	Neue Wirtschafts-Briefe (Zeitschrift)

O

o. V.	ohne Verfasserangabe

P

PIOB	Public Interest Oversight Board
PiR	Praxis der internationalen Rechnungslegung (Zeitschrift)
p.l.c.	public listed company
PS	Prüfungsstandard
PUREX	Plutonium-Uran-Recovery by Extraction
PwC	Price Waterhouse Coopers (Unternehmen)

R

R	Richtlinie
RBW	Restbuchwert
regelm.	regelmäßig
RiW	Recht der internationalen Wirtschaft (Zeitschrift)
RL	Rücklage
Rn.	Randnummer
RS	Stellungnahmen zur Rechnungslegung

Rz.	Randziffer

S

s.	siehe
S.	Seite(n)
SAV	Sachanlagevermögen
SFAC	Statement of Financial Accounting Concepts
SFAS	Statements of Financial Accounting Standards
SIC	Standing Interpretations Committee
SKB	Svensk Kärnbränslehantering AB (Unternehmen)
s. o.	siehe oben
sog.	so genannte(n)/(r)
Sp.	Spalte
sonst.	sonstiger
StbJb	Steuerberaterjahrbuch
StrlSchV	Verordnung über den Schutz vor Schäden durch ionisierende Strahlen (Strahlenschutzverordnung)
StuB	Steuern und Bilanzen (Zeitschrift)
StuW	Steuer und Wirtschaft (Zeitschrift)
SWR	Siedewasserreaktor

T

TA	Technische Anleitung
Tab.	Tabelle
TAC	Transnational Auditors Committee
TEUR	Tausend Euro
Tsd.	Tausend
Tz.	Textziffer

U

u.	und
u. a.	und andere
u. Ä.	und Ähnliches
UmwHG	Umwelthaftungsgesetz (UmweltHG)
UN	Unternehmen
unregelm.	unregelmäßig
US	United States
USA	United States of America
USD	United States Dollar
US-GAAP	United States Generally Accepted Accounting Principles
UVPG	Gesetz über die Umweltverträglichkeitsprüfung

V

v.	vom/von
v. a.	vor allem
VDEW	Vereinigung Deutscher Elektrizitätswerke
VDI	Verein Deutscher Ingenieure
Verf.	Verfasser(in)
VerpackV	Verpackungsverordnung über die Vermeidung und Verwertung von Verpackungsabfällen (Verpackungsverordnung)
VFE-Lage	Vermögens-, Finanz- und Ertragslage
VG	Vermögensgegenstand
vgl.	vergleiche

W

wg.	wegen
WiSt	Wirtschaftswissenschaftliches Studium (Zeitschrift)
WISU	Das Wirtschaftsstudium (Zeitschrift)
WP	Wirtschaftsprüfer
WPg	Die Wirtschaftsprüfung (Zeitschrift)
WPK	Wirtschaftsprüferkammer
WPO	Wirtschaftsprüferordnung

Z

z. B.	zum Beispiel
ZfB	Zeitschrift für Betriebswirtschaft (Zeitschrift)
ZfbF	Zeitschrift für Betriebswirtschaftliche Forschung (Zeitschrift)
zzgl.	zuzüglich

A Einleitung

1 Ausgangslage und Problemstellung der Untersuchung

Die vier großen Energieversorgungsunternehmen in Deutschland weisen im Abschlussjahr 2006 zusammen rund EUR 28 Mrd. als Rückstellungen für die Entsorgung von radioaktiven Abfällen und den Rückbau stillgelegter Kernkraftwerke aus.[1] In den Abschlüssen der einzelnen Unternehmen stellen diese Rückstellungen den größten Einzelposten innerhalb der sonstigen Rückstellungen dar.[2] Durch die Größenordnung und die ausgeprägte Unsicherheit des zu erwartenden Finanzbedarfs sowie die gesellschaftspolitische, sicherheitstechnische, rechtliche, ökologische und vor allem zeitliche Dimension und Tragweite der nuklearen Entsorgung ist den Entsorgungsverpflichtungen im Kernenergiebereich unter den Umweltschutzverpflichtungen eine exponierte Stellung einzuräumen.

Die aktuellen Diskussionen über einen möglichen „Ausstieg aus dem Atomausstieg" machen deutlich, dass die Stromerzeugung aus Atomkraft in Deutschland noch lange nicht der Vergangenheit angehören muss.[3] Während das Atomgesetz[4] von 1959 noch die Förderung der Kernenergie bezweckte, wird mit dem novellierten Gesetz[5] von 2002 die geordnete Beendigung der Kernenergienutzung angestrebt. Dies soll vor allem durch das Verbot von neuen Kernkraft-

---

[1] Vgl. Konzerngeschäftsberichte zum 31.12.2006 der E.ON AG (entspr. EUR 13.646 Mio.), RWE AG (entspr. EUR 8.834 Mio.), EnBW AG (entspr. EUR 4.533 Mio.) u. Vattenfall Europe AG (entspr. EUR 850 Mio.).

[2] Mit Ausnahme von Vattenfall Europe: im Abschlussjahr 2006 übersteigen die bergbaubedingten Rückstellungen die Rückstellungen für die Entsorgung im Kernenergiebereich um EUR 25 Mio. Im Vorjahr lagen die Rückstellungen bezogen auf den Kernenergiebereich um ca. EUR 57 Mio. über den bergbaubedingten Rückstellungen. Insofern stellen diese beiden Rückstellungsarten die größten Einzelposten innerhalb der sonstigen Rückstellungen im Konzernabschluss der Vattenfall Europe dar, so dass die Aussage durch diese Einschränkung nicht entkräftet wird.

[3] Zur Akzeptanz der Kernenergie in Deutschland in längerfristiger Perspektive vgl. Schulz, et 2006, H. 10, S. 34 ff. Vgl. auch Depenbrock, et 2006, H. 1/2, S. 6.

[4] Gesetz über die friedliche Verwendung der Kernenergie und den Schutz gegen ihre Gefahren (Atomgesetz - AtG) v. 23.12.1959, BGBl. I 1959, S. 814, neugefasst durch Bek. v. 15.7.1985, BGBl. I 1985, S. 1565, zuletzt geändert am 31.10.2006, BGBl. I 2006, S. 2407.

[5] Vgl. Gesetz zur geordneten Beendigung der Kernenergienutzung zur gewerblichen Erzeugung von Elektrizität v. 22.4.2002, in: Posser/Schmans/Müller-Dehn (2003), Anhang Nr. 1, S. 261-283.

werken[6] und die Laufzeitbegrenzung des bestehenden Kraftwerksparks durch die Zuordnung von Reststrommengen[7] auf die einzelnen Anlagen in Deutschland erreicht werden. Hiernach wird spätestens 2021 das letzte Kernkraftwerk in Deutschland seinen Betrieb eingestellt haben.[8] Vor dem Hintergrund der aktuellen Klimaschutzdiskussionen, die im Wesentlichen mit den Stichwörtern „Frage nach dem Energiemix und künftigen Kraftwerkspark in Deutschland"[9], „Reduzierung des CO_2-Ausstoßes in Deutschland"[10], „Ausbau regenerativer Energien"[11] umschrieben werden können, werden wieder intensive Debatten um den Atomausstieg, insbesondere auch in der Regierungskoalition, geführt.[12] Die Frage nach der Notwendigkeit von Atomenergie und der damit zusammenhängenden Verlängerung der Laufzeiten der Kernkraftwerke entgegen den Vereinbarungen zum Atomausstieg zwischen der Bundesregierung und den Stromversorgern in Deutschland wird regelmäßig von interessierten Kreisen aufgeworfen.[13] So sind denn auch die gestellten Anträge von RWE[14] und EnBW[15], alte Kernkraftwerke zulasten neuerer länger am Netz zu lassen, von der Hoffnung getrieben, veränderte politische Mehrheiten könnten nach der nächsten

6 Vgl. § 7 Abs. 1 S. 2 AtG.

7 Vgl. § 7 Abs. 1a S. 1 AtG i. V. m. Anlage 3 Spalte 2 AtG.

8 Nach dem derzeitigen Gesetzesstand haben die deutschen Kernkraftwerke eine Laufzeitbegrenzung auf 32 Jahre seit Inbetriebnahme. Da das jüngste Kraftwerk (Neckarwestheim II) 1989 ans Netz ging, ergibt sich ein theoretisches Enddatum von 2021 für den Atomausstieg. Vgl. Anlage 3 Spalte 3 AtG.

9 Vgl. unter vielen z. B. DPG-Physik, Klimaschutz und Energieversorgung, abrufbar unter: http://www.dpg-physik.de/info/broschueren/index.html.

10 Vgl. unter vielen z. B. BMU-FISI, CO_2-Minderung im Stromsektor, abrufbar unter: http://www.bmu.de/erneuerbare_energien/downloads/doc/35187.php, Ziesing, et 2007, H. 5, S. 80 ff. u. Erdmann, et 2007, H. 1/2, S. 92 ff.

11 Vgl. unter vielen z. B. BMU, Ausbau erneuerbarer Energien, abrufbar unter: http://www.bmu.de/erneuerbare_energien/downloads/doc/36550.php.

12 So ist kaum eine Debatte in Deutschland so brisant wie diejenige über die Zukunft von Klima und Energie und kaum ein anderes Politikfeld derart emotionalisiert wie die Energiepolitik; vgl. o. V., et 2007, H. 3, S. 43. Vgl. unter vielen z. B. zu den kontroversen Positionen zur Kernenergie in der Regierungskoalition Mihm, et 2007, H. 4, S. 6.

13 Vgl. unter vielen z. B. DPG-Physik, Klimaschutz und Energieversorgung, abrufbar unter: http://www.dpg-physik.de/info/broschueren/index.html, S. 65-71 u. S. 94 ff., Büscher, et 2006, H. 4, S. 30 f. Vgl. hierzu z. B. KTG, Pressemitteilungen, abrufbar unter: http://www.ktg.org/ktg/de/presse/aktuell.php?navid=8.

14 Vgl. RWE, Biblis A, abrufbar unter: http://www.rwe.com/generator.aspx/rwe-power-icw/biblis/language=de/id=373026/biblis.html.

15 Vgl. EnBW, Neckarwestheim I, abrufbar unter: http://www.enbw.com/content/de/der-_konzern/enbw/reststrommengenuebertragung/erlauerterung_argumente/index.jsp;-jsessionid=FD0D71E2555CBDB89DF44C2D929BC0F5.nbw05.

Bundestagswahl die Laufzeitbegrenzung der Kernkraftwerke in Deutschland vollständig kippen.[16]

Neben der grundsätzlichen Unklarheit über den zukünftigen Kernkraftwerksbetrieb in Deutschland bestehen vielfältige Imponderabilien, die mit dem Betrieb von Kernkraftwerken verbunden sind. So kann annähernd sicher beurteilt werden, welche Kraftwerke von heute an bis zum Jahr 2021 ihren Betrieb einstellen werden, weil sie dann ihre wirtschaftliche Laufzeit überschritten haben. Unbekannt ist hingegen die Laufzeit der einzelnen Kernkraftwerke, die auf 32 Jahre im Durchschnitt begrenzt wurde und auf 40 und mehr Jahre verlängert werden könnte. Darüber hinaus ist vor allem auch die Entsorgung der nuklearen Abfälle seit Jahrzehnten ungeklärt und umstritten. Während das für schwach- und mittelradioaktive Abfälle vorgesehene Endlager „Schacht Konrad" nach fast zwanzigjährigem Prüfverfahren nunmehr behördlich genehmigt worden ist, sind die Erkundungen in Gorleben, ob sich der Salzstock als Endlager für hochradioaktive Abfälle eignet, wieder eingestellt worden. Die Zielsetzung ist dabei, in Deutschland ein zentrales Endlager für hochradioaktive Abfälle spätestens ab 2030 zur Verfügung zu stellen.[17]

Weitere wesentliche Unsicherheiten resultieren insbesondere aus der Langfristigkeit der Entsorgungsverpflichtungen im Kernenergiebereich. Die Möglichkeiten und Kosten der nuklearen Entsorgung sind neben den allgemeinen Marktbedingungen ganz wesentlich durch die technischen und rechtlichen Rahmenbedingungen[18] determiniert. Grundsätzlich ist davon auszugehen, dass die künftigen Entsorgungskosten zeitlich nicht auf die Betriebszeit der Kernkraftwerke (also längstens bis zum Jahr 2021) begrenzt sind, sondern weit darüber hinaus anfallen werden. Unter Zugrundelegung einer bis zu siebenjährigen Nachbetriebszeit, einem bis zu mehrere Jahrzehnten dauernden Sicheren Einschluss und einer anschließenden etwa zehnjährigen Rückbauphase sowie einer zeitlich begrenzten Verfügbarkeit der voraussichtlichen Endlagerstandorte werden nukleare Entsorgungskosten noch im Jahr 2080 anfallen.[19] Zusammenfassend ist daher für die Zukunft in Deutschland weiterhin von einem hohen wirtschaftlichen

---

16 Vgl. Depenbrock, et 2006, H. 1/2, S. 6.

17 Vgl. BMU, Pressemitteilungen zur Endlagerung radioaktiver Abfälle, abrufbar unter: http://www.bmu.de/pressemitteilungen/aktuelle_pressemitteilungen/doc/20334.php?.

18 Vgl. z. B. BfS, Stilllegung I, abrufbar unter: http://www.bfs.de/kerntechnik/stilllegung.

19 Vgl. z. B. Konzernanhang der RWE AG, Konzerngeschäftsbericht zum 31.12.2006, S. 155.

Stellenwert der Atomenergie und damit auch der mit ihr verbundenen Entsorgungsfragen auszugehen.

Die Situation um die Nutzung der Atomenergie stellt sich im Ausland gänzlich anders dar. Während in Deutschland mit der Novellierung des Atomgesetzes und der zeitlichen Begrenzung einer Wiederaufarbeitung abgebrannter Brennelemente bis zum 30.6.2005[20] der Ausstieg aus der Atomenergie eingeleitet worden ist, befindet sich die Stromerzeugung aus Kernkraft international hingegen in einem deutlichen Aufschwung.[21] In den USA beispielsweise sollen allein bis zum Jahr 2015 zwölf bis fünfzehn neue Kernkraftwerke entstehen, und auch Großbritannien, die Niederlande, die Schweiz, die Tschechische Republik, Polen sowie die baltischen Staaten denken über den Neubau von Kernkraftwerken nach. In Schweden und den Niederlanden sollen die Laufzeiten bestehender Kernkraftwerke auf 60 Jahre erhöht, in anderen Ländern bereits abgeschaltete Anlagen, wie zum Beispiel in Kanada, wieder in Betrieb genommen werden. Im Gegensatz zu Deutschland wird in Staaten wie Frankreich, USA, Südafrika oder China massiv in die Forschungsarbeit zur Entwicklung neuer Reaktortypen und Sicherheitstechniken investiert.[22] Das Plädoyer von Befürwortern der Atomenergie aus Wirtschaft, Wissenschaft und Politik für eine Neuregelung der Laufzeiten von deutschen Kernkraftwerken ist auch vor diesem Hintergrund zu sehen.[23]

Trotz der hohen wirtschaftlichen Bedeutung der nuklearen Entsorgungsverpflichtungen – wenn auch nur für einige Unternehmen –[24] sieht der IASB bis-

20 Vgl. § 9a Abs. 1 AtG.

21 Zurzeit werden 23 Anlagen in zehn Staaten gebaut. Darüber hinaus befinden sich weltweit 38 weitere Reaktorblöcke bis etwa zum Jahr 2020 in Planung. Vgl. Georg Gafron Media Service GmbH, FAZ-Beilage v. 30.4.2006, S. 1.

22 Vgl. ebd., S. 1.

23 Es darf auch nicht vernachlässigt werden, dass die großen Energieversorger in Deutschland international agierende Energiekonzerne darstellen, die über die Grenzen Deutschlands hinaus Kernkraftwerke planen, bauen und betreiben. Jüngst plante beispielsweise E.ON den Bau eines Kernkraftwerks in Finnland und in England. Hieraus resultieren ebenfalls hohe nukleare Entsorgungskosten. Vgl. E.ON, Bau eines Kernkraftwerks in Finnland und England, abrufbar unter: http://www.eon-energie.com/pages/eea_de/-Presse/Reden_und_Praesentationen/_documents/070626_Rede_JPK_Maubach_de.pdf.

24 Gleichwohl betreffen Verpflichtungen zur Demontage und Entsorgung von Vermögenswerten nicht nur die Energieversorgungswirtschaft. Vielmehr treten diese Verpflichtungen z. B. auch im Bergbau (Rekultivierung im Steinkohlebergbau), bei der Erdöl- und Erdgasförderung (Entfernung einer Bohrinsel), in der Immobilienwirtschaft (Abbruch von Mietereinbauten) oder auch in der Telekommunikationsbranche (Entfernung von Sendemasten) auf.

her für die Bilanzierung und Offenlegung von Entsorgungsverpflichtungen keinen eigenständigen Rechnungslegungsstandard vor,[25] so dass die bilanzielle Abbildung von nuklearen Entsorgungsverpflichtungen und ihre Berichterstattung in IFRS-Abschlüssen aus den allgemeinen Regelungen des IAS 37: Provisions, Contingent Liabilities and Contingent Assets und des IAS 16: Property, Plant and Equipment abgeleitet werden muss. Für Rückbau- und Wiederherstellungsverpflichtungen ist im Jahre 1998 im Zuge einer Überarbeitung des IAS 16 mit IAS 16.16c die zentrale Regelung zur Aktivierung derartiger Verpflichtungen in das IFRS-Normsystem aufgenommen worden. Durch das Improvements Project ist zudem mit IAS 16.18 eine separate Ansatzvorschrift für diese Kosten hinzugekommen. Darüber hinaus hat sich der Standardsetter mit der Entwicklung von IFRIC 1: Changes in Existing Decommissioning, Restoration and Similar Liabilities vom 27.5.2004 und IFRIC 5: Rights to Interests arising from Decommissioning, Restoration and Environmental Rehabilitation Funds vom 16.12.2004 den Folgeproblemen, die sich aus der Umsetzung des Konzepts der erfolgsneutralen Passivierung einer Vollrückstellung zur Abbildung von Rückbau- und Wiederherstellungsverpflichtungen in einem IFRS-Abschluss ergeben, angenommen und versucht, weitere Zweifelsfragen bei der Bilanzierung derartiger Verpflichtungen zu regeln.[26]

Aus Sicht des Abschlusserstellers stellt sich damit die derzeitige Bilanzierung und Offenlegung von nuklearen Entsorgungsverpflichtungen in IFRS-Abschlüssen als ein mit einer Vielzahl von Unsicherheiten und Rechtsunklarheiten behafteter Rechnungslegungsbereich dar. Diese Rechtsunsicherheiten können vor allem den Wertansatz dieser Verpflichtungen maßgeblich beeinflussen und

25 Die US-GAAP hingegen enthalten mit SFAS 143 „Accounting for Asset Retirement Obligations" einen eigenen Standard für die Bilanzierung von Zahlungsverpflichtungen, die aus der zukünftigen Stilllegung oder dem sonstigen Abgang von Gegenständen des Sachanlagevermögens resultieren. Das FASB hat zudem im März 2005 die FASB Interpretation No. 47 „Accounting for Conditional Asset Retirement Obligations" (FIN 47) herausgegeben, mit welcher festgelegt wird, dass der Verkehrswert einer Verbindlichkeit für rechtlich bereits entstandene Entsorgungs-, Wiederherstellungs- oder ähnliche Verpflichtungen selbst dann angesetzt werden muss, wenn die Inanspruchnahme aus der Verpflichtung noch von einem zukünftigen Ereignis abhängt.

26 IFRIC 1 enthält Leitlinien für die Bilanzierung von Schätz- bzw. Parameteränderungen von Entsorgungs-, Rekultivierungs- und ähnlichen Verpflichtungen, die sowohl nach IAS 16 aktiviert als auch nach IAS 37 passiviert wurden. Vgl. hierzu Kümpel, DStR 2004, S. 1227 ff. u. Basche/Nölte, KoR 2004, S. 37. IFRIC 5 regelt die Bilanzierung von Ansprüchen des bilanzierenden Unternehmens gegen so genannte Entsorgungsfonds. Vgl. z. B. KPMG (2006), S. 150 f.

aus Sicht des Abschlussadressaten den True-and-Fair-View im Sinne eines transparenten, vollständigen, verständlichen sowie vergleichbaren Einblicks in die künftigen finanziellen Belastungen des Unternehmens wesentlich erschweren. Hinzu kommt, dass Regelungslücken und unklare Rechtsbegriffe bilanzpolitisch motivierte Abschlussgestaltungen des rechnungslegenden Unternehmens begünstigen und dass darüber hinaus gerade auch die Bilanzierung von Rückstellungen in hohem Maße vom subjektiven Ermessen sowie von Schätzungen des Abschlusserstellers geprägt ist.[27]

Schließlich stellt der Regelungsbereich der Rückstellungen für ungewisse Verbindlichkeiten unabhängig von den die nuklearen Entsorgungsverpflichtungen kennzeichnenden gravierenden Unsicherheiten bereits im Grundsatz nach wie vor ein gewaltiges Diskussions- und Konfliktpotenzial[28] dar. Die jüngsten Vorschläge zur Novellierung der Rückstellungsbilanzierung nach IAS 37, die mit dem neuen Standardentwurf ED IAS 37 konkretisiert werden,[29] sowie die vielfältige Kritik an diesem Entwurf verdeutlichen, dass dieser Rechnungslegungsbereich auch auf der internationalen Ebene regelmäßig Fragen nach Rechtsklarheit und -sicherheit aufwirft.[30]

---

27 Vgl. unter vielen z. B. Pellens/Fülbier/Gassen (2006), S. 405, Wohlgemuth (2007), S. 283-302 u. Tanski (2006), S. 119. Moxter wies bereits auf die Unschärfe und Lückenhaftigkeit des IAS 37 hin, der „meilenweit entfernt" von „Rechtsklarheit und Rechtssicherheit" sei. Moxter, BB 1999, S. 525.

28 Vgl. in diesem Sinne v. a. Fatouros, DB 2005, S. 117 ff., Moxter, DStR 2004, S. 1057 u. ders., zfbf 1995, S. 311 ff. Jüngst z. B. auch Herzig/Gellrich, WPg 2006, S. 505. Denn gerade die Rückstellungen stellen einen Bilanzposten dar, „der mit höheren Unsicherheiten als die meisten anderen Bilanzpositionen behaftet ist." Kümpel, b&b 2005, S. 269.

29 Vgl. IASB, ED IAS 37, abrufbar unter: http://www.iasb.org/NR/rdonlyres/1CFBC1A8-50F1-4BF3-9A33-579F849560C8/0/EDAmendstoIAS37.pdf.

30 ED IAS 37 konnte bis zum 28.10.2005 kommentiert werden. Angesichts der heftigen Kritik am ED hat das Board im Februar 2006 eine sog. Redeliberation Phase ausgerufen und beschlossen, wesentliche Aspekte der Änderungen erneut zu diskutieren und hierzu im Herbst 2006 Roundtable-Gespräche mit interessierten Parteien zu führen. Bisher wurden fünf Rountables durchgeführt. Zum jetzigen Zeitpunkt sind weiterhin wichtige Punkte ungeklärt, so dass ein endgültiger rückstellungsregelnder Standard erst für Ende 2008 oder Anfang 2009 erwartet wird. Vgl. IASB, Projektstatus Liabilities, abrufbar unter: http://www.iasb.org/Current+Projects/IASB+Projects/Liabilities/Liabilities.htm. Zu den in den Comment Letters zum ED IAS 37 vorgebrachten kritischen Positionen vgl. Wielenberg/Blecher/Puchala, KoR 2007, S. 453 ff. Kritisch zu den Änderungsvorschlägen v. a. Hommel/Wich, WPg 2007, S. 509 ff., Herzig/Gellrich, WPg 2006, S. 505 ff., Kühne, KoR 2006, S. 171 ff., Fladt, WPg 2006, S. 274 ff., Kühne/Nerlich, BB 2005, S. 1839 ff., Wüstemann, BB 2005, Die erste Seite. Vgl. auch IDW, Stellungnahme zu

Gleichermaßen ist auch die Prüfung von nuklearen Entsorgungsverpflichtungen mit vielfältigen Unsicherheiten verbunden, wodurch das eigene Urteilsvermögen des Abschlussprüfers eine zentrale Bedeutung im Rahmen der Abschlussprüfung erlangt. Die angeführten Gestaltungsspielräume sowie Unsicherheiten bei der Bemessung von derartigen Verpflichtungen strahlen unmittelbar auf die Abschlussprüfung aus und können große Verifizierungsprobleme auslösen. Hieraus ergeben sich für den Abschlussprüfer erhöhte Risiken, denen er mangels konkreter Vorgaben und pointierter Unterstützung des Berufsstands nur dadurch begegnen kann, dass er sich permanent über die vielfältigen mit der nuklearen Entsorgung und deren bilanzieller Abbildung zusammenhängenden Fragen informiert hält und deren Entwicklung jederzeit – z. B. durch regelmäßige Diskussionen mit dem Abschlussersteller – verfolgt.

Die wissenschaftliche Diskussion der Bilanzierung, Offenlegung und Prüfung von nuklearen Entsorgungsverpflichtungen in internationalen Abschlüssen steht in Deutschland noch ganz am Anfang. Zwar findet vor allem die Thematik um die bilanzielle Abbildung von derartigen Verpflichtungen in letzter Zeit – insbesondere bedingt durch das Vordringen der IAS/IFRS in die deutsche Rechnungslegungspraxis – zunehmend Eingang in das Fachschrifttum.[31] Soweit ersichtlich, mangelt es jedoch derzeit an einer ausführlichen und systematischen Auseinandersetzung mit der Abbildung von nuklearen Entsorgungsverpflichtungen in IFRS-Abschlüssen. Mit der ganzheitlichen Ausrichtung dieser Arbeit, über die Frage der Bilanzierung hinaus und daran anknüpfend gleichermaßen auch zentrale mit diesen Verpflichtungen verbundene Offenlegungs- und Prüfungsaspekte zu analysieren und kritisch zu würdigen, soll daneben die im Schrifttum verbreitete isolierte Betrachtung von Bilanzierungsfragen durchbrochen werden. Dieser Zielsetzung dient auch die Untersuchung der Praxis der nuklearen Berichterstattung in den IFRS-Abschlüssen großer deutscher Energieversorger.[32]

ED IAS 37, abrufbar unter: www.idw.de/idw/download/IAS37_IAS19.pdf?id=392502-&property=inhalt.

[31] Vgl. jüngst Klaholz (2005), Lüdenbach, BB 2003, S. 835 ff., Zeimes, DB 2003, S. 2077 ff., Basche/Nölte, KoR 2004, S. 36 ff., Hommel/Wich, KoR 2004, S. 16 ff., Kümpel, DStR 2004, S. 1227 ff., Zülch/Willms, DB 2005, S. 1178 ff., Marx/Köhlmann, StuB 2005, S. 653 ff., dies., StuB 2005, S. 693 ff. u. dies., BB 2005, S. 2007 ff.

[32] Eine Analyse der Geschäftsberichte ist auch deshalb interessant, weil die vier großen Energieversorgungsunternehmen in Deutschland bereits auf den ersten Blick grundlegende Informationen, wie beispielsweise die Anzahl der im Abschluss abgebildeten Kernkraftwerke, zurückhalten sowie die Höhe der einzelnen Entsorgungssachverhalte nicht einheitlich offen legen. Einschränkend muss darauf hingewiesen werden, dass E.ON für das Geschäftsjahr 2006 nach Art. 57 S. 1 Nr. 2 EGHGB von der Aufstellung

2 Zielsetzung der Untersuchung

Ziel der vorliegenden Arbeit ist es, die Bilanzierung, die Offenlegung und die Prüfung von nuklearen Entsorgungsverpflichtungen problemorientiert darzustellen und die derzeitigen Regelungen des IASB im Hinblick auf eine Vereinbarkeit mit den Zwecken der externen Rechnungslegung zu analysieren und zu würdigen. Unzureichende Rechnungslegungsregeln führen insbesondere für den Bereich der Entsorgung von abgebrannten Brennelementen zu der Notwendigkeit, ein Konzept zur Abbildung derartiger Verpflichtungen so zu entwickeln, dass eine Vergleichbarkeit von Abschlüssen verschiedener Unternehmen mit vergleichbaren Branchentätigkeiten möglich ist und damit im Ergebnis eine verbesserte finanzielle Berichterstattung vorliegt. In Summe sollen vor allem Beeinträchtigungen der Entscheidungsnützlichkeit von publizierten Daten aufgrund von Regelungslücken und Zweifelsfragen betreffend die Bilanzierung und Offenlegung identifiziert und Vorschläge für eine bessere finanzielle Berichterstattung entwickelt werden.

Entsprechend der Zielsetzung der Arbeit erfolgt eine Dreiteilung der Untersuchung. Für den Bereich der Bilanzierung von nuklearen Entsorgungsverpflichtungen gilt es, eine ordnungsgemäße und zweckadäquate Abbildung von nuklearen Entsorgungsverpflichtungen in IFRS-Abschlüssen zu entwickeln, so dass Ermessensspielräume sinnvoll geschlossen werden und die Aussagekraft der Abschlussdaten verbessert sowie ihre Nützlichkeit für wirtschaftliche Entscheidungen der Abschlussadressaten herbeigeführt wird. Im Hinblick auf die Offenlegung von nuklearen Entsorgungsverpflichtungen werden Möglichkeiten zur Erhöhung der Informationssubstanz bzw. mögliche Modifizierungen der einzelnen Berichtsformate um nukleare Entsorgungsaspekte zu diskutieren sein, die zu einer ordnungsgemäßen und zweckadäquaten Abbildung von nuklearen Entsorgungsverpflichtungen führen. Als Beurteilungsrahmen für die Untersuchungen im Bereich der Bilanzierung und der Offenlegung dienen jeweils die allgemeinen Rechnungslegungsnormen des IAS 37 und des IAS 16 bzw. IAS 2 sowie die allgemeinen Rechnungslegungsgrundsätze des IASB-Rahmenkonzepts.

eines Konzernabschlusses nach IFRS befreit ist und nach § 292a HGB i. V. m. Art. 58 Abs. 5 S. 2 EGHGB einen Konzernabschluss und -lagebericht nach den US-GAAP aufstellt.

Abschließend sollen im Prüfungsteil Problembereiche identifiziert werden, die durch nukleare Entsorgungsaspekte im Rahmen der Jahresabschlussprüfung[33] verursacht werden könnten, sowie praktikable Vorgehensweisen für die Prüfung von nuklearen Entsorgungsverpflichtungen skizziert werden. Die entwickelten Anforderungen an eine Prüfung von nuklearen Entsorgungsverpflichtungen werden dabei insbesondere aus den allgemeinen Prüfungsvorschriften des IDW PS 230, des IDW PS 314 im Zusammenhang mit IDW PS 315 sowie IDW PS 322 zur Verwertung der Arbeit von Sachverständigen abgeleitet.

In letzter Konsequenz ist die Zusammenfassung der Verbesserungsvorschläge aus den drei Untersuchungsbereichen zu einem Empfehlungskatalog auch als Anregung und Beitrag zur Entwicklung branchenspezifischer Regelungen für die Energieversorgungsbranche zu begreifen.[34] Im Wege dieser umfassenden Betrachtung ist zu klären, ob branchenspezifische Rechnungslegungsregeln für die Energieversorgungsbranche im IFRS-Normensystem zu einer zweckadäquaten Abbildung von nuklearen Entsorgungsverpflichtungen sowie zu einer für sachverständige Dritte angemessenen Berichterstattung bzw. zu einer verbesserten finanziellen Berichterstattung, insbesondere vor dem Hintergrund der identifizierten Problembereiche, führen können. Zugleich soll mit der Herleitung einer gezielten, die Problembereiche bei nuklearen Entsorgungsverpflichtungen berücksichtigenden Abschlussprüfung eine höhere Sicherheit von diesbezüglichen Abschlussdaten gewährleistet werden.

3 Gang der Untersuchung

Die Untersuchung ist in sieben Kapitel untergliedert:

Kapitel B befasst sich zunächst mit den theoretischen Grundlagen dieser Arbeit. Ausgehend von einer Systematisierung von Umweltschutzverpflichtungen werden die Entsorgungsverpflichtungen, die im Zusammenhang mit dem Betrieb und der Stilllegung von Kernkraftwerken entstehen, als nukleare Entsorgungs-

---

33 Zur Prüfung von Jahresabschlüssen nach internationalen Prüfungsnormen vgl. z. B. Ruhnke, DB 2006, S. 1169 ff. u. Brinkmann/Spieß, KoR 2006, S. 395 ff.

34 Diese Zielsetzung ist vor allem auch vor dem Hintergrund zu sehen, dass sich die Leadership Projects des IASB zwar mit branchenspezifischen Regelungen für Banken, Versicherungen und für die Bergbau-, Öl- und Gasindustrie auseinandersetzen, das IASB jedoch die Energieversorgungsbranche außer Acht lässt. Vgl. IASB, Branchenspezifische IFRS-Regelungen, abrufbar unter: http://www.iasb.org/News/Press+Releases/Archive/-2002/IASB+Announces+New+Work+Programme.htm.

verpflichtungen bezeichnet und fokussiert. Es folgt eine umfassende und systematische Beschreibung, gegebenenfalls auch eine Herleitung und Analyse nuklearer Entsorgungsverpflichtungen. Anschließend werden mit der Relevanz, der Verlässlichkeit, der Vergleichbarkeit und der Verständlichkeit die vier qualitativen Anforderungen an die Abschlussinformationen in einem IFRS-Abschluss erläutert, und das abschlusspolitische Gestaltungspotenzial in einem IFRS-Abschluss, das sich über vielfältige Ermessens- und Schätzspielräume äußert sowie auf zahlreichen Regelungslücken und unbestimmten Rechtsbegriffen beruht, wird herausgearbeitet. Die vier qualitativen Anforderungen bilden den Beurteilungsmaßstab für die weitere Untersuchung.

Kapitel C befasst sich mit der Bilanzierung von nuklearen Entsorgungsverpflichtungen in IFRS-Abschlüssen. Es wird dabei zwischen den Verpflichtungen zur Entsorgung von Brennelementen und radioaktiven Betriebsabfällen einerseits und den Verpflichtungen zur Stilllegung und zum Rückbau kerntechnischer Anlagen andererseits unterschieden. Zunächst werden die einschlägigen Ansatz- und Bewertungsvorschriften des IAS 37 unter Berücksichtigung der Vorschläge des IASB zu Änderungen von IAS 37 (im Folgenden: ED IAS 37) problemorientiert dargestellt, damit darauf aufbauend die Anforderungen an die bilanzielle Abbildung von nuklearen Entsorgungsverpflichtungen nach internationalen Rechnungslegungsnormen eingehend diskutiert werden können. In diesem Rahmen folgt eine intensive Auseinandersetzung mit dem abschlusspolitischen Gestaltungspotenzial und mit möglichen Beeinträchtigungen der Entscheidungsnützlichkeit der publizierten Daten, indem für die wesentlichen rechnungslegenden Elemente abschlusspolitische Gestaltungspotenziale aufgezeigt und daraus resultierende mögliche Beeinträchtigungen des True-and-Fair-View in die Geschäftslage bzw. Schuldenlage des bilanzierenden Unternehmens herausgearbeitet werden. Anschließend werden Vorschläge entwickelt, wie diese Ermessensspielräume sinnvoll geschlossen werden können.

In Kapitel D wird die Offenlegung von nuklearen Entsorgungsverpflichtungen in IFRS-Abschlüssen und damit die Berücksichtigung von nuklearen Entsorgungsverpflichtungen im Periodenabschluss behandelt. Gegenstand ist der Aussagegehalt von Jahresabschluss und Lagebericht hinsichtlich nuklearer Entsorgungsaspekte auf der Basis der allgemeinen Rechnungslegungsvorschriften zu Rückstellungen, Sachanlagen und Vorräten sowie der allgemeinen Rechnungslegungsgrundsätze des IASB. Dabei wird insbesondere der Frage nachgegangen, welche Möglichkeiten das publizierende Unternehmen hat, um die Informationssubstanz der einzelnen Berichtsformate zu erhöhen, bzw. mit welchen zusätzlichen Informationen die Substanz der Berichtsformate erweitert werden kann. Hierzu werden zunächst die einzelnen Rechnungslegungsinstrumente auf ihren jeweiligen ökologischen Aussagegehalt hin überprüft. Über eine Darstellung der gesetzlich geforderten Informationen hinaus wird insbesondere das Informationspotenzial an entsorgungsrelevanten Aspekten für wesentliche Bilanz- und GuV-Posten herausgearbeitet. Auf diesen Erkenntnisstand aufbauend werden mögliche Modifizierungen der bestehenden Bilanz- und GuV-Gliederung diskutiert, die im Ergebnis zu für die Entscheidungsfindung der Abschlussadressaten nützlicheren Informationen führen könnten. Diese Untersuchung schließt ebenfalls eine detaillierte Betrachtung des Anhangs und des Lageberichts ein. Abschließend soll die Relevanz der untersuchten Fragen anhand verschiedener Praxisauswertungen nachgewiesen werden.

Kapitel E schließt die Arbeit mit einer Untersuchung der Problembereiche ab, die die Prüfung von nuklearen Entsorgungsverpflichtungen im Rahmen der Jahresabschlussprüfung betreffen. Im Einzelnen werden dabei auf der Grundlage der allgemeinen Prüfungsvorschriften des IDW Vorgehensweisen für die Prüfung nuklearer Entsorgungsverpflichtungen in IFRS-Abschlüssen vorgeschlagen.

Kapitel F fasst die Untersuchungsergebnisse zu einem Empfehlungskatalog zusammen, und Kapitel G beendet die Arbeit mit einer Schlussbetrachtung.

Die nachfolgende Abbildung fasst den Untersuchungsverlauf zusammen.

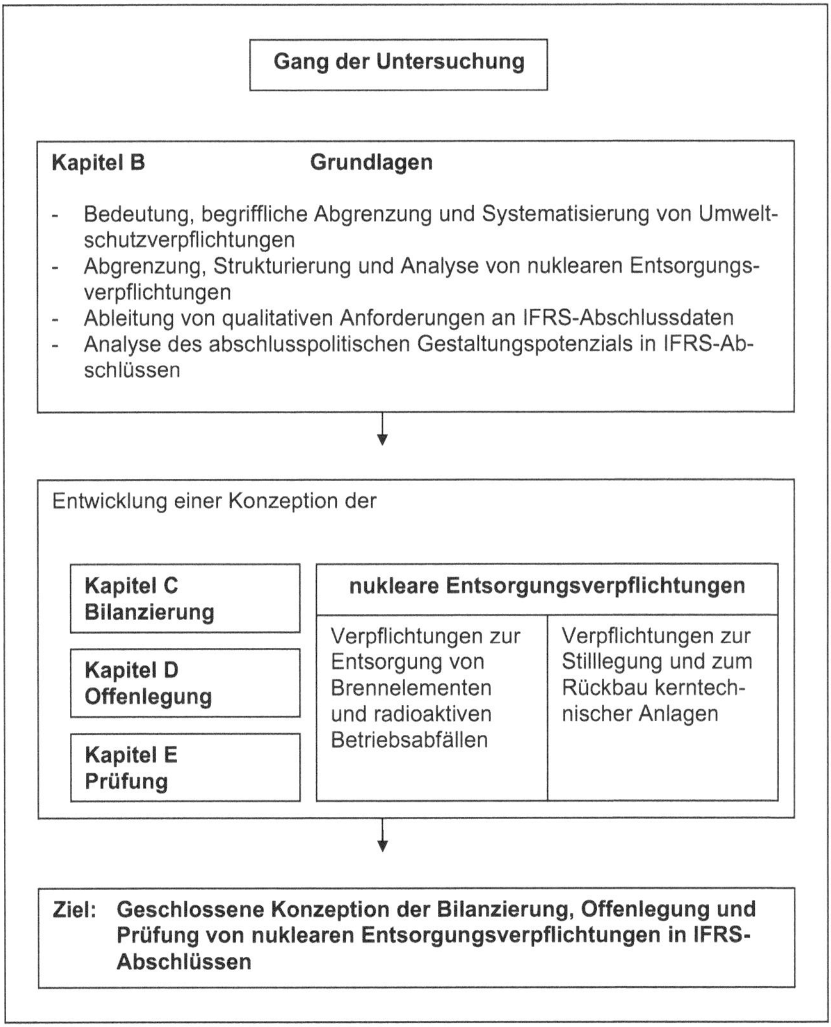

Abb. 1: Gang der Untersuchung

B Grundlagen: Ableitung eines allgemeinen Bezugsrahmens zur Abbildung von nuklearen Entsorgungsverpflichtungen als entscheidungsnützliche Abschlussinformation in IFRS-Abschlüssen

1 Bedeutung, inhaltliche Konkretisierung und Abgrenzung von Umweltschutzverpflichtungen als Anlass einer bilanziellen Risikovorsorge

11 Transformation von Umweltrisiken in Unternehmensrisiken

Unternehmerische Tätigkeiten können sich heute weniger denn je dem kritischen Blick einer bezüglich Umweltschäden und -gefährdungen in hohem Maße sensibilisierten Öffentlichkeit entziehen. Vielmehr besteht sogar die Notwendigkeit, ein wachsendes Umweltbewusstsein und die zunehmende Sensibilität der Öffentlichkeit gegenüber Umweltschäden und -belastungen in unternehmerische Entscheidungen und Kalküle miteinzubeziehen. Zu diesem Umweltbewusstsein der Bevölkerung haben insbesondere zahlreiche Umweltkatastrophen in der jüngeren Vergangenheit geführt: z. B. der Dioxin-Unfall von Seveso in Italien 1974, die Giftgaskatastrophe im indischen Bhopal 1984, der Reaktorunfall von Tschernobyl in der Ukraine 1986 und zahlreiche katastrophale Tankerunfälle, wie etwa die Havarie der Exxon Valdez von 1989, die ganz wesentlich zum jetzigen Umweltbewusstsein bzw. Interesse der Allgemeinheit an Umweltbelangen beigetragen und dieses ganz entscheidend geprägt haben.

Das gewachsene Umweltbewusstsein der Öffentlichkeit zeigt sich auch am Beispiel der niederländisch-britischen Ölgesellschaft Royal Dutch/Shell Group im Jahre 1995. Hier hat die enorme Mobilmachung der breiten Bevölkerung als Folge einer Aufsehen erregenden Kampagne der Greenpeace-Organisation[35] gegen die geplante Versenkung der nicht mehr genutzten Ölplattform „Brent Spar" zum Einlenken eines weltweit bedeutenden und mächtigen Öl-Konzerns geführt und darüber hinaus ein generelles Versenkungsverbot für ausgediente Ölplattformen im Nordost-Atlantik bewirkt.[36]

In Deutschland haben insbesondere die Wiedervereinigung 1990 und der damit einhergehende Sanierungsbedarf von Altlasten zu einer weiteren Sensibilisie-

35 Unter anderem wurde in den Medien zum Boykott der Shell-Tankstellen aufgerufen. Während des Boykottzeitraums ging bei den Tankstellenpächtern der Umsatz zwischen 30 % und 50 % zurück. Vgl. Greenpeace (1997), S. 22 u. Kowalewsky, WirtschaftsWoche v. 22.6.1995, S. 48.

36 Vgl. Deutsche Shell AG (1995).

rung der Bevölkerung geführt. Allein schon dieser Sanierungsbedarf bei Altlasten wird künftig erhebliche finanzielle Belastungen für die betroffenen Unternehmen in Deutschland nach sich ziehen.

Als Reaktion auf den Dioxin-Unfall 1974 ist eine EU-Richtlinie zur Verhütung schwerer Unfälle mit gefährlichen Stoffen erlassen worden, deren Anwendungsbereich infolge weiterer schwerer Industrieunfälle (z. B. der Explosion von Feuerwerkskörpern im niederländischen Enschede 2000) durch die Richtlinie 2003/105/EG des Europäischen Parlaments und des Rates vom 16.12.2003 noch erweitert worden ist.[37] Infolge der Giftgaskatastrophe in Indien 1984 musste das Chemieunternehmen Union Carbide (heute Tochterunternehmen der Dow Chemical) insgesamt USD 470 Mio. Schadensersatz an den indischen Staat zahlen.[38] Im Fall der Tankerkatastrophe der Exxon Valdez in 1989 beliefen sich die Kosten für die Beseitigung der Ölschäden allein für die Eigentümer der Exxon Valdez (ohne Exxon-Mobil-Konzern) auf mehr als USD 2 Mrd. Daneben wurde der Konzern zu Schadensersatz in Höhe von mehr als USD 5 Mrd. verurteilt.[39]

Betrachtet man den Untersuchungsgegenstand der vorliegenden Arbeit, hat vor allem die Umweltkatastrophe von Tschernobyl zur verstärkten Emotionalisierung der Diskussionen um Kernenergie geführt, die weltweit erhebliche wirtschaftliche Verluste verursacht hat. Die Katastrophe hat auch bewirkt, dass schon im Bau befindliche Kernkraftwerke nicht mehr realisiert wurden[40] und große Teile der Bevölkerung den Ausstieg aus der Atomenergie befürworten. Eine weitere Reaktion auf die Katastrophe war in Deutschland die Gründung des

---

37 Vgl. EU, Seveso-II-Richtlinie, abrufbar unter: http://europa.eu/scadplus/leg/de/-lvb/l21215.htm.

38 Vgl. Stuttgarter Zeitung, Bhopal, abrufbar unter: http://www.stuttgarter-zeitung.de/-stz/page/detail.php/836717?_skip=5.

39 Vgl. Greenpeace, Exxon Valdez, abrufbar unter: http://www.greenpeace.at/799.html. Eine weitere Folge des Tankerunglücks war der Erlass einer Richtlinie, mit der die USA festlegte, dass alle Tankerneubauten über eine Doppelhülle verfügen müssen, um US-amerikanische Häfen anlaufen zu dürfen.

40 Der Schnelle Brüter SNR 300 am Standort Kalkar konnte zwar 1986 noch fertig gestellt werden. Die Betriebsgenehmigung wurde jedoch auch aufgrund von Tschernobyl (u. Kohlevorrangpolitik in Deutschland) nicht erteilt, so dass das Projekt Schneller Brüter im Jahr 1990 abgebrochen wurde. Vgl. O. V., Schneller Brüter, abrufbar unter: http://www.schneller-brueter.de/downloads/basiswissen_schneller_brueter_stichpunkte-_dr_marth_2001.pdf.

Bundesministeriums für Umwelt, Reaktorschutz und Reaktorsicherheit (BMU).[41]

Die Forderungen der Öffentlichkeit nach besserem und weitreichendem Umweltschutz und unzählige politische und gesellschaftliche Diskussionen führten in Deutschland dazu, dass sich der Gesetzgeber verstärkt mit dieser Problematik auseinandersetzen musste und seit Beginn der neunziger Jahre auf dem Gebiet des Umweltschutzes eine Vielzahl neuer Gesetze, Verordnungen, Erlasse und Gesetzesentwürfe verabschiedet wurden.[42] Wesentliche Meilensteine auf diesem Gebiet stellen das am 1.1.1991 in Kraft getretene Umwelthaftungsgesetz (UmweltHG – UmwHG)[43] und das Gesetz zur Förderung der Kreislaufwirtschaft und Sicherung der umweltverträglichen Beseitigung von Abfällen (Kreislaufwirtschafts- und Abfallgesetz – KrW-/AbfG)[44] vom 27.9.1994 dar. Auf Basis des KrW-/AbfG sind die Altfahrzeug- und Verpackungsvorordnung und das jüngst verabschiedete Elektro- und Elektronikgerätegesetz (ElektroG)[45] erlassen worden, mit denen Rücknahme- und anschließende Entsorgungsverpflichtungen für die Hersteller von Produkten und Reststoffen gesetzlich verankert wurden. Der Umweltschutz strahlt dabei in nahezu alle Bereiche des unternehmerischen Wirtschaftens aus, da der Gesetzgeber im Rahmen staatlicher Umweltschutzmaßnahmen und -vorgaben den unternehmerischen Handlungsmöglichkeiten eine Vielzahl an Restriktionen auferlegt.[46] Hierbei setzt der Gesetzgeber auch

---

41 BMU stellt heute die Abkürzung für Bundesministerium für Umwelt, Naturschutz und Reaktorsicherheit dar.

42 Diese Umweltgesetze und -verordnungen führen dazu, dass Unternehmen verstärkt in die Verantwortung gezogen werden, indem sie für Umweltschäden haften und / oder bisherige Produktionsweisen an neue Vorgaben bzw. Grenzwerte anpassen müssen. Vgl. BMU, Gesetze und Verordnungen, abrufbar unter: http://www.bmu.de/gesetze_verordnungen/alle_gesetze_verordnungen_bmu/doc/35501.php.

43 Vgl. UmwHG v. 10.12.1990, BGBl. I 1990, S. 2634, geändert am 19.4.2006, BGBl. I 2006, S. 866.

44 Vgl. KrW-/AbfG v. 27.9.1994, BGBl. I 1994, S. 2705, zuletzt geändert am 19.7.2007, BGBl. I 2007, S. 1462.

45 Gesetz über das Inverkehrbringen, die Rücknahme und die umweltverträgliche Entsorgung von Elektro- und Elektronikgeräten v. 16.3.2005, BGBl. I 2005, S. 762, zuletzt geändert am 19.7.2007, BGBl. I 2007, S. 1462. Vgl. Marx/Köhlmann, BB 2005, S. 2007.

46 Zu den gesetzlich fixierten Geboten zählen z. B. die Verpflichtungen zur kostenlosen Rücknahme und umweltverträglichen Entsorgung von Altfahrzeugen (nach dem Altfahrzeug-Gesetz) und Elektro- und Elektronikgeräten (nach dem Elektro- und Elektronikgeräte-Gesetz) durch die jeweiligen Hersteller, während das ab 1995 geltende Herstel-

verstärkt auf positive und negative Anreize, wie zum Beispiel Subventionen in Form von Zuschüssen oder Abgaben in Form von Gebühren.

Unternehmerisches Wirtschaften ist somit zunehmenden und immer weiter verschärften Umweltauflagen des Gesetzgebers ausgesetzt. Gleichzeitig zeigen namhafte Beispiele, wie zum Beispiel der Produktboykott des Shell-Konzerns, dass sich gesellschaftlicher Unmut oder gesellschaftliche Zustimmung entscheidend auf unternehmenspolitische Entscheidungen auswirken können (Stichwort: Marktmacht der Verbraucher).[47] Diese Verpflichtungen und Risiken können enorme finanzielle Belastungen für die betroffenen Unternehmen darstellen[48] und möglicherweise auch den Konkurs eines Unternehmens begründen. Da sie regelmäßig nicht oder zumindest nicht vollständig versicherbar sind, rückt die unternehmensinterne Risikovorsorge in den Mittelpunkt der Betrachtung. Als klassisches Instrument der bilanziellen Risikovorsorge gegenüber singulären Risiken, die nicht im allgemeinen Unternehmensrisiko aufgehen, gelten dabei die Rückstellungen.

Rückstellungen für Umweltschutzverpflichtungen können in Abhängigkeit von der jeweiligen Branche im Jahresabschluss eines Unternehmens unterschiedliche und teils beträchtliche Ausmaße annehmen.[49] Der Konzernabschluss der Deutschen Bahn AG beispielsweise weist zum 31.12.2006 Umweltschutzrückstellungen in Höhe von EUR 2,3 Mrd. sowie Stilllegungsverpflichtungen in Höhe von EUR 0,4 Mrd. aus. In Summe entspricht dies einem Anteil von etwa 41 % an

---

lungs-, Import- und Verwendungsverbot von Asbest beispielsweise ein gesetzlich normiertes Verbot darstellt.

47 In diesem Sinne wird auch von einer „... zunehmenden Internalisierung von durch die Inanspruchnahme der Umwelt verursachten negativen externen Effekten (Nutzungspotentialverminderungen bzw. Kosten zur Beseitigung oder Verhinderung derselben)“ gesprochen. Lauerwald (2001), S. 60.

48 Ökologisches Fehlverhalten kann einen Konzern teuer zu stehen kommen. Sobald ein Unternehmen gegen Umweltgesetze verstößt, drohen Klagen oder Strafzahlungen, und es kann zu beträchtlichen Imageschäden kommen.

49 Vgl. unter vielen Förschle, in: Förschle (1995), S. 181 ff. u. Rürup, in: Moxter/-Müller/Windmöller/v. Wysocki (1992), S. 521 ff. Grundsätzlich zur Berücksichtigung von Umweltlasten und Umweltrisiken im Rechnungswesen vgl. Ballwieser, in: SG (1994), S. 143 ff., Köster (1994) u. Peemöller/Zwingel (1995). Zur Bildung von Rückstellungen für Umweltschutzmaßnahmen nach HGB vgl. z. B. Loose (1993), Crezelius (1993) u. ders., DB 1992, S. 1353 ff. Zur Bilanzierung von Umweltlasten in der Handelsbilanz vgl. Kupsch, BB 1992, S. 2320, Becker (1999), Klein (1998) u. Eichkorn (1996). Zur bilanziellen Behandlung von Umweltschutzverpflichtungen nach nationalem und internationalem Recht vgl. z. B. Schmidt/Roth, DB 2004, S. 553 ff.

den sonstigen Rückstellungen. Die Umweltschutzrückstellungen berücksichtigen dabei insbesondere Verpflichtungen zur Boden- und Grundwassersanierung sowie zur Stilllegung von Deponien. In den Group Accounts der BP p.l.c. zum 31.12.2006 umfassen die sonstigen Rückstellungen fast ausschließlich Umweltschutzverpflichtungen. Die Verpflichtungen für Decommissioning (betreffend die Stilllegung von Öl- und Gasanlagen und den zugehörigen Pipelines) und für Environmental (d. h. insbesondere Sanierungsverpflichtungen) nehmen mit USD 10,5 Mrd. rund 77 % der sonstigen Rückstellungen ein.

Umweltschutzverpflichtungen in den Abschlüssen von Energieversorgungsunternehmen werden vor allem mit der Bildung von Rückstellungen für Entsorgungen im Kernenergiebereich, d. h. für die Entsorgung von Brennelementen und radioaktiven Abfällen und für die Stilllegung und den Rückbau von Kernkraftwerken berücksichtigt. Die Konzernabschlüsse der E.ON AG und RWE AG beispielsweise weisen zum 31.12.2006 Rückstellungen für Entsorgungen im Kernenergiebereich (abzüglich geleisteter Anzahlungen) in Höhe von EUR 13,7 Mrd. respektive EUR 9,0 Mrd. aus, was einem Anteil an den Übrigen Rückstellungen in Höhe von 48 % respektive 45 % entspricht.[50] Insofern stellen die Rückstellungen für Umweltschutzverpflichtungen bei vielen Unternehmen einen materiellen Bestandsposten im Unternehmensabschluss dar.

Die gezeigten Rückstellungsvolumina verdeutlichen, dass die Beziehung zwischen Unternehmen und Umwelt nicht nur von einer ökologischen, sondern regelmäßig auch entscheidend von einer ökonomischen Dimension geprägt ist.[51] Umweltbelastungen entfalten dabei eine unmittelbare Wirkung auf die wirtschaftliche Lage und haben wesentlichen Einfluss auf die zukünftige Entwicklung des betreffenden Unternehmens. Die Inanspruchnahme der Unternehmen für umweltschädigendes Verhalten und zukünftige Umweltschutzmaßnahmen kann sich mithin ganz beachtenswert in deren Vermögens-, Finanz- und Ertragslage niederschlagen.[52] Aus diesem Grunde besteht die Notwendigkeit, ökologische Aspekte und Auswirkungen der unternehmerischen Tätigkeit in finanzielle betriebliche Entscheidungen zu integrieren und bei der Erstellung des

---

50 An dieser Stelle bleiben Rückstellungen für andere Umweltschutzmaßnahmen, wie etwa Rekultivierungen oder Sanierungen, unberücksichtigt. Insofern fallen die aus Umweltschutzanforderungen abgeleiteten Verpflichtungen noch höher aus.

51 Darüber hinaus reagieren Unternehmen mit teilweise milliardenschweren Investitionsprogrammen auf die Klimaschutzforderungen. Zu den Milliardeninvestitionen in den Klimaschutz der RWE Power vgl. z. B. o. V., et 2007, S. 117 f.

52 Zu Umweltrisiken als Unternehmensrisiken, vgl. z. B. Bartels, in: Baetge (1994), S. 3 f.

Jahresabschlusses genau zu beachten.[53] Anspruchsgruppen mit direkten finanziellen Interessen, wie Eigenkapital- und Fremdkapitalgeber, ziehen Umweltschutzverpflichtungen der Unternehmen bei ihren Investitionsentscheidungen immer stärker in ihre Überlegungen mit ein.[54] „Denn das ökonomische Überleben von Unternehmen wird zukünftig noch stärker von ökologischen Faktoren wie beispielsweise einem sorgfältigen Ressourceneinsatz und einem durchdachten Abfallmanagement abhängen."[55]

12 Begriffliche Abgrenzung von Umweltschutzverpflichtungen

Der Begriff Ökologie beschreibt die Lehre von den Wechselbeziehungen zwischen Lebewesen und ihrer natürlichen Umwelt[56] und wird häufig mit dem Begriff Umweltschutz in Zusammenhang gebracht. Unter Umweltschutz wird der Schutz der natürlichen Umwelt vor Emissionen und Immissionen als Folge menschlicher und wirtschaftlicher Aktivitäten verstanden,[57] wobei insbesondere unternehmerische Aktivitäten zu weitreichenden Beeinträchtigungen der natürlichen Umwelt führen. Im Austausch mit der Unternehmung fungiert die natürliche Umwelt als Abgabe- und Aufnahmemedium. Als Abgabemedium versorgt sie Unternehmen mit natürlichen Ressourcen wie Wasser, Boden, Luft und Energie, während sie als Aufnahmemedium aus der wirtschaftlichen Tätigkeit der Unternehmen resultierende Rückstände, wie etwa Schad- und Abfallstoffe, aufnimmt. Differenziert man zwischen einer Input- und einer Outputseite des Produktionsprozesses, können Umweltbelastungen auf der Inputseite beispielsweise durch die Entnahme von ökologisch knappen, sich nicht regenerierenden Rohstoffen, wie etwa Rohöl, Uran oder Kies, die Entnahme von Luft für Verbrennungsvorgänge oder Ent- und Belüftungen und von Wasser für Kühlungs- oder Säuberungszwecke entstehen. Andererseits können auf der Outputseite

[53] So auch bereits Friedrichs, DB 1987, S. 2580 ff. Unternehmen werden zwangsläufig auch dann negative finanzielle Konsequenzen hinnehmen müssen, wenn sie über wesentliche zukünftige Umweltschutzverpflichtungen nicht berichten.

[54] Die Unternehmen in Deutschland müssen sich darauf einstellen, dass sich eine wachsende Zahl von Investoren für umwelt- und sozialverträgliche Investitionsanlagen interessiert. Vgl. jüngst z. B. Bergius, Die Zeit v. 29.03.2007, S. 27. Aus diesem Grunde konzentriert sich die Öffentlichkeitsarbeit vieler Unternehmen auch auf die Berichterstattung zu Investitionen in Forschung und Entwicklung im Umweltbereich sowie in Umweltprojekten. Vgl. z. B. zum Technology Day der E.ON am 31.10.2006 Tschätsch, et 2006, H. 12, S. 43 f.

[55] Eichkorn (1996), S. 17.

[56] Vgl. Alisch/Arentzen/Winter (2004), S. 2220.

[57] Vgl. Alisch/Arentzen/Winter (2004), S. 3011.

natürliche Ressourcen mit Schadstoffen, Abfällen, Abwärme oder radioaktiver Strahlung belastet werden.[58]

Die vorliegende Arbeit versteht unter Umweltschutzmaßnahmen respektive Umweltschutzverpflichtungen alle unternehmerischen Aktivitäten respektive Verpflichtungen, die darauf abzielen, die natürliche Umwelt erst gar nicht zu belasten und / oder bestehende Umweltbelastungen zu verwerten, zu beseitigen oder zumindest zu begrenzen.[59]

13 Systematisierung von Umweltschutzverpflichtungen

Im Schrifttum existiert eine Vielzahl von Ansätzen und Vorschlägen zur Systematisierung von Umweltschutzverpflichtungen bzw. ökologischen Lasten, die auf verschiedenen Kriterien beruhen und mit denen unterschiedliche Sichtweisen abgebildet werden.[60]

58 Vgl. z. B. Eichkorn (1996), S. 11 f.

59 Die Begriffe Umwelt, Umweltschutz oder Umweltschutzverpflichtungen sind gesetzlich nicht definiert.

60 Grundsätzlich zu der Notwendigkeit und den Möglichkeiten einer Systematisierung von Umweltschutzverpflichtungen vgl. z. B. Köster (1994), S. 205-215. Beispielsweise seien die Systematisierungsansätze von Herzig und Bartels genannt, die sich als eine der ersten eingehend mit dieser Thematik beschäftigt haben. Nach dem Kriterium des Maßnahmeninhaltes unterscheidet Herzig zwischen Rekultivierungs-, Abfallbeseitigungs-, Altlastensanierungs- und Anpassungsverpflichtungen. Vgl. Herzig, DB 1990, S. 1341 ff. So auch Gail, StbJb 1990/91, S. 67 ff., Günkel, StbJb 1990/91, S. 97 ff., Rürup, in: Moxter/Müller/Windmöller/v. Wysocki (1992), S. 520 ff. Kritisch dazu Bartels, BB 1991, S. 2044 ff. Weitergehend unterscheidet Bartels zunächst auf einer ersten Stufe zwischen Verpflichtungen zur Schadensverhütung, Schadensbeseitigung und Schadensbegrenzung. Auf einer zweiten Stufe erfolgt eine Erweiterung dieser Verpflichtungen um eine zeitliche Komponente, indem er (nach der Verursachung) zwischen Neulasten und Altlasten unterscheidet. Vgl. Bartels, BB 1991, S. 2046 ff., ders., BB 1992, S. 1311 ff. und ders., in: Baetge (1994), S. 6-23. Herzig wiederum stellt zunächst auf den Handlungsinhalt der zu treffenden Maßnahmen ab und berücksichtigt zugleich mit der Fallgruppe der Anpassungsverpflichtungen – neben der reparativ-wiederherstellenden – auch die präventiv-vorsorgende Funktion des Umweltschutzes. Durch die gesonderte Darstellung der Verpflichtungen zur Altlastensanierung differenziert Herzig zugleich zwischen Schadensverursachung in der Vergangenheit, Gegenwart und Zukunft. Vgl. Herzig, DB 1990, S. 1341 ff., dem folgend Herzig/Köster, in: Vogl/Heigl/Schäfer (1992), S. 4 ff. Lauerwald wiederum stellt eine an der Bilanzierung orientierte Systematisierung von Umweltschutzverpflichtungen dar, in welcher er zwischen so genannten behebungspflichtigen und nicht behebungspflichtigen ökologischen Lasten unterscheidet. Im Rahmen der behebungspflichtigen und damit rückstellungsauslösenden Lasten

Unter Zugrundelegung der Forschungsziele dieser Arbeit können Umweltschutzverpflichtungen zweckorientiert nach dem Verpflichtungscharakter, der zeitlichen Verpflichtungsstruktur sowie dem Maßnahmeninhalt der Verpflichtung klassifiziert werden. Im Hinblick auf den Verpflichtungscharakter[61] lassen sich öffentlich-rechtliche, zivilrechtliche und faktische Verpflichtungen unterscheiden, während Umweltschutzverpflichtungen in zeitlicher Hinsicht sowohl die auf Neulasten beruhenden Verpflichtungen als auch Verpflichtungen zur Sanierung von Altlasten umfassen. Der Maßnahmeninhalt von den auf Neulasten basierenden Verpflichtungen zielt dabei auf die Vermeidung, Beseitigung und Begrenzung von Umweltschäden ab und betrifft bei Altlasten die Sanierung von Altablagerungen und Altstandorten. Mit der nachfolgenden Abbildung wird dieser Systematisierungsansatz für Umweltschutzverpflichtungen anschaulich wiedergegeben.

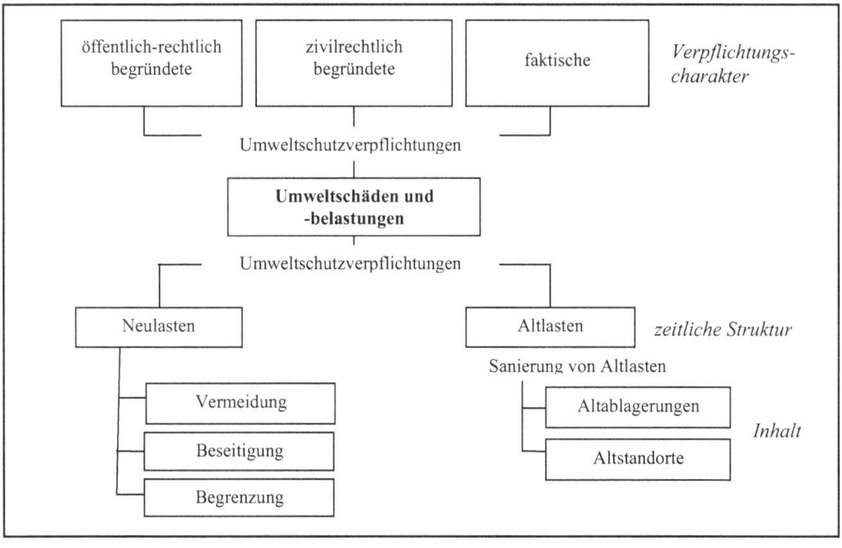

Abb. 2: Systematisierung von Umweltschutzverpflichtungen

differenziert er weiter zwischen Vorleistungs- und Nachleistungsverpflichtungen und solchen Verpflichtungen, die sich aus dem laufenden Leistungserstellungsprozess ergeben. Vgl. Lauerwald (2001), S. 60 ff.

61 Zur Klassifizierung betrieblicher Umweltschutzmaßnahmen nach dem Verpflichtungscharakter vgl. z. B. Peemöller/Zwingel (1995), S. 10.

131 Systematisierung nach dem Verpflichtungscharakter

Bei einer Klassifizierung von Umweltschutzverpflichtungen nach ihrem Verpflichtungscharakter lassen sich öffentlich-rechtlich und zivilrechtlich begründete Verpflichtungen unterscheiden.[62] Darüber hinaus können Umweltschutzmaßnahmen auch aus einer faktischen Verpflichtung resultieren, wenn ein Unternehmen durch sein bisher übliches Geschäftsgebaren, öffentlich angekündigte Maßnahmen oder eine hinreichend detaillierte Aussage anderen Parteien gegenüber die Übernahme gewisser Verpflichtungen angedeutet hat und es dadurch bei den begünstigten Dritten eine gerechtfertigte Erwartung geweckt hat, dass es diesen Verpflichtungen nachkommen wird.[63] Im Hinblick auf die Inanspruchnahme von Unternehmen zum Zwecke des Umweltschutzes spielt jedoch das öffentliche Recht eine dominierende Rolle. Die folgende Übersicht gibt einen Überblick über die zentralen und für die Zielsetzung dieser Arbeit entscheidenden öffentlich-rechtlichen Umweltschutzregelungen[64]:

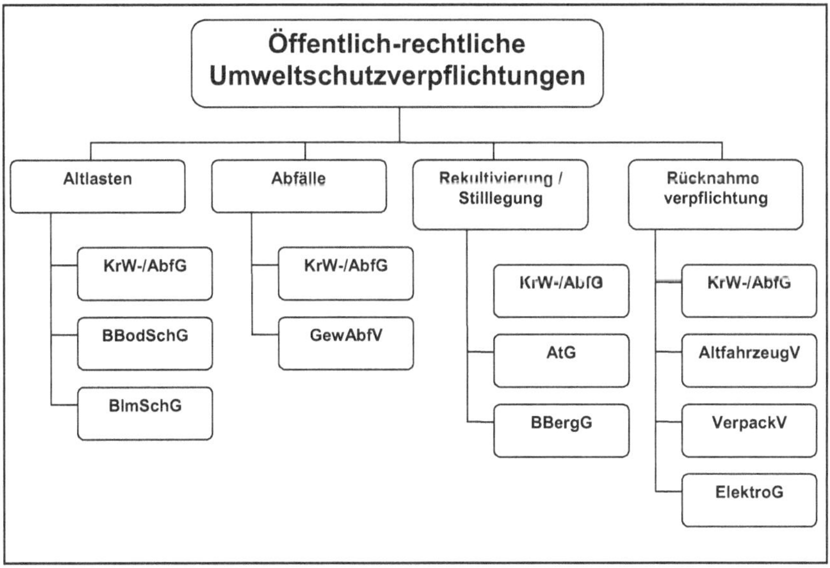

Abb. 3: Öffentlich-rechtliche Normen zum Umweltschutz

---

[62] Anschaulich zu den Haftungsnormen für Umweltschädigungen vgl. z. B. Klein (1998), S. 5-37.

[63] Vgl. IAS 37.10.

[64] Entnommen aus Marx/Köhlmann, StuB 2005, S. 657.

Die Vorschriften des KrW-/AbfG gelten für 1) die Vermeidung, 2) die Verwertung und 3) die Beseitigung von Abfällen (§ 2 Abs. 1 KrW-/AbfG). Hiernach sind die Erzeuger oder Besitzer von Abfällen dazu verpflichtet, Abfälle stofflich zu verwerten oder zur Energiegewinnung zu nutzen (§ 5 Abs. 2 S. 1 i. V. m. § 6 Abs. 1 S. 1 KrW-/AbfG). Abfälle, die nicht verwertet werden, „... sind dauerhaft von der Kreislaufwirtschaft auszuschließen und [...] zu beseitigen“ (§ 10 Abs. 1 KrW-/AbfG). Zweck des Gesetzes ist die „Förderung der Kreislaufwirtschaft zur Schonung der natürlichen Ressourcen und die Sicherung der umweltverträglichen Beseitigung von Abfällen“ (§ 1 KrW-/AbfG).

Mit dem Gesetz zum Schutz vor schädlichen Bodenveränderungen und zur Sanierung von Altlasten (Bundes-Bodenschutzgesetz – BBodSchG)[65] wird der Verursacher einer schädlichen Bodenveränderung oder Altlast in die Pflicht genommen, den Boden und Altlasten sowie durch schädliche Bodenveränderungen oder Altlasten verursachte Gewässerverschmutzungen so zu sanieren, dass dauerhaft keine Gefahren, erheblichen Nachteile oder Belästigungen für den Einzelnen oder die Allgemeinheit entstehen. Hierzu kommen neben Dekontaminationsmaßnahmen auch Maßnahmen zur Sicherung in Betracht, um eine Ausbreitung der Schadstoffe langfristig zu verhindern (§ 4 Abs. 3 BBodSchG). Das Gesetz stellt darauf ab, nachhaltig die Funktionen des Bodens zu sichern oder wiederherzustellen, indem schädliche Bodenveränderungen abgewehrt, der Boden und Altlasten sowie hierdurch verursachte Gewässerverunreinigungen saniert werden (§ 1 BBodSchG).

Für Entsorgungen im Kernenergiebereich, d. h. Entsorgung von Brennelementen und radioaktiven Abfällen sowie Stilllegung und Rückbau von Kernkraftwerksanlagen ist insbesondere das Gesetz über die friedliche Verwendung der Kernenergie und den Schutz gegen ihre Gefahren (Atomgesetz – AtG)[66] zu Grunde zu legen. Neben den Regelungen zur Beförderung von Kernbrennstoffen bzw. Kernmaterialien (§ 4 AtG), den Genehmigungsvorschriften zur Aufbewahrung von Kernbrennstoffen (§ 6 AtG) und den Haftungsnormen (Vierter Abschnitt AtG) sind insbesondere die Pflichten aus § 7 AtG zur Genehmigung von atomaren Anlagen sowie § 9a AtG zur Verwertung radioaktiver Reststoffe und Beseitigung radioaktiver Abfälle gewichtig. Zweck des Gesetzes sind vor allem die Sicherstellung einer geordneten Nutzung von Kernenergie, der Schutz von

[65] Vgl. BBodSchG v. 17.3.1998, BGBl. I 1998, S. 502, zuletzt geändert am 9.12.2004, BGBl. I 2004, S. 3214.

[66] Vgl. AtG v. 23.12.1959, BGBl. I 1959, S. 814, zuletzt geändert am 31.10.2006, BGBl. I 2006, S. 2365.

Leben, Gesundheit und Sachgütern vor den Gefahren der Kernenergie sowie die geordnete Beendigung der Kernenergienutzung (§ 1 AtG).

Verpflichtungen zur Rücknahme und anschließenden Entsorgung von in Verkehr gebrachten Vermögenswerten ergeben sich zum Beispiel aus der Verpackungsverordnung über die Vermeidung und Verwertung von Verpackungsabfällen (Verpackungsverordnung – VerpackV)[67], wonach Hersteller und Vertreiber von Verpackungsmaterialien zur Rücknahme und anschließenden Wiederverwendung bzw. -verwertung von Verpackungen verpflichtet sind.[68] Hersteller und Importeure von Elektrogeräten sind infolge des Elektro- und Elektronikgerätegesetzes (ElektroG) in der Fassung vom 16.3.2005 spätestens seit dem 23.3.2006 dazu verpflichtet, die Rücknahme und Entsorgung von Altgeräten zu organisieren und zu finanzieren.[69]

Mit dem am 1.1.1991 in Kraft getretenen Umwelthaftungsgesetz (UmweltHG)[70] sollten Gesetzeslücken geschlossen werden, die daraus resultierten, dass lediglich für ausgewählte Bereiche, wie zum Beispiel die Kernenergie, ausreichende Haftungsregelungen bestanden. Mit § 1 UmweltHG wird der Inhaber einer Anlage dazu verpflichtet, einem durch Umwelteinwirkungen aus seiner Anlage Geschädigten den daraus entstandenen Schaden zu ersetzen. Ein Schaden entsteht dabei durch eine Umwelteinwirkung, wenn er durch Stoffe, Erschütterungen, Geräusche, Druck, Strahlen, Gase, Dämpfe, Wärme oder sonstige Erscheinungen verursacht wird, die sich in Boden, Luft oder Wasser ausgebreitet haben (§ 3 Abs. 1 UmweltHG).[71]

Während öffentlich-rechtliche Normen dazu bestimmt sind, allgemeine Rechtsgüter, wie beispielsweise Flora, Fauna, Luft, Wasser, Gesundheit etc., zu schützen und der Geschädigte somit „... durch ein übergeordnetes Allgemeininteresse

---

67 Vgl. VerpackV v. 21.8.1998, BGBl. I 1998, S. 2379, zuletzt geändert am 19.7.2007, BGBl. I 2007, S. 1462.

68 Vgl. Flanderka/Winter, BB 1992, S. 149 ff. u. Fey, DB 1992, S. 2353 ff.

69 Vgl. ElektroG v. 16.3.2005, BGBl. I 2005, S. 762, zuletzt geändert am 19.7.2007, BGBl. I 2007, S. 1462. Vgl. Marx/Köhlmann, BB 2005, S. 2007 ff.

70 Vgl. UmweltHG v. 10.12.1990, BGBl. I 1990, S. 2634, zuletzt geändert am 19.4.2006, BGBl. I 2006, S. 866.

71 Zur Rückstellungsrelevanz des Umwelthaftungsgesetzes vgl. Herzig/Köster, DB 1991, S. 53 ff.

verkörpert"[72] wird, geht es bei den zivilrechtlichen Verpflichtungen um den Schutz des Einzelnen.[73]

132 Systematisierung in zeitlicher und sachlicher Hinsicht

Bei einer Klassifizierung von Umweltschutzverpflichtungen nach ihrer zeitlichen Struktur können auf Neulasten beruhende Verpflichtungen von den Verpflichtungen zur Sanierung von Altlasten unterschieden werden. Das BBodSchG fasst Altlasten auf als 1) stillgelegte Abfallbeseitigungsanlagen sowie sonstige Grundstücke, auf denen Abfälle behandelt, gelagert oder abgelagert wurden (Altablagerungen), und 2) Grundstücke stillgelegter Anlagen und sonstige Grundstücke, auf denen mit umweltgefährdenden Stoffen umgegangen wurden, ausgenommen Anlagen, deren Stilllegung einer Genehmigung nach dem Atomgesetz bedarf (Altstandorte), durch die schädliche Bodenveränderungen oder sonstige Gefahren für den Einzelnen oder die Allgemeinheit hervorgerufen werden (vgl. § 2 Abs. 5 BBodSchG). Bodenverunreinigungen oder Schadstoffablagerungen können vor allem auf die Verwendung von gefahrenträchtigen Stoffen oder die Lagerung von Abfällen im Rahmen der laufenden Produktion zurückgeführt werden.[74]

Unter den auf Neulasten beruhenden Verpflichtungen werden die folgenden Verpflichtungsarten subsumiert, die den drei Sachkategorien Vermeidung, Beseitigung und Begrenzung von Umweltschäden und -belastungen wie folgt zugeordnet werden können[75]:

---

72 Klein (1998), S. 2.

73 Vgl. ebd., S. 2.

74 Im Hinblick auf die Erfassung von Altlastensanierungen in der Handelsbilanz wurde insbesondere die Diskussion um die Frage geführt, ob man bei Altlastensanierungen vorrangig abschreiben oder Rückstellungen bilden soll. Vgl. v. a. Philipps (1995), Bäcker, BB 1995, S. 503 ff., Budde, in: Moxter/Müller/Windmöller/v. Wysocki (1992), S. 111 f., Gail, StbJb 1990/91, S. 91, Förschle/Scheffels, DB 1993, S. 1200, Herzig, in: Wagner (1993), S. 173, Herzig, WPg 1991, S. 610, Bartels, WPg 1992, S. 74, ders., BB 1992, S. 1095, Herzig, WPg 1992, S. 83, Luig, BB 1993, S. 2051, Rautenberg, WPg 1993, S. 265, Siegel, BB 1993, S. 326, ders., DB 1995, S. 537, ders., StuB 2004, S. 506 u. Roller, WPg 2001, S. 492. Zur bilanziellen Berücksichtigung einer Altlastensanierung nach IAS vgl. Schmidbauer, BB 2000, S. 1133 ff. u. Gantzkow/Gröner, DB 1998, S. 996.

75 Entnommen und leicht abgeändert aus Marx/Köhlmann, StuB 2005, S. 654. Zu den Fragestellungen bei der Bilanzierung von Rückstellungen für Maßnahmen zur Vermeidung,

Vermeidung von Umweltschäden und -belastungen:

- Verbot der Herstellung und des Inverkehrbringens[76]
  Beispielsweise das Verbot des Inverkehrbringens von Biozid-Produkten und krebserzeugenden oder erbgutverändernden Stoffen oder auch das Beförderungsverbot in Bezug auf gefährliche chemische oder explosionsfähige Stoffe im Sinne der Gefahrstoffverordnung.
- Vermeidungsverpflichtungen[77]
  Beispielsweise die Pflicht zur Vermeidung von Schadstoffen in der laufenden Produktion im Sinne der Reststoffvermeidungspflicht nach dem Bundesimmissionsschutzgesetz oder die Vermeidung von Störungen, die nach der Störfallverordnung den Produktionsprozess beeinträchtigen können.
- Anpassungsverpflichtungen[78]
  Beispielsweise die Verpflichtungen zur Emissionsbegrenzung durch den Einbau eines Filters im Sinne der TA-Luft oder die Umrüstung von Trocknungsanlagen nach dem Bundesimmissionsgesetz. Hiernach müssen bereits vorhandene Anlagen an einen bestimmten Umweltstandard angepasst werden, um in Zukunft weiter betrieben werden zu können.
- Pflicht zur Rücknahme und Wiederverwendung bzw. –verwertung von in Verkehr gebrachten Vermögenswerten, Verpackungen[79] u. Ä.
  Beispielsweise die Pflicht der Automobilhersteller und –importeure zur unentgeltlichen Rücknahme und anschließenden Verwertung von Altfahrzeugen[80]. Im Gegensatz zu laufenden produktionsbezogenen Entsorgungs-

---

Beseitigung und Begrenzung von Umweltschäden vgl. z. B. Glaschke, StuB 2004, S. 897.

76 Vgl. ADS, § 249 HGB, Rn. 123 zu Maßnahmen der Schadensverhütung.

77 Vgl. ADS, § 249 HGB, Rn. 122 zu Maßnahmen der Schadensverhütung.

78 Im Hinblick auf die Erfassung von Anpassungsverpflichtungen in der Handelsbilanz wurde insbesondere die Diskussion um die Frage geführt, ob derartige Verpflichtungen, besonders solche nach TA Luft, zu Verbindlichkeitsrückstellungen führen. Vgl. v. a. Förschle/Scheffels, DB 1993, S. 1198 f., Böcking (1994), Günkel, StbJb 1990/91, S. 108, Kupsch, BB 1992, S. 2325, Crezelius, DB 1992, S. 1358, Eilers (1993), S. 48 f., Bartels, BB 1992, S. 1311-1316; Herzig, DB 1990, S. 1347, Siegel, DB 2002, S. 707 sowie Siegel, BB 1993, S. 326 ff. Zur bilanziellen Berücksichtigung von Anpassungsverpflichtungen nach IAS vgl. Schmidbauer, BB 2000, S. 1135 ff. u. Gantzkow/Gröner, DB 1998, S. 995 f.

79 Vgl. Verpackungsverordnung v. 21.8.1998, BGBl. I 1998, S. 2379, zuletzt geändert am 19.7.2007, BGBl. I 2007, S. 1462.

80 Vgl. Altfahrzeugverordnung i. d. F. v. 21.6.2002, BGBl. I 2002, S. 2214, zuletzt geändert am 31.10.2006, BGBl. I 2006, S. 2407.

verpflichtungen handelt es sich hierbei um Verpflichtungen, die an das Inverkehrbringen von Endprodukten anknüpfen.[81]

Beseitigung und Begrenzung von Umweltschäden und -belastungen:

- Periodisch anfallende Abfallverwertungs- und Abfallbeseitigungsverpflichtungen[82]
  Es handelt sich dabei um Verpflichtungen zur Verwertung oder Beseitigung von produktionsbedingten Reststoffen oder Abfällen.
- Aperiodisch anfallende Rekultivierungsverpflichtungen[83]
  Beispielsweise Wiederauffüllungsverpflichtungen bei Kiesgruben, Verpflichtungen zum Gruben- und Schachtversatz bei Bergbauunternehmen oder Verpflichtungen zur Räumung von Erdölfeldern und zur Wiederauffüllung von Bohrlöchern.
- Aperiodisch anfallende Verpflichtungen zur Demontage und Entsorgung von Vermögenswerten
  Beispielsweise die Verpflichtung zur Entfernung von Erdölfördereinrichtungen oder atomaren Anlagen.
- Pflicht zur Rücknahme und Wiederverwendung bzw. -verwertung von in Verkehr gebrachten Vermögenswerten, Verpackungen u. Ä.

Dieser Überblick veranschaulicht, dass Maßnahmen zum Schutze der Umwelt sowohl in der Kategorie Vermeidung als auch bei der Beseitigung und Begrenzung von Umweltschäden und -belastungen vertreten sind. Die zunächst nach dem Verpflichtungscharakter und anschließend nach zeitlichen und inhaltlichen Aspekten vorgenommene Systematisierung von Umweltschutzverpflichtungen hat eine Fülle an Umweltschutzverpflichtungen zu Tage gebracht und macht die Komplexität der Thematik und damit auch die hohen Anforderungen an die Un-

---

81 Vgl. Fey, DB 1992, S. 2353 u. Flanderka/Winter, BB 1992, S. 149-153.

82 Diese Verpflichtungen ergeben sich vor allem aus dem KrW-/AbfG, BImSchG und dem AtG. Vgl. Herzig, DB 1990, S. 1343, Bartels, BB 1992, S. 1316, 1318 f. sowie ADS, § 249 HGB, Rn. 126 zu Maßnahmen der Schadensbeseitigung oder -begrenzung.

83 Im Hinblick auf die Erfassung von Rekultivierungsverpflichtungen in der Handelsbilanz wurde insbesondere die Diskussion um die Frage geführt, ob für derartige Verpflichtungen Rückstellungen nach rechtlicher oder wirtschaftlicher Entstehung zu bilden sind. Vgl. v. a. Gelhausen/Fey, DB 1993, S. 593 ff., Bartels, BB 1992, S. 1316 f., Bartels (1992), S. 195-200, Siegel, BB 1993, S. 333 f., Siegel, in: Wagner (1993), S. 149 und Herzig, DB 1990, S. 1343. Zu den Bilanzierungsproblemen bei der Bildung von Rückstellungen für Rekultivierungsverpflichtungen vgl. bereits Pfleger, DB 1981, S. 1686.

ternehmen deutlich, Umweltrisiken zu erfassen und zweckadäquat im Rechnungswesen abzubilden.

14 Entsorgungsverpflichtungen als ausgewählte Umweltschutzverpflichtungen

Verpflichtungen zur Entsorgung umfassen sowohl die kurzfristige Verpflichtung zur Entsorgung von Abfällen, die regelmäßig durch die Produktion bedingt anfallen, als auch die über mehrere Perioden hinausgehende Verpflichtung, Vermögenswerte nach Ablauf ihrer wirtschaftlichen Nutzungsdauer zu entsorgen. Entsorgung bezeichnet dabei nicht allein die Beseitigung von Abfällen und Vermögenswerten, sondern vielmehr auch deren Verwertung (vgl. § 3 Abs. 7 KrW-/AbfG). In diesem Sinne betont das KrW-/AbfG, dass Abfälle in erster Linie grundsätzlich zu vermeiden sind, zum Beispiel durch eine abfallarme Produktgestaltung. In zweiter Linie soll eine stoffliche oder energetische Verwertung von Abfällen eingeleitet werden. Und letztlich sollte erst dann die Beseitigung von Abfällen in Betracht gezogen werden, wenn ihre Verwertung technisch unmöglich oder wirtschaftlich nicht mehr vertretbar ist (vgl. § 4, 5 KrW-/AbfG).

Des Weiteren ist die Verpflichtung eines Herstellers oder Vertreibers zur Rücknahme und Wiederverwendung bzw. -verwertung von in Verkehr gebrachten Vermögenswerten unter den Entsorgungsverpflichtungen zu erfassen, denn auch in diesen Fällen handelt es sich um eine Verpflichtung zur Entsorgung im oben definierten Sinne als Verwertungs- und Beseitigungsverpflichtung. Schließlich fällt darunter auch die Verpflichtung zur Sanierung von Altlasten, die aus einer fehlenden oder mangelnden vorangegangenen Entsorgung resultieren.

Entsorgungsverpflichtungen bei Kernkraftwerken weisen eben diese Verpflichtungsstrukturen auf und beinhalten sowohl kurzfristige als auch langfristige Verpflichtungskomponenten. Während der Betriebs- bzw. Nutzungsphase eines Kernkraftwerks entstehen kontinuierlich radioaktive Abfälle, so genannte Betriebsabfälle, sowie radioaktive Reststoffe, die einer Wiederverwendung/-verwertung zugeführt werden können. Im Wesentlichen handelt es sich dabei um ausgediente oder abgebrannte Brennelemente. Nach Ablauf des Betriebs erfolgt die Phase der Stilllegung der Anlage, in welcher Abfälle aus dem Nachbetrieb und dem Rückbau der Anlage bis in den Zustand „Grüne Wiese“ hinzukommen. Die langfristige Verpflichtung betrifft insbesondere die Stilllegung, den Rückbau und die Beseitigung der Kernkraftwerksanlage. Darüber hinaus ist das Unternehmen zur Dekontaminierung und Rekultivierung von durch die Errichtung, den Betrieb und die Beseitigung der Anlage beschädigtem und belastetem Grund und Boden verpflichtet. Entsorgungsverpflichtungen, die dem bilanzierenden Unternehmen im Zusammenhang mit der atomaren Erzeugung von Strom in Kernkraftwerken entstehen, werden nachfolgend als „nukleare Entsorgungsverpflichtungen" bezeichnet.

2 Typisierung von nuklearen Entsorgungsverpflichtungen als Spezialform von Umweltschutzverpflichtungen

21 Vorbemerkungen

In Deutschland werden seit mehr als 40 Jahren[84] Kernkraftwerke zur Erzeugung von Strom eingesetzt. Zurzeit sind in Deutschland 17 Kernkraftwerke[85] mit einer elektrischen Bruttoleistung von 21.452 MW in Betrieb. Im Jahr 2006 erzeugten sie 167,4 Mrd. kWh elektrischen Strom, was im Vergleich zum Vorjahr eine Steigerung um 3 Prozent sowie einen Anteil an der Bruttostromerzeugung in Deutschland in Höhe von 26,3 % bedeutet.[86] Bei der so genannten Grundlast[87] lag der Anteil der Kernenergie bei rund 50 %. Die Zeit- und Arbeitsverfügbarkeiten betrugen 91,1 % bzw. 90,8 %. Weltweit waren Ende 2006 in 31 Ländern 437 Kernkraftwerke mit einer installierten Bruttoleistung von rund 390 GW in Betrieb und in zehn Ländern 29 Kernkraftwerke mit einer elektrischen Bruttoleistung von 25,5 GW im Bau. Insofern kommt der Stromerzeugung aus Kernenergie sowohl in Deutschland als auch auf internationaler Ebene eine gewichtige gesamtwirtschaftliche Bedeutung zu.[88]

---

[84] Am 7.3.1961 wurde mit dem Kernkraftwerk Kahl der erste deutsche Reaktor in Betrieb genommen und im Juni 1961 erstmals aus Kernenergie erzeugter Strom in das deutsche Verbundnetz eingespeist. Vgl. Informationskreis KernEnergie, Geschichte Kernenergie, abrufbar unter: http://www.kernenergie.de/r2/de/Gut_zu_wissen/Geschichte/?navanchor=1210014.

[85] Zur Übersicht der in Deutschland in Betrieb befindlichen Kernkraftwerke vgl. Informationskreis KernEnergie, In Betrieb befindliche Kernkraftwerke, abrufbar unter: http://www.kernenergie.de/r2/de/Gut_zu_wissen/KE_auf_einen_Blick/?navanchor=1210012.

[86] Vgl. Schiffer, et 2007, H. 3, S. 38 mit Verweis auf Verband der Elektrizitätswirtschaft (VDEW).

[87] Grundlast bedeutet Stromversorgung rund um die Uhr. Vgl. Informationskreis KernEnergie, Grundlast, abrufbar unter: http://www.kernenergie.de/r2/de/Gut_zu_wissen/Lexikon/g/grundlast.php?navanchor=1210056.

[88] Vgl. Informationskreis KernEnergie, Kernenergie auf einen Blick, abrufbar unter: http://www.kernenergie.de/r2/de/Gut_zu_wissen/KE_auf_einen_Blick/?navanchor=1210012. Vgl. auch Kernenergie: Weltreport 2006, o. V., atw 2007, S. 273. Zudem sind

Die Bundesrepublik hat mit der Koalitionsvereinbarung von 1998 die Weichen für den Ausstieg aus der Kernenergie in Deutschland gestellt[89] und mit der Vereinbarung zwischen der Bundesregierung und den Energieversorgungsunternehmen vom 11.6.2000 die näheren Einzelheiten des Ausstiegs formuliert.[90] Die gesetzliche Verankerung des Atomausstiegs erfolgte durch die Novellierung des Atomgesetzes im April 2002.[91] Während mit dem Atomgesetz von 1959[92] als die Rechtsgrundlage für den Bau und den Betrieb von Kernkraftwerken die Förderung der Kernenergie bezweckt wurde, wird mit dem geänderten Gesetz nunmehr die geordnete Beendigung der Kernenergienutzung angestrebt. Kernpunkte des neuen Gesetzes sind dabei:

- das Verbot von neuen Kernkraftwerken,[93]
- die Laufzeitbegrenzung der bestehenden Kernkraftwerke[94] durch die Zuordnung von Reststrommengen auf die einzelnen Anlagen,[95] wobei der Be-

weltweit 38 weitere Reaktorblöcke bis 2020 in Planung. Vgl. GGMS, FAZ-Beilage v. 30.4.2006, S. 1.

89 Zum Auszug aus der Koalitionsvereinbarung vgl. Posser/Schmans/Müller-Dehn (2003), Anhang Nr. 5, S. 363 ff.

90 Zur Vereinbarung zwischen der Bundesrepublik Deutschland und den Energieversorgungsunternehmen v. 11.6.2000 vgl. BMU, Vereinbarung Energieversorger, abrufbar unter: http://www.bmu.de/atomenergie/doc/4497.php u. Posser/Schmans/Müller-Dehn (2003), Anhang Nr. 2, S. 285-299.

91 Vgl. das Gesetz zur geordneten Beendigung der Kernenergienutzung zur gewerblichen Erzeugung von Elektrizität v. 22.4.2002 in Posser/Schmans/Müller-Dehn (2003), Anhang Nr. 1, S. 261-285. Mit der rechtlichen Absicherung des Atomausstiegs erlangt die Stilllegung und Beseitigung von Kernkraftwerken eine erhöhte Bedeutung. Das darf aber nicht darüber hinwegtäuschen, dass der Atomausstieg bereits viel früher begonnen hat, denn die deutschen Kernkraftwerksbetreiber haben seit mehr als 20 Jahren keine neuen Betriebsgenehmigungen mehr beantragt.

92 Vgl. Atomgesetz v. 23.12.1959, BGBl. I 1959, S. 814; neugefasst durch Bek. v. 15.7.1985, BGBl. I 1985, S. 1565; zuletzt geändert am 31.10.2006, BGBl. I 2006, S. 2407.

93 Vgl. § 7 Abs. 1 S. 2 AtG. Die USA beispielsweise investieren kräftig in die Kernenergienutzung zur gewerblichen Erzeugung von Elektrizität. Mit dem neu verabschiedeten Energiegesetz in den USA ist die Bereitstellung beträchtlicher Finanzmittel für die Entwicklung neuer Reaktortypen festgeschrieben worden: Von 2006 bis 2015 sollen demnach USD 1,25 Mrd. zur Entwicklung eines neuen Reaktorprototyps bereitgestellt werden. Daneben werden auch Investitionsanreize für bis zu sechs neue Reaktorblöcke geschaffen. Vgl. o. V., atw 2005, S. 547. Drei Energieversorgungsunternehmen in den USA haben bereits Anträge für die Standortgenehmigung eines neuen Kernkraftwerks eingereicht. Vgl. o. V., atw 2005, S. 502.

94 Vgl. § 7 Abs. 1a AtG.

95 Zu den Reststrommengen der einzelnen Kernkraftwerke in Deutschland vgl. Anlage 3 des AtG oder Anlage 1 der Vereinbarung zwischen der Bundesregierung und den Ener-

rechnung der Reststrommengen eine Regellaufzeit von 32 Jahren seit Inbetriebnahme zugrunde gelegt wurde,[96]

- die Möglichkeit, Strommengen älterer Kraftwerke auf jüngere Anlagen zu übertragen,[97]
- die Beschränkung der Entsorgung auf die direkte Endlagerung durch das Verbot der Wiederaufarbeitung ab dem 1.7.2005,[98]
- die Verpflichtung der Betreiber, kraftwerksnahe Zwischenlager für abgebrannte Brennelemente zu errichten und zu nutzen,[99]

---

gieversorgungsunternehmen vom 14.6.2000. Zu den Restlaufzeiten der einzelnen Kernkraftwerke in Deutschland vgl. Tagesschau, Restlaufzeiten AKW, abrufbar unter: http://www.tagesschau.de/aktuell/meldungen/0,1185,OID2684932_REF2_NAV_BAB,0 0.html. Aus den Reststrommengen lässt sich zumindest anhaltsmäßig die verbleibende Restlaufzeit von Kernkraftwerken errechnen. Verbindliche Prognosen, wann eine Anlage tatsächlich aus dem Betrieb genommen wird, sind jedoch vielfach nicht möglich. So können Laufzeitänderungen bspw. durch die Übertragung von Strommengen von einem Kraftwerk auf ein anderes oder durch außerplanmäßige Stillstände hervorgerufen werden.

96 Das entspricht etwa der Hälfte der Laufzeit in den USA. In den USA war anfänglich eine Laufzeit von 40 Jahren vorgesehen und wird derzeit eine Verlängerung auf 60 Jahre diskutiert und umgesetzt: Von den 104 Kernkraftwerksblöcken haben bisher 33 Anlagen eine Verlängerung der Betriebszeit auf 60 Jahre erhalten. Für 16 weitere Anlagen ist eine Verlängerung beantragt, weitere 28 haben einen solchen Antrag angekündigt. Die Schweiz wiederum hat für ihre Kernkraftwerke sogar eine unbefristete Betriebsdauer erteilt. Vgl. o. V., atw 2007, S. 273 ff. Zur Errechnung der den einzelnen Anlagen zugewiesenen Reststrommengen vgl. Posser/Schmans/Müller-Dehn, Atomgesetz, § 7, Rz. 122.

97 Vgl. § 7 Abs. 1b AtG. Die EnBW AG hat am 26.9.2002 eine Reststrommengenübertragung in Höhe von 15.000 GWh vom Kernkraftwerk Neckarwestheim 2 auf das Kernkraftwerk Obrigheim beantragt. Das BMU stimmte indes einer Übertragung von 5.500 GWh vom Kernkraftwerk Philippsburg 1 auf Obrigheim zu, was zu einer Laufzeitverlängerung für die Anlage Obrigheim von etwa zwei Betriebsjahren und zu einer Laufzeitverkürzung für die Anlage Philippsburg 1 von etwa elf Monaten geführt hat. Vgl. BMU, EnBW Reststrommengenübertragung, abrufbar unter: http://www.bmu.de/pressemitteilungen/aktuelle_pressemitteilungen/pm/38419.php. Die im September 2006 von RWE beantragte Reststrommengenübertragung vom stillgelegten Kernkraftwerk Mühlheim-Kärlich auf das Kernkraftwerk Biblis A sowie der Antrag der Vattenfall vom März 2007 auf Übertragung von Strommengen von Mühlheim-Kärlich auf Brunsbüttel sind hingegen vom Bundesumweltministterium abgelehnt worden. Vgl. BMU, RWE Reststrommengenübertragung, abrufbar unter: http://www.bmu.de/pressemitteilungen/aktuelle_pressemitteilungen/pm/39382.php.

98 Vgl. § 9a Abs. 1 S. 2 AtG.

99 Vgl. § 9a Abs. 2 S. 3 AtG.

- die gesetzliche Verankerung von regelmäßigen Sicherheitsüberprüfungen[100] und
- die Erhöhung der Deckungssumme für mögliche Schadensfälle auf das Zehnfache, nämlich auf EUR 2,5 Mrd.[101].

Bisher sind in Deutschland 19 Kernkraftwerke stillgelegt worden.[102] Dabei handelt es sich überwiegend um Prototypanlagen mit kleiner Leistung aus der Anfangszeit der Kernenergienutzung. Erst in den 1990er Jahren sind leistungsstarke Reaktoren vom Netz gegangen, die sich nun in ihrer Stilllegungs- und Rückbauphase befinden.[103] Das größte deutsche Stilllegungsvorhaben umfasst die fünf Reaktoren am Standort Greifswald mit je 440 MWe. Weitere große Kernkraftwerke in Stilllegung sind Mühlheim-Kärlich mit 1.220 MWe und Würgasssen mit 670 MWe.[104] Allgemein bekannt ist insbesondere der Rückbau des Kernkraftwerks Stade zur „Grünen Wiese".[105]

Die Kernkraftwerksbetreiber sind dazu verpflichtet, ihre Anlagen nach Ablauf der wirtschaftlichen Nutzungsdauer im Sinne des Atomgesetzes geordnet zu beseitigen. Dabei wird zwischen zwei Stilllegungsvarianten unterschieden: der unmittelbaren Beseitigung und dem sicheren Einschluss mit einer anschließenden Beseitigung. Darüber hinaus sind die Betreiber dazu verpflichtet, die während der Betriebszeit der Kernkraftwerke anfallenden radioaktiven Abfälle zu entsorgen.[106] Demzufolge fasst die vorliegende Arbeit unter nuklearer Entsorgung alle Maßnahmen zur Entsorgung von Brennelementen und radioaktiven Betriebsabfällen einerseits sowie zur Stilllegung und zum Rückbau von nuklearen und

[100] Vgl. § 19a Abs. 1 sowie Anlage 4 des AtG.

[101] Vgl. § 13 Abs. 3 S. 2 AtG.

[102] Zur Übersicht der stillgelegten Kernkraftwerke in Deutschland vgl. Informationskreis KernEnergie, Stillgelegte Kernkraftwerke, abrufbar unter: http://www.kernenergie.de/r2/de/Gut_zu_wissen/KKW/Deutschland/?navanchor=1210016.

[103] Vgl. ebd.

[104] Daneben befinden sich auch einige Anlagen des Kernbrennstoffkreislaufs in der Stilllegungs- und Rückbauphase, darunter die Hanauer Brennelementfabriken und die Wiederaufarbeitungsanlage Karlsruhe, die nach 20 Betriebsjahren als Folge des Ausstiegs aus der nationalen Wiederaufarbeitung überflüssig wurde. Vgl. Wendling, in: BMU (2002), S. 1 f.

[105] Das Kernkraftwerk Stade wurde aus wirtschaftlichen Gründen, die teilweise auch politisch motiviert waren, am 14.11.2003 stillgelegt. Vgl. E.ON Kernkraft (2002), S. 5.

[106] Vgl. § 9a Abs. 1 AtG.

nicht nuklearen Kraftwerksanlagen und -anlagenteilen andererseits zusammen.[107]

Die Größenordnung der mit der nuklearen Entsorgung verbundenen finanziellen Belastungen für die einzelnen Betreiberunternehmen ist bereits in der Einleitung hervorgehoben worden. Gleichwohl muss an dieser Stelle betont werden, dass die „Besonderheit des [...] Finanzierungsproblems (weniger, d. Verf.) in der Größenordnung des zu erwartenden Finanzbedarfs für die nukleare Entsorgung, sondern (vielmehr, d. Verf.) in einer ausgeprägten Finanzbedarfsunsicherheit und in der heute erkennbaren sicherheitstechnischen, rechtlichen, ökologischen, gesellschaftlich-politischen und vor allem zeitlichen Dimension und Tragweite des ‚Projekts Nukleare Entsorgung' (es stehen hier [...] Zeiträume zur Diskussion, die jedes übliche Maß einer zumindest verbal abgrenzbaren ‚Projektfinanzierung' sprengen)"[108] liegt. Vor diesem Hintergrund ist auch die Notwendigkeit zu sehen, dass die für internationale Abschlüsse geforderte Abbildung des Best Estimate der zur Erfüllung der Entsorgungsverpflichtung erforderlichen Ausgaben nur über regelmäßige Anpassungen von Schätzparametern und Annahmen zu erreichen sein dürfte.

22 Stilllegung und Rückbau kerntechnischer Anlagen

221 Begriffsexplikationen

2211 Kerntechnische Anlagen

Unter den Begriff kerntechnische Anlagen werden neben den kommerziell genutzten Kernkraftwerken auch Forschungsreaktoren sowie andere Anlagen des Brennstoffkreislaufs gefasst.[109] Der Brennstoffkreislauf umfasst dabei im Wesentlichen die eigentliche Energieerzeugung in Kernkraftwerken, die Herstellung von Brennelementen in entsprechenden Fabriken, die Wiederaufarbeitung von abgebrannten Brennelementen in dafür vorgesehenen Anlagen und die Ab-

---

[107] Für die vorliegende Arbeit wird somit eine Zweiteilung der nuklearen Entsorgungsverpflichtungen vorgenommen. Während der Grundlagenteil mit der Stilllegung und dem Rückbau von kerntechnischen Anlagen beginnt, wird die Reihenfolge in den Untersuchungsteilen C und D bewusst umgedreht. Für Bilanzierungszwecke soll damit insbesondere dem zeitlichen Anfall der einzelnen Entsorgungssachverhalte Rechnung getragen werden.

[108] Reich (1989), S. 2.

[109] Vgl. z. B. Thierfeldt (1993), S. 5.

fallkonditionierung und -entsorgung.[110] Die vorliegende Arbeit beschränkt sich auf Kernkraftwerke, die durch die Spaltung von Atomkernen zur Wärmeerzeugung genutzt werden. Dabei wird zunächst Wärme als Ausgangsenergie erzeugt, die sich über Zwischenschritte in elektrische Energie umwandeln lässt.[111]

In Deutschland begann die Erzeugung von Strom aus Kernenergie mit der Inbetriebnahme des Versuchsatomkraftwerks Kahl im Jahr 1961. Es folgten drei Demonstrationskraftwerke in Gundremmingen, Lingen und Obrigheim. In der damaligen DDR ging 1966 bei Rheinsberg das erste Kernkraftwerk ans Netz. In den Sechzigerjahren wurden verschiedene Reaktortechnologien erprobt, die in den Siebzigerjahren als Prototypen gebaut wurden. Letztlich hat sich aber nur die Technik der Leichtwasserreaktoren in Form von Druck- (DWR) und Siedewasserreaktoren (SWR) durchgesetzt.[112] In den Siebzigerjahren ist eine Reihe großer Druck- und Siedewasserreaktoren mit elektrischen Nettoleistungen von 1200 bis 1400 MW in Betrieb gegangen. Zuletzt folgten gegen Ende der Achtzigerjahre die drei großen standardisierten Anlagen Isar (KKI-2), Emsland (KKE) und Neckar (GKN-2). Parallel zur Reaktorentwicklung entstanden Anlagen des Brennstoffkreislaufs zur Herstellung und Wiederaufarbeitung der Brennelemente sowie zur Abfallkonditionierung.[113]

Stilllegungs- und Rückbauverpflichtungen sind mit allen Anlagen des Brennstoffkreislaufs verbunden. Diese Arbeit befasst sich jedoch ausschließlich mit den Entsorgungsverpflichtungen, die aus dem Betrieb von kommerziellen Leistungsreaktoren resultieren. Im Laufe der Arbeit werden die Begriffe „Kernkraftwerk", „Atomkraftwerk" oder „kerntechnische Anlage" synonym verwendet. Insbesondere die Stilllegung und der Rückbau von anderen Anlagen des Brennstoffkreislaufs erfordern eigene, anlagenspezifische Lösungsansätze, die sich von der Stilllegungskonzeption für Leistungsreaktoren wesentlich unterscheiden können. Forschungs- und Versuchsanlagen, deren Stilllegung sowohl

110 Näheres zu Begriff und Anlagen des Brennstoffkreislaufs vgl. ebd., S. 10 ff. u. 40 ff.

111 Zur Definition von Kernkraftwerken vgl. z. B. Koelzer (2007), S. 89. Zur Funktionsweise von Kernkraftwerken vgl. z. B. Seidel (1990), S. 28-50. Zu den Kernenergieprozessen vgl. grundlegend Michaelis/Salander (1995).

112 Andere Reaktorsysteme, wie etwa schnelle Brutreaktoren, gasgekühlte Reaktoren oder Druckwasserreaktoren mit Schwerwassermoderation, haben sich aus verschiedensten Gründen nicht durchsetzen können und sind vorzeitig aus dem Betrieb genommen worden. Sie sind bereits vollständig abgebaut oder befinden sich in der Stilllegungsphase. Vgl. Thierfeldt (1993), S. 10. Zu den verschiedenen Kernkraftwerkstypen vgl. Volkmer, in: Informationskreis KernEnergie (2006), S.39-47.

113 Vgl. z. B. ebd., S. 5 f.

technisch als auch rechtlich mit der von Leistungsreaktoren vergleichbar ist,[114] werden nicht betrachtet, da ihre Stilllegung im Wesentlichen aus öffentlichen Mitteln bestritten wird.

2212 Stilllegung und Rückbau

22121 Prinzip und Begriff

Unter Stilllegung wird rechtlich zunächst nur die dauernde und endgültige Betriebseinstellung einer kerntechnischen Anlage verstanden.[115] Davon zu trennen sind Maßnahmen in der so genannten Nachbetriebsphase, Maßnahmen zum sicheren Einschluss der Anlage und zum Abbau bzw. Rückbau der Anlage bzw. von Anlagenteilen. Im technischen Sprachgebrauch werden unter Stilllegung im weiten Sinne alle Maßnahmen im direkten Anschluss an die endgültige Abschaltung bis zur vollständigen Entlassung der Anlage aus der atomrechtlichen Überwachung verstanden.[116] Für definitorische Zwecke wird die Nachbetriebsphase einer kerntechnischen Anlage zunächst isoliert betrachtet und werden unter die Begriffe Stilllegung und Rückbau alle Maßnahmen nach Ablauf der Nachbetriebsphase gefasst. Für Bilanzierungszwecke werden diese beiden Phasen jedoch zusammengefasst und als Stilllegung und Rückbau kerntechnischer Anlagen bezeichnet.

Unmittelbar nach der Außerbetriebnahme des Kraftwerks folgt eine vier- bis siebenjährige[117] Nachbetriebsphase, in der vor allem sämtliche Kernbrennstoffe, Kühlmittel und radioaktiven Betriebsabfälle aus der Anlage entfernt werden.[118]

---

114 Bedeutende Unterschiede ergeben sich hingegen im Hinblick auf Größe und Aufbau des Aktivitätsinventars. Zu den Stilllegungskonzepten und -kosten von Forschungs- und Versuchsanlagen vgl. z. B. Thierfeldt (1993), S. 17-25.

115 Vgl. § 7 Abs. 3 AtG u. Posser/Schmans/Müller-Dehn (2003), § 7 Rz. 120 ff., Junker (1990), S. 30 ff., Rebentisch, in: Pelzer (1993), S. 194; a. A. wohl Kurz, in: Blümel/Wagner (1993), S. 46.

116 Darunter fällt auch die Nachbetriebsphase der Anlage. Zur unterschiedlichen Auslegung des Begriffs Stilllegung in der technischen Fachwelt und der juristischen Sprache vgl. Wendling, in: VDI (2002), S. 3.

117 In der Literatur wird die Nachbetriebsphase regelmäßig auf einen Zeitraum von zwei bis drei Jahren beziffert. Vgl. z. B. Bürger, (1998), S. 5. Unternehmensgespräche haben jedoch ergeben, dass diese Phase durchaus auch bis zu sieben Jahre andauern kann.

118 Die Entleerung der Anlage führt dazu, dass die Restaktivität ein Jahr nach Außerbetriebnahme nur noch weniger als ein Prozent des Aktivitätsinventars einer in Betrieb befindlichen Anlage beträgt. Der verbleibende Rest strahlt jedoch noch genug, um ihn nicht unbeaufsichtigt und unbehandelt stehen zu lassen. Vgl. Koelzer (2007), S. 157.

An die Nachbetriebsphase schließt sich die eigentliche Stilllegungs- und Rückbauphase an, die mit dem einem unmittelbaren Abbau der Anlage vorgezogenen sicheren Einschluss der kerntechnischen Anlage beginnen kann. Bei einem sicheren Einschluss werden alle aktiven Teile der Anlage durch eine Sicherheitsumhüllung langzeitig eingeschlossen,[119] um ein erstes Abklingen der Radioaktivität der Anlage zu erreichen und hierdurch den späteren Abbau der Anlage zu erleichtern sowie die Kosten des Rückbaus im Vergleich zur unmittelbaren Beseitigung erheblich zu reduzieren.[120] Der eigentliche Rückbau eines Kernkraftwerks umfasst den Abbau von kontaminierten und nicht kontaminierten Anlagenteilen. Für die in der vorliegenden Arbeit zu untersuchenden Fragestellungen genügt es, unter Zugrundelegung des zeitlichen Rahmens zwischen einer Betriebs- sowie einer Stilllegungs- und Rückbauphase zu unterscheiden.

Ziel aller Stilllegungsmaßnahmen ist die Entlassung der Anlage aus den atomrechtlichen Bestimmungen. Regelmäßig soll die so genannte „Grüne Wiese" wieder hergestellt werden.[121] Darüber hinaus kann der freigegebene Standort auch industriell oder anderweitig genutzt werden. Denkbar sind auch neue Kraftwerke, die mit Kohle oder Gas betrieben werden.[122] In Ländern, die die Kerntechnik auch in Zukunft weiter betreiben wollen, stellt die nukleare Weiternutzung eine zusätzliche Option dar.

22122 Gründe für Stilllegung und Rückbau

Die Notwendigkeit zur Stilllegung und zum Rückbau einer kerntechnischen Anlage ergibt sich spätestens nach Ausschöpfung der durch das Atomgesetz vorgegebenen Reststrommengen für die einzelnen Kernkraftwerke in Deutschland und kann vorzeitig durch verschiedene Sachverhalte ausgelöst werden. Zu den Stilllegungsgründen können insbesondere technische, wirtschaftliche und politische Motive gezählt werden. Darüber hinaus kann sich die Notwendigkeit zur vorzeitigen Abschaltung einer Anlage auch dann ergeben, wenn die mit der Anlage verfolgten Forschungsziele erreicht sind und der Fortbetrieb der Anlage mit keinem weiteren Nutzen verbunden ist. Denkbar ist auch, dass der Betrieb eines

---

[119] Vgl. Junker (1990), S. 32, Kurz, in: Blümel/Wagner (1993), S. 46.

[120] Zu den Stilllegungskonzepten grundlegend in Thierfeldt, in: BMU (2001), S. 11 ff. u. Bürger, in: Öko-Institut (1998), S. 5 ff.

[121] Der Rückbau zur Grünen Wiese ist auch für das Kernkraftwerk Stade vorgesehen. Vgl. E.ON Kernkraft (2002), S. 29. Einschränkend hierzu Stephan, CN v. 12.1.2007, S. 10.

[122] Vgl. Stephan, CN v. 12.1.2007, S. 10.

Kernkraftwerks aus Sicherheitsgründen eingestellt werden muss oder politische Erwägungen Einfluss auf die Stilllegungsentscheidung haben.[123]

Die Stilllegungsprojekte in Deutschland beruhen im Wesentlichen auf wirtschaftlichen Betrachtungsweisen.[124] Beispielsweise war die Stilllegung des Kernkraftwerks Gundremmingen A aufgrund von wirtschaftlich nicht vertretbaren Nachrüstmaßnahmen infolge eines Störfalls notwendig geworden. Für das Kernkraftwerk Würgassen haben kostenaufwendige Reparaturen des Reaktors zur Stilllegungsentscheidung geführt.[125] Für die vorzeitige Stilllegung des Kernkraftwerks Stade waren ebenso im Wesentlichen wirtschaftliche Betrachtungen ausschlaggebend.[126] Die Wirtschaftlichkeit einer Anlage wird vermehrt auch von neuen Technologien oder Gesetzeslagen tangiert. So spielte beispielsweise beim Kernkraftwerk Stade der niedersächsische Wasserpfennig bei der Stilllegungsentscheidung eine tragende Rolle.[127]

22123 Abfälle aus Stilllegung und Rückbau

Bei einem Kernkraftwerk kann insbesondere der so genannte Kontrollbereich[128] direkt radioaktiv belastet sein. Der weitaus größte Teil des abgebauten Materials hingegen ist radiologisch nicht belastet und wird wie gewöhnlicher Bauschutt oder Stahlschrott behandelt. Insofern bedürfen vor allem die abgebauten Komponenten des Kontrollbereichs einer genaueren Untersuchung, in deren Anschluss die Entsorgungsziele und -maßnahmen für die einzelnen Teile festgelegt werden. Die weder kontaminierten noch aktivierten Teile können dabei uneingeschränkt in anderen Bereichen verwendet oder auf konventionellem Wege[129] entsorgt werden. Zum Beispiel können die aus dem Abbruch des Gebäudes stammenden Betonreste als Bauschutt wieder verwendet werden oder metallische Anlageteile als Schrott in den Rohstoffkreislauf zurückfließen.[130]

Entsprechend ihrer Aktivität können die aus dem Kontrollbereich stammenden Reststoffe entweder uneingeschränkt weiterverwendet oder -verwertet werden,

123 Vgl. Thierfeldt (1993), S. 15 f.

124 So bereits vorhergesagt von Reinhard, et 1982, S. 657.

125 Zum Kernkraftwerk Würgassen vgl. Informationskreis KernEnergie, Würgassen, abrufbar unter: http://www.kernenergie.de/r2/de/Gut_zu_wissen/Stilllegung/wurgassen.php.

126 Vgl. E.ON Kernkraft (2002), S. 5.

127 Vgl. ebd., S. 5.

128 Zur Definition vgl. Koelzer (2007), S. 104.

129 Zum Beispiel Abfalldeponie oder Verbrennungsanlage.

130 Vgl. z. B. E.ON Kernkraft (2002), S. 22 f. u. Wendling, in: BMU (2002), S. 2 f.

als Metallschrott zur Rezyklierung oder zur Entsorgung als konventioneller Abfall freigegeben werden oder sie müssen im kerntechnischen Bereich kontrolliert verwertet oder als radioaktiver Abfall entsorgt werden. Im Anschluss an die Festlegung der Entsorgungsziele folgen die Zerlegung und gegebenenfalls die Dekontamination der einzelnen Reststoffe.[131]

Aus den Erfahrungen von bereits zurückgebauten Kernkraftwerken konnte abgeleitet werden, dass in Summe weniger als fünf Prozent der Gesamtmasse eines Kontrollbereichs (150 bis 200 Tausend Tonnen) als radioaktiver Abfall entsorgt werden müssen.[132] Der überwiegende Teil eines Kernkraftwerks ist also aktivitätsfrei und kann konventionell wieder verwendet werden.[133] Das BMU schätzt, dass „... die Gesamtmasse der in Deutschland zu entsorgenden radioaktiven Abfälle aus der Stilllegung kerntechnischer Anlagen [...] im Laufe der kommenden Jahre stetig ansteigen und nach Erreichen eines Höchstwerts von rund 40.000 Tonnen pro Jahr etwa im Jahre 2025 wieder abfallen wird. Das Gesamtaufkommen radioaktiver Abfälle aus dem Abbau der deutschen kerntechnischen Anlagen wird etwa 150.000 Tonnen betragen."[134]

131 Abfälle aus Stilllegung und Rückbau können auch in so genannte Primär- und Sekundärabfälle eingeteilt werden. Während Primärabfälle aus der Anlage selbst stammen, wie z. B. Hilfs- und Nebenanlagen, Rohre, Installationen, elektrische Einrichtungen wie z. B. Motoren und Kabel oder Bauschutt aus Gebäuden, resultieren Sekundärabfälle aus der Stilllegung und fallen zusätzlich zu den Primärabfällen an. Zu den Sekundärabfällen zählen bspw. Dekontaminationsflüssigkeiten und Kühlmittel. Vgl. Thierfeldt (1993), S. 58 f.

132 Vgl. Wendling, in: BMU (2002), S. 3. Aufteilung und betragsmäßige Darstellung der Rückbaumassen sehr gut bei E.ON Kernkraft (2002), S. 24.

133 Vgl. Wendling, in: BMU (2002), S. 2 f. Bspw. sind beim stillgelegten Kernkraftwerk Niederaichbach der verbleibende Stahl dem Schrotthandel zugeführt, der Beton zur Wiederauffüllung der Baugrube oder zum Waldwegbau benutzt und Gussteile als Abschirmmaterial wiederverwertet worden. Vgl. Löschhorn/Kuczera, in: VDI (1996), S. 67 f.

134 Wendling, in: BMU (2002), S. 3. Zur Plausibilisierung: derzeit befinden sich in Deutschland 17 Kernkraftwerke in Betrieb, deren Stilllegung bis etwa 2020 vorgesehen ist. Legt man für den Kontrollbereich einer Anlage eine Gesamtmasse von 175.000 Tonnen zu Grunde (Mittelwert v. 150 bis 200 Tsd. Tonnen), setzt 5 %, d. h. 8.750 Tonnen als verbleibende radioaktive Abfälle aus der Stilllegung an, dann entspricht das etwa einem Gesamtaufkommen radioaktiver Abfälle aus dem Abbau aller deutschen Kernkraftwerke i. H. v. 148.750 Tonnen. Das Bundesministerium für Strahlenschutz spricht von einem endzulagernden Abfallgebindevolumen i. H. v. etwa 157.000 m³. Vgl. BfS, Abfallgebindevolumen, abrufbar unter: http://www.bfs.de/de/kerntechnik/stilllegung/erfahrungen.html. In ähnlicher Höhe vgl. auch Delaney, in: VDI (1996), S. 163.

222 Rechtliche Aspekte

In Deutschland ist das Atomgesetz die zentrale Rechtsvorschrift für Errichtung, Betrieb und Stilllegung von Kernkraftwerken. Daneben müssen zahlreiche Rechtsverordnungen sowie Verwaltungsvorschriften bei der Stilllegung und dem Rückbau beachtet werden. Dazu zählen beispielsweise die Strahlenschutzverordnung, das Kreislaufwirtschafts- und Abfallgesetz, die Gefahrstoffverordnung und das Bundesimmissionsschutzgesetz.[135]

Das Atomgesetz formuliert vor allem mit den §§ 7 und 9a AtG zentrale Verpflichtungen zur bestimmungsgemäßen Entsorgung von nuklearen Abfällen und zur Durchführung von Stilllegungsmaßnahmen. Die Regelungen des § 7 AtG beziehen sich dabei auf die Genehmigung von Anlagen und legen fest, dass derjenige, welcher „... eine ortsfeste Anlage zur Erzeugung oder zur Bearbeitung oder Verarbeitung oder zur Spaltung von Kernbrennstoffen oder zur Aufarbeitung bestrahlter Kernbrennstoffe errichtet, betreibt oder sonst innehat oder die Anlage oder ihren Betrieb wesentlich verändert“ (Abs. 1 S. 1), einer Genehmigung bedarf. In Bezug auf die Stilllegung einer kerntechnischen Anlage bestimmt das Gesetz ebenso, dass „die Stilllegung einer Anlage [...] sowie der sichere Einschluss der endgültig stillgelegten Anlage oder der Abbau der Anlage oder von Anlagenteilen“ (Abs. 3 S. 1) genehmigt werden müssen.

Neben dem genehmigungsrechtlichen Komplex regelt das Atomgesetz im Hinblick auf die Verwertung von radioaktiven Reststoffen und die Beseitigung von radioaktiven Abfällen mit § 9a Abs. 1 S. 1 AtG: „Wer Anlagen, in denen mit Kernbrennstoffen umgegangen wird, errichtet, betreibt, sonst innehat, wesentlich verändert, stilllegt oder beseitigt [...], hat dafür zu sorgen, dass anfallende radioaktive Reststoffe sowie ausgebaute oder abgebaute radioaktive Anlagenteile [...] schadlos verwertet werden oder als radioaktive Abfälle geordnet beseitigt werden (direkte Endlagerung).“ Mit Satz 2 des § 9a Abs. 1 AtG ist das Verbot zur Wiederaufarbeitung von bestrahlten Kernbrennstoffen ab dem 1.7.2005 kodifiziert worden.[136] Zudem bestimmt das Gesetz, dass der Betreiber einer kerntechnischen Anlage den Nachweis zu führen hat, dass „... der sichere Verbleib für bestrahlte Kernbrennstoffe sowie für aus der Aufarbeitung bestrahlter Kernbrennstoffe zurückzunehmende radioaktive Abfälle in Zwischenlagern

[135] Zu den rechtlichen Rahmenbedingungen für die Stilllegung kerntechnischer Anlagen vgl. Thierfeldt (1993), S. 69 ff. Eine Übersicht über zentrale gesetzliche Regelungen auf dem Gebiet der Stilllegung bietet auch Wendling, in: VDI (2002), S. 1-8.

[136] Dies betrifft die Wiederaufarbeitung abgebrannter Brennelemente im Ausland. Der Verzicht auf die nationale Wiederaufarbeitung ist bereits 1989 beschlossen worden.

bis zu deren Ablieferung an eine Anlage zur Endlagerung radioaktiver Abfälle gewährleistet ist" (§ 9a Abs. 1b S. 1 AtG). Mit Absatz 2 heißt es weiter, „wer radioaktive Abfälle besitzt, hat diese an eine Anlage nach Absatz 3 (d. h. ein Zwischenlager oder künftig ein Endlager, d. Verf.) abzuliefern."

Auf der Grundlage des Atomgesetzes sind eine Reihe von Verordnungen erlassen worden, wie etwa die Strahlenschutzverordnung (StrlSchV)[137] und die Atomrechtliche Verfahrensverordnung (AtVfV)[138]. Während die Strahlenschutzverordnung vor allem die zulässige Strahlenexposition, d. h. die zulässige Einwirkung ionisierender Strahlung auf den menschlichen Körper[139] für das Betriebspersonal und die allgemeine Bevölkerung sowie die Freigabe von bei der Stilllegung kerntechnischer Anlagen anfallender Stoffe regelt, liegt der Schwerpunkt der Atomrechtlichen Verfahrensverordnung auf dem Ablauf der atomrechtlichen Genehmigungsverfahren. Darüber hinaus muss auch das Gesetz über die Umweltverträglichkeitsprüfung (UVPG)[140] beachtet werden.

Als so genanntes untergesetzliches Regelwerk, d. h. Regelwerk unterhalb der Ebene von Gesetzen und Verordnungen existiert eine Vielzahl von Regeln und Richtlinien von in erster Linie technischer Natur, mit denen die Inhalte des gesetzlichen Regelwerks konkretisiert werden. Dies sind vor allem behördliche Richtlinien, technische Spezifikationen wie etwa DIN-Normen, die Regeln des Kerntechnischen Ausschusses (KTA) sowie die Veröffentlichungen des Bundesministeriums für Umwelt, Naturschutz und Reaktorsicherheit (BMU). Zum untergesetzlichen Regelwerk wird insbesondere auch der „Leitfaden zur Stilllegung von Anlagen nach § 7 Atomgesetz"[141] gezählt, der die Anwendung der

[137] Verordnung über den Schutz vor Schäden durch ionisierende Strahlen (Strahlenschutzverordnung – StrlSchV) v. 20.7.2001, BGBl. I 2001, S. 1714; zuletzt geändert am 1.9.2005, BGBl. I 2005, S. 2618.

[138] Verordnung über das Verfahren bei der Genehmigung von Anlagen nach § 7 des Atomgesetzes (Atomrechtliche Verfahrensordnung – AtVfV) v. 3.2.1995, BGBl. I 1995, S. 180; zuletzt geändert am 25.3.2002, BGBl. I 2002, S. 11.

[139] Ausführlich zur Strahlenexposition, zur beruflichen Strahlenexposition in Deutschland 1998, zu ihren Grenzwerten und insbesondere zur Strahlenexposition in der Umgebung von Kernkraftwerken durch die Emission radioaktiver Stoffe siehe Koelzer (2007), S. 159-163.

[140] Vgl. UVPG i. d. F. v. 25.6.2005, BGBl. I 2005, S. 1757, S. 2797, zuletzt geändert am 21.12.2006, BGBl. I 2006, S. 3316.

[141] Vgl. Leitfaden zur Stilllegung von Anlagen nach § 7 Atomgesetz v. 14.6.1996. BAnz 1996, Nr. 211a. Vgl. z. B. Thierfeldt, in: BMU (2001), S. 17. Zu den Inhalten und Schwerpunkten des Stilllegungsleitfadens vgl. Rehs/Warnecke, in: VDI (2002), S. 49-58.

verschiedenen stilllegungsrelevanten Vorschriften des gesetzlichen Regelwerks näher umschreibt und erläutert, Vorschläge für eine zweckmäßige Vorgehensweise bei Stilllegung und Rückbau kerntechnischer Anlagen beinhaltet und der Harmonisierung der Genehmigungsverfahren dienen soll.

Das deutsche Rechtssystem ist in das Regelwerk der Europäischen Union (EU) eingebettet. Es steht daneben im Einklang mit den Sicherheits-Standards der Internationalen Atomenergieorganisation (IAEA) und den Empfehlungen der Internationalen Strahlenschutzkommission (ICRP).

223 Technische Aspekte

Im Folgenden werden die zentralen technischen[142] Aspekte der Stilllegung dargestellt, da die Frage nach den wirtschaftlichen Folgen, die sich unmittelbar aus den Rechtsvorschriften zur Stilllegung ergeben, nicht losgelöst von den technischen Aspekten, unter denen sie realisiert werden, betrachtet werden kann. Der Abbau einer kerntechnischen Anlage erfolgt grundsätzlich von außen nach innen und beginnt regelmäßig mit der Beseitigung der Kühltürme, die neben der Anlage stehen. Anschließend werden die Turbinen und Generatoren im Maschinenhaus abgebaut, um Platz für die Anlagen zur Feinzerlegung, Dekontamination und Konditionierung der Kernkraftwerkseinbauten zu schaffen.[143]

Zum Zerlegen von kerntechnischen Anlagen kommen thermische und mechanische Verfahren in Betracht. Zu den thermischen Zerlegetechniken zählen beispielsweise das Schweißen und Plasmabrennen, während Anlagenteile durch Schneiden, Sägen oder die Anwendung von Wasserstrahlen mechanisch zerlegt werden können. Bestimmte Stahl- und Betonkonstruktionen erfordern spezielle Sprengtechniken, und ferngesteuerte Arbeiten oder Unterwassertechniken sollen regelmäßig einen adäquaten Strahlenschutz für das Betriebspersonal sicherstellen.[144]

Der Zerlegung der Kraftwerkseinbauten muss jedoch zunächst die Dekontaminierung ganzer Systeme vorausgehen, um das Betriebspersonal von Beginn

---

[142] Ausführlich zu den technischen Aspekten eines Kernkraftwerksabbaus z. B. Buschmann, in: VDI (1978). Vgl. aktuell BfS, Stilllegung II, abrufbar unter: http://www.bfs.de/kerntechnik/stilllegung/erfahrungen.html.

[143] Zur Veranschaulichung der einzelnen Abbauphasen und -techniken vgl. Steiner/Priesmeyer, in: Deutsches Atomforum (2004), S. 77-87.

[144] Zu den Zerlegeverfahren vgl. auch Thierfeldt, in: BMU (2001), S. 23 f.

der Abbauarbeiten an vor gesundheitsschädigenden Strahleneinwirkungen zu schützen. Dekontamination bezeichnet dabei die „... Beseitigung oder Verringerung einer radioaktiven Kontamination“, d. h. die „unerwünschte Verunreinigung von Arbeitsflächen, Geräten, Räumen [...] durch radioaktive Stoffe“[145]. Zur Dekontamination können chemische Stoffe (z. B. Säuren oder Basen), mechanische Methoden (z. B. Schrubben, Bürsten, Schleifen oder Polieren) und elektrische Verfahren (z. B. Elektropolieren) zur Anwendung kommen. Im Anschluss an die Dekontamination von ganzen Systemen müssen einzelne abgebaute Anlagenteile, zum Beispiel radioaktiv verschmutzte metallische Komponenten, gezielt gereinigt werden, damit sie zur Weiterverwendung oder –verwertung freigegeben oder als konventioneller Abfall entsorgt werden können.[146]

Aus dem gesamten Stilllegungsprozess verbleibt letztlich nur ein kleiner Teil als radioaktiver Abfall,[147] der nach den atomrechtlichen Bestimmungen entsorgt werden muss. Da in Deutschland noch kein Endlager für radioaktive Abfälle existiert,[148] müssen die aus der Stilllegung verbleibenden radioaktiven Abfälle so lange zwischengelagert werden, bis ein solches Endlager zur Verfügung steht. Die Zwischenlagerung von radioaktiven Abfällen (in Fässern, Containern oder Beton- und Gussbehältern u. Ä.) setzt zunächst die Konditionierung der Stilllegungsabfälle voraus und soll grundsätzlich standortnah erfolgen (§ 9a Abs. 2 S. 3 AtG). Konditionierung kann dabei bedeuten, dass flüssige Abfälle durch Trocknung, Eindampfung oder Zementierung in feste Stoffe transformiert werden. Feste Stoffe können kompaktiert, eingeschmolzen oder einfach in Behälter verpackt werden.[149]

145 Beide Zitate Koelzer (2007), S. 34 u. S. 104.

146 Zu den Dekontaminationsverfahren vgl. z. B. Thierfeldt, in: BMU (2001), S. 22 f.

147 Beim stillgelegten Kernkraftwerk Würgassen bspw. wird damit gerechnet, dass das gesamte Material (80 % davon sind Beton, der Rest besteht v. a. aus Stahl) bis auf einen Rest von zwei Prozent in den regulären Stoffkreislauf entlassen werden kann. Von den insgesamt 255.000 Tonnen Material verbleiben somit 5.100 Tonnen radioaktiver Abfall, der entsorgt werden muss. Vgl. Küffner, FAZ v. 17.5.2005, S. T1.

148 Zur Endlagerung radioaktiver Abfälle in Deutschland vgl. Wasgindt/Viehl, in: Informationskreis KernEnergie (2006), S. 1-12.

149 Vgl. Adler/Rudolf/Sander, in: VDI (2002), S. 81 f.

2231 Stilllegungs- und Rückbaukonzepte

Im Hinblick auf die Stilllegungskonzeption[150] wird bei einem Großteil der stillgelegten Altanlagen in Deutschland eine unmittelbare Beseitigung des Kernkraftwerks im Anschluss an die Betriebseinstellung praktiziert (= direkter Rückbau).[151] Daneben besteht insbesondere die Möglichkeit, die Anlage vor ihrem eigentlichen Abbau zunächst für einen festgelegten Zeitraum sicher einzuschließen (= Rückbau nach sicherem Einschluss). Darüber hinaus ist es auch denkbar, dass eine Anlage teilweise beseitigt wird und die restlichen Anlagenteile sicher eingeschlossen werden.[152] Die Entscheidung für eine dieser Stilllegungskonzeptionen richtet sich nach dem Anlagentyp und erfolgt unter Zugrundelegung externer Einflussfaktoren.[153] Die folgende Abbildung veranschaulicht die beiden Grundvarianten der Stilllegung:[154]

150 Zu den Stilllegungskonzepten grundlegend in Thierfeldt, in: BMU (2001), S. 11 ff. u. Bürger, in: Öko-Institut (1998), S. 5 ff.

151 Bspw. bei den stillgelegten Kernkraftwerken Würgassen und Stade. Vgl. E.ON Kernkraft (2002), S. 8. Das BMU favorisiert ebenfalls die Methode der unmittelbaren Beseitigung, vgl. Wendling, in: VDI (2002), S. 4.

152 Vgl. z. B. Koelzer (2007), S. 157. Zu den möglichen Kombinationen von sicherem Einschluss mit anschließendem (Teil-) Abbau vgl. auch Kurz, in: Blümel/Wagner (1993), S. 56 f.

153 Als externe Einflussfaktoren können technische und radiologische Betrachtungen, Standortaspekte, politische und rechtliche Rahmenbedingungen in Betracht kommen. Vgl. Bonnenberg/Mischke, in: VDI (1996), S. 11 f. Zu den Vor- und Nachteilen der jeweiligen Stilllegungskonzepte vgl. Adler/Rudolf/Sander, in: VDI (2002), S. 80 f., Thierfeldt, in: BMU (2001), S. 12 f. u. Thierfeldt (1993), 52 ff.

154 Entnommen aus E.ON Kernkraft (2002), S. 7. Zu den beiden Stilllegungsvarianten vgl. z. B. Thierfeldt (1993), S. 32 f.

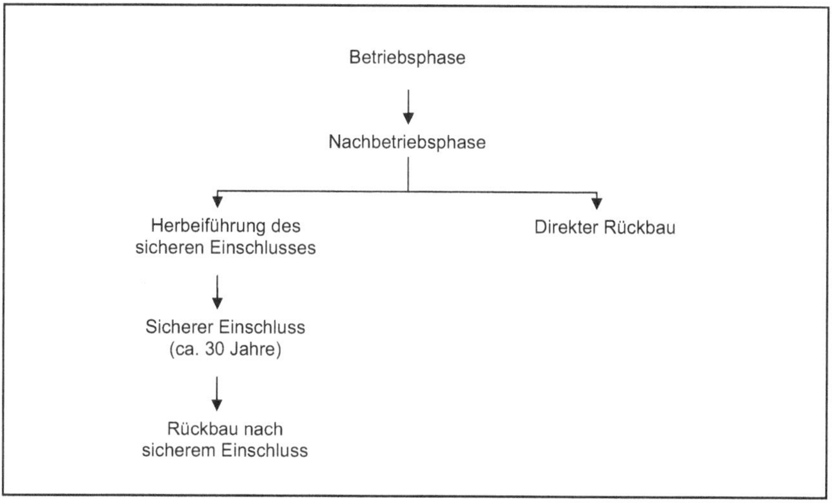

Abb. 4: Stilllegungs- und Rückbaukonzepte

Als weitere denkbare Stilllegungsmethode könnte auch die Endlagerung einer gesamten Anlage in Betracht kommen, bei der die abgeschaltete Anlage derart eingeschlossen wird, dass sie als oberflächennahes Endlager verbleibt. In Deutschland könnte diese Methode jedoch frühestens ab 2030 praktiziert werden.

22311 Direkter Rückbau

Der Abbau eines Kernkraftwerks[155] im unmittelbaren Anschluss an die endgültige Betriebseinstellung des Kraftwerks bietet den großen Vorteil, dass das Betriebspersonal weiterbeschäftigt werden kann und dessen Anlagenkenntnisse zur Effektivität des Abbaus beitragen können. Außerdem kann die betriebliche Systemtechnik zur Vorbereitung der Rückbaumaßnahmen, zum Beispiel bei der Dekontaminierung, genutzt werden. Darüber hinaus führt der unmittelbare Abbau zu einer vergleichsweise höheren Finanzierungssicherheit als ein um mehrere Jahrzehnte verzögerter Rückbau, der stets das Risiko in sich birgt, dass zum Zeitpunkt der Beseitigung der Anlage keine ausreichenden Finanzmittel mehr zur Verfügung stehen (z. B. infolge von Zinsentwicklungen) und die betroffenen Unternehmen nicht liquide genug sind, um einen möglichen Fehlbetrag auszu-

[155] Der Abbau kann etwa zehn Jahre dauern. Vgl. Wendling, in: VDI (2002), S. 2.

gleichen.[156] Gleichwohl führt die fehlende Abklingzeit beim direkten Rückbau zu vergleichsweise ungünstigeren radiologischen Bedingungen, die erhöhte Strahlenschutzmaßnahmen erforderlich machen.[157] Nach der unmittelbaren Beseitigung eines großen Druckwasserreaktors verbleiben ca. 5.200 m^3, bei einem großen Siedewasserreaktor ca. 6.800 m^3 endzulagernde radioaktive Abfälle.[158]

22312 Gesicherter Einschluss

Bei dieser Stilllegungsmethode wird das Kernkraftwerk zunächst für einige Jahrzehnte (30 Jahre[159] bis möglicherweise über 100 Jahre) in einen sicheren Einschlusszustand versetzt, um die noch vorhandene Radioaktivität teilweise abklingen zu lassen. Hierzu werden alle festen und unlöslichen radioaktiven Substanzen in einer Sicherheitsumhüllung am Kraftwerksstandort eingeschlossen. Dennoch muss eine sicherheitstechnische Überwachung der eingeschlossenen Anlage gewährleistet bleiben.[160] Im Vergleich zum direkten Rückbau erleichtert die abgeklungene Radioaktivität den späteren Abbau der Anlage und reduziert damit die gesamten Rückbaukosten.[161]

Unabhängig davon ist der gesicherte Einschluss insbesondere wegen der erforderlichen Überwachung sehr aufwendig und wird deshalb nur bei wenigen Altanlagen praktiziert.[162] Im Hinblick auf die verbleibenden Abfallmengen führt der sichere Einschluss zu einer Reduktion der endzulagernden Abfallmengen auf ca. 4.100 m^3 für Druckwasserreaktoren und auf ca. 5.400 m^3 bei Siedewasserreaktoren.[163]

---

156 Vgl. z. B. Bürger (1998), S. 5 f.

157 Vgl. Hortman, in: VDI (1996), S. 173.

158 Vgl. BfS, Stilllegung II, abrufbar unter: http://www.bfs.de/kerntechnik/stilllegung/-erfahrungen.html.

159 In Deutschland sehen die Szenarien eine Einschlusszeit von 30 Jahren vor. Vgl. Adler/-Rudolf/Sander, in: VDI (2002), S. 79.

160 Vgl. Bürger (1998), S. 7.

161 Vgl. z. B. Thierfeldt, in: BMU (2001), S. 12 f.

162 Vorteilhaft könnte der sichere Einschluss jedoch für den Fall sein, dass während der Einschlusszeit ein Endlager errichtet würde. Hierdurch könnten Bau und Betrieb von Zwischenlagern für die bei der Stilllegung anfallenden radioaktiven Abfälle umgangen werden.

163 Vgl. BfS, Stilllegung II, abrufbar unter: http://www.bfs.de/kerntechnik/stilllegung/-erfahrungen.html.

224 Stilllegungs- und Rückbaukosten

In Abhängigkeit von der gewählten Stilllegungs- und Rückbaukonzeption beziehen sich die Kosten für Stilllegung und Rückbau eines Kernkraftwerks im Wesentlichen auf die Nachbetriebsphase, auf die Phase des sicheren Einschlusses und die anschließende Demontage und Beseitigung der nuklearen und nichtnuklearen Anlagenteile sowie die Konditionierung radioaktiver Stilllegungsabfälle und die anschließende Zwischenlagerung und künftige Endlagerung kontaminierter Abfälle.[164] Die Vereinigung Deutscher Elektrizitätswerke (VDEW) hat bereits 1976 mit der Nuklear-Ingenieur-Service GmbH (NIS) eine private Gutachterfirma mit der Ermittlung der Stilllegungs- und Rückbaukosten, die auf die einzelnen Kernkraftwerke in Deutschland zukommen werden, beauftragt.[165] Die NIS hat hierfür ein speziell auf die Stilllegung und den Rückbau kerntechnischer Anlagen zugeschnittenes Planungs- und Kostenberechnungsprogramm mit dem Namen STILLKO entwickelt,[166] mit dem die künftigen Stilllegungskosten bereits vor Inbetriebnahme der Anlage berechnet werden. Die ermittelten Kosten müssen jedoch während der gesamten Betriebsphase und auch während der Durchführung der einzelnen Stilllegungsmaßnahmen an veränderte Rahmenbedingungen angepasst werden, da sich aufgrund des langen Projekthorizonts Preis- und Kostenänderungen, veränderte rechtliche und technische Determinanten der Stilllegung oder auch die reale Teuerung materiell auf die Höhe der Stilllegungskosten auswirken können.[167]

Die Kosten für die Stilllegung von Kernkraftwerken sind von der Größe der Anlage abhängig und werden von einer Reihe von anlagenspezifischen und externen Einflussfaktoren bestimmt.[168] Auf der Basis der Preise von 1999 haben die Betreiberunternehmen die Kosten für den nuklearen Abbau eines Druckwasserreaktors mit 1200 MWe auf etwa EUR 300 Mio. und die eines Siedewasserreaktors mit 800 MWe auf ca. EUR 350 Mio. beziffert. Die höheren Kosten für den Siedewasserreaktor sind auf den systembedingt größeren Kontrollbereich und die damit verbundene größere Menge an radioaktiven Materialien zurückzufüh-

---

164 Ausführlich zu Stilllegungs- und Rückbaukosten, wesentlichen Einflussfaktoren, Finanzierungsmodellen im Ausland u. a. siehe z. B. Mittler/Lukacs, in: VDI (1996), S. 105-127.

165 Vgl. z. B. Mittler/Lukacs, in VDI (1996), S. 107 ff. u. Reinhard, et 1982, S. 658.

166 Zum Kostenmodell STILLKO vgl. Mittler/Lukacs, in: VDI (1996), S. 110 ff.

167 Vgl. Bürger (1998), S. 8 ff.

168 Vgl. Mittler/Lukacs, in: VDI (1996), S. 112 f.

ren. In diesen Summen sind nicht die Kosten für die Endlagerung der radioaktiven Abfälle enthalten.[169]

Aufgrund des hohen Finanzbedarfs für die künftige Stilllegung müssen die Betreiberunternehmen bereits heute finanziell vorsorgen und Rückstellungen für ungewisse Verbindlichkeiten in Höhe der voraussichtlichen Stilllegungskosten in ihrer Bilanz abbilden. Während die Errichtung und der Betrieb von Zwischenlagern in den Verantwortungsbereich der Betreiberunternehmen fallen, hat der Bund die Erkundung und Errichtung von Endlagerstätten übernommen. Gleichwohl wird die künftige Endlagerung von radioaktiven Abfällen im Wesentlichen von den Betreiberunternehmen finanziert, die heute bereits Anzahlungen für Auswahlverfahren, Erkundung und Errichtung von Endlagern an den Bund leisten und bilanziell berücksichtigen. Dabei werden allein die Kosten für das Auswahlverfahren bis zur Entscheidung über den Endlagerstandort auf etwa EUR 700 Mio. geschätzt.[170]

23 Entsorgung von Brennelementen und radioaktiven Betriebsabfällen

231 Begriffsexplikationen

2311 Brennelemente

Ein Brennelement stellt eine Zusammenfassung mehrerer Brennstäbe in einer speziellen Anordnung dar. Das Lexikon zur Kernenergie definiert einen Brennstab als „geometrische Form, in der Kernbrennstoff[171], ummantelt mit Hüllmate-

---

[169] Vgl. Wendling, in: BMU (2002), S. 3. Die Kosten für die Endlagerung der radioaktiven Abfälle aus der Stilllegung sind um ein Vielfaches höher als die eigentlichen Stilllegungs- und Rückbaukosten, so dass sich die Stilllegungskosten für einen Druckwasserreaktor in Summe auf etwa EUR 1,1 Mrd. belaufen könnten. Unter Zugrundelegung des Konzerngeschäftsberichts der EnBW AG werden rund EUR 2,7 Mrd. für die Stilllegung und den Rückbau von Kernkraftwerken zum 31.12.2006 zurückgestellt. Bezogen auf vier Kernkraftwerke, würden auf ein einzelnes Kernkraftwerk Stilllegungs- und Rückbaukosten in Höhe von rund EUR 700 Mrd entfallen. Vgl. Konzerngeschäftsbericht der EnBW AG zum 31.12.2006, S. 152.

[170] Vgl. BMU, Finanzielle Verantwortung für Endlagerung von Atommüll, abrufbar unter: http://www.bmu.de/pressearchiv/15_legislaturperiode/pm/4747.php.

[171] Kernbrennstoffe sind dabei besondere spaltbare Stoffe in Form von Plutonium und angereichertem Uran. Vgl. Koelzer (2007), S. 86.

rial, in einen Reaktor eingesetzt wird.“[172] Damit befindet sich der Brennstoff in den Brennstäben, die bündelweise zu Brennelementen zusammengefasst sind.[173] Je nach Reaktortyp unterscheiden sich die Brennelemente in ihrer Form und Zusammensetzung. Brennelemente für Druckwasserreaktoren stellen ein Bündel von Brennstäben dar, zwischen denen Führungsrohre für die Steuerstäbe vorgesehen sind, und können zum Beispiel aus 236 Brennstäben und 20 Steuerabführungsrohren bestehen. Bei Siedewasserreaktoren bestehen die Brennelemente ebenfalls aus einem Brennstabbündel, wobei die Anzahl der Brennstäbe pro Brennelement deutlich geringer ist (zum Beispiel 63 Brennstäbe).[174]

Beim Betrieb eines Kernkraftwerks fallen abgebrannte und bestrahlte Brennelemente an. Als abgebrannte oder ausgediente (auch verbrauchte) Brennelemente werden diejenigen Brennelemente bezeichnet, die ihren vorgesehenen Abbrand bereits erreicht haben und deshalb ausgetauscht werden müssen, während der Sammelbegriff bestrahlte Brennelemente neben den abgebrannten Brennelementen auch solche Brennelemente umfasst, die nur vorübergehend entladen wurden und wieder eingesetzt werden sollen, da sie ihren vorgesehenen Abbrand noch nicht erreicht haben. Zusammen mit der Genehmigung zum Betrieb eines Kernkraftwerks wird dem Betreiberunternehmen auch die Pflicht zur Entsorgung von abgebrannten und schadhaft gewordenen Brennelementen bestimmungsgemäß auferlegt (§§ 7 und 9a AtG).[175]

Kernbrennelemente können nur für eine begrenzte Zeit zur Energieerzeugung genutzt werden, da sich ihr Energiegehalt im Laufe ihrer Einsatzzeit verringert. Dabei verbrauchen sie sich abhängig von ihrer Platzierung im Reaktor unterschiedlich schnell. Die Erstkernladung enthält ausschließlich neue Brennelemente. Im Abstand von 12-18 Monaten wird ein Drittel bis ein Viertel der Brennelemente in einem Reaktor durch neue ersetzt, so dass nach 3-4 Jahren alle Brennelemente ausgetauscht sind. Nach jedem Brennelementwechsel enthält der Reaktor frische und teilabgebrannte Brennelemente. Um eine gleichmäßige Aus-

172 Koelzer (2007), S. 30. Vgl. Reinhard/Schmidt, BFuP 1984, S. 121 f., Reinhard, et 1982, S. 744 ff. u. Baumgärtel/Huppert/Merz (1984), S. 10 ff.

173 Entgegen der von der Begrifflichkeit Kernbrennstoff/Brennstab/Brennelement suggerierten Annahme findet bei der Kernspaltung keine Verbrennung im chemischen Sinne statt, so dass auch keine Verbrennungsrückstände wie z. B. Asche oder Rauchgas entstehen. Stattdessen fallen radioaktive Stoffe an, die gesondert entsorgt werden müssen.

174 Vgl. Koelzer (2007), S. 25 f.

175 Vgl. ebd., S. 25 f.

nutzung zu erzielen, werden die Brennelemente nach jedem Zyklus umgesetzt.[176]

Abgebrannte Brennelemente enthalten Plutonium-239 und -241 und / oder Uran-233 und -235 und damit langlebige radioaktive Stoffe, die zunächst in einem Abklingbecken des Kernkraftwerks gelagert werden müssen, bis ihre Radioaktivität und Wärmeproduktion hinreichend abgeklungen sind, so dass sie weiterbehandelt werden können. In der Vergangenheit sind abgebrannte Brennelemente häufig zur Wiederaufarbeitung nach England und Frankreich gebracht worden, um die Abfallstoffe von den noch im Brennelement enthaltenen wiederverwendbaren Kernbrennstoffen Uran und Plutonium zu trennen. Es sind so genannte MOX-Brennelemente entstanden, die erneut zur Energieerzeugung genutzt werden können. Im Rahmen der Wiederaufarbeitung sind nochmals große Mengen zum Teil hochradioaktiver Abfälle angefallen, die wieder zurück nach Deutschland transportiert werden mussten. Die Vereinbarung zum Ausstieg aus der Atomenergie hat dazu geführt, dass Transporte in Wiederaufarbeitungsanlagen in Deutschland seit dem 1.7.2005 nicht mehr zulässig sind (§ 9a Abs. 1 S. 2 AtG). Hierdurch werden große Mengen an radioaktiven Abfällen und ihre Transporte zurück in die deutschen Zwischenlager reduziert und langfristig sogar vermieden.[177]

Seither ist die Entsorgung von radioaktiven Abfällen ausschließlich über den Entsorgungspfad der direkten Endlagerung vorzunehmen. Hierbei werden die abgebrannten Brennelemente zweckmäßig verpackt und ohne vorherige Wiederaufarbeitung in ein Endlager verbracht. Die Inbetriebnahme eines solchen Endlagers ist für das Jahr 2030 vorgesehen. Zurzeit konzentrieren sich die Überlegungen auf den Salzstock bei Gorleben (für Brennelemente und hochradioaktive Abfälle) und das ehemalige Eisenerzbergwerk Konrad bei Salzgitter (für nicht oder nur schwach wärmeproduzierende radioaktive Abfälle). Während die Er-

---

176 Vgl. z. B. Volkmer, in: Informationskreis KernEnergie (2006), S. 67 f. u. Reinhard v. 10.6.1986, S. 14 f. Zu den technischen Zusammenhängen bei Brennelementen vgl. auch Reinhard, et 1982, S. 746 ff. u. Baumgärtel/Huppert/Merz (1984), S. 14 ff.

177 Ausführlich zur Wiederaufarbeitung abgebrannter Brennelemente vgl. Greenpeace, Wiederaufarbeitung, abrufbar unter: http://www.greenpeace.de/themen/atomkraft/-atommuell_wiederaufarbeitung/artikel/wiederaufarbeitung_die_wichtigsten_fakten/. Darüber hinaus sollen durch die Einrichtung standortnaher Zwischenlager (§ 9a Abs. 2 S. 3 AtG) die Transporte von radioaktiven Abfällen von den Kernkraftwerken zu den zentralen Zwischenlagern Ahaus und Gorleben wesentlich reduziert werden. An vielen Standorten in Deutschland existieren jedoch noch keine geeigneten dezentralen Zwischenlager, so dass zunächst erst einmal so genannte Interimslager errichtet wurden.

kundung des Salzstocks nach über 20 Jahren im Jahr 2000 unterbrochen wurde (Moratorium), ist jüngst durch ein Gerichtsurteil die Endlagerung für die Schachtanlage Konrad genehmigt worden.[178]

2312 Radioaktive Betriebsabfälle

In Kernkraftwerken fallen neben ausgedienten Brennelementen auch Betriebsabfälle[179] als radioaktive Abfälle an. Die radioaktiven Betriebsabfälle entstehen im Wesentlichen durch Reinigungs- und Reparaturmaßnahmen und werden in Abfälle mit einer vernachlässigbaren Wärmeerzeugung einerseits und Abfälle mit Wärmeentwicklung andererseits eingeteilt.[180] Die Reinigungsmaßnahmen beziehen sich dabei auf den Kühlkreislauf, das Wasser und die Luft aus dem Kontrollbereich und auf die Anlage selbst und verursachen vor allem Filterschlämme und Filtereinsätze, Konzentrate in wässriger Lösung sowie leichtflüchtige und gasförmige Stoffe als Rückstände. Bei der Reinigung der Anlage fallen insbesondere brennbare und pressbare Abfälle an. Aus Reparaturmaßnahmen können hingegen vor allem aktivierte metallische Teile stammen, wie zum Beispiel Rohrleitungsstücke oder Metallbehälter. Darüber hinaus zählen zu den radioaktiven Betriebsabfällen auch kontaminierte Arbeits- und Schutzkleidung, Handschuhe und Putzlappen.[181] Die Abfälle werden entweder direkt im Kernkraftwerk oder in einer externen Abfallkonditionierungsanlage behandelt und durch Trocknen, Pressen oder Verbrennen volumenmäßig stark reduziert.[182] Mit der folgenden Tabelle werden der Bestand und der Anfall an

---

178 Ausführlich zur Endlagerung radioaktiver Abfälle vgl. BfS, Endlager, abrufbar unter: http://www.bfs.de/transport/endlager.

179 Zu den Abfallarten, die bei der Wiederaufarbeitung von abgebrannten Brennelementen anfallen, vgl. Kunz, in: Deutsches Atomforum (2004), S. 6 f.

180 Vgl. Seidel (1990), S. 101 f. u. Bürger, in: Öko-Institut (1998), S. 11. In der Vergangenheit sind die radioaktiven Abfälle entsprechend ihrer Dosisleistung in schwachradioaktive, mittelradioaktive und hochradioaktive Abfälle eingeteilt worden. Vgl. Koelzer (2007), S. 2 u. Bürger (1998), S. 11.

181 Zu den einzelnen Abfallarten, die sich in flüssige, brennbare und nichtbrennbare Abfälle einteilen lassen, vgl. z. B. Seidel (1990), S. 97 f.

182 Zur Abfallbehandlung vgl. Volkmer, in: Informationskreis (2006), S. 67 f., Klix/Weh, jahrbuch der atomwirtschaft 2000, S. 43 f. u. Böhm/Krause (1987), S. 66-78. Die Konditionierungsverfahren sind dabei die gleichen wie bei den radioaktiven Stilllegungs- und Rückbauabfällen (vgl. Abschnitt 223): Verbrennung, Hochdruckverpressung, Trocknung, Unterwasserzerlegung und -verpackung, Verdampfung u. a. Vgl. Adler/Rudolf/-Sander, in: VDI (2002), S. 82.

wärmeentwickelnden Abfällen (ohne ausgediente Brennelemente) für das Jahr 2005 wieder gegeben:[183]

Reststoffart	**vernachlässigbar wärmeentwickelnd**	**wärmeentwickelnd**
Unbehandelte Reststoffe (verwertbare Reststoffe und Rohabfälle)		
Bestand Ende 2005	23.092 m^3	56 m^3
Zwischenprodukte		
Bestand Ende 2005	8.159 m^3	
Anfall 2005	1.883 m^3	
Konditionierte Abfälle		
Bestand Ende 2005	86.096 m^3	1.803 m^3
Anfall 2005	3.660 m^3	60 m^3
(gemeldetes Aufkommen)		
Prognose des Anfalls für das Jahr 2006	6.437 m^3	70 m^3

Abb. 5: Daten der Abfallerhebung für das Jahr 2005

Am 31.12.2005 waren insgesamt ca. 117.350 m^3 radioaktive Reststoffe mit vernachlässigbarer Wärmeentwicklung und ca. 1.850 m^3 wärmeentwickelnde radioaktive Reststoffe vorhanden. Aus der Übersicht wird ersichtlich, dass der Anteil der wärmeentwickelnden (konditionierten) Abfälle am Gesamtaufkommen der radioaktiven (konditionierten) Abfälle Ende 2005 lediglich ca. 2 % betrug. In 2005 wurden 60 m^3 wärmeentwickelnde Abfälle sowie 3.660 m^3 vernachlässigbar wärmeentwickelnde Abfälle gemeldet und für 2006 werden 70 m^3 wärmeentwickelnde Abfälle erwartet.

232 Entsorgungspfade

Mit § 9a Abs. 1 S. 1 AtG werden die Betreiber von Kernkraftwerken dazu verpflichtet, radioaktive Reststoffe und ausgebaute oder abgebaute radioaktive An-

[183] Vgl. BfS, Abfallerhebung 2005, abrufbar unter: http://www.bfs.de/transport/-endlager/abfall_prognosen.html.

lagenteile schadlos zu verwerten oder als radioaktive Abfälle geordnet zu beseitigen. Somit unterscheidet das Atomgesetz zwischen den beiden Entsorgungspfaden „Wiederaufarbeitung“ von abgebrannten Brennelementen einerseits und „Direkte Endlagerung“ von radioaktiven Abfällen andererseits. Bei der Wiederaufarbeitung von abgebrannten Brennelementen werden die verwertbaren Stoffe wieder in den wirtschaftlichen Kreislauf zurückgeführt, während bei der direkten Endlagerung das gesamte Brennelement einschließlich der Wertstoffe Uran und Plutonium als radioaktiver Abfall entsorgt wird. Eine Anlieferung zur Wiederaufarbeitung war zeitlich bis zum 30.6.2005 begrenzt; seitdem werden die Brennelemente in Deutschland nur noch unter dem Entsorgungspfad „Direkte Endlagerung“ entsorgt (§ 9a Abs. 1 S. 2 AtG). Die zeitliche Begrenzung der Wiederaufarbeitung auf den 30.6.2005 darf nicht darüber hinwegtäuschen, dass der Transportzeitraum für den Rücktransport von radioaktiven Abfällen aus den Wiederaufarbeitungsanlagen im Ausland nach Deutschland bis in das Jahr 2023 reicht und demzufolge auch künftig hohe finanzielle Belastungen für die Unternehmen nach sich ziehen wird.[184]

2321 Entsorgung abgebrannter Brennelemente mit Wiederaufarbeitung

Bei der Wiederaufarbeitung von abgebrannten Brennelementen handelt es sich um ein chemisches Trennverfahren, bei dem die verwertbaren Reststoffe des Brennelements, d. h. das noch vorhandene Uran und der neu entstandene Spaltstoff Plutonium von den radioaktiven Abfällen getrennt werden, um in einem PUREX-Verfahren (Plutonium-Uran-Recovery by Extraction) zu so genannten Mischoxid- (MOX)-Brennelementen verarbeitet zu werden. Während die MOX-Brennelemente erneut in einem Kernkraftwerk eingesetzt werden können, werden die radioaktiven Abfälle, die unterschiedliche Aggregatzustände und Aktivitätsgehalte aufweisen, in lagerfähige Endprodukte verwandelt. So können schwach- und mittelradioaktive Abfälle zum Beispiel einzementiert werden.[185] Die folgende Abbildung veranschaulicht den Entsorgungspfad „Wiederaufarbeitung von abgebrannten Brennelementen“:[186]

---

184 Vgl. z. B. Bürger, in: Öko-Institut (1998), S. 12 ff.

185 Vgl. z. B. Koelzer (2007), S. 192, Bürger (1998), S. 12 f., Reich (1989), S. 10-16 u. Klix/Weh, jahrbuch der atomwirtschaft 2000, S. 45-49.

186 Zum Entsorgungspfad der Wiederaufarbeitung vgl. auch Reich (1989), S. 10-15. Ausführlich zur Wiederaufarbeitung ausgedienter Leichtwasserreaktor-Brennelemente z. B. Baumgärtner (1987); S. 48-65. Zu den einzelnen Teilschritten der Wiederaufarbeitung

Abkühlzeit
(ca. ein Jahr)

↓

Transport in sog. CASTOR
V/19-Behältern

↓

Wiederaufarbeitung im
Ausland

↓

Verglasung von mittel- u.
hochradioaktiven Abfällen in
sog. Glaskokillen (HAW-
Kokillen)

↓

Transport zu zentralen
Zwischenlagern (z. B.
Transport Behälter Lager
Gorleben – TBLG)

↓

Abkühlzeit
(ca. 30 Jahre)

↓

Konditionierung mit
anschließender Endlagerung
(ohne Behältnisse)

Abb. 6: Wiederaufarbeitung von abgebrannten Brennelementen

In der Vergangenheit bestanden Wiederaufarbeitungsverträge zwischen den deutschen Betreiberunternehmen und den zwei großen Wiederaufarbeitungsunternehmen, British Nuclear Group Sellafield Ltd., Daresbury/Warrington, Großbritannien, und AREVA NC S.A. (ehemals Cogema), Vélizy, Frankreich. Die bei der Wiederaufarbeitung entstehenden radioaktiven Abfälle werden nach Deutschland zurückgebracht und hier zunächst zwischengelagert.[187] Es handelt sich bei den zurückzuführenden Abfällen um HAW (High Active Waste)-Glas-

im Überblick vgl. Reinhard, et 1982, S. 749 f.; zu den Transportvorgängen vgl. Schwarz, et 1997, S. 458 ff.; Baumgärtel/Huppert/Merz (1984), S. 14 ff.

187 Vgl. Warnecke, et 1993, S. 91.

kokillen, CDC-C (Colis Standard des Déchets Compactes) hochdruckkompaktierte Abfälle sowie bituminierte Abfälle.[188]

2322 Entsorgung abgebrannter Brennelemente ohne Wiederaufarbeitung

Bei einer direkten Endlagerung wird das gesamte Brennelement einschließlich der Wertstoffe Uran und Plutonium ohne vorherige Wiederaufarbeitung für einen unbegrenzten Zeitraum in so genannten POLUX-Behältern an einem Endlagerstandort eingeschlossen. Zuvor werden die Brennelemente für einige Jahrzehnte vornehmlich zentral zwischengelagert,[189] um ihre Strahlungs- und Wärmeleistung zu reduzieren. Künftig soll eine Zwischenlagerung ausschließlich am Standort des Kernkraftwerks erfolgen (§ 9a Abs. 2 S. 3 AtG), womit die Anzahl der Transporte in die zentralen Lager reduziert und langfristig vermieden wird.[190] Im Anschluss an die Zwischenlagerung werden die Brennelemente konditioniert, in spezielle endlagerfähige Gebinde (POLUX) verpackt und anschließend in einer geologischen Formation eingelagert und verschlossen.[191] Die folgende Abbildung veranschaulicht den Entsorgungspfad „Direkte Endlagerung von abgebrannten Brennelementen“:[192]

188 Vgl. Kunz, in: Deutsches Atomforum (2004), S. 5-9.

189 Zentrale Zwischenlager in Deutschland sind das Transportbehälterlager Gorleben und das Brennelementzwischenlager Ahaus.

190 Das Zwischenlager Nord bei Greifswald/Lubmin ist zum Beispiel ein bereits in Betrieb befindliches dezentrales Zwischenlager für abgebrannte Brennelemente. Vgl. BfS, Zwischenlager Nord, abrufbar unter: http://www.bfs.de/transport/publika/transport/-lubmin.html.

191 Vgl. Bürger (1998), S. 13 u. Klix/Weh, jahrbuch der atomwirtschaft 2000, S. 49-53.

192 Zum Entsorgungspfad der Direkten Endlagerung vgl. auch Reich (1989), S. 16 f.

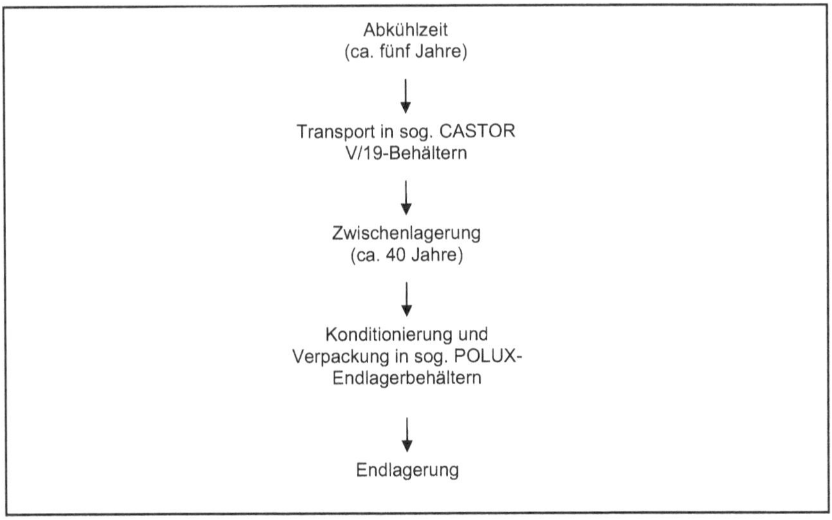

Abb. 7: Direkte Endlagerung von abgebrannten Brennelementen

Das Atomgesetz weist mit § 9a Abs. 1 die Verantwortung für die „Direkte Endlagerung“ den Betreiberunternehmen zu, die zur Erfüllung dieser Aufgabe die Gesellschaft für Nuklear-Service mbH (GNS) gegründet haben. Ein Schwerpunkt im Leistungsspektrum der GNS ist die Entsorgung radioaktiver Abfälle und Reststoffe, die aus dem Betrieb und der Stilllegung von Kernkraftwerken resultieren.[193] Die Erkundung und Errichtung von Zwischen- und Endlagern fallen hingegen in den Verantwortungsbereich von Bund und Ländern (§ 9a Abs. 3 AtG).[194]

233 Entsorgungskosten

2331 Entsorgungspfad Wiederaufarbeitung

Betrachtet man die einzelnen Entsorgungsschritte bei der Wiederaufarbeitung abgebrannter Brennelemente, so umfassen die Entsorgungskosten vor allem die

[193] Näheres zur GNS vgl. GNS, Homepage, abrufbar unter: http://www.gns.de/generator-.aspx/templateId=renderPage/lang=de/id=35724.html.

[194] Nach § 23 Abs. 1 AtG ist das BfS für die Durchführung dieser Aufgabe zuständig. Das Atomgesetz räumt dem BfS das Recht ein, sich zur Durchführung seiner Aufgaben Dritter zu bedienen. So übernimmt bspw. die Deutsche Gesellschaft zum Bau und Betrieb von Endlagern für Abfallstoffe mbH (DBE) Aufgaben zur Planung, Errichtung und zum Betrieb von Endlagerstätten des Bundes.

Transportkosten zu den Wiederaufarbeitungsanlagen, die Kosten für die eigentliche Wiederaufarbeitung, die Kosten des Rücktransports und der anschließenden Zwischenlagerung sowie die Konditionierungskosten und die Kosten für die Endlagerung der verbleibenden wärmeentwickelnden Abfälle.[195] Da abgebrannte MOX-Brennelemente eine deutlich höhere Nachwärmeentwicklung aufweisen, sind für sie eine wesentlich längere Abklingzeit in Zwischenlagern sowie eine reduzierte Packungsdichte (kg/Volumen) erforderlich. Hierdurch fallen die Entsorgungskosten der bei der Wiederaufarbeitung gewonnenen MOX-Brennelemente vergleichsweise höher aus. Die von den Betreibern zu tragenden Kosten des Entsorgungspfads der Wiederaufarbeitung sind im Wesentlichen vertraglich fixiert, wie zum Beispiel in Verträgen mit Transport- und Logistikunternehmen und den Wiederaufarbeitungsunternehmen im Ausland.[196]

2332 Entsorgungspfad direkte Endlagerung

Die direkte Endlagerung von ganzen Brennelementen ist im Wesentlichen verbunden mit den Kosten für die Beschaffung von Zwischenlagerbehältern und die Zwischenlagerung am Kraftwerksstandort, den Kosten für den Transport der Brennelemente zu den Konditionierungsanlagen sowie den Konditionierungskosten. Darüber hinaus fallen insbesondere auch Kosten für die eigentliche Endlagerung mit den dazugehörigen Vorfinanzierungskosten an, die zusammen mit den Kosten für endlagerfähige Behälter im Vergleich zu den anderen Kostenkomponenten relativ große Bandbreiten in der Kostenschätzung nach sich ziehen. Das liegt insbesondere darin begründet, dass die Kosten der Einlagerung in ein noch nicht vorhandenes Endlager für die wärmeentwickelnden Abfälle sehr schwer vorhersagbar sind und die endgültigen Annahmekriterien eines zukünftigen deutschen Endlagers noch nicht feststehen. Die Kosten für die Endlagerung werden dabei vom Bundesamt für Strahlenschutz berechnet, während die Kosten für die Beschaffung von Endlagerbehältern in der Regel auf externen Gutachten fußen.[197]

195 Vgl. Bürger (1998), S. 17.
196 Vgl. Öko-Institut (2000), S. 20 ff.
197 Vgl. Öko-Institut (2000), S. 22 f.

24 Finanzbedarfsrisiko der nuklearen Entsorgung

„Finanzierungsentscheidungen der nuklearen Entsorgung sind Entscheidungen unter Risiko.“[198] Der künftige Finanzbedarf für die nukleare Entsorgung ist aufgrund der Unsicherheit von künftigen Zahlungsreihen mit mannigfaltigen Risiken behaftet und muss vor dem Hintergrund unvollständiger und fehlender Informationen über zukünftige Ereignisse im Wesentlichen von den Entscheidungsträgern evaluiert werden. Die Risiken der nuklearen Entsorgung lassen sich dabei durch das so genannte finanztechnisch induzierte Finanzbedarfsrisiko und durch das mit der Unsicherheit des Finanzbedarfs für geplante sowie ungeplante Ausgaben induzierte Risiko abbilden.[199]

Das finanztechnisch induzierte Finanzbedarfsrisiko resultiert dabei im Wesentlichen aus unsicheren Kapitalmarktkonditionen, wie Zinsstruktur und -niveau oder Gläubigerverhalten, und daraus ableitbar aus ungewissen Kapitalbeschaffungs-, Kapitalbereithaltungskosten und -konditionen. Das Risiko von finanztechnischen Bedingungen wie Zinsstruktur und -niveau oder Gläubigerverhalten resultiert vor allem aus dem sehr langen Planungshorizont[200] für das Projekt „Nukleare Entsorgung“ und den diesen kennzeichnenden stark schwankenden Finanzbedarf, wobei das Risiko von finanztechnischen Bedingungen mit der Länge des Planungshorizonts steigt. Daneben kommt es durch die Passivierung von Rückstellungen für die nukleare Entsorgung zu einer Verschiebung der Kapitalstruktur in Richtung einer niedrigeren Eigenkapitalquote, wodurch die Kapitalbeschaffungs- und -bereithaltungskosten negativ beeinflusst werden können. Cet. par. kann hierdurch auch das Kapitalkostenrisiko steigen. Weitere riskante Einflussfaktoren der Kapitalbeschaffung und -bereithaltung könnten aus der Notwendigkeit resultieren, dass Energieversorgungsunternehmen die Beträge, die sie für die künftige nukleare Entsorgung zurückstellen, aus dem laufenden Umsatzprozess „verdienen“ müssen.[201]

Das Finanzbedarfsrisiko geplanter Ausgaben wird grundsätzlich durch Unsicherheiten bezüglich Preis- und Ressourcenentwicklung, Stand von Wissenschaft und Technik sowie Sicherheitsauflagen, Baubeginn, Bau- und Betriebszeiten, Betriebstechnik und -bedingungen von Einrichtungen der nuklearen Entsorgung (wie insb. Endlager), Mengen, Art und Zeitpunkte des Anfalls radioak-

198 Reich (1989), S. 39.

199 Vgl. ebd., S. 43.

200 Hiermit ist der Zeitraum bis zum Ende von Überwachungsmaßnahmen für die Endlagerung gemeint.

201 Vgl. ebd., S. 44-46.

tiver Reststoffe und nicht verwertbarer radioaktiver Abfälle und eine unsichere Rechtslage bestimmt. Die Unsicherheit dieser Parameter und der daraus resultierende unsichere Finanzbedarf für geplante Entsorgungsmaßnahmen spiegeln sich wider in der Prognoseproblematik der Rückstellungsbildung für planmäßige nukleare Entsorgungsverpflichtungen.[202]

Maßgebliche Parameter für das Risiko ungeplanter Ausgaben sind die langfristige energiepolitische Entwicklung, Häufigkeit und / oder Schwere nuklearer Ereignisse, politisch-gesellschaftliche Entwicklungen, wie etwa Wertewandel, und die Länge des entsorgungsrelevanten Aktionszeitraums. So resultieren Finanzbedarfsrisiken auch aus der Unsicherheit politischer Entscheidungen und der Dynamik sich ändernder energiepolitischer Programmatiken politischer Parteien. Ungeplante, zusätzliche Ausgaben aufgrund nicht vorhersehbarer Nuklearunfälle oder als Folge sich wandelnder gesellschaftlicher Sicherheitsbedürfnisse bergen weitere finanzielle Risiken. Das so gegebene Finanzbedarfsrisiko der nuklearen Entsorgung steigt mit der Länge des entsorgungsrelevanten Aktionszeitraums, der selbst einen unsicheren Parameter darstellt.[203] „Mit der Länge des entscheidungsrelevanten Planungshorizonts für Finanzierungsentscheidungen steigt das Risiko der Struktur eines für die Entsorgungsfinanzierung zugrundelegbaren Risikoprofils.“[204]

3 Anforderungen an Rechnungslegungsvorschriften als Voraussetzung für die Abbildung entscheidungsnützlicher Abschlussinformationen

31 Abschlusspolitische Gestaltungsmöglichkeiten aufgrund von Principal-Agent-Beziehungen

Das Verhältnis zwischen Anteilseigner (= Abschlussadressat) und Management eines Unternehmens (= Abschlussersteller) lässt sich als eine Principal-Agent-Beziehung beschreiben.[205] Principal-Agent-Beziehungen kennzeichnen vertragliche Beziehungen zwischen einem Auftraggeber (Principal) und einem Auftragnehmer (Agent), bei welchen der Principal Entscheidungsbefugnisse auf den Agent delegiert. Derartige Auftragsbeziehungen implizieren annahmegemäß,

202 Vgl. ebd., S. 46-49.
203 Vgl. ebd., S. 49-52.
204 Reich (1989), S. 52.
205 Zu Informations-Asymmetrie und Principal-Agent-Ansätzen vgl. Bamberg/Coenenberg (2006), S. 168 f.

dass der Agent eigene Ziele verfolgt, die nicht mit den Zielen des Principals im Einklang stehen müssen (opportunistisches Handeln) und dass der Agent als interner Akteur regelmäßig einen Informationsvorsprung gegenüber dem Principal besitzt (asymmetrische Informationsverteilung). Daraus resultiert für den Principal das Risiko, dass ihn der Agent über seine persönlichen Absichten oder Handlungsmöglichkeiten und damit verbundene Konsequenzen nicht oder nur unzureichend informiert (Hidden Information) und dass der Agent darüber hinaus - aufgrund seines Informationsvorsprungs für den Principal nicht erkennbar - Entscheidungen im eigenen Interesse trifft, die sich zu Lasten des schlechter informierten Principals auswirken können (Hidden Action).[206]

In diesem Ansatz nehmen die Anteilseigner die Rolle des Principals ein und das Management (der für die Abschlusserstellung Verantwortliche, z. B. Vorstand oder Geschäftsführung) die des Agenten. Das Management erhält von den Anteilseignern die Verfügungsmacht über das von ihnen eingezahlte Kapital.[207] Die beschriebene asymmetrische Informationsverteilung[208] löst bei dem Management Anreize aus, das ihnen zur Verfügung gestellte Kapital zur eigenen Nutzenmaximierung einzusetzen, unabhängig davon, ob die Unternehmensziele dadurch beeinträchtigt werden.[209] Mögliche Interessenkonflikte zwischen Principal und Agent können durch die Verpflichtung zur externen Rechnungslegung eingegrenzt werden, da der Jahresabschluss für den Anteilseigner ein Informations- und Kontrollinstrument darstellt. Gleichwohl darf nicht vernachlässigt werden, dass der Jahresabschluss vom Management aufgestellt wird, so dass ein so genannter doppelter Principal-Agent-Konflikt vorliegt.[210]

Aufgrund von Hidden Information und Hidden Action besteht die Gefahr, dass das Management Abschlussinformationen verfälscht oder für seine Leistungsbeurteilung wesentliche Informationen verschleiert, um die Anteilseigner zu täuschen. Bilanzierungswahlrechte, Sachverhaltsgestaltungen und Ermessensspielräume beeinträchtigen daher den Informationswert der externen Rechnungslegung für den Abschlussadressaten bzw. Principal. Die externe Rechnungslegung

---

206 Vgl. grundlegend zur Principal-Agent-Theorie Kiener (1990), Haller, DBW 1994, S. 597 f., Jensen/Meckling, Journal of Financial Enonomics 1976, S. 305 f., Fama, Journal of Financial Economics 1980, S. 288 f., Ewert, in: Köhler/Küpper/Pfingsten (2007), S. 1 f., Spremann, ZfB 1989, S. 742 f., Ewert (1986), Hofmann, ZfbF 2004, S. 137 f., Jost (2001) u. Schildbach (1986), S. 61 f.

207 Vgl. Hax (1991), S. 60.

208 Vgl. Hartmann-Wendels (1991), S. 147.

209 Vgl. Erlei/Leschke/Sauerland (2007), S. 74.

210 Vgl. Baetge/Thiele/Matena, BFuP 2004, S. 202-205.

wird dem Anteilseigner erst dann entscheidungsnützliche Informationen liefern können, wenn ihr eine gewisse Glaubwürdigkeit bzw. Objektivität anhaftet. Aus diesem Grund sind „nachvollziehbare (objektivierte) Rechnungslegungsregelungen erforderlich, die verhindern, dass das Management die veröffentlichten Informationen entsprechend seinen eigenen Zielvorstellungen gestaltet (Bilanzpolitik) oder Informationen zurückhält und so Sanktionen vermeidet, die aus einer wirksamen Überwachung des Managements durch die Aktionäre resultieren könnten.“[211] Darüber hinaus zielt die Prüfung des Jahresabschlusses durch einen unabhängigen externen Abschlussprüfer auf eine glaubwürdige Darstellung der wirtschaftlichen Lage des berichtenden Unternehmens ab und können so genannte Anreizsysteme, wie zum Beispiel die Beteiligung des Managements am Periodenergebnis, dazu eingesetzt werden, dass das Management im Sinne der Unternehmensziele handelt und wahrheitsgemäß Rechnung legt.

32 Die Rechnungslegungsgrundsätze nach IFRS[212] als Beurteilungsmaßstab der Untersuchung

Zielsetzung der Rechnungslegung nach den Regelungen des IASB ist es, den Abschlussadressaten für ihre spezifische wirtschaftliche Entscheidungsfindung nützliche Informationen zu vermitteln (Decision Usefulness).[213] Dabei fokussiert das IASB die Nützlichkeit von Abschlussinformationen auf die Informationsbedürfnisse von Investoren mit der Begründung, dass der Informationsbedarf von Risikokapitalgebern auch den Informationsbedürfnissen der meisten anderen Adressaten des Abschlusses gerecht wird (faktische Fokussierung).[214] Unter dem Aspekt der Entscheidungsnützlichkeit für Investoren werden die Abschlussinformationen auf die Vermögens-, Finanz- und Ertragslage sowie deren Veränderungen begrenzt.[215] Da grundsätzlich nur die die tatsächlichen Verhältnisse abbildenden Informationen eine gewisse Entscheidungsnützlichkeit aufweisen können, haben Abschlüsse nach IFRS ein den tatsächlichen Verhältnissen entsprechendes Bild der Vermögens-, Finanz- und Ertragslage sowie der Cashflows eines Unternehmens darzustellen. Dabei geht das IASB davon aus, dass die korrekte Anwendung der IFRS, gegebenenfalls ergänzt um zusätzliche Angaben,

---

211 Baetge/Thiele/Matena, BFuP 2004, S. 204.

212 Zu den Rechnungslegungsgrundsätzen nach IFRS vgl. z. B. Heuser/Theile (2007), Rz. 260-279, Bohl/Mangliers, in: Bohl/Riese/Schlüter (2006), § 2, Rz. 1-40, ADS International (2003), Abschnitt 1, Tz. 39-95 u. Born (2007), S. 87-92.

213 Vgl. F.12.

214 Vgl. F.10.

215 Vgl. F.12.

annahmegemäß zu Abschlüssen führt, die eine wahrheitsgemäße Darstellung der wirtschaftlichen Lage eines Unternehmens sicherstellen (True-and-Fair-View, Fair Presentation).[216]

Eine für die Investoren entscheidungsnützliche Abschlussinformation ist dadurch gekennzeichnet, dass sie die Adressaten in die Lage versetzt, zukünftige Mittelzu- und -abflüsse hinsichtlich Höhe, Zeitpunkt sowie Wahrscheinlichkeit ihres Entstehens zu beurteilen (Prognose zukünftiger Cashflows). Der Adressat muss die Fähigkeit des Unternehmens einschätzen können, künftig Zahlungsmittel und Zahlungsmitteläquivalente zu erwirtschaften.[217] Dazu sind Informationen über die Ertragskraft und die Profitabilität des Unternehmens erforderlich,[218] die in erster Linie durch die Gewinn- und Verlustrechnung bereitgestellt werden. Mit Hilfe der Informationen aus Bilanz und Kapitalflussrechnung können Investitions-, Finanzierungs- und andere ökonomische Tätigkeiten während der Berichtsperiode beurteilt werden.[219] Daneben bildet der Abschluss auch die Grundlage zur Beurteilung der Managementqualität in Bezug auf die Verwaltung der ihm anvertrauten Ressourcen.[220]

Damit Abschlussinformationen diese Beurteilungen leisten können, müssen sie vor allem den qualitativen Anforderungen der Verständlichkeit (Understandability), Relevanz (Relevance), Verlässlichkeit (Reliability) und Vergleichbarkeit (Comparability) genügen.[221] Dabei bilden zunächst das Konzept der periodengerechten Erfolgsermittlung (Accrual Basis) und die Annahme der Unternehmensfortführung (Going Concern) die Basis einer solchen auf Entscheidungsnützlichkeit ausgerichteten Abschlusserstellung.[222] Gemäß dem Konzept der Periodenabgrenzung[223] werden Geschäftsvorfälle unabhängig von ihrem Zahlungsmittelfluss zum Zeitpunkt ihres wirtschaftlichen Eintretens im Abschluss abgebildet. Diese Abbildung bedingt Zuordnungen und Abgrenzungen, wodurch bilanzpolitische Spielräume eröffnet werden. Eine Begrenzung erfährt diese Sichtweise durch die Definition von Vermögenswerten

---

216 Vgl. F.46, IAS 1.13. Zur Generalnorm der Fair Presentation vgl. auch ADS International (2003), Abschnitt 1, Tz. 107-115, Bohl/Mangliers, in: Bohl/Riese/Schlüter (2006), § 2, Tz. 7.

217 Vgl. F.16.

218 Vgl. F.17.

219 Vgl. F.18.

220 Vgl. F.14.

221 Vgl. F.24-.46. Vgl. hierzu ausführlich Heuser/Theile (2007), Rz. 266-276.

222 Vgl. F.22 f.

223 Vgl. F.22, IAS 1.25 f.

und Schulden sowie durch IAS 1.25, wonach die Kapitalflussrechnung von dieser Konzeption ausgeschlossen ist. Nach dem Grundsatz der Unternehmensfortführung hat die Aufstellung eines IFRS-Abschlusses unter der Annahme zu erfolgen, dass das Unternehmen auf absehbare Zeit fortgeführt wird, und zwar solange das Unternehmen weder die Absicht hat noch gezwungen ist, seine Tätigkeit einzustellen oder deren Umfang wesentlich einzuschränken.[224]

Auf Basis dieser Grundannahmen definiert das IASB qualitative Anforderungen (s. o.), denen ein Abschluss gerecht werden muss, damit die durch ihn gewährten Informationen für die Entscheidungsfindung der Abschlussadressaten nützlich sind. Diese Anforderungen lassen sich wiederum durch weitere Einzelgrundsätze konkretisieren. Die Entscheidungsnützlichkeit von Informationen wird in erster Linie bestimmt durch das Zusammenspiel von Entscheidungsrelevanz und Verlässlichkeit. Einschränkungen erfahren diese beiden Grundsätze durch so genannte relativierende Nebenbedingungen, wie die Zeitnähe von Informationen und die Wirtschaftlichkeit der Berichterstattung.

Informationen sind dann entscheidungsrelevant, wenn sie dazu geeignet sind, ökonomische Entscheidungen der Abschlussadressaten zu beeinflussen, indem sie die erstmalige Beurteilung vergangener, gegenwärtiger und künftiger Ereignisse ermöglichen oder frühere Beurteilungen entweder bestätigen oder korrigieren.[225] Allein entscheidungsrelevante Informationen ermöglichen die Prognose über die künftige Entwicklung des Unternehmens und die Bestätigung bzw. Widerlegung früherer Prognosen.[226] Zudem können die Kapitalgeber die Verwaltung des von ihnen zur Verfügung gestellten Kapitals durch das Management ausschließlich anhand von entscheidungsrelevanten Informationen kontrollieren und beurteilen, so dass ein IFRS-Abschluss nur über die Gewährung von relevanten Informationen Prognosen- wie auch Kontrollzwecken gerecht werden kann. Nach F.29 ist die Relevanz einer Information durch ihre Art und Wesentlichkeit (Materiality) bedingt (qualitative und quantitative Dimension). Neben der Art der Information bezieht sich ihre Wesentlichkeit vor allem auf das quantitative Ausmaß der Information und stellt damit eher eine Schwelle oder einen Grenzwert und weniger ein qualitatives Merkmal dar.[227]

224 Vgl. F.23, IAS 1.23 f.

225 Vgl. F.26.

226 Vgl. F.27.

227 Vgl. F.30.

Um entscheidungsnützlich zu sein, müssen Informationen relevant und verlässlich zugleich sein. Zuverlässig sind Informationen dann, wenn sie keine wesentlichen Fehler enthalten und frei von verzerrenden Einflüssen sind.[228] Mit F.32 wird festgestellt, dass Informationen, die relevant, jedoch gleichzeitig unzuverlässig sind, die Adressaten irreführen können und deshalb nicht veröffentlicht werden. Jeder Einzelfall erfordert dabei die Abwägung, ob eine relevante Information hinreichend verlässlich ist, um sie in der Bilanz oder GuV abzubilden oder zumindest im Anhang zu berichten. Der Grundsatz der Verlässlichkeit wird durch die Unterprinzipien glaubwürdige Darstellung (Faithful Representation), wirtschaftliche Betrachtungsweise (Substance over Form), Neutralität (Neutrality), Vorsicht (Prudence) und Vollständigkeit (Completeness) konkretisiert.[229] Dabei verlangt das Prinzip der glaubwürdigen Darstellung, dass die Abschlussinformationen die Geschäftsvorfälle und sonstigen Sachverhalte, die sie abbilden sollen oder von denen die Adressaten erwarten, dass sie diese abbilden, auch tatsächlich getreu wiedergeben (Wiedergabetreue).[230]

Die Beachtung des Prinzips der wirtschaftlichen Betrachtungsweise soll die Abbildung von Geschäftsvorfällen und anderen abschlussrelevanten Ereignissen entsprechend ihrem wirtschaftlichen Gehalt und ihrer wirtschaftlichen Wirklichkeit und nicht nur entsprechend ihrer rechtlichen Gestaltung gewährleisten (Substance over Form).[231] Nach dem Grundsatz der Neutralität sind die Abschlussinformationen neutral, d. h. objektiv, wert- und willkürfrei abzubilden.[232] Eine bewusste und auf abschlusspolitischen Erwägungen basierende Einflussnahme auf Entscheidungen darf nicht stattfinden. Vorsicht bedeutet, dass Ermessensentscheidungen, die regelmäßig für Schätzungen unter Unsicherheit erforderlich sind, sorgfältig abgewogen werden müssen und Vermögenswerte oder Erträge nicht zu hoch und Schulden oder Aufwendungen nicht zu niedrig angesetzt werden dürfen.[233] Letztlich sind Unternehmensabschlüsse nur dann verlässlich, wenn die darin enthaltenen Informationen vollständig sind und auch das zugrunde liegende Datenmaterial vollständig berücksichtigt wurde. Der Vollständigkeitsgrundsatz erfährt Einschränkungen insbesondere durch Wesentlichkeits- und Wirtschaftlichkeitsüberlegungen.[234]

---

228 Vgl. F.31.

229 Vgl. F.33-F.38.

230 Vgl. F.33.

231 Vgl. F.35.

232 Vgl. F.36.

233 Vgl. F.37.

234 Vgl. F.38.

Die IFRS können trotz der herausragenden Bedeutung der Fair Presentation und der beschriebenen qualitativen Anforderungen an die Abschlussinformationen das subjektive Moment in der Abschlusserstellung nicht vollständig ausschließen.[235] So ergeben sich zwangsläufig Einschätzungsspielräume beispielsweise bei der Festlegung, ob eine Information im Hinblick auf ihre Entscheidungsnützlichkeit wesentlich ist. Zudem sind der gleichzeitigen Erfüllung der Anforderungen der Relevanz und der Verlässlichkeit Grenzen gesetzt.[236] Das Dilemma gestaltet sich derart, dass Informationen, die dem Adressaten zu spät zugehen, mithin nicht mehr entscheidungsnützlich sind vice versa Entscheidungen, die dem Empfänger zu schnell zugehen, mithin zu einer Beeinträchtigung der Verlässlichkeit führen. Beeinträchtigungen der Verlässlichkeit führen wiederum zu Beeinträchtigungen der Entscheidungsnützlichkeit, da nur verlässliche Informationen entscheidungsnützlich sind. Somit ist eine Fair Presentation nur begrenzt möglich, da die Berücksichtigung zukünftiger Aspekte grundsätzlich mit Unsicherheiten und unvollständigen Informationen behaftet ist und damit zwangsläufig Ermessens-/Einschätzungsspielräume eröffnet werden. Letztlich kommt es darauf an, mit den den Unternehmensabschluss bestimmenden Rechnungslegungsnormen wesentliche Fehler zu vermeiden und intersubjektiv nachprüfbare Informationen zu gewähren.

4 Inhaltliche Konkretisierung des abschlusspolitischen Gestaltungspotenzials als Beeinträchtigung entscheidungsnützlicher Abschlussinformationen

41 Begriff und Ziele der Abschlusspolitik

Unter Abschlusspolitik als „wichtiges Kapital der Unternehmenspolitik"[237] versteht man die bewusste und willentliche „Einflussnahme auf Form, Inhalt und Berichterstattung"[238] des Abschlusses durch die Ausübung von Aktionsparametern – im rechtlich zulässigen Rahmen –[239] zu dem Zweck, „... die Rechtsfolgen des Jahresabschlusses und das Urteil der Informationsempfänger zu beeinflussen und sie zu einem (hinsichtlich der Unternehmensziele, d. Verf.) gewünschten

[235] Vgl. unter vielen z. B. Nobach (2006), Tanski (2006), Wohlgemuth (2007).

[236] Zum Spannungsverhältnis zwischen Relevanz und Verlässlichkeit in der Rechnungslegung vgl. Naumann, ZfB-Special 6/2006, S. 43 ff.

[237] Clemm, WPg 1989, S. 358. Vgl. auch Wöhe (1997), S. 53 ff.

[238] Küting, DStR 1996, S. 935.

[239] Vgl. z. B. ausdrücklich Wöhe (1997), S. 58 mit Hinweis auf Vogt (1963), S. 33; Ammann/Müller (2004), S. 281 u. Peemöller (2003), S. 202 f.

Verhalten zu bewegen."[240] Küting spricht auch von einer „zielorientierte(n) Transformation von Unternehmensdaten"[241], die auf die Informationsbedürfnisse und Erwartungen der Abschlussadressaten ausgerichtet ist. Im Rahmen dieser Arbeit wird der Begriff Abschlusspolitik verwendet, ungeachtet der Tatsache, dass der Begriff Bilanzpolitik im Schrifttum ebenfalls gebräuchlich ist.[242] Der Begriff Bilanzpolitik greift zu kurz, da das Gestaltungsinteresse nicht nur auf die Bilanz oder Bilanz und Gewinn- und Verlustrechnung bezogen ist, sondern vielmehr auch andere Abschlusselemente wie etwa Anhang und Lagebericht mit einschließt. Zum anderen wird auf internationaler Ebene der Begriff Periodenabschluss verwendet, da der zeitliche Terminus der Rechenschaftslegung hiernach nicht auf ein Jahr beschränkt ist.

Abschlusspolitische Maßnahmen zielen primär auf die Beeinflussung der finanzwirtschaftlichen Situation des Unternehmens (finanzpolitische Ziele) sowie auf die wunschgemäße Präsentation des Unternehmens durch eine bewusste Informationspolitik (informationspolitische Ziele) ab.[243] Unter den finanzpolitischen Zielen wird die Beeinflussung der Kapitalbeschaffungsmöglichkeiten und der ertragsabhängigen Auszahlungen gefasst. In diesem Sinne wird zum Beispiel eine börsennotierte Aktiengesellschaft bestrebt sein, durch das Erreichen hoher Börsenkurse und damit hoher Emissionskurse neues Aktienkapital zu günstigen Konditionen zu erhalten. Unter der Annahme, dass die Möglichkeiten der Eigenkapitalbeschaffung durch hohe Ausschüttungen gestärkt werden können, wird ein Unternehmen wiederum am Ausweis hoher Gewinne und dadurch ermöglichte hohe Dividendenzahlungen interessiert sein. Die Informationspolitik wiederum umfasst die Gestaltung bis hin zur gezielten Vermeidung von Abschlussinformationen.[244] Wöhe zählt neben der Kapitalsicherung, Unternehmenserhaltung, Kapitalerweiterung und –umschichtung, der Liquiditätsverbesserung, der Steuerminimierung, explizit auch die Ausschüttungs- und Meinungsbildungspolitik zu den Zielen der „Bilanzierungs-, Bewertungs- und Rücklagenpolitik"[245].

---

240 Küting, DStR 1996, S. 935; vgl. auch Küting, Controlling 2005, S. 225. Vgl. Hauschildt (1996), S. 1, Scheffler, in: Küpper/Wagenhofer (2002), Sp. 186 u. Küting/Weber (2006), S. 31.

241 Küting, DStR 1996, S. 935.

242 Vgl. stellvertretend für viele Baetge/Ballwieser (1978), S. 511-530, Küting/Kaiser (1994), S. 1, Kußmaul/Lutz, WiSt 1993, S. 344, Wöhe (1997), Peemöller (2003), Wagenhofer/Ewert (2003).

243 Vgl. z. B. Wöhe (1997), S. 54 f. u. Bitz/Schneeloch/Wittstock (2003), S. 646.

244 Ausführlicher zu den Zielen der Abschlusspolitik vgl. insb. Bitz/Schneeloch/Wittstock (2003), S. 646-673.

245 Wöhe (1997), S. 677. Ausführlicher vgl. ebd., S. 677-689.

42 Abschlusspolitische Aktionsparameter

Die folgende Darstellung veranschaulicht die Systematik der abschlusspolitischen Aktionsparameter:[246]

<table>
<tr><td colspan="5">Abschlusspolitische Aktionsparameter</td></tr>
<tr><td rowspan="4">Formell</td><td colspan="4">Materiell</td></tr>
<tr><td rowspan="3">Sachverhalts-
gestaltung</td><td colspan="3">Sachverhaltsabbildung</td></tr>
<tr><td colspan="2">Wahlrechte</td><td rowspan="2">Ermessens-/
Einschätzungs
spielräume</td></tr>
<tr><td>Ansatz</td><td>Bewertung</td></tr>
</table>

Abb. 8: Systematik der abschlusspolitischen Aktionsparameter

Die Aktionsparameter können der formellen und materiellen Abschlusspolitik zugeordnet werden. Darüber hinaus kommen auch zeitliche Aktionsparameter in Betracht, die der formellen und materiellen Abschlusspolitik vor- oder nachgelagert sind.[247]

421 Formelle Abschlusspolitik

Maßnahmen der formellen Abschlusspolitik[248] zielen ausschließlich auf eine Beeinflussung der äußeren Form und Darstellung abzubildender Sachverhalte im Jahresabschluss ab und beeinflussen nicht dessen sachlichen Inhalt.[249] Während sich die formellen abschlusspolitischen Instrumente in der Vergangenheit vornehmlich auf die Gliederung von Bilanz und Erfolgsrechnung bezogen haben,[250] gewinnt nunmehr zunehmend die abschlusspolitisch motivierte Gestaltung in Anhang und Lagebericht und anderen freiwilligen Berichten an Bedeutung (zum Beispiel: Ausführlichkeit der Anhangangaben), da der Fokus der Abschlussadressaten immer mehr auf die qualitative Berichterstattung gerichtet ist. Dabei kann insbesondere bei prognostischen Aussagen ein enormes abschlusspolitisches Potenzial festgestellt werden.[251] Aus diesem Blickwinkel kann auch in der

---

[246] In Anlehnung an Ruhnke (2005), S. 342. Vgl. auch Küting/Weber (2006), S. 38.

[247] Vgl. Heinhold, WiSt 1984, S. 449, Ossadnik (1998), S. 161, Scheffler, in: Küpper/-Wagenhofer (2002), Sp. 189 u. Wöhe (1997), S. 59 f.

[248] Zu den Mitteln der formellen Beeinflussung der Bilanzstruktur vgl. Wöhe (1997), S. 160 f.

[249] Vgl. Coenenberg/Meyer, in: Wollmert/Schönbrunn/Jung et. al. (2003), S. 356 u. Waschbusch, WISU 1994, S. 807 f.

[250] Hierunter fallen Ausweis-, Gliederungs- und Zuordnungsentscheidungen.

[251] So auch z. B. Ammann/Müller (2004), S. 302.

Praxis vermehrt beobachtet werden, dass insbesondere wirtschaftlich angeschlagene Unternehmen in der Lageberichterstattung zu Schönfärbereien und geschönten Tendenzaussagen neigen und dazu vor allem auch die freiwillige Publizität dazu nutzen.[252]

422 Materielle Abschlusspolitik

Während die formelle Abschlusspolitik auf die formale Darstellung des Inhalts der einzelnen Abschlusselemente gerichtet ist, werden durch materielle Mittel der Abschlusspolitik[253] die Abschlusszahlen selbst gestaltet, womit der Inhalt des Abschlusses materiell geändert wird.[254] Die materielle Abschlusspolitik zielt primär darauf ab, das ausgewiesene Periodenergebnis sowie die Höhe bestimmter Kennzahlen wunschgemäß zu gestalten.[255] Darüber hinaus können aber auch erfolgsneutrale Instrumente, die sich wertmäßig auf das Gerüst des Jahresabschlusses auswirken, unter die materielle Abschlusspolitik subsumiert werden.[256] Insgesamt lassen sich die Aktionsparameter einer materiellen Abschlusspolitik in Sachverhaltsgestaltungen einerseits und Sachverhaltsabbildungen andererseits einteilen.[257]

4221 Sachverhaltsgestaltung

„Sachverhaltsgestaltungen zielen auf das Mengengerüst der Aktiva und Passiva ab."[258] Darunter werden ökonomische Transaktionen gefasst, die vor Ablauf des Abschlussjahres rein abschlusspolitisch motiviert durchgeführt werden, um das

---

252 Vgl. ebd., S. 286.

253 Zu den Mitteln der materiellen Beeinflussung der Bilanzstruktur vgl. Wöhe (1997), S. 61.

254 Vgl. Coenenberg/Meyer, in: Wollmert/Schönbrunn/Jung et. al. (2003), S. 356 u. Waschbusch, WISU 1994, S. 807 f.

255 Vgl. Ruhnke (2005), S. 343, Kußmaul/Lutz, WiSt 1993, S. 400 u. Sieben/Coenenberg, WISU 1997, S. 1143.

256 Vgl. Coenenberg/Meyer, in: Wollmert/Schönbrunn/Jung et. al. (2003), S. 356, Ossadnik (1998), S. 160 u. Waschbusch, WISU 1994, S. 807 f. Hierbei handelt es sich um eine weite Interpretation der materiellen Bilanzpolitik. In der Literatur wird auch eine enge Interpretation vertreten, die allein Instrumente mit Ergebniswirkung umfasst. Vgl. z. B. Kußmaul/Lutz, WiSt 1993, S. 400 u. Sieben/Coenenberg, WISU 1997, S. 1143.

257 Vgl. z. B. Küting, Controlling 2005, S. 226 u. Meyer/Meisenbacher, DStR 2004, S. 569 ff.

258 Ruhnke (2005), S. 343.

Bilanzbild prospektiv zu gestalten.[259] Sachverhaltgestaltungen umfassen sowohl tatsächliche Handlungen als auch die abstrakte (rechtliche) Gestaltung von Geschäftsvorfällen, sind regelmäßig nicht wahrnehmbar und erfahren auch keine Einschränkungen durch das Stetigkeitsgebot.[260] „Es handelt sich dabei um Maßnahmen zur zeitlichen Vor- oder Nachverlagerung von Geschäftsvorfällen, die ohnehin stattgefunden hätten (wie etwa das Hinauszögern von Investitionen oder Personalmaßnahmen, um das laufende Ergebnis nicht zu belasten, d. Verf.) ... (oder, d. Verf.) originäre bilanzpolitisch motivierte Handlungen werden vorgenommen, die nach dem Bilanzstichtag umkehrbar bzw. nicht umkehrbar sind (wie etwa Sale-and-Leaseback-Transaktionen, d. Verf.).“[261]

4222 Sachverhaltsabbildung

Die weitaus größte Bedeutung kommt jedoch den abschlusspolitischen Maßnahmen zu, die zur Beeinflussung von Vermögen und Erfolg nach dem Abschlussstichtag durchgeführt werden.[262] „Die Sachverhaltsabbildung knüpft an die durch die geschäftlichen Aktivitäten eines Unternehmens geschaffenen realen Vorgänge und Tatsachen an.“[263] Bei den abschlusspolitischen Aktionsparametern wird zwischen Ermessens- bzw. Einschätzungsspielräumen einerseits und Wahlrechten, die ihrerseits wiederum differenziert werden in explizite und implizite Wahlrechte, andererseits unterschieden.[264]

42221 Ermessens- / Einschätzungsspielräume

Ermessens- und Einschätzungsspielräume sind dadurch gekennzeichnet, dass das gesetzliche Regelwerk dem Bilanzierenden einen bestimmten Bewertungsmaßstab vorschreibt, für die Festlegung dieses Werts jedoch eine Bandbreite

---

259 Vgl. Baetge/Ballwieser, BFuP 1978, S. 515, Heinhold, WiSt 1984, S. 450, Küting/-Dawo, StuB 2002, S. 1158, Küting/Kaiser, BB 1994, Beilage 2, S. 10, Ludewig, ZfB 1987, S. 431, Marten/Klopsch, DStR 1994, S. 1911, Meyer/Meisenbacher, DStR 2004, S. 568 f., Schulze zur Wiesch, (1981), S. 61.

260 Vgl. Hoffmann (1994), S. 28 f. u. Küting/Wohlgemuth, DStR 2004, Beihefter 3, S. 5.

261 Küting, DStR 1996, S. 940 f. Zu Sachverhaltsgestaltungen vgl. auch Jäckel/Poppe, in: Hauschildt/Leker (2000), S. 93, Heinhold, WiSt 1984, S. 450 f., Kußmaul/Lutz, WiSt 1993, S. 399, Küting/Dawo, StuB 2002, S. 1158, Küting/Kaiser, BB 1994, S. Beilage 2, S. 11 u. Meyer/Meisenbacher, DStR 2004, S. 568 f.

262 Vgl. Wöhe (1997), S. 62.

263 Küting, DStR 1996, S. 940.

264 Zu Sachverhaltsabbildungen vgl. auch Küting/Weber (2006), S. 38 ff.

möglicher Wertansätze eröffnet, deren Bestimmung in das Ermessen des Bilanzierenden gelegt wird. Diese Spielräume entstehen „... aus der praktischen Unmöglichkeit einer vollständigen Objektivierbarkeit und damit einer Normung ökonomischer Vorgänge und Entwicklungen, der Angst vor dem Risiko, der Ungewissheit der Zukunft und nicht zuletzt aus mangelnder Information“[265]. „Ermessensspielräume sind das subjektive Moment“[266] einer jeden Bilanz und ergeben sich vor allem bei der „Auslegung unbestimmter Normenbegriffe und / oder bei zukunftsorientierten Schätzungen.“[267] Weil diese Spielräume und ihre Ausübung nicht genau nachvollzogen werden können und eine Berichterstattung nicht normiert ist und regelmäßig auch nicht normiert sein kann, stellen sie ein „enormes Störpotential“[268] für den an der tatsächlichen wirtschaftlichen Lage des Unternehmens interessierten Abschlussleser dar.[269]

Bei den bilanzpolitischen Spielräumen kann zwischen Subsumtionsspielräumen und Konklusionsspielräumen unterschieden werden.[270] Subsumtionsspielräume beschreiben dabei die Spielräume, die der Bilanzierende hat, einen Sachverhalt in den Anwendungsbereich einer Rechtsnorm zu fassen oder nicht. Es liegt im Ermessen des Bilanzierenden, ob die Tatbestandsmerkmale einer Norm als erfüllt respektive nicht erfüllt angesehen werden.[271] Ebenso kommt es auf das subjektive Werturteil an, wenn der Sachverhalt an sich zwar eindeutig ist, das Regelungswerk jedoch keine eindeutige Rechtsnorm vorsieht und deshalb auf eine Norm für ähnliche Geschäftsvorfälle zurückgegriffen werden muss bzw. kann.[272] Hierbei liegt die Entscheidung für eine alternative Norm im Ermessen des Bilanzierenden. Konklusionsspielräume hingegen liegen insbesondere vor, sobald der Bilanzierende bei der Wertermittlung verschiedene Verfahren zur Auswahl hat oder aufgrund von unvollständigen Informationen subjektive Entscheidungen

265 Schedlbauer, in: Coenenberg (1990), S. 144.

266 Marettek, WiSt 1976, S. 519.

267 Ruhnke (2005), S. 347.

268 Küting, DStR 1996, S. 942.

269 Vgl. Kußmaul/Lutz, WiSt 1993, S. 401, Bauer (1981), S. 74, Wagenhofer (2005), S. 554 u. Küting/Weber (2006), S. 39.

270 Vgl. Bauer, BB 1981, S. 767 f. u. Ziesemer (2002), S. 19-23.

271 Vgl. Bauer (1981), S. 72 f., Ziesemer (2002), S. 19, Küting/Kaiser, BB 1994, Beilage 2, S. 12 u. Keitz, DB 2003, S. 1802.

272 Vgl. Keitz, DB 2003, S. 1803 u. Tanski, DStR 2004, S. 1845 f. Siehe hierzu IAS 8.11, der in diesen Fällen den Rückgriff auf andere Standards bzw. das Framework regelt.

(beispielsweise bezüglich zu berücksichtigender Wertkomponenten) treffen muss bzw. kann.[273]

42222 Wahlrechte

„Ein Wahlrecht liegt vor, wenn an einen gegebenen ökonomischen Sachverhalt mindestens zwei verschiedene, eindeutig fixierte Normenfolgen anknüpfen (die sich gegenseitig ausschließen) und der Entscheidungsträger bestimmt, welche von ihnen eintritt."[274] Bei den Wahlrechten wird zwischen impliziten, gebräuchlich auch faktisch oder unecht[275], und expliziten, d. h. gesetzlichen Wahlrechten unterschieden. Wahlrechte können sich dabei sowohl auf den Bilanzansatz als auch auf die Bewertung beziehen.[276] Während nach den IFRS keine expliziten Ansatzwahlrechte bestehen,[277] finden sich nach den deutschen GoB insbesondere Ansatzwahlrechte für Aufwendungen für Ingangsetzung und Erweiterung des Geschäftsbetriebs (§ 269 HGB), für aktive latente Steuern (§ 274 Abs. 2 HGB) und Aufwandsrückstellungen (§§ 249 Abs. 1 S. 3 u. Abs. 2 HGB). Für die internationale Rechnungslegung bedeutsam sind vor allem implizite Ansatzwahlrechte, „... die dadurch gekennzeichnet sind, dass der Abschlussersteller über die Beurteilung bestimmter Kriterien entscheidet, ob ein Posten zu aktivieren ist oder nicht."[278] Implizite Ansatzwahlrechte bestehen zum Beispiel bei der Entscheidung über die Aktivierung von immateriellen Vermögenswerten (IAS 38.57) oder bei der Passivierung von Restrukturierungsrückstellungen (IAS 37.70-83). Die Ausübung von impliziten Ansatzwahlrechten ist für den Abschlussadressaten regelmäßig nicht erkennbar, denn mit „unechten Wahlrechten lässt sich geräuschlose und demzufolge auch effiziente Bilanz-

---

273 Vgl. Weber, in: Küting/Weber (1990), S. 92, Ziesemer (2002), S. 19 ff., Pfleger, DB 1984, S. 785, Pfleger (1991), Rn. 25, Selchert/Karsten, DB 1989, S. 838 u. Wagenhofer (2005), S. 553.

274 Ruhnke (2005), S. 344. Vgl. auch z. B. Bauer (1981), S. 66 f., Bauer, BB 1981, S. 767, Küting/Kaiser, BB 1994, Beilage 2, S. 12, Pfleger, DB 1984, S. 785, Scheffler, in: Küpper/Wagenhofer (2002), Sp. 190 u. Sieben/Coenenberg, WISU 1997, S. 1144.

275 So z. B. Lüdenbach/Hoffmann, in: Lüdenbach/Hoffmann (2007), § 1, Rn. 33.

276 Vgl. Kußmaul/Lutz, WiSt 1993, S. 399 f., Küting/Kaiser, BB 1994, Beilage 2, S. 12, Ossadnik (1998), S. 162-165, Peemöller (2003), S. 179-188 u. Wagenhofer (2005), S. 552 f.

277 Ausnahmen bestehen für die Behandlung nicht zurückzahlbarer Zuwendungen der öffentlichen Hand (IAS 20.24 ff.) und für den Ansatz unwesentlicher Posten (IASB Framework.29 f., IAS 1.29).

278 Ruhnke (2005), S. 345.

politik betreiben."[279] Bewertungswahlrechte gibt es in beiden Rechenwerken, und im IFRS-Regelwerk existiert beispielsweise mit der Unterscheidung zwischen Benchmark Treatment und Allowed Alternative Treatment ein explizites Bewertungswahlrecht. Wahlrechte in einem IFRS-Abschluss konnten durch das Improvements Projekt[280] des IASB reduziert, aber nicht vollständig beseitigt werden.[281]

43 Abschlusspolitisches Gestaltungspotenzial in IFRS-Abschlüssen

Die zentrale Forderung des True-and-Fair-View[282] bzw. der Fair Presentation sowie die Dominanz der Informationsfunktion nach IFRS lassen zunächst annehmen, dass die IFRS vergleichsweise deutlich weniger abschlusspolitisch motiviertes Gestaltungspotenzial aufweisen.[283] Tatsächlich nehmen explizite Wahlrechte im IFRS-Regelwerk nur eine untergeordnete Bedeutung ein.[284] Dennoch sind auch bei einer Bilanzierung nach IFRS zahlreiche Möglichkeiten der abschlusspolitischen Gestaltungsnahme gegeben, die die Aussagekraft eines Jahresabschlusses wesentlich einschränken können.[285] Gleichzeitig ist eine tatsachengetreue[286] Abbildung von ökonomischen Transaktionen schon aufgrund der Komplexität der ökonomischen Realität grundsätzlich nur eingeschränkt möglich, da vor allem die Berücksichtigung von zukünftigen Ereignissen und Ent-

---

279 Lüdenbach/Hoffmann, in: Lüdenbach/Hoffmann (2007), § 1, Rn. 34.

280 Vgl. IASB, Improvements Project, abrufbar unter: http://www.iasb.org/News/-Press+Releases/Archive/2002/IASB+Proposes+Wide+Ranging+Improvements.htm.

281 Vgl. Buchheim, BB 2002, S. 1477 f., Zülch, KoR 2004, S. 153, Zülch, StuB 2004, S. 692-695 u. Zülch, StuB 2004, S. 737-739.

282 Zu den Scheinkonflikten mit dem True and Fair View vgl. z. B. Beine, WPg 1995, S. 467 ff.

283 So auch z. B. Ammann/Müller (2004), S. 284.

284 Vgl. Fischer/Klöpfer, KoR 2006, S. 709. So können z. B. die Abgrenzungskriterien für eine Aktivierung selbsterstellter immaterieller Vermögenswerte (IAS 38.57) als Quasi-Wahlrechte abschlusspolitisch genutzt werden. Explizite Wahlrechte sollen voraussichtlich in künftigen Fassungen der IFRS weiter eingeschränkt oder ganz beseitigt werden. Vgl. hierzu Tanski (2006), S. 40.

285 Zu den zahlreichen bilanzpolitischen Spielräumen in den IFRS vgl. unter Diversen z. B. Wohlgemuth (2007), Tanski (2006), S. 37-139, Nobach (2006), Meyer/Meisenbacher, DStR 2004, S. 567 f., Kirsch, BB 2006, S. 1266 f., Fischer/Klöpfer, KoR 2006, S. 709 f., Ammann/Müller (2004), S. 283 ff., Engel-Ciric, DStR 2002, S. 780 f., Müller/Wulf, BB 2001, S. 2206 f., jüngst ders., BB 2005, S. 1267 f., Küting/Reuter, BB 2005, S. 710 ff., Küting/Dawo, StuB 2002, S. 1157 f. u. Hoffmann, StuB 2000, S. 827 f.

286 Zum Einblick in die „wahre" Unternehmenslage in einem IFRS-Abschluss vgl. Küting/Reuter, BB 2005, S. 713.

wicklungen (Stichwort: Best Estimate als Bewertungsmaßstab in der internationalen Rechnungslegung) mit vielfältigen Unsicherheiten behaftete Schätzungen notwendig macht. Zusätzliche Potenziale für Schätzungen in einem IFRS-Abschluss[287] ergeben sich beispielsweise bei der Schätzung des voraussichtlichen künftigen ökonomischen Nutzens bzw. der erwarteten ökonomischen Lasten.[288] Zudem stellen die IFRS tendenziell eher auf die Relevanz als auf die Zuverlässigkeit von Abschlussinformationen („Dilemma des Optimierungsproblems zwischen relevanten und zuverlässigen Informationen"[289]) ab, was wiederum große Interpretations- und Ermessensspielräume nach sich zieht.[290] Damit begünstigen die IFRS vor allem zahlreiche Ermessensausübungen und faktische Wahlrechte,[291] die einen intersubjektiv nachvollziehbaren und damit auch verlässlichen Einblick in die tatsächliche wirtschaftliche Lage eines Unternehmens erschweren sowie einer direkten Vergleichbarkeit von Unternehmensabschlüssen entgegenwirken.

Im Rahmen der formellen Abschlusspolitik resultieren abschlusspolitische Gestaltungspotenziale insbesondere aus dem Verzicht der IFRS, eine detaillierte Gliederung für die Bilanz und Gewinn- und Verlustrechnung vorzuschreiben (Substance over Form-Grundsatz). In Bezug auf die Ansatzentscheidung bestehen primär implizite Aktivierungs- und Passivierungswahlrechte (Aktivierung immaterieller Vermögenswerte, Passivierung von Restrukturierungsrückstellungen u. a.), während für die Bewertung sowohl explizite als auch implizite Wahlrechte abschlusspolitisch genutzt werden können (Allowed Alternative Treatment im Rahmen der Folgebewertung u. a.).[292] Das Gestaltungspotenzial in einem IFRS-Abschluss ist wesentlich von Ermessens- und Schätzungsspielräumen geprägt („komplexere Stellschrauben"[293]),[294] was vor allem in der stärkeren Zu-

---

287 Die IFRS zeichnen sich vor allem im Bereich der Schätzungen durch ihre extreme Unbestimmtheit aus. So auch z. B. Tanski (2006), S. 125 mit Verweis auf Euler/Engel-Ciric, WPg 2004, S. 154.

288 Vgl. Kirsch, Betrieb und Wirtschaft 2002, S. 1014 ff.

289 Ammann/Müller (2004), S. 308.

290 Vgl. Paulitschek/Wiese, KoR 2006, S. 635.

291 Vgl. z. B. Tanski (2006), S. 118, Scheffler, BB-Special 4 2006, S. 3 ff. u. Maier-Siegert, BC 2001, S. 131. Zur Auflistung von für die IFRS-Rechnungslegung spezifischen Ermessensspielräumen in der Bilanzierung und in der Bewertung vgl. z. B. Kirsch, BB 2006, S. 1267.

292 Zu den Bewertungswahlrechten nach IFRS vgl. Fischer/Klöpfer, KoR 2006, S. 712 ff. Zu den bilanz- und publizitätspolitischen Stellschrauben in einem IFRS-Abschluss vgl. auch Hahn, BC 2003, S. 246 ff.

293 Hahn, BC 2003, S. 249.

kunftsorientierung[295] einer auf entscheidungsnützlichen Informationen ausgerichteten Rechnungslegung begründet liegt.

Darüber hinaus offenbaren die IFRS zahlreiche Regelungslücken und unbestimmte Rechtsbegriffe,[296] wodurch eine direkte Vergleichbarkeit internationaler Abschlüsse stark eingeschränkt wird.[297] Meyer/Meisenbacher gehen sogar noch weiter, wenn sie schlussfolgern: „Für Unternehmen sind die IAS dagegen ein perfektes Instrument, um geschickt Gestaltungspotenziale zu nutzen."[298] Nach Hahn eröffnen die IAS/IFRS den Unternehmen „ein Eldorado bilanzpolitischer Stellschrauben, die sowohl weit über den bisherigen Regelungsbereich der HGB als auch den der US-GAAP hinausgehen."[299] Vor diesem Hintergrund kann insbesondere auch für den Bereich der Rückstellungen ein enormes Ermessens- und Einschätzungspotenzial konstatiert werden.[300] Während die Ansatzfrage im Wesentlichen durch die Ermessensspielräume bei der Einschätzung der Eintrittswahrscheinlichkeit tangiert wird,[301] ist die Bemessung der Rückstellungshöhe insgesamt aufgrund der Vielzahl der erforderlichen Schätzungen und Einschätzungen von erheblichen subjektiven Einschätzungen geprägt. Tanski geht mit seiner Einschätzung, dass bei der Rückstellungsbilanzierung sogar sämtliche Wertmaßstäbe zur Interpretation durch den Bilanzierenden offen bleiben, noch weiter.[302]

294 Vgl. z. B. Fischer/Klöpfer, KoR 2006, S. 716 f. u. ausführlich hierzu Tanski (2006), S. 118-139. Die IFRS zeichnen sich insbesondere im Bereich der Schätzungen durch ihre extreme Unbestimmtheit aus. Vgl. Euler/Engel-Ciric (2004), S. 154.

295 Zu der Frage, wie viel Zukunftsbezogenheit die Rechnungslegung verträgt, vgl. Lüdenbach/Hoffmann, KoR 2003, S. 5-14.

296 Vgl. ausführlich zu offenen und unscharfen Regelungen sowie unscharfen Begriffe in den IFRS Tanski (2006), S. 50-86.

297 Vgl. z. B. Freisleben/Leibfried, KoR 2004, S. 101 ff. mit Hinweis auf v. Keitz, DB 2003, S. 1801 ff.

298 Meyer/Meisenbacher, DStR 2004, S. 572. Zur eingeschränkten Aussagekraft eines IFRS-Abschlusses durch abschlusspolitische Spielräume vgl. auch Engel-Ciric, DStR 2002, S. 780-784.

299 Hahn, BC 2003, S. 245.

300 Vgl. unter vielen z. B. Tanski (2006), S. 119, Pellens/Fülbier/Gassen (2006), S. 405, Meyer/Meisenbacher, DStR 2004, S. 571, Küting, in: DStR 1996, S. 942 u. Euler/Engel-Ciric (2004), S. 154.

301 „Wahrscheinlichkeit als die große Crux der Rückstellungsbildung", Hoffmann, in: Lüdenbach/Hoffmann (2007), Tz. 34. An dieser Stelle muss angemerkt werden, dass die Änderungsvorschläge des ED IAS 37 vorsehen, eben diese Wahrscheinlichkeitsbetrachtung auf der Ebene des Ansatzes aufzuheben.

302 Vgl. Tanski (2006), S. 125.

44 Grenzen der Abschlusspolitik zur Einschränkung von verfälschten Abschlussdaten

Die Abschlusspolitik erfährt ihre Grenzen im Wesentlichen in den Rechtsvorschriften,[303] im Stetigkeitsgebot sowie in der Erkennbarkeit[304] abschlusspolitisch motivierter Gestaltungen und damit auch in der Glaubwürdigkeit der Publizität.[305] Die Wahl der abschlusspolitischen Mittel und Maßnahmen muss sich im Rahmen der gesetzlichen Bilanzierungsvorschriften bewegen,[306] denn „Bilanzpolitik (hört) dort auf, wo die Bilanzfälschung beginnt."[307] Die Grenzziehung zwischen legaler Abschlusspolitik und Verstößen gegen diese ist theoretisch eindeutig, offenbart sich in der Rechnungslegungspraxis allerdings als „... eine nicht zu unterschätzende Grauzone.[308] Die Missbrauchspolitik stellt sich besonders scharf im Rahmen der freiwilligen Publizität."[309] Die Einhaltung von Gesetz, Satzung und GoB wird mit der Abschlussprüfung testiert und steht zusätzlich auch im Fokus der neu gegründeten Deutschen Prüfstelle für Rechnungslegung e. V. Abschlusspolitische Spielräume erfahren darüber hinaus Einschränkungen durch das mit § 252 Abs. 1 Nr. 6 HGB bzw. IASB F.40 ff., IAS 1.27 f., IAS 1.36 ff. und IAS 8 normierte Stetigkeitsgebot.[310]

Das Erkennen und Nachvollziehen abschlusspolitischer Maßnahmen gestaltet sich in der IFRS-Rechnungslegung praktisch unmöglich und ist im Grunde nur bei den explizit gewährten Wahlrechten – und selbst in diesem Bereich nicht vollumfänglich – möglich,[311] so dass sich „der größte Bereich des bilanzpolitischen Instrumentariums [...] still und unsichtbar"[312] vollzieht. Der Abschluss-

---

303 Diese Begrenzung der Abschlusspolitik liegt in ihrer Definition selbst begründet, denn die Wahl abschlusspolitischer Mittel darf sich nur im Rahmen der von den gesetzlichen Bilanzierungsvorschriften zugestandenen Spielräume bewegen. Vgl. z. B. Arndt (1999), S. 97 f. Hierunter fällt auch die Begrenzung der Abschlusspolitik durch die als True and Fair View bezeichnete Generalnorm. Vgl. hierzu Rammert, in: Lüdenbach/Hoffmann (2007), § 51, Tz. 35 ff.

304 Vgl. Küting, DStR 1996, S. 940 u. Fischer/Klöpfer, KoR 2006, S. 710.

305 Vgl. Scheren, in: Küting/Weber (1998), Rn. 390, Küting/Weber (2006), S. 38 f.

306 Vgl. z. B. Wöhe (1997), S. 58 mit Hinweis auf Vogt (1963), S. 33; Ammann/Müller (2004), S. 281 u. Peemöller (2003), S. 202 f.

307 Wöhe (1997), S. 58. So auch Peemöller: „Verstöße ... stellen Bilanzdelikte und Bilanzfälschungen dar", in: Peemöller (2003), S. 203.

308 So auch Tanski (2006), S. 39.

309 Ammann/Müller (2004), S. 281.

310 Vgl. hierzu ausführlich Rammert, in: Lüdenbach/Hoffmann (2007), § 51, Tz. 38 f.

311 Vgl. Kirsch, BB 2006, S. 1270.

312 Küting, DStR 1996, S. 944.

adressat ist somit erheblichen Störpotenzialen – regelmäßig auch ohne das Wissen um die Vielzahl und Vielfalt abschlusspolitischer Gestaltungsmöglichkeiten – ausgeliefert. Gleichwohl geht das bilanzierende Unternehmen im Falle einer überzogenen Ausübung von abschlusspolitischen Mitteln zumindest die Gefahr ein, in Zukunft über die faktische Macht des Kapitalmarktes „abgestraft" zu werden. Vor diesem Hintergrund sind deshalb vor allem die Offenlegungspflichten für die Erkennbarkeit entscheidend.[313]

5 Zusammenfassung

Die Beziehung zwischen einem Unternehmen und dem Medium Umwelt ist nicht nur von einer ökologischen Dimension geprägt, sondern spielt sich auch auf einer ökonomischen Bedeutsamkeitsebene ab. Zunehmende und verschärfte Umweltauflagen auf der einen Seite und die Forderungen und Erwartungen einer auf Umweltschäden höchst sensibilisierten Verbraucherschaft auf der anderen Seite konfrontieren die Unternehmen mit teilweise massiven finanziellen Belastungen, für die finanzielle Vorsorge geleistet werden muss. Eine bilanzielle Vorsorge und Rechenschaftslegung kann dabei insbesondere über das Instrument der Rückstellungen erfolgen.

Umweltschutzverpflichtungen zielen auf die Vermeidung, Beseitigung und Begrenzung von Umweltschäden ab und lassen sich zweckmäßig nach ihrem Verpflichtungscharakter, ihren Anforderungen sowie ihrer zeitlichen Struktur differenzieren. Nukleare Entsorgungsverpflichtungen werden durch den Betrieb eines Kernkraftwerks ausgelöst, weisen sowohl kurz- als auch langfristige Verpflichtungsstrukturen auf und belasten die betroffenen Unternehmen mit vielfältigen und teilweise sehr komplexen Verpflichtungsaspekten. Bereits im Zeitpunkt der Genehmigung zum Betrieb der Anlage wird das Betreiberunternehmen dazu verpflichtet, die Anlage spätestens nach Ausschöpfung der ihr zugewiesenen Reststrommengen zurückzubauen und zu beseitigen und den durch ihre Aufstellung und ihren Betrieb in Mitleidenschaft gezogenen Grund und Boden wiederherzurichten. Während der Betriebszeit der Anlage müssen abgebrannte Brennelemente aus dem Reaktorkern entfernt und durch neue ersetzt sowie radioaktive

[313] Vgl. hierzu ausführlich Rammert, in: Lüdenbach/Hoffmann (2007), § 51, Tz. 40 ff. Zu den Grenzen der Abschlusspolitik grundsätzlich z. B. Peemöller (2003), S. 202 ff. „Unternehmen können es sich auf Dauer nicht leisten, Aussagen zu bieten und Erwartungen zu wecken, die bald danach von der Wirklichkeit widerlegt werden." Müller/Wulf, BB 2001, S. 2213.

Betriebsabfälle und Reststoffe entsorgt werden. Die betrachteten nuklearen Entsorgungsverpflichtungen reichen bis zum vollständigen Rückbau zur „Grünen Wiese“ und können einen sehr wesentlichen Bestandsposten in der Bilanz der Energieversorgungsunternehmen darstellen, wie aus dem Beispiel der vier großen deutschen Energieversorgungsunternehmen mit zum 31.12.2006 ausgewiesenen Rückstellungen für Entsorgungen im Kernenergiebereich in Höhe von zusammen EUR 28 Mrd. deutlich wird.

Die Bemessung der Rückstellungen für nukleare Entsorgungsverpflichtungen ist mit vielfältigen Imponderabilien und Unsicherheiten verbunden, denn vor allem aus der Langfristigkeit dieser Verpflichtungen resultieren unvollständige und fehlende Informationen über teilweise weit in der Zukunft liegende Ereignisse und Entwicklungen. Darüber hinaus werden die Möglichkeiten und Kosten der nuklearen Entsorgung wesentlich von den rechtlichen Rahmenbedingungen beeinflusst, wie zum Beispiel die Entscheidung des Bundes gegen eine weitere Wiederaufarbeitung von nuklearen Brennelementen und die Vereinbarung zum Ausstieg aus der Atomenergie.

Diese faktischen Unsicherheiten werden ergänzt durch das abschlusspolitische Gestaltungspotenzial in einem IFRS-Abschluss, das sich insbesondere über vielfältige Ermessens- und Schätzungsspielräume äußert und das auf zahlreichen Regelungslücken und unbestimmten Rechtsbegriffen beruht. Vor dem beschriebenen Hintergrund muss es ein Anliegen dieser Arbeit sein, Schwachstellen im IFRS-Regelwerk zu identifizieren, die die Zielsetzung eines Abschlusses im Sinne einer entscheidungsnützlichen Informationsversorgung zu beeinträchtigen vermögen, und Empfehlungen im Hinblick auf mögliche Verbesserungen der Aussagefähigkeit von publizierten Daten zu entwickeln.

C Bilanzierung: Ableitung eines IFRS-Bilanzierungsrahmens für nukleare Entsorgungsverpflichtungen

1 Vorbemerkungen und weiteres Vorgehen

Verpflichtungen zur nuklearen Entsorgung stellen hinsichtlich ihrer Fälligkeit und ihrer Höhe unsichere Schulden dar und fallen somit in den Anwendungsbereich des IAS 37,[314] der die einschlägige Rechnungslegungsnorm für Ansatz und Bewertung von und Angaben zu Rückstellungen darstellt. Ob und gegebenenfalls wann Entsorgungsverpflichtungen zu einer bilanziellen Berücksichtigung führen, hängt davon ab, ob bzw. wann die Merkmale des Rückstellungsbegriffs erfüllt sind. Nach IAS 37.14 i. V. m. F.49 (b) sowie F.60-64 und F.83 ist eine Rückstellung für ungewisse Verbindlichkeiten anzusetzen, wenn die folgenden drei Kriterien kumulativ erfüllt sind:[315]

- einem Unternehmen ist aus einem Ereignis in der Vergangenheit eine gegenwärtige rechtliche oder faktische Verpflichtung entstanden (Abschnitt 211),
- es ist wahrscheinlich, dass zur Erfüllung dieser Verpflichtung Ressourcen mit wirtschaftlichem Nutzen abfließen werden (Abschnitt 212) und
- eine zuverlässige Schätzung der Verpflichtungshöhe ist möglich (Abschnitt 213).

Von den Rückstellungen werden die so genannten Eventualschulden abgegrenzt, die in IAS 37.10 definiert werden als

- mögliche Verpflichtungen, die aus vergangenen Ereignissen resultieren und deren Existenz durch das Eintreten oder Nichteintreten eines oder mehrerer unsicherer künftiger Ereignisse erst noch bestätigt wird und die nicht vollständig unter der Kontrolle des Unternehmens stehen, oder
- gegenwärtige Verpflichtungen, die auf vergangenen Ereignissen beruhen, jedoch nicht als Rückstellungen erfasst werden, weil ein Abfluss von Ressourcen mit wirtschaftlichem Nutzen zur Erfüllung dieser Verpflichtungen unwahrscheinlich ist oder die Höhe der Verpflichtung nicht zuverlässig geschätzt werden kann und somit im Vergleich zu den Rückstellungen ein höheres Maß an Unsicherheit aufweisen.[316]

---

[314] Vgl. IAS 37.10.

[315] Vgl. auch Entscheidungsbaum in IAS 37 App. B.

[316] Vgl. z. B. Hoffmann, in: Lüdenbach/Hoffmann (2007), Rz. 85 f.

Nach IAS 37.27 sind Eventualschulden nicht zu passivieren, sondern nur im Anhang anzugeben.[317]

Dieses Kapitel zielt darauf ab, die Bilanzierung nuklearer Entsorgungsverpflichtungen nach IFRS umfassend zu erörtern und gegebenenfalls im Falle unzureichender allgemeiner Rechnungslegungsnormen sinnvoll aus dem IFRS-Framework abzuleiten. Hierfür ist es notwendig, vorab die einschlägigen Ansatz- und Bewertungsvorschriften des IAS 37 unter Berücksichtigung der Änderungsvorschläge des ED IAS 37[318] zu erläutern, mit dem eine Neubetitelung des IAS 37 von „Rückstellungen, Eventualschulden und Eventualforderungen" in „Nicht-finanzielle Verbindlichkeiten" (Non Financial Liabilities) und als wesentliche Änderung zu IAS 37 die Abschaffung des Ansatzkriteriums des wahrscheinlichen Ressourcenabflusses vorgesehen ist.[319] Mit dem Standardentwurf wird vorgeschlagen, IAS 37 künftig auf alle „Non Financial Liabilities" anzuwenden, die nicht in den Anwendungsbereich eines anderen Standards fallen. Eine „Non Financial Liability" wird hierbei gemäß ED IAS 37.10 verstanden als „liability other than a financial liability as defined in IAS 32 Financial Instruments: Presentation".[320]

Nukleare Entsorgungsverpflichtungen werden aufgrund ihres heterogenen Charakters[321] in die Verpflichtungen zur Entsorgung von Brennelementen und radioaktiven Betriebsabfällen einerseits und in die Stilllegungs- und Rückbauverpflichtungen andererseits unterteilt. In diesem Rahmen werden ferner mögliche Beeinträchtigungen der Entscheidungsnützlichkeit der Abschlussinformationen aufgrund von abschlusspolitischen Gestaltungsmaßnahmen thesenartig diskutiert. Ermessensspielräume kommen dabei insbesondere auf der Ebene der Rückstellungsbemessung zum Tragen. Während die IFRS für die Abbildung von

317 Zu den Anhangangaben von Eventualschulden vgl. IAS 37.86-92 u. z. B. v. Keitz u. a., in: Baetge u. a. (2002), Rn. 122 ff.

318 Zu den Änderungsvorschlägen des ED IAS 37 vgl. Erdmann/Zülch/Palfner, KoR 2007, S. 445 ff., Hommel/Wich, WPg 2007, S. 509 ff., Pellens/Fülbier/Gassen (2006), S. 413 ff., Kümpel, DSWR 2006, S. 201-204, Fladt/Feige, WPg 2006, S. 274-281, Herzig/Gellrich, WPg 2006, S. 505-515, Wüstemann, BB 2005, Die Erste Seite u. Kühne/Nerlich, BB 2005, S. 1839-1844.

319 Vgl. IASCF (Hrsg.), IASB Update September 2004, S. 5. Zu den Auswirkungen von ED IAS 37 vgl. auch Erdmann/Zülch/Palfner, KoR 2007, S. 445 ff.

320 Ausführlich zu den geplanten Neuregelungen Klaholz (2005), S. 76-89. Zu den Prinzipien der Verbindlichkeitsbilanzierung nach ED IAS 37 vgl. Hommel/Wich, WPg 2007, S. 512 ff.

321 Vgl. Abschnitt B2.

Stilllegungs- und Rückbauverpflichtungen explizite Bilanzierungsvorschriften vorsehen, ist die Bilanzierung von Entsorgungsverpflichtungen in Bezug auf Brennelemente nicht ausdrücklich geregelt. Insofern ist es denkbar, dass diese Verpflichtungen sowohl über die Nutzungszeit des Kernkraftwerks angesammelt oder aber zum Zeitpunkt der Inbetriebnahme der Anlage in voller Höhe als Ansatzrückstellung berücksichtigt werden. Die jeweiligen Bewertungsmethoden ziehen eine Reihe weiterer Unklarheiten nach sich, wie etwa die Frage nach der Methode der Ansammlung oder die Diskussion um eine Aktivierung des zurückgestellten Betrags. Darüber hinaus beruht der Best Estimate des Erfüllungsbetrags auf Schätzungen und Annahmen über künftige Ereignisse und Entwicklungen, so dass nur über eine umfangreiche und verständliche Berichterstattung ein True and Fair View in die Unternehmenslage ermöglicht werden kann. Für den Fall, dass das bilanzierende Unternehmen auf eine angemessene Berichterstattung verzichtet, ist eine zwischenbetriebliche Vergleichbarkeit von Unternehmensabschlüssen nicht uneingeschränkt möglich.

Die vorliegende Arbeit setzt sich auch mit der Frage auseinander, ob die entwickelte Problemlösung über eine Reduzierung faktischer Wahlrechte und / oder über eine Einengung von Gestaltungs- und Ermessensspielräumen überhaupt mit der generellen Zielsetzung eines IFRS-Abschlusses, entscheidungsnützliche Kapitalmarktinformationen zu liefern, konform gehen kann. In diesem Zusammenhang soll zudem untersucht werden, ob die Novellierungsvorschläge des IASB zu IAS 37 zu einer verbesserten Vermittlung entscheidungsrelevanter Informationen führen können und ob sich nicht sogar die Übernahme der für die bilanzielle Behandlung von Entsorgungsverpflichtungen relevanten US-amerikanischen Regelungen anbieten würde. Abschließend werden die Ergebnisse zusammengefasst und Implikationen für die anschließende Analyse von Offenlegung und Prüfung nuklearer Entsorgungsverpflichtungen abgeleitet.

2 Die allgemeinen Rückstellungsregelungen des IAS 37 als Beurteilungsrahmen für die bilanzielle Abbildung von nuklearen Entsorgungsverpflichtungen

21 Ansatzkriterien für Rückstellungen für ungewisse Verbindlichkeiten

211 Unentziehbarkeitstheorem

Die erste Passivierungsvoraussetzung für Rückstellungen, dass einem Unternehmen aus einem Ereignis in der Vergangenheit (Past Event) eine zum Abschlussstichtag gegenwärtige Verpflichtung (Present Obligation) entstanden sein muss (IAS 37.14a), leitet sich aus den wesentlichen Merkmalen einer Schuld (F.49 (b), F.60-64) ab, wonach die geforderte Gegenwärtigkeit einer Verpflichtung beschrieben wird als die zum Abschlussstichtag bestehende Pflicht oder Verantwortung, in einer bestimmten Weise zu handeln oder eine Leistung zu erbringen.[322] Diese Pflicht kann sowohl auf einer Rechtsgrundlage basieren (rechtliche Verpflichtung)[323] als auch faktisch, aus wirtschaftlichen Zwängen (Reputationsgründe) heraus entstanden sein (faktische Verpflichtung)[324].

Die Feststellung, ob eine gegenwärtige Verpflichtung zum Abschlussstichtag besteht, kann mithin sehr schwierig sein.[325] In diesem Zusammenhang betonen Heuser/Theile die „Unbestimmtheit des vergangenen Ereignisses, aus dem eine gegenwärtige Verpflichtung resultiert“, da sich künftige Belastungen mit den Worten Moxters[326] „im allgemeinen beliebigen Vergangenheitsereignissen betriebswirtschaftlich zuordnen“[327] lassen. Das Kriterium wird dahingehend konkretisiert, dass es dem Unternehmen nach realistischer Einschätzung nicht möglich sein darf, sich der Erfüllung der Verpflichtung zu entziehen.[328] Das ist erfüllt, wenn das Unternehmen über keine wirklichen Entscheidungsalternativen zur Begleichung der Verpflichtung verfügt, mittels derer ein Ressourcenabfluss

322 Vgl. v. Keitz u. a., in: Baetge u. a. (2002), Rn. 34.

323 Merkmal von rechtlich entstandenen Verpflichtungen ist, dass diese zwangsweise durch die exekutive oder judikative Gewalt durchgesetzt werden können und sich das betroffene Unternehmen diesen Verpflichtungen somit nicht entziehen kann. Vgl. v. Keitz u. a., in: Baetge u. a. (2002), Rn. 16 u. 31.

324 Vgl. z. B. Hayn/Pilhofer, DStR 1998, S. 1730. Der aufgeführte Fall „Brent Spar“ in Abschnitt B11 stellt ein typisches Beispiel für faktische Verpflichtungen dar.

325 Vgl. Rüdinger (2004), S. 66.

326 Moxter, BB 1999, S. 521.

327 Beide Zitate Heuser/Theile (2007), Rz. 2311.

328 Zum Kriterium der Unentziehbarkeit vgl. Förschle/Kroner/Heddäus, WPg 1999, S. 45.

verhindert werden könnte.[329] Hierzu muss die Verpflichtung unabhängig von der künftigen Geschäftstätigkeit bestehen.[330] Als Beispiele für eine Passivierungspflicht führt IAS 37.19 Strafen bzw. Beseitigungskosten für gesetzeswidrige Umweltbelastungen, Entfernungsverpflichtungen für Erdölfördereinrichtungen oder für atomare Anlagen an, soweit diese bereits verursachten Schaden betreffen. Anders ist zum Beispiel die Verpflichtung zum künftigen Einbau von Rauchfiltern zu beurteilen, weil das Unternehmen die erforderlichen Ausgaben durch künftiges Verhalten, zum Beispiel eine Änderung der Produktionsmethode, vermeiden kann. Deshalb stellen die voraussichtlichen Ausgaben für den Einbau von Rauchfiltern keine gegenwärtige Verpflichtung im Sinne des Standards dar, und es besteht ein Passivierungsverbot.[331]

Darüber hinaus dürfen nur so genannte Außenverpflichtungen passiviert werden,[332] wobei nach IAS 37.20 die Kenntnis des außenstehenden Dritten am Abschlussstichtag nicht erforderlich ist, so dass die Verpflichtung – insbesondere im Hinblick auf Umweltschutzverpflichtungen interessant – sogar gegenüber der Öffentlichkeit in ihrer Gesamtheit bestehen kann.[333] Das Außenverpflichtungsprinzip ist bei Rechtsverpflichtungen stets erfüllt, während es bei rein faktischen Verpflichtungen darauf ankommt, dass bei der anderen Partei eine gerechtfertigte Erwartung bezüglich der Erfüllung eingegangener Verpflichtungen ausgelöst wurde.[334]

2111 Ereignis der Vergangenheit

Verpflichtungen resultieren aus vergangenen Transaktionen und Aktivitäten des Unternehmens oder anderen Ereignissen der Vergangenheit, die außerhalb des

---

[329] Vgl. IAS 37.17.

[330] Vgl. IAS 37.19.

[331] Die Beendigung der Unternehmenstätigkeit als die extremste Form, mit der sich Unternehmen einer Verpflichtung entziehen können, stellt hingegen keine realistische Alternative dar, mit der sich ein Unternehmen der Erfüllung einer Verpflichtung entziehen kann. Vgl. Moxter, BB 1999, S. 521 f., v. Keitz u. a., in: Baetge u. a. (2002), Rn. 44 ff. u. Hoffmann, in: Lüdenbach/Hoffmann (2007), Tz. 20 f.

[332] In IAS 37.20 wird explizit gefordert: „An obligation always involves another party to whom the obligation is owned“; vgl. ebenfalls F.62. Eine Ausnahme vom Außenverpflichtungsprinzip bilden die Rückstellungen für Restrukturierungen gemäß IAS 37.70-.83.

[333] Vgl. z. B. Kümpel, b&b 2005, S. 267.

[334] Vgl. IAS 37.10.

Einflussbereichs des Unternehmens liegen,[335] so dass auch der Rückstellungsansatz ein Past Event voraussetzt. Dabei führt jedoch nicht jedes Past Event zugleich zu einer passivierungspflichtigen gegenwärtigen Verpflichtung. Vielmehr muss ein so genanntes verpflichtungsbegründendes Ereignis (Obligating Event, vgl. IAS 37.17) in der Vergangenheit dazu führen, dass sich dem bilanzierenden Unternehmen am Abschlussstichtag keine realistische Möglichkeit bietet, sich der Erfüllung der Verpflichtung zu entziehen (Unentziehbarkeitstheorem)[336]. Insofern bestimmt nicht allein der Vergangenheitsbezug einer Verpflichtung deren Passivierungsfähigkeit, vielmehr löst erst der Charakter der Unentziehbarkeit der durch das Past Event begründeten Verpflichtung eine Ansatzpflicht aus.[337] Der IASB stellt somit bei der Bestimmung des Passivierungszeitpunktes auf einen ereignisorientierten Ansatz ab.[338] In diesem Sinne versagt IAS 37 rechtlich entstandenen Verpflichtungen die Passivierungsfähigkeit, wenn ihre wirtschaftliche Verursachung erst durch die künftige Geschäftstätigkeit des Unternehmens ausgelöst wird (Beispiel: Filtereinbau).[339] Wirtschaftlich betrachtet setzt eine Passivierungsfähigkeit die Alimentierung vergangener Erträge mit künftigen Aufwendungen voraus.[340]

2112 Gegenwärtige Verpflichtung

Der Rückstellungsansatz nach IAS 37 setzt eine am Abschlussstichtag bestehende gegenwärtige Verpflichtung voraus,[341] die sowohl rechtlich entstanden als auch faktisch verursacht sein kann. Zur Konkretisierung dieses Kriteriums führt IAS 37.23 aus, dass zumindest mehr Gründe für als gegen das Bestehen einer gegenwärtigen Verpflichtung am Abschlussstichtag sprechen müssen (more likely than not).[342] Damit wird für die Passivierung einer gegenwärtigen Verpflichtung eine Eintrittswahrscheinlichkeit von mehr als 50 % vorausgesetzt.[343]

335 Vgl. F.61.

336 Vgl. Förschle/Kroner/Heddäus, WPg 1999, S. 45 u. Hayn, in: Ballwieser u. a. (2007), Abschnitt 12, Tz. 32.

337 Vgl. IAS 37.17.

338 Vgl. Kayser (2002), S. 277.

339 Vgl. IAS 37.18 f.

340 Vgl. Hommel/Wich, KoR 2004, S. 20.

341 Vgl. IAS 37.14a.

342 IAS 37 gibt keine genauen Werte vor, ab wann eine gegenwärtige Verpflichtung als wahrscheinlich einzustufen ist. Vgl. hierzu z. B. Hebestreit/Dörges, in: Bohl/Riese/-Schlüter (2006), § 13, Tz. 23 ff.

343 Vgl. ADS International (2003), Abschnitt 18, Rn. 44, Coenenberg (2003), S. 81, Ernst - & Young (2006), S. 1793, Heuser/Theile (2007), Rz. 2321, Pellens/Fülbier/Gassen

Mit der Unterscheidung zwischen gegenwärtigen und zukünftigen Verpflichtungen (Future Events)[344] wird zugleich der Zeitpunkt der Passivierung für Provisions und Contingent Liabilities geregelt.[345]

Im Hinblick auf die Passivierungsfähigkeit lässt sich eine auf rechtlichen Grundlagen basierende Verpflichtung (Legal Obligation) vergleichsweise einfach feststellen,[346] da sie sich aus den jeweiligen Rechtsgrundlagen, vertraglichen Vereinbarungen, Gesetzen oder der Rechtsprechung ableitet.[347] Eine Verpflichtung kann auch dann als rechtliche Verpflichtung behandelt werden, wenn das die Verpflichtung konstituierende Gesetz noch nicht verabschiedet, seine Verabschiedung jedoch so gut wie sicher ist (virtually certain). Gleichwohl wird man die tatsächliche Verabschiedung eines Gesetzes oftmals nicht mit der notwendigen Sicherheit vorhersagen können.[348] Faktische Verpflichtungen (Constructive Obligations) als moralische, gesellschaftliche oder rein wirtschaftliche Verpflichtungen des Einzelnen sind mithin schwer zu greifen,[349] denn sie stellen Verpflichtungen dar, die das bilanzierende Unternehmen durch eine in der Vergangenheit gefestigte Praxis, öffentlich angekündigte Maßnahmen oder durch eine hinreichend detaillierte Bekanntgabe eingegangen ist. Sofern das Unternehmen hierdurch gerechtfertigte Erwartungen bei begünstigten Dritten geweckt hat, dass es diesen Verpflichtungen nachkommen wird, liegt eine passivierungspflichtige Contructive Obligation im Sinne des IAS 37.14a vor.[350]

2113 Konkretisierung des Unentziehbarkeitskriteriums durch ED IAS 37

Die Passivierung einer Non Financial Liability im Sinne von ED IAS 37 lässt sich ebenfalls aus der Schulden-Definition des IASB-Rahmenkonzepts ableiten (vgl. F.49b; ED IAS 37.10) und setzt zunächst das Vorliegen einer gegenwärti-

---

(2006), S. 399 u. Hoffmann, in: Lüdenbach//Hoffmann (2007), § 21, Tz. 32. Vgl. ausführlich zur Wahrscheinlichkeit als Bilanzierungskriterium Hoffmann, in: Lüdenbach/Hoffmann (2007), § 21, Tz. 30-40 u. Lüdenbach/Hoffmann, KoR 2003, S. 5 ff.

344 Vgl. F.61.

345 Vgl. IAS 37.16.

346 Vgl. Förschle/Kroner/Heddäus, WPg 1999, S. 45.

347 Vgl. IAS 37.10.

348 Vgl. IAS 37.22.

349 Die Feststellung, ob eine faktische Verpflichtung besteht, ist oftmals problematisch, da sie mit zahlreichen Interpretationsspielräumen verbunden ist. Vgl. auch Hayn/Pilhofer, DStR 1998, S. 1730.

350 Vgl. IAS 37.10. Vgl. auch Lüdenbach/Hoffmann, BB 2005, S. 2344.

gen Verpflichtung, die aus einem vergangenen Ereignis resultiert, voraus (ED IAS 37.13). Der Standardentwurf sieht ebenfalls vor, dass sich die Verpflichtung aus einem Obligating Event ergeben muss, der dem Unternehmen die Möglichkeit nimmt, die Verpflichtung einseitig abzuwenden (Unentziehbarkeit).[351] Eine gegenwärtige Verpflichtung liegt demnach gemäß ED IAS 37.13 vor, wenn „the entity has little or no discretion to avoid settling the obligation created by the past event". Dahingehend sieht der Entwurf keine Änderungen zum aktuell geltenden IAS 37 vor.

Der Standardentwurf sieht indes eine Verschärfung der Ansatzkriterien für faktische Verpflichtungen vor. Dazu ergänzt der Entwurf die in IAS 37.10 fixierte Definition von faktischen Verpflichtungen um die Bestimmung, dass sich der begünstigte Dritte nach vernünftigem Ermessen darauf verlassen können muss, dass das Unternehmen seinen Verpflichtungen nachkommt. Derzeit muss gemäß IAS 37 bei Dritten die gerechtfertigte Erwartung hervorgerufen werden, dass das Unternehmen besondere Verpflichtungen übernehmen wird. In der Basis for Conclusion wird jedoch darauf hingewiesen, dass die vorgeschlagene Definitionsänderung bei gängigen Beispielen faktischer Verpflichtungen (z. B. Umweltschutzverpflichtungen, bestimmten Sanierungsverpflichtungen und Gewährleistungsverpflichtungen) nicht zu einer Änderung der bestehenden Rechnungslegungspraxis führen sollte. Sachverhalte, die zuvor als faktische Verpflichtungen klassifiziert wurden, über deren Erfüllung das Unternehmen jedoch frei entscheiden kann, sollen hingegen nicht länger als Schulden behandelt werden können. Der Entwurf hat es leider versäumt, Beispiele für Sachverhalte zu nennen, die nach der aktuellen Fassung von IAS 37, nicht jedoch nach den Vorschlägen für den neuen Standard, als faktische Verpflichtungen einzustufen wären.

212 Wahrscheinlichkeit der Inanspruchnahme

2121 Wahrscheinlicher Abfluss von Ressourcen mit wirtschaftlichem Nutzen zur Erfüllung der Verpflichtung

Die Erfüllung einer Verpflichtung geht mit dem Abfluss von wirtschaftlichen Ressourcen, d. h. Zahlungsmitteln und Zahlungsmitteläquivalenten, einher.[352]

---

[351] Vgl. Kühne/Nerlich, BB 2005, S. 1840. Kritisch hierzu Wohlgemuth (2007), S. 292 f.

[352] Nach F.62 kann das bilanzierende Unternehmen seine gegenwärtige Verpflichtung auf verschiedene Weise erfüllen, bspw. durch die Zahlung flüssiger Mittel, Übertragung anderer Vermögenswerte, Erbringung von Dienstleistungen, Ersatz der Verpflichtung durch eine andere Verpflichtung oder Umwandlung der Verpflichtung in Eigenkapital.

Neben der Unentziehbarkeit verlangt IAS 37 für den Ansatz einer Provision, dass eben dieser Abfluss von wirtschaftlichen Ressourcen zur Begleichung einer gegenwärtigen Verpflichtung wahrscheinlich sein muss (IAS 37.14b).[353] Wird mit IAS 37.15 das more likely than not-Kriterium für das Bestehen einer gegenwärtigen Verpflichtung festgeschrieben, so gilt mit IAS 37.23 der Ressourcenabfluss (Inanspruchnahme) zur Erfüllung einer Verpflichtung als wahrscheinlich (Probable), wenn der Eintritt des Ereignisses wahrscheinlicher ist als sein Nichteintritt.

IAS 37 gibt keine konkreten, quantitativen Werte vor, ab wann ein Ereignis als wahrscheinlich eingestuft werden kann, so dass die gebräuchliche Auslegung des IAS 37.23 als eine Eintrittswahrscheinlichkeit von mehr als 50 %[354] nicht als eindeutiger quantitativer Schwellenwert verstanden werden darf.[355] Ein quantitativer Schwellenwert ermöglicht bei einer gegebenen Wahrscheinlichkeit zwar eine eindeutige Einteilung in Passivierungsgebote einerseits und Passivierungsverbote andererseits,[356] darf allerdings nicht darüber hinwegtäuschen, dass die Festlegung sowie Auslegung des Wahrscheinlichkeitsbegriffs im subjektiven Ermessen des bilanzierenden Unternehmens liegen[357] und genaue Wahrscheinlichkeitswerte eine gewisse „Scheingenauigkeit" „suggerieren" [358].[359] Deshalb ist „im Allgemeinen [...] die Auseinandersetzung darüber, ob die Eintrittswahrscheinlichkeit vielleicht 60 Prozent oder etwa nur 40 Prozent beträgt, sinnlos; es fehlt

353 Vgl. Heuser/Theile (2007), Rz. 2320.

354 Vgl. ADS International (2003), Abschnitt 18, Rn. 44, Coenenberg (2003), S. 81, Ernst & Young (2006), S. 1793, Heuser/Theile (2007), Rz. 2321, Pellens/Fülbier/Gassen (2006), S. 399, Hebestreit/Dörges, in: Bohl/Riese/Schlüter (2004), S. 328 mit Verweis auf Lüdenbach/Hoffmann, KoR 2003, S. 5, Herzig/Köster, in: Vogl/Heigl/Schäfer (1992), Kap. III/5, Rz. 6, Kümpel, b&b 2005, S. 268, Förschle/Kroner/Heddäus, WPg 1999, S. 48 u. Hoffmann, in: Lüdenbach/Hoffmann (2007), § 21, Tz. 32.

355 Vgl. Cairns (2002), S. 92, Epstein/Mirza (2004), S. 524 u. Wagenhofer (2005), S. 135.

356 Vgl. Rüdinger (2004), S. 66.

357 Da das bilanzierende Unternehmen die Wahrscheinlichkeit des künftigen Ressourcenabflusses schätzen muss, kann es auf erhebliche Ermessensspielräume zurückgreifen. Vgl. Förschle/Kroner/Heddäus, WPg 1999, S. 48, Kayser (2002), S. 100, Wagenhofer (2005), S. 135 u. bereits Ernsting/v. Keitz, DB 1998, S. 2479.

358 Beide Zitate v. Heuser/Theile (2007), Rz. 2323.

359 Vgl. auch Rüdinger (2004), S. 66 u. Graumann, BBK 2004, S. 558. Zur Scheinquantifizierung vgl. auch Hoffmann, in: Lüdenbach/Hoffmann (2007), Tz. 37. Zur Quantifizierung der Wahrscheinlichkeit vgl. Osterloh-Konrad, DStR 2003, S. 1631 f. Die damit verbundenen erheblichen Ermessensspielräume bestätigt auch Wagenhofer (2005), S. 559. Wahrscheinlichkeit „als die große Crux der Rückstellungsbildung", Hoffmann, in: Lüdenbach/Hoffmann (2007), § 21, Tz. 34.

an der Verlässlichkeit solcher Schätzungen."[360] Infolgedessen ist es für einen True and Fair View in die Unternehmenslage unerlässlich, dass das bilanzierende Unternehmen seine Entscheidung für oder gegen den Ansatz einer Rückstellung angemessen darlegt und vor allem intersubjektiv nachvollziehbare Gründe für die Nichtpassivierung einer bestehenden Verpflichtung angibt.[361]

Ist die Inanspruchnahme aus der Verpflichtung lediglich nur möglich (Possible), aber nicht wahrscheinlich (Probable), ist keine Rückstellung zu bilden, sondern in den Notes eine Eventualschuld (Contingent Liability) anzugeben.[362] Wird das Bestehen einer gegenwärtigen Verpflichtung und die Inanspruchnahme aus dieser als unwahrscheinlich (Remote) beurteilt, entfallen sowohl Bilanzansatz als auch Angabepflicht in den Notes.[363] Für den Fall, dass eine Abgrenzung zwischen angabepflichtigen und nicht angabepflichtigen Eventualschulden nicht eindeutig vorgenommen werden kann, sollte grundsätzlich der Angabe in den Notes der Vorzug gegeben werden.[364]

2122 Ansatz von unbedingten Verpflichtungen nach ED IAS 37

Mit ED IAS 37 ist als grundlegende konzeptionelle Änderung vorgesehen, dass das Ansatzkriterium der wahrscheinlichen Inanspruchnahme gemäß IAS 37.14b gestrichen und eine gegenwärtige, unbedingte Verpflichtung per se zunächst als passivierbar angesehen wird.[365] Die mit dem Wahrscheinlichkeitskriterium berücksichtigten Unsicherheiten bezüglich der Inanspruchnahme aus der Verpflichtung (Mittelabfluss) sollen demnach nicht mehr die Ansatzfrage tangieren, sondern erst in die Bewertung der Rückstellung einfließen.[366] Hiernach müsste

---

360 Moxter, BB 1999, S. 520.

361 Vgl. Moxter, BB 1999, S. 520.

362 Vgl. IAS 37.23.

363 Vgl. IAS 37.86 u. Heuser/Theile (2007), Rz. 2325 f.

364 Vgl. Hebestreit/Dörges, in: Bohl/Riese/Schlüter (2004), S. 329. Zum „dreiteiligen Wahrscheinlichkeitsbegriff" des IAS 37 vgl. Heuser/Theile (2007), Rz. 2320.

365 Kritisch hierzu z. B. Kümpel, DSWR 2006, S. 202 f., Fladt/Feige, WPg 2006, S. 275 f., Herzig/Gellrich, WPg 2006, S. 506 f., Kühne/Nehrlich, BB 2005, S. 1840 u. Wüstemann, BB 2005, Erste Seite. Zusammengefasst herrscht die Meinung vor, dass durch die vorgeschlagene Berücksichtigung des Wahrscheinlichkeitskriteriums auf der Ebene der Bewertung der Spielraum für bilanzpolitische Maßnahmen materiell deutlich ausgeweitet wird.

366 Der postulierte Wegfall der Wahrscheinlichkeitsbetrachtung als Ansatzkriterium für ungewisse Schulden verhält sich allerdings inkonsistent zum IFRS-Rahmenkonzept, das

eine bisher allein aufgrund IAS 37.14b nicht passivierte Verpflichtung zukünftig in der Bilanz angesetzt werden, so dass es eher zum Ansatz einer Rückstellung kommen würde als nach dem gegenwärtigen IAS 37. Während also IAS 37 für die Passivierungsfähigkeit einer Verpflichtung die Wahrscheinlichkeit einer künftigen Inanspruchnahme aus ihr voraussetzt, sieht der Standardentwurf vielmehr den Bilanzansatz aller identifizierten Auszahlungspotenziale vor.[367] Nach ED IAS 37 sollen künftig ausschließlich so genannte „gegenwärtig unbedingt bestehende Verpflichtung(en)“[368] angesetzt werden können. Bedingte Verpflichtungen sind hingegen an den Eintritt eines zukünftigen und damit ungewissen Ereignisses gebunden und stellen daher zum Abschlussstichtag keine gegenwärtige Verpflichtung dar (ED IAS 37.BC 11).[369]

Hierzu verwendet der Standardentwurf den Begriff Stand-Ready Obligation für solche Schulden, bei denen der Erfüllungsbetrag vom Eintreten oder Nichteintreten eines zukünftigen Ereignisses abhängig ist und das Unternehmen die unbedingte Verpflichtung hat, sich zur Erfüllung der bedingten Verpflichtung bereit zu halten, für den Fall, dass das ungewisse künftige Ereignis eintritt. Die Unterteilung in bedingte und unbedingte Schulden führt zur Streichung des Begriffs „Eventualschuld“, da Schulden ausschließlich aus unbedingten Verpflichtungen resultierten. In der Folge ist das IASB davon überzeugt, dass eine mit einer unbedingten Verpflichtung verbundene Schuld nicht als bedingt eingestuft werden könne.[370]

Mit der neuen Ansatzkonzeption für Rückstellungen wird dem bilanzierenden Unternehmen ein beachtenswerter Gestaltungsspielraum bei der Abbildung von Risiken im Jahresabschluss eröffnet. Bisher als Eventualschulden im Anhang ausgewiesene Sachverhalte sollen nach den Vorschlägen des IASB künftig ergebniswirksam in Höhe des Erwartungswertes der unbedingten Verpflichtung passiviert werden.[371] Das bilanzierende Unternehmen kann den Jahresabschluss somit über die Höhe des Erwartungswertes für die Verpflichtung gezielt gestal-

---

die Wahrscheinlichkeit des Ressourcenabflusses ausdrücklich als Ansatzkriterium vorsieht. Vgl. IFRS-Framework.91, Erster Satz. Vgl. auch Fladt/Feige, WPg 2006, S. 276.

367 Vgl. hierzu auch Haaker, PiR 2005, S. 51 f. Kritisch hierzu Wohlgemuth (2007), S. 291 ff.

368 Kühne/Nerlich, BB 2005, S. 1840.

369 Zur Abgrenzung von bedingten und unbedingten Verpflichtungen vgl. Klaholz (2005), S. 81 ff.

370 Vgl. ausführlich auch Herzig/Gellrich, WPg 2006, S. 506 u. Kühne/Nehrlich, BB 2005, S. 1840 f.

371 Vgl. hierzu ausführlich Pellens/Fülbier/Gassen (2006), S. 413 f.

ten, so dass „künftig der Bilanzpolitik im Bereich der Rückstellungsbilanzierung „Tür und Tor“ geöffnet ist“[372] und damit die Vergleichbarkeit der Abschlussinformationen erheblich beeinträchtigt wird.[373]

213 Zuverlässige Schätzung der Verpflichtung

2131 Verlässliche Schätzung der Höhe der Verpflichtung

Mit IAS 37.14c wird die zuverlässige Schätzung der Verpflichtungshöhe als ein weiteres Ansatzkriterium für Rückstellungen festgeschrieben. Da Rückstellungen vor allem auch im Hinblick auf ihre Höhe unsichere Schulden darstellen, kann eine betragsgenaue Bestimmung der Rückstellungshöhe nicht gefordert sein. Vielmehr genügt es, dass das Unternehmen in der Lage ist, die Höhe der zugrunde liegenden Verpflichtung zumindest innerhalb einer Bandbreite möglicher Werte mit einer ausreichenden Sicherheit zu schätzen (IAS 37.25).[374] Die Bestimmung möglicher Verpflichtungsbeträge wird nur begrenzt intersubjektiv nachvollziehbar bzw. -prüfbar sein, und eine gewisse Mindestobjektivierung der Schätzungen wird sich nur aus der Empirie ergeben können.[375] „Verlässlich werden Abschlüsse allenfalls, wenn im Rahmen von ergänzenden Angaben die Schätzgrundlagen umfassend erläutert sind (und solche Einzelheiten von den Adressaten überhaupt zur Kenntnis genommen werden).“[376] Nach IAS 37.25 dürfte indes lediglich in Ausnahmefällen die Verpflichtungshöhe nicht verlässlich im Sinne von Reliable bestimmt werden können, so dass die Schuld als Eventualschuld in den Notes offen gelegt wird.[377]

---

372 Klaholz (2005), S. 86.

373 Vgl. kritisch zu der neuen Ansatzkonzeption des ED IAS 37 Klaholz (2005), S. 84 ff. u. Wohlgemuth (2007), S. 290 ff.

374 Vgl. v. Keitz u. a., in: Baetge u. a. (2002), Rn. 54 u. Hayn, in: Ballwieser u. a. (2007), Abschnitt 12, Tz. 36. Mit diesem expliziten Hinweis bringt der IASB seine Auffassung zum Ausdruck, dass Rückstellungen schon ihrer Natur nach mit großen Ungewissheiten verbunden sind und sich daher regelmäßig nur schätzungsweise ermitteln lassen. Kritisch zur Feststellung einer Bandbreite Hoffmann, in: Lüdenbach/Hoffmann (2007), § 21, Tz. 41.

375 Eine zuverlässige Bewertbarkeit einer ungewissen Schuld kann angenommen werden, wenn das bilanzierende Unternehmen auf unternehmensinterne Erfahrungen, Erfahrungswerte anderer Unternehmen derselben Branche, Vergleichsstudien oder fachliche Beratung abstellen kann. Vgl. auch Hayn/Pilhofer, DStR 1998, S. 1765.

376 Moxter, DStR 2004, S. 1060.

377 Vgl. IAS 37.25 f. Zudem sind in den Notes die Gründe anzugeben, warum eine verlässliche Schätzung nicht möglich gewesen ist.

2132 Verlässliche Bestimmung einer Non Financial Liability

Mit ED IAS 37 sind keine Änderungen in Bezug auf die geforderte verlässliche Bestimmung der Verpflichtungshöhe vorgesehen. Gemäß ED IAS 37.11 ist eine Non Financial Liability passivierungspflichtig, wenn die Verpflichtung die allgemeinen Merkmale einer Schuld gemäß Framework aufweist und ihre Höhe verlässlich im Sinne von Reliable geschätzt werden kann. ED IAS 37 übernimmt die im Framework fixierte Definition einer Schuld als „present obligation of the entity arising from past events, the settlement of which is expected to result in an outflow from the entity of resources embodying economic benefits".

214 Zeitpunkt der Rückstellungsbildung

Der IASB stellt bei der Bestimmung des Zeitpunkts[378] für die Erfassung einer Rückstellung auf einen ereignisorientierten Ansatz ab (Stichwort: Obligating Event)[379], wonach eine Rückstellung zu bilden ist, sobald die beschriebenen Ansatzkriterien erfüllt sind[380] und sich das Unternehmen der Erfüllung seiner Verpflichtung durch eigene künftige Aktivitäten nicht entziehen kann (Unentziehbarkeitstheorem gem. IAS 37.17).[381] IAS 37.21 stellt beispielsweise im Hinblick auf Umweltschutzverpflichtungen eine Kontaminierung durch das bilanzierende Unternehmen als Past Event dar, welches jedoch nicht unverzüglich zu einer gegenwärtigen Verpflichtung führen muss und gegebenenfalls erst zu einem späteren Zeitpunkt ein Obligating Event bilden kann. Die Kontaminierung stellt erst zu dem Zeitpunkt ein Obligating Event dar, wenn sich das Unternehmen der Beseitigung der Kontaminierung aufgrund eines Gesetzes bzw. einer Gesetzesänderung oder infolge von Handlungen des Unternehmens, z. B. einer ausreichend spezifischen Erklärung des Unternehmens, nicht mehr entziehen kann. Insofern kann die Beurteilung ein und desselben Past Event an verschiedenen Abschlussstichtagen unterschiedlich ausfallen, so dass das bilanzierende Unternehmen zu jedem Abschlussstichtag seine Eventualschulden dahingehend neu zu beurteilen hat, ob das Bestehen einer gegenwärtigen Verpflichtung und der Ressourcenabfluss zu ihrer Erfüllung wahrscheinlich geworden sind und deshalb eine Rückstellung nunmehr zu passivieren ist.[382] Dieser Schritt würde sich nach dem Standardentwurf zu IAS 37 erübrigen, da hiernach grundsätzlich zunächst alle bisher

378 Vgl. ausführlich zum Passivierungszeitpunkt Hommel/Wich, KoR 2004, S. 19 ff.
379 Vgl. Ausführungen in Abschnitt C211.
380 Vgl. IAS 37.14.
381 Vgl. IAS 37.17.
382 Vg. IAS 37.30. Vgl. auch Hoffmann, in: Lüdenbach/Hoffmann (2007), Tz. 22.

allein aufgrund von IAS 37.14b nicht passivierten Eventualschulden in der Bilanz angesetzt werden müßten.

22 Bewertung von Rückstellungen für ungewisse Verbindlichkeiten

221 Bestmögliche Schätzung

2211 Best Estimate der künftigen Ausgaben

Rückstellungen sind mit dem besten Schätzwert (Best Estimate) der Ausgaben anzusetzen, die erforderlich sind, um die gegenwärtige Verpflichtung am Abschlussstichtag abzulösen.[383] Die bestmögliche Schätzung stellt den Betrag dar, den das Unternehmen bei vernünftiger Betrachtung zur Erfüllung der Verpflichtung respektive zur Übertragung dieser Verpflichtung auf einen Dritten zum Abschlussstichtag zahlen müsste.[384] Die IAS überlassen die Schätzungen dem sachkundigen Ermessen des Managements, das hierzu auf die Erfahrungswerte aus vergleichbaren Transaktionen, Einschätzungen von Experten oder auf Gutachten unabhängiger Sachverständiger zurückgreifen kann.[385]

Umfasst die Rückstellung eine große Anzahl von Positionen, für die die Eintrittswahrscheinlichkeiten geschätzt werden können, unterscheidet IAS 37.39 zwei mogliche Vorgehensweisen. Im Fall der ungleich verteilten Eintrittswahrscheinlichkeiten ist grundsätzlich der statistische Erwartungswert anzusetzen, der aus einer Gewichtung aller möglichen Ergebnisse mit den korrespondierenden Eintrittswahrscheinlichkeiten hervorgeht. Im Ausnahmefall kann indessen ein anderer als der wahrscheinlichste Wert als Rückstellung anzusetzen sein, wenn andere mögliche Ergebnisse entweder "mostly higher" oder "mostly lower" als der wahrscheinlichste Wert sind.[386] Liegt eine Bandbreite gleichwahrscheinlicher Ergebnisse vor, wird der Mittelwert der Bandbreite verwendet.[387] Der Best Estimate wird oftmals als eine Art Surrogat für eine grundsätzlich marktorientierte Wertermittlung interpretiert.[388]

---

383 Vgl. IAS 37.36.
384 Vgl. IAS 37.37.
385 Vgl. IAS 37.38.
386 Vgl. IAS 37.40.
387 Vgl. IAS 37.39.
388 Ausführlich zur Abgrenzung der Bewertungsvorgabe Best Estimate vom Bewertungsmaßstab Fair Value vgl. Klaholz (2005), S. 89-95.

2212 Unsicherheiten des Ressourcenabflusses nach ED IAS 37

Der Standardentwurf schlägt vor, dass Unsicherheiten bezüglich der künftigen Inanspruchnahme aus der Verpflichtung (Mittelabfluss), die nach dem gültigen IAS 37 zur Entscheidung über den Ansatz einer Provision herangezogen werden, künftig im Rahmen der Bewertung durch den so genannten „Expected Cashflow Approach" Berücksichtigung finden sollen.[389] Während IAS 37.40 in den Fällen einzelner Verpflichtungen das wahrscheinlichste Ergebnis aus einer Bandbreite möglicher Werte als Best Estimate vorsieht, wendet sich ED IAS 37 gegen eine solche Festlegung mit der Begründung, dass dieser Wert „not necessarily represent the amount that the entity would rationally pay to settle or to transfer the obligation on the balance sheet date" (ED IAS 37.31). Vielmehr soll der Betrag, den das Unternehmen bei vernünftiger Betrachtung an einen Dritten zahlen müsste, damit dieser ihm seine Verpflichtung abnimmt, unter Berücksichtigung der erwarteten Cashflows bei der Bewertung zugrunde gelegt werden. ED IAS 37.31 stellt zudem heraus, dass einzig der Erwartungswert sowohl für die gemeinsame Bewertung einer Gruppe ähnlicher Verpflichtungen als auch für einzeln zu bewertende Verpflichtungen als relevanter Bewertungsmaßstab fungieren kann.[390] „Man kann hierin die Bestätigung der Tendenz des IASB zu einer verstärkten Verwendung beizulegender Zeitwerte sehen."[391]

Nach Beispiel 1 im Anhang zum Entwurf für den neuen Standard hat das Unternehmen auch dann eine nicht finanzielle Schuld bilanziell zu erfassen, wenn die Rechtsanwälte des Unternehmens im Hinblick auf bestehende Schadensersatzforderungen gegen das Unternehmen es als unwahrscheinlich einstufen, dass das Unternehmen haftbar gemacht wird. Bei der Bewertung dieser Schuld hat das Unternehmen den Betrag zu schätzen, den es bei vernünftiger Betrachtung zur Beilegung des Rechtsstreits oder Übertragung der Verpflichtung am Abschlussstichtag zahlen müsste (Legal Lay-off Amount). Im Beispiel würde das Unternehmen die Verpflichtung mit null bewerten. Trotzdem ist zu berücksichtigen, dass keine andere Partei das Ergebnis ohne Gegenleistung garantieren, vielmehr eine Entschädigungssumme für zukünftige Kosten und das Risiko eines nachteiligen Ergebnisses verlangt werden würde.

---

389 Vgl. ED IAS 37.31.

390 Nach IAS 37.39 stellt der Erwartungswert lediglich bei der Schätzung einer Vielzahl gleichartiger Verpflichtungen den Best Estimate dar. Die Streichung des Wahrscheinlichkeitskriteriums des IAS 37 sowie eine durchgehende Bewertung von Rückstellungen zu ihrem Erwartungswert befürwortet z. B. Haaker, KoR 2005, S. 8.

391 Kühne/Nerlich, BB 2005, S. 1841.

222 Künftige Preisentwicklungen und Future Events

Sofern ausreichend objektive substanzielle Hinweise dafür vorliegen, dass künftige Ereignisse bzw. Entwicklungen, wie etwa technologische Fortschritte oder Preis- und Kostenentwicklungen, den Erfüllungsbetrag der Verpflichtung beeinflussen können, sind der Rückstellungsbewertung nicht die Verhältnisse am Abschlussstichtag, sondern die zum Erfüllungstag zugrunde zu legen.[392] Dies verdeutlicht die vermögensorientierte Sichtweise des IAS 37, wonach der Betrag anzusetzen ist, den das Unternehmen am Abschlussstichtag an einen potenziellen Erwerber zur Übertragung der Verpflichtung zahlen müsste.[393] Denn auch ein potenzieller Erwerber würde absehbare künftige Entwicklungen bei der Wertermittlung berücksichtigen, sofern sie sich hinreichend objektiv nachweisen ließen. Die Berücksichtigung künftiger Ereignisse, die rechtlicher, technischer oder wirtschaftlicher Art sein können, und ihrer Auswirkungen können zu einer Erhöhung respektive Verminderung einer auf Basis der Verhältnisse am Abschlussstichtag ermittelten Rückstellungshöhe führen. Gleichwohl stellt die bloße Möglichkeit, eine Verpflichtung könne durch künftige Ereignisse in ihrer Höhe tangiert werden, keine hinreichende Begründung dafür dar, den Wertansatz einer Rückstellung zu verändern.[394]

Künftige Ereignisse und Entwicklungen sind allerdings immer dann im Wertansatz einer Rückstellung zu berücksichtigen, sobald ihr Eintritt „begründet sowie hinreichend und objektiv nachprüfbar ist"[395]. Da sich dem bilanzierenden Unternehmen sowohl bei der Aufnahme eines wertbeeinflussenden künftigen Ereignisses als auch bei der Schätzung der Auswirkungen erhebliche Ermessensspielräume eröffnen, müssen an die Objektivierung des Wertansatzes strenge Maßstäbe angelegt werden.[396] Ein objektiver Wertansatz ist immer dann anzunehmen, wenn ein Gutachten von einem unabhängigen Sachverständigen vorliegt, das sich auf stichhaltiges Beweismaterial gründet.[397]

Hierzu führt der Standard mit IAS 37.49 beispielhaft an, dass die intersubjektive Nachprüfbarkeit von technischen Entwicklungen angenommen werden kann, so-

392 Vgl. IAS 37.48.

393 Vgl. IAS 37.37.

394 Vgl. Hayn/Pilhofer, DStR 1998, S. 1767.

395 Gantzkow/Gröner, DB 1998, S. 995. Vgl. IAS 37.48 sowie Förschle/Kroner/Heddäus, WPg 1999, S. 49 u. Moxter, BB 1999, S. 523.

396 Vgl. v. Keitz u. a., in: Baetge u. a. (2002), Rn. 88.

397 Vgl. Cairns (2002), S. 658, Ernsting/v. Keitz, DB 1998, S. 2481 u. Gantzkow/Gröner, DB 1998, S. 994 f.

bald ihr Eintritt durch unabhängige und technisch versierte Dritte unter Berücksichtigung aller verfügbaren substanziellen Hinweise bestätigt wird. Hiernach ist der Rückstellungswert zu mindern, wenn die Bestätigung eines Sachverständigen dazu vorliegt, dass sich die Entsorgungskosten zum Beispiel aufgrund eines erwarteten technologischen Fortschritts reduzieren werden. Mit IAS 37.50 wird die Wirkung von voraussichtlichen neuen Gesetzeslagen auf den Wertansatz einer Rückstellung angesprochen. Als Maßstab fungiert an dieser Stelle das Vorliegen objektiver und substanzieller Hinweise über die Anforderungen und die nachweislich sichere Verabschiedung des Gesetzes.

223 Abzinsung des Erfüllungsbetrags

Nach IAS 37.45 ist eine Rückstellung abzuzinsen und mit dem Barwert der erwarteten Ausgaben anzusetzen, sofern der aus der Diskontierung resultierende Zinseffekt als Unterschiedsbetrag zwischen Barwert und Rückzahlungsbetrag wesentlich ist.[398] Diese Einschränkung begründet der IASB damit, dass der gleiche Betrag künftiger Mittelabflüsse aufgrund des Zeitwerts des Geldes belastender ist, wenn er bald nach dem Abschlussstichtag anfällt, als wenn er erst zu einem späteren Zeitpunkt entsteht.[399] Der geforderte Barwert ist als der Betrag zu interpretieren, den ein fiktiver Erwerber des Unternehmens zur Ablösung der Verpflichtung zu zahlen bereit wäre.[400] Als Einflussgrößen zur Bestimmung der Wesentlichkeit fungieren die Fristigkeit, die absolute Höhe der Verpflichtung sowie der Zinssatz,[401] wonach zunächst langfristige Rückstellungen grundsätzlich als abzinsungspflichtig gelten.[402] Die Abzinsung von kurzfristigen Rückstellungen hingegen richtet sich nach der Höhe des Rückstellungswertes und des zugrunde gelegten Diskontierungszinssatzes und kann nicht von Grund auf ausge-

---

398 Ist der Diskontierungssatz unwesentlich, darf eine Abzinsung unterbleiben. Der Standard unterscheidet nicht zwischen Geld- und Sachleistungen. Zur Frage der Wesentlichkeit von Abzinsungen vgl. detailliert Rüdinger (2004), S. 115 f. u. Hayn/Pilhofer, DStR 1998, S. 1766.

399 Vgl. IAS 37.46. Zum Zeitwert des Geldes vgl. detailliert Hanson, The Magazine of Bank Administration 1973, S. 36 u. Milburn (1988), S. 9-14.

400 Vgl. IAS 37.37. Vgl. Jäger, WPg 1992, S. 561, Moxter, in: Böcking (1988), S. 24 u. Rüdinger (2004), S. 115.

401 Vgl. Heuser/Theile (2007), Rz. 2357.

402 Vgl. z. B. Cairns (2003), S. 689 u. Wagenhofer (2005), S. 264. Rückstellungen für Verpflichtungen, die erst nach längerem Zeitraum zu erfüllen sind, sind offensichtlich stärker von Abzinsungen betroffen, vgl. Hayn, in: Ballwieser u. a. (2007), Abschnitt 12, Tz. 39.

schlossen werden.[403] Allerdings ist eine Abzinsung immmer dann nicht vertretbar, wenn der zeitliche Anfall der künftigen Mittelabflüsse nicht verlässlich bestimmt werden kann.[404] Der IASB gibt keine ausdrücklichen Anhaltspunkte dafür, wann ein Diskontierungseffekt als wesentlich einzustufen ist, so dass angenommen werden kann, dass ein Zinseffekt wesentlich ist, wenn sich die Abzinsung mit diesem Zinssatz materiell auf den Wertansatz der Rückstellung und / oder die Höhe des Periodenergebnisses auswirkt.[405]

Nach IAS 37.47 soll für die Abzinsung ein Satz vor Steuern herangezogen werden, der die aktuellen Markterwartungen im Hinblick auf den Zeitwert des Geldes sowie die mit der Schuld verbundenen spezifischen Risiken widerspiegelt.[406] Dies ist bei realen Zahlungsabflüssen ein Realzins und bei nominalen Abflüssen ein Nominalzinssatz. Eine doppelte Berücksichtigung von Risikoaspekten sowohl im Zinssatz als auch in den künftigen Zahlungsströmen ist nicht zulässig.[407] Die Aufzinsung der Rückstellung in den Folgeperioden wird erfolgswirksam in dem Posten „Zinsen und ähnliche Aufwendungen“ berücksichtigt.

224 Kostenzurechnung

IAS 37 regelt nicht, in welchem Umfang die zur Leistungserfüllung anfallenden Kosten (Frage nach den Kostenarten) in dic Bewertung der Rückstellung einzubeziehen sind. Nach IAS 37.36 sind die zur Erfüllung der Verpflichtung erforderlichen Ausgaben zu berücksichtigen, woraus geschlossen werden kann, dass die der jeweiligen Verpflichtung zuordenbaren Vollkosten und damit neben den

403 Vgl. Hebestreit/Dörges, in: Bohl/Riese/Schlüter (2006), § 13, Tz. 68 mit Verweis auf Heuser/Theile (2007), Rz. 2357 sowie Kümpel, b&b 2005, S. 271. Anderer Auffassung hingegen Busse von Colbe/Seeberg, ZfbF 1997, S. 122 u. Cairns (2003), S. 689 f. Hiernach dürften Verpflichtungen, die innerhalb von 12 Monaten zu begleichen sind, nicht abgezinst werden.

404 Vgl. Hayn/Pilhofer, DStR 1998, S. 1767.

405 Vgl. Hebestreit/Dörges, in: Bohl/Riese/Schlüter (2004), S. 340 u. Kümpel, b&b 2005, S. 271.

406 Vgl. Cairns (2003), S. 689 u. Wagenhofer (2005), S. 264. Als Diskontierungszinssatz kommen der fristadäquate Zinssatz, zu dem das Unternehmen gegenwärtig Fremdkapital aufnehmen kann, der marktübliche Zinssatz für Kredite von vergleichbarer Laufzeit und der Zinssatz für risikolose Anleihen mit fristgerechter Laufzeit in Betracht. Vgl. Hebestreit/Dörges, in: Bohl/Riese/Schlüter (2004), S. 340.

407 Vgl. IAS 37.47.

Einzelkosten ebenfalls die verpflichtungsbezogenen Gemeinkosten in die Rückstellungsbemessung einfließen müssen.[408]

225 Berücksichtigung von Rückgriffs- und Erstattungsansprüchen

2251 Ansatz von hinreichend sicheren Erstattungsansprüchen

Das zentrale Ansatzkriterium für Rückgriffs- und Erstattungsansprüche, die die zur Erfüllung einer Verpflichtung erforderlichen Ausgaben ganz oder teilweise abdecken sollen (z. B. Versicherungsverträge, Entschädigungsklauseln oder Gewährleistungsansprüche) gemäß IAS 37 ist, dass die Rückerstattung so gut wie sicher sein muss.[409] Das Ansatzkriterium „so gut wie sicher“ ist dabei sehr viel restriktiver auszulegen als der für den Ansatz von Rückstellungen verwendete imparitätische Wahrscheinlichkeitsbegriff und wird regelmäßig als eine Wahrscheinlichkeit von über 90 % verstanden.[410] Demnach stellt der IASB hohe Anforderungen an die bilanzielle Berücksichtigung von Rückgriffs- und Erstattungsansprüchen. Eine bilanzielle Berücksichtigung kommt darüber hinaus nur dann in Betracht, wenn dem Unternehmen auch im Falle der Nichtzahlung des Dritten die Haftung für den Verpflichtungsbetrag verbleibt.[411] Das bilanzierende Unternehmen hat im Fall von so gut wie sicheren Rückerstattungsansprüchen weiterhin eine Rückstellung in Höhe der Schuld zu passivieren und darüber hinaus den Anspruch als einen separaten Vermögenswert in Höhe der erwarteten Erstattung zu erfassen (Bruttobilanzierung),[412] wobei der Vermögenswert den Rückstellungsbetrag nicht übersteigen darf.

---

408 Vgl. Ruhnke (2005), S. 575, Arbeitskreis „Externe Unternehmensrechnung“ der Schmalenbach-Gesellschaft, ZfbF Sonderheft 1999, S. 137 f., Adler/Düring/Schmaltz (2003), Abschnitt 18, Rn. 66, Hayn/Pilhofer, DStR 1998, S. 1766 u. Schmidbauer, BB 2000, S. 1133. Ausgenommen sind die allgemeinen Verwaltungs- und Vertriebskosten, die fixe und nicht zurechenbare Kosten darstellen (analog IAS 2.10 ff. und IAS 11.16 ff.). Vgl. v. Keitz u. a., in: Baetge u. a. (2002), Rn. 106. Diese sind im Allgemeinen als Aufwendungen der Periode zu behandeln, in der sie anfallen. Vgl. auch Coenenberg (2003), S. 370, Hayn/Pilhofer, DStR 1998, S. 1766 u. Pilhofer (1997), S. 149.

409 Vgl. IAS 37.53.

410 Vgl. Hebestreit/Dörges, in: Bohl/Riese/Schlüter (2004), S. 338. Von einer so gut wie sicheren Erstattung ist beispielsweise auszugehen, wenn ein zahlungsfähiges Versicherungsunternehmen den Anspruch des Unternehmens auf Erstattung anerkannt hat.

411 Vgl. IAS 37.53 ff.

412 Vgl. IAS 37.56. In der Gewinn- und Verlustrechnung dürfen die Aufwendungen aus der Bildung von Rückstellungen mit den korrespondierenden Erträgen aus aktivierten Rückgriffs- oder Erstattungsansprüchen saldiert werden. Vgl. IAS 37.54.

Kann die Erstattung durch einen Dritten nicht mit hinreichender Sicherheit erwartet werden, weil beispielsweise Zweifel darüber bestehen, ob der Dritte den Anspruch des bilanzierenden Unternehmens überhaupt anerkennt oder die Haftungsübernahme an die Erfüllung bestimmter Kriterien geknüpft ist, muss eine Aktivierung unterbleiben und eine mögliche Angabe einer Eventualforderung geprüft werden. Im Falle einer gesamtschuldnerischen Haftung für eine Schuld hat das bilanzierende Unternehmen lediglich seinen Haftungsanteil an der Schuld zu passivieren, sofern die anderen Gesamtschuldner ihren Verpflichtungen hinreichend sicher nachkommen werden. Für den durch die anderen Gesamtschuldner zu leistenden Betrag ist eine Eventualschuld anzugeben.[413]

IAS 37 folgt mit dem Verbot einer Saldierung von Rückstellung und korrespondierendem Erstattungsanspruch dem generellen Verrechnungsverbot des IAS 1.32.[414] In den seltenen Fällen, in denen das Unternehmen bei Nichtzahlung Dritter für die entsprechenden Kosten nicht mehr in Anspruch genommen werden kann – selbst im Falle der Insolvenz des Dritten, z. B. durch den rechtswirksamen Ausschluss von der Haftung oder die Übertragung der Verpflichtung auf den Dritten im Rahmen einer befreienden Schuldübernahme – ist die Rückstellung um die Höhe des Rückgriffs- bzw. Erstattungsanspruchs zu vermindern.[415] Es empfiehlt sich, den Rückstellungsbetrag und den in Abzug gebrachten Rückgriffs- oder Erstattungsanspruch unsaldiert im Anhang offen zu legen.[416]

2252 Unbedingte Ansprüche nach ED IAS 37

Der IASB entschied sich mit ED IAS 37 zur Streichung des Begriffs „Eventualforderungen“ und unterscheidet stattdessen zwischen bedingten und unbedingten Ansprüchen. Nach Ansicht des Board können bedingte Ansprüche nicht zum Ansatz eines Vermögenswertes führen, auch wenn es als nahezu sicher angesehen werden kann, dass aus ihnen unbedingte Ansprüche erwachsen werden. Vermögenswerte resultierten demnach ausschließlich aus unbedingten Ansprüchen, so dass die derzeit in Übereinstimmung mit IAS 37 als Eventualforderungen behandelten Sachverhalte künftig in den Anwendungsbereich des IAS 38: Immaterielle Vermögenswerte fallen werden, wenn sie die Definition eines Vermögenswertes erfüllen.

---

413 Vgl. IAS 37.58 i. V. m. 37.29.

414 Kritisch hierzu Hebestreit/Dörges, in: Bohl/Riese/Schlüter (2004), S. 339.

415 Vgl. IAS 37.57.

416 Vgl. Hebestreit/Dörges, in: Bohl/Riese/Schlüter (2004), S. 339.

226 Folgebewertung von Rückstellungen

Das bilanzierende Unternehmen hat den Ansatz seiner Rückstellungen zu jedem Abschlussstichtag erneut zu prüfen und gegebenenfalls anzupassen, damit die Rückstellungen den Best Estimate darstellen.[417] Eine Anpassung kann durch neue Erkenntnisse oder Änderungen von Schätzparametern notwendig werden und dabei sowohl den Ansatz als auch die Bewertung einer Rückstellung tangieren. Zu unterscheiden ist zwischen den Anpassungseffekten der eigentlichen Verpflichtung einerseits und den Änderungen des Zinssatzes andererseits, die jedoch beide erfolgswirksam zu berücksichtigen sind.[418] Bei abgezinsten Rückstellungen werden die Buchwertanpassungen der Rückstellungen aufgrund der jährlichen Aufzinsung erfolgswirksam im Zinsaufwand erfasst.[419]

Sobald das bilanzierende Unternehmen die Verpflichtung ganz oder teilweise beglichen hat, für die es in früheren Perioden eine Rückstellung gebildet hat, muss eine Inanspruchnahme der Rückstellung erfolgsneutral gebucht werden. Die Rückstellung ist dabei nur für diejenigen Ausgaben zu verbrauchen, für die sie ursprünglich gebildet wurde.[420] Fällt die Inanspruchnahme aus der Verpflichtung höher oder niedriger aus als die für diese Zwecke gebildete Rückstellung, so ist die Differenz erfolgswirksam als Aufwand respektive Ertrag zu erfassen. Rückstellungen sind insoweit aufzulösen, wie in Folgeperioden die Gründe für ihre Bildung entfallen sind. Die Auflösung ist dabei erfolgswirksam in der Position zu erfassen, über die die Rückstellung gebildet worden ist. Gleichzeitig ist zu prüfen, ob der aufgelöste Betrag gegebenenfalls als Eventualschuld in den notes offen zu legen ist. Führen neue Erkenntnisse dazu, dass die gebildete Rückstellung den Erfüllungsbetrag nicht mehr vollständig abdeckt, so ist der überschießende Betrag erfolgswirksam der Rückstellung zuzuführen.[421]

---

[417] Vgl. IAS 37.59.

[418] Eine Ausnahme bilden die Entsorgungsverpflichtungen, die gleichzeitig beim Vermögenswert hinzuaktiviert worden sind, denn hier sind Änderungen erfolgsneutral durch Anpassungen des aktivierten Vermögenswertes vorzunehmen.

[419] Vgl. IAS 37.60, Heuser/Theile (2007), Rz. 2360.

[420] Vgl. IAS 37.61 f.

[421] Vgl. z. B. Hebestreit/Dörges, in: Bohl/Riese/Schlüter (2004), S. 341 f.

3 Bilanzierung von nuklearen Entsorgungsverpflichtungen unter Anwendung der allgemeinen Rechnungslegungsgrundsätze und –regelungen des IASB

Nukleare Entsorgungsverpflichtungen, deren bilanzielle Abbildungsmöglichkeiten im Folgenden dargestellt werden, entstehen in allen Phasen des Gesamtprojekts „Betrieb eines Kernkraftwerks", die in der nachfolgenden Abbildung veranschaulicht werden. Im Anschluss an die Planungs- und Genehmigungsphase erfolgt die Inbetriebnahme des Kernkraftwerks. Bereits zu diesem Zeitpunkt verpflichtet sich das Betreiberunternehmen zum Abbau dieser Anlage spätestens nach Ausschöpfung der dieser Anlage mit dem novellierten Atomgesetz zugeordneten Reststrommengen. Die Betriebszeit eines Kernkraftwerks ist auf durchschnittlich 32 Jahre begrenzt worden und kann durch die Übertragung von Reststrommengen älterer Kraftwerke auf jüngere Anlagen auf bis zu 40 Jahre ausgedehnt werden. Während der Betriebsphase fallen abgebrannte und schadhafte Brennelemente sowie radioaktive Betriebsabfälle an, die bis zum 30.6.2005 über die beiden Entsorgungspfade Wiederaufarbeitung und Direkte Endlagerung zu entsorgen waren.

Unmittelbar nach der Außerbetriebnahme des Kraftwerks folgt eine vier- bis siebenjährige Nachbetriebsphase, die einem ersten Abklingen der radioaktiven Anlagenteile dient und zu einer Entleerung der Anlage führt. Es fallen erneut – über die bekannten Entsorgungspfade zu entsorgende – Brennelemente, radioaktive Betriebsabfälle und sonstige Betriebsstoffe an. An die Nachbetriebsphase schließt sich die Stilllegungs- und Rückbauphase an, die entweder mit einem unmittelbaren Abbau der Anlage oder zunächst mit einem sicheren Einschluss der Anlage beginnen kann. Verbleibende radioaktive Reststoffe, Materialien und sonstige Stilllegungsabfälle müssen zunächst einige Jahrzehnte zwischengelagert werden, bis in Deutschland erwartungsgemäß ab 2030 ein Endlager zur endgültigen Einlagerung der radioaktiven Abfälle zur Verfügung stehen wird. Ziel aller Stilllegungs- und Rückbaumaßnahmen ist die Entlassung der Anlage aus der atomrechtlichen Überwachung, in dessen Anschluss der freigegebene Standort industriell oder anderweitig weiter genutzt werden kann.[422]

[422] Vgl. hierzu ausführlich unter Abschnitt B2.

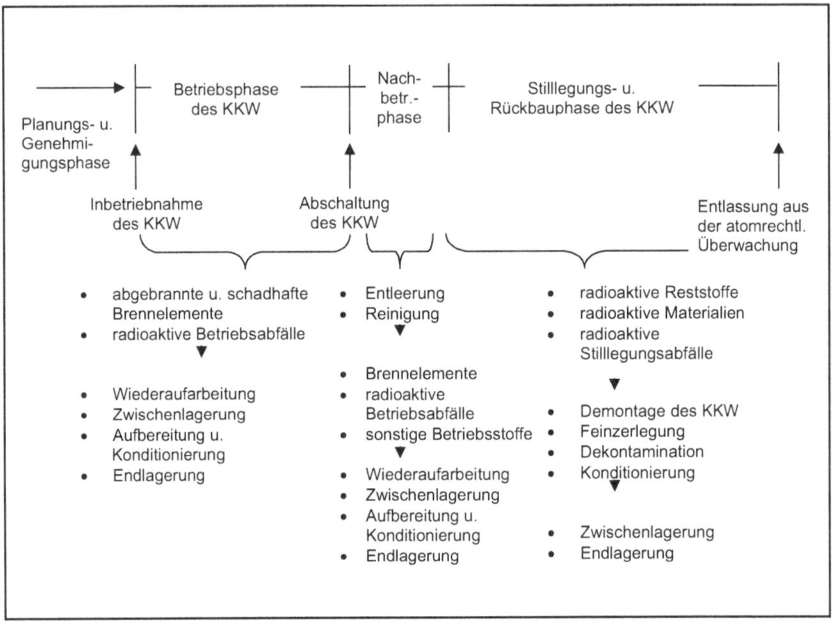

Abb. 9: Phasen des Gesamtprojekts „Betrieb eines Kernkraftwerks" und zugehörige nukleare Entsorgungsverpflichtungen

31 Entsorgung von Brennelementen und radioaktiven Betriebsabfällen

311 Vorbemerkungen und Problemstellung

Während der Betriebsphase eines Kernkraftwerks sieht sich der Betreiber des Kraftwerks mit zweierlei gewichtigen Entsorgungsverpflichtungen konfrontiert: Zum einen handelt es sich um die Pflicht zur Entsorgung von abgebrannten, d. h. verbrauchten Brennelementen. Zum anderen müssen radioaktive Betriebsabfälle und Reststoffe ordnungsgemäß entsorgt werden.[423] Da der Spaltprozess den Energiegehalt der Brennelemente kontinuierlich verringert, können die Brennelemente nur für eine begrenzte Zeit im Reaktor eingesetzt werden. Die Nutzungszeit beträgt im Allgemeinen drei bis vier Jahre. Neben den abgebrannten Brennelementen fallen in unregelmäßigen Abständen schadhaft gewordene

[423] Vgl. hierzu Abschnitt B231. Die Verpflichtungen zur Entsorgung von abgebrannten Brennelementen und radioaktiven Abfällen ergeben sich aus §§ 7 und 9a AtG.

Brennelemente an.[424] Da sich vor allem die Kosten für die Entsorgung von Brennelementen materiell in der Bilanz und Erfolgsrechnung des Anlagenbetreibers niederschlagen können,[425] wird sich die folgende Analyse auf die möglichen Bewertungsmethoden für diese Verpflichtungssachverhalte konzentrieren. Der Hauptteil dieser Entsorgungskosten bezieht sich auf den regelmäßigen Anfall von abgebrannten Brennelementen.

Abgebrannte und schadhaft gewordene Brennelemente enthalten langlebige radioaktive Stoffe, die eine starke Wärmeentwicklung aufweisen und daher speziell entsorgt werden müssen. Die ausgedienten Brennelemente müssen daher nach ihrer Entfernung aus dem Reaktor zunächst für mehrere Jahre, etwa vier bis sieben Jahre, in einem Abklingbecken zwecks Aktivitätsreduzierung verwahrt werden. Anschließend können die Brennelemente erst zu Wiederaufarbeitungsanlagen oder Zwischenlagern und künftig zu Endlagern transportiert werden.[426]

Die nachstehende Abbildung veranschaulicht die beschriebenen Entsorgungspflichten während der Betriebsphase eines Kernkraftwerks:

424 Vgl. z. B. Informationskreis KernEnergie (2006), S. 68 f., Reinhard, et 1982, S. 746 ff. u. Baumgärtel/Huppert/Merz (1984), S. 14 ff.

425 Im Konzernabschluss zum 31.12.2006 der E.ON AG machen die Rückstellungen für Brennelementeentsorgungen rund 21 % der Sonstigen Rückstellungen (ohne Steuern) und ca. 4 % der Bilanzsumme aus. Die Rückstellungen für die Entsorgung von Brennelementen stellen im Konzernabschluss zum 31.12.2006 der EnBW AG sogar etwa 29 % der Sonstigen Rückstellungen (ohne Pensionen und Steuern) und ca. 6 % der Bilanzsumme dar.

426 Vgl. Abschnitt B231 u. Öko-Institut (2000), S. 28.

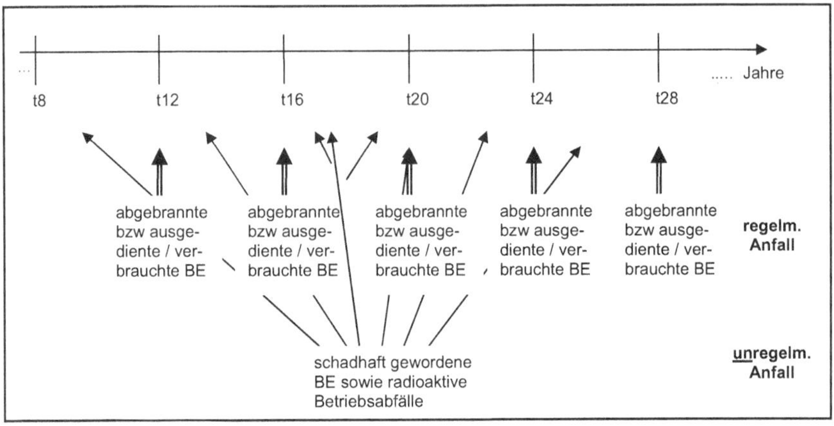

Abb. 10: Differenzierung von nuklearen Entsorgungsverpflichtungen während der Betriebsphase eines Kernkraftwerks

Während sich die Ansatzpflicht für Verpflichtungen zur Entsorgung von Brennelementen und radioaktiven Betriebsabfällen unzweifelhaft aus den Kriterien des IAS 37 ableitet, gestaltet sich die Bewertung der voraussichtlichen Entsorgungskosten für Brennelemente weitaus schwieriger. Das liegt zum einen darin begründet, dass der Bereich der Kernenergie von Grund auf mit großen Unsicherheiten verbunden ist.[427] In diesem Sinne ist vor allem die Endlagerung von radioaktiven Abfällen in Deutschland noch weitest gehend ungeklärt, so dass ihre Kostenschätzung zwangsläufig auf spekulativen Annahmen beruht.[428] Darüber hinaus sieht das IFRS-Normenwerk für derartige Verpflichtungssachverhalte keine ausdrücklichen Bewertungsvorschriften vor, so dass der Bilanzierende auf die allgemeinen Vorschriften zur Rückstellungsbilanzierung zurückgreifen muss und die Bemessung der Verpflichtungshöhe notwendigerweise von seinen Absichten und seinem Ermessen beeinflusst wird. Hieraus resultieren weitreichende Unsicherheiten sowohl für den Bilanzersteller als auch für den Abschlussadressaten, der mit unterschiedlichen Abbildungs- und Bewertungsmethoden konfrontiert wird. Unzureichende Rechnungslegungsvorgaben führen dazu, dass die voraussichtlichen Entsorgungskosten die Erfolgsrechnung in den einzelnen Abschlussperioden unterschiedlich belasten, eine zwischenbetriebliche Vergleichbarkeit erschwert und die Entscheidungsnützlichkeit der publizierten Daten materiell beeinträchtigt werden kann. Diese Effekte werden noch

427 Vgl. Drasdo (1998), S. 515.
428 Vgl. Reich (1989), S. 87.

dadurch verstärkt, dass Regelungsunschärfen schon von ihrer Natur her zu bewussten bilanzpolitischen Verfälschungen des Zahlenwerks verführen.

Der Schwerpunkt der nachstehenden Ausführungen liegt auf der theoretischen Ableitung von möglichen Bewertungsmethoden für die künftigen Entsorgungskosten von abgebrannten Brennelementen auf der Grundlage der allgemeinen Rechnungslegungsvorschriften des IAS 37 und der allgemeinen Rechnungslegungsgrundsätze des IASB-Rahmenkonzepts und die Darstellung ihrer bilanziellen Auswirkungen in der Abschlussperiode und in Folgeperioden. Hierbei wird insbesondere der grundsätzlichen Frage nachgegangen, ob die erwarteten Kosten für die Brennelementeentsorgung über eine Ansammlungsrückstellung abgebildet[429] oder zum Zeitpunkt der Inbetriebnahme des Kernkraftwerks, also mit der ersten Kritikalität, in voller Höhe berücksichtigt werden sollten. Im Hinblick auf eine mögliche Ansammlung des Verpflichtungsbetrags ist vor allem fraglich, ob die periodischen Zuführungen auf linearer Basis oder nach Maßgabe des Abbrands der Brennelemente vorgenommen werden sollten. Hierzu bedarf es insbesondere einer Analyse des tatsächlichen Zahlungsstroms dieser Entsorgungskosten.

312 Bilanzierung nach internationalen Rechnungslegungsnormen

3121 Ansatz und Bewertung gemäß IAS 37

Die Verpflichtungen zur Entsorgung von Brennelementen und radioaktiven Betriebsabfällen sind gemäß IAS 37 als Rückstellungen für ungewisse Verpflichtungen anzusetzen.[430] Im Sinne von IAS 37.14a stellen diese Verpflichtungen gegenwärtige öffentlich-rechtliche Verpflichtungen nach dem Atomgesetz (§ 9a Abs. 1 AtG) dar (Außenverpflichtungsprinzip), die planmäßig durch den Leistungserstellungsprozess begründet werden und zwangsläufig in dessen Folge

429 Nach Hebestreit/Dörges ist eine aufwandswirksame (ratierliche) Rückstellungsdotierung für solche Aufwendungen vorzunehmen, die mit der Nutzung eines Vermögenswerts zusammenhängen. Vgl. Hebestreit/Dörges, in: Bohl/Riese/Schlüter (2006), § 13, Tz. 104.

430 Zu Rückstellungen für die Entsorgung von bestrahlten Brennelementen und radioaktiven Abfällen nach dem Handels- und Steuerrecht vgl. z. B. Bürger (1998), S. 33-36, Reinhard, Vortrag v. 10.6.1986 in Münster, S. 17-21 u. Öko-Institut (2000), S. 17-23. Aus HGB-/EStG-Sicht wird das Vorliegen einer Verpflichtung hingegen gar nicht so einheitlich in der Literatur gesehen. Vgl. Führich, WPg 2006, S. 1271-1277; mit Hinweis auf z. B. Bürger, (1998), S. 35 f. Siehe hierzu auch Urteil des EuGH vom 26.1.2006 – T-92/02, Sammlung der Rechtsprechung, 2006, S. 00011, auch abrufbar unter http://eur-lex.europa.eu/Rech_recueil.do.

entstehen. Die Entstehung wird mit der Einleitung des Spaltungsvorgangs, d. h. Bestrahlung der Brennelemente begründet (verpflichtungsbegründendes Past Event), und der Anlagenbetreiber hat keine realistische Alternative, sich diesen Verpflichtungen (kostenneutral) zu entziehen (Unentziehbarkeitstheorem).[431]

Die künftige Inanspruchnahme aus diesen Verpflichtungen und damit der Abfluss von Ressourcen mit wirtschaftlichem Nutzen zur Begleichung der Verpflichtungen im Sinne von IAS 37.14b kann auch deshalb als sicher unterstellt werden,[432] weil die vertraglichen Vereinbarungen zur Entsorgung mit Trans port-, Wiederaufarbeitungs- und sonstigen Entsorgungsunternehmen, wie etwa für die Zwischenlagerung oder Konditionierung radioaktiver Abfälle, vor allem auch Zahlungsverpflichtungen enthalten. Darüber hinaus leisten die Betreiberunternehmen bereits heute schon Vorauszahlungen für künftige Endlagerkosten. Im Hinblick auf eine verlässliche Bestimmung der Verpflichtungshöhe nach IAS 37.14c wird das Unternehmen stets zumindest eine Bandbreite an möglichen Werten schätzen können, die sich aus Verträgen, Sachverständigengutachten und / oder Erfahrungswerten evaluieren lassen.

Im Gegensatz zum Ansatz ist die Bewertung der Rückstellungen für die Entsorgung von abgebrannten Brennelementen mit vielfältigen Unsicherheiten verbunden, die aus fehlenden expliziten Rechnungslegungsvorgaben resultieren und sich in weitreichenden Bemessungsspielräumen äußern. Nach den IFRS sind Rückstellungen für ungewisse Verpflichtungen mit dem besten Schätzwert der Ausgaben anzusetzen, die zur Erfüllung der gegenwärtigen Verpflichtung zum Abschlussstichtag erforderlich sind.[433] Hierzu zählen insbesondere die Kosten für die kraftwerksnahe Lagerung und Abklingzeit, den Einschluss in Transportbehältern und den Transport und ggf. die Zwischenlagerung und Wiederaufarbeitung (in der Vergangenheit), die Konditionierung sowie die Endlagerung der radioaktiven Abfälle.[434] Die Entwicklung einer adäquaten Bewertungsmethode für die voraussichtlichen Entsorgungskosten macht zunächst die Differenzierung zwischen unterschiedlich möglichen Sichtweisen notwendig. Maßgeblich für die erste Vorgehensweise könnte demnach die Aggregationsebene der Betrachtung hinsichtlich der Bewertungseinheit sein, wonach die Untersuchung erstens aus Sicht eines einzelnen Brennelements oder zweitens auch auf Basis aller zum Abschlussstichtag im Reaktor befindlichen Brennelemente geführt werden kann.

---

431 Vgl. auch Lauerwald (2001), S. 140.
432 Vgl. auch Lauerwald (2001), S. 140.
433 Vgl. IAS 37.36.
434 Vgl. hierzu Abschnitt B233.

Drittens könnten auch alle während der gesamten Betriebszeit des Reaktors einzusetzenden Brennelemente die Grundlage für die Bewertung darstellen.

Die Entsorgungsverpflichtung für ein einzelnes Brennelement fällt grundsätzlich mit der erstmaligen Bestrahlung an, denn bereits zu diesem Zeitpunkt müssen Transportbehälter beschafft, ein Zwischenlager unterhalten und gegebenenfalls schon Leistungen für ein Endlager vorgehalten werden. Diese Kosten sind unabhängig von der Einsatzzeit der Brennelemente im Reaktor, so dass die Entsorgungsverpflichtung bereits zum Zeitpunkt der ersten Bestrahlung des Brennelements vollständig in der Bilanz abzubilden wäre. Betrachtet man alle im Reaktor eingesetzten Brennelemente, müssen jedes Jahr ausgediente Brennelemente durch neue ersetzt werden, so dass jährlich eine Verpflichtung in ungefähr gleicher Höhe entsteht. Somit ergibt sich ein linearer Aufwandsverlauf wie bei einer Ansammlungsrückstellung. Diese Betrachtungsweise würde auf jeden Fall zu einer deutlichen Arbeitsvereinfachung für das bilanzierende Unternehmen führen.

Da Brennelemente nach durchschnittlich vier Jahren als verbraucht gelten und ersetzt werden müssen, könnte eine mögliche Bewertungsmethode von einer Vierteilung der Brennelemente ausgehen und unterstellen, dass jedes Jahr nur für einen Teil des Brennelements eine Entsorgungspflicht anfällt. Hiernach würde jedes Jahr für ein Viertel des Brennelements die entsprechende Rückstellung gebildet, so dass nach vier Jahren alle vier Teile des Brennelements über eine Rückstellung abgebildet wären. Diese Vorgehensweise entspräche aus der Sicht eines einzelnen Brennelements einer linearen Ansammlung der Entsorgungsverpflichtung (= quasi lineare Rückstellungsansammlung). Die periodischen Zuführungen zur Entsorgungsrückstellung könnten theoretisch auch auf Basis einer verursachungsgerechten Zuordnung der Entsorgungskosten auf den Einsatzzeitraum der Brennelemente erfolgen (= quasi verursachungsgerechte Rückstellungsansammlung). Mit einer verursachungsgerechten Rückstellungsdotierung könnte einem unterschiedlichen Abbrand und damit dem tatsächlichen Werteverzehr der Brennelemente über deren Einsatzzeitraum Rechnung getragen werden. So könnten beispielsweise unterschiedlich starke Verbräuche der Brennelemente in Abhängigkeit von ihrer Platzierung oder unterschiedliche Abbrandraten und Arbeitsausnutzungen der Kernkraftwerke in den periodischen Rückstellungszuführungen berücksichtigt werden.

Aus der Sicht aller zum Abschlussstichtag im Reaktor befindlichen Brennelemente werden jedoch jedes Jahr ein Viertel aller Brennelemente ausgetauscht und durch neue Brennelemente ersetzt, für die auch wieder Entsorgungsverpflichtungen anfallen, so dass im Endeffekt jedes Jahr für vier Viertel eine Entsorgungsrückstellung dotiert wird. Auf den gesamten Reaktor bezogen sind somit für alle vorhandenen Brennelemente Rückstellungen in voller Höhe gebildet (= jährliche Vollrückstellung für neu eingesetzte Brennelemente).[435]

Betrachtet man hingegen die gesamte Nutzungszeit eines Kernkraftwerks, wird das bilanzierende Unternehmen die Anzahl aller einzusetzenden Brennelemente zumindest in einer gewissen Bandbreite zuverlässig schätzen können. Aus dieser Sichtweise könnte es sich auch anbieten, die insgesamt erwarteten Entsorgungskosten für alle Brennelemente bereits zum Zeitpunkt der Inbetriebnahme des Kernkraftwerks in voller Höhe abzubilden (= Ansatzrückstellung). Wird die Wesentlichkeit der Entsorgungskosten angenommen, müssen die Entsorgungskosten in Höhe ihres Barwerts angesetzt werden. Dieses Vorgehen erfordert die Berücksichtigung von Parameteränderungen im Zeitablauf, wie zum Beispiel veränderte Laufzeiten der Kernkraftwerke oder Kostenvarianzen. Aus Praktikabilitätsgründen wird es wohl auch gängige Praxis sein, Verpflichtungen zur Entsorgung von Brennelementen nicht isoliert zu bewerten, sondern vielmehr zusammen mit den langfristigen Stilllegungsverpflichtungen auf den Abschlussstichtag abzuzinsen.

Die möglichen Bewertungsmethoden nach Maßgabe der Aggregationsebene der Betrachtung lassen sich wie folgt anschaulich zusammenfassen:

[435] Diese Betrachtungsweise unterstellt jedoch, dass die Stromerzeugung in vollem Gange ist – d. h. seit mindestens vier Jahren läuft, sich also weder am Anfang noch am Ende befindet.

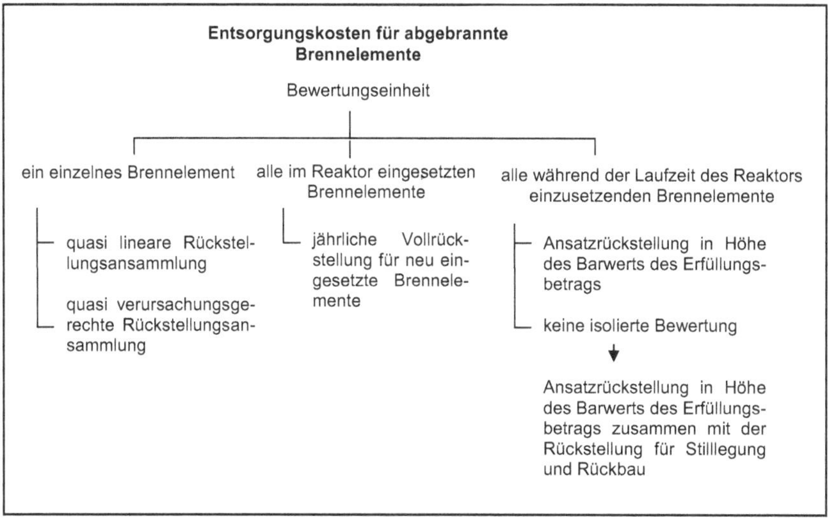

Abb. 11: Mögliche Bewertungsmethoden für abgebrannte Brennelemente nach Maßgabe der Aggregationsebene der Betrachtung

Eine zweite mögliche Vorgehensweise könnte darin bestehen, die Wahl der Bewertungsmethode danach zu richten, ob die einzelnen Entsorgungskosten fixe oder variable Kostenbestandteile darstellen. Als fixe Kosten der Entsorgung kommen die Kosten für die (zentrale und dezentrale) Zwischenlagerung und Endlagerung von radioaktiven Abfällen in Betracht. So benötigt der Kraftwerksbetreiber beispielsweise vom Zeitpunkt der ersten Bestrahlung der Brennelemente an geeignete Zwischenlager für die Verwahrung von radioaktiven Abfällen.[436] Da die Entsorgungskosten mit fixem Kostencharakter unabhängig von Einsatz und Verbrauch der Brennelemente anfallen, könnte eine Berücksichtigung dieser Kosten über eine Ansatzrückstellung mit gleichzeitiger Aktivierung des passivierten Barwerts unter den Vorräten erfolgen.[437] Die Barwertermittlung müsste dabei auf Basis aller erwarteter Cash-Outflows erfolgen. In den Folgeperioden würden sich die Abschreibungen auf den aktivierten Barwert der Entsorgungskosten, die Zinsaufwendungen aus der Aufzinsung der Rückstellung sowie ggf. erforderliche Anpassungen des Verpflichtungsbetrags ergebniswirksam aus-

[436] Zur unmittelbaren Verpflichtung vgl. § 9a Abs. Ib S. 1 AtG. Hiernach setzt die Genehmigung zum Bau eines Kernkraftwerks einen Nachweis über geeignete Zwischenlager für radioaktive Abfälle voraus.

[437] Dieses Vorgehen wird unterstützt durch Beispiel 3 in Anhang C zu IAS 37. Vgl. auch Ernst & Young (2006), S. 1825 f.

wirken. Die Abschreibungen sollten dabei leistungsabhängig nach Maßgabe der Nutzungsdauer des Reaktors ermittelt werden.

Variable Kostenbestandteile hingegen sind abhängig von der Menge der Brennelemente, so dass sich für diese Kosten eine verursachungsgerechte Rückstellungsansammlung über den Einsatzzeitraum der Brennelemente anbietet.[438] In den Folgeperioden sind die periodischen Rückstellungszuführungen ergebniswirksam zu buchen. Als variable Kosten kommen die Kosten für den Transport und die Behälter von radioaktiven Abfällen in Betracht, wobei vor dem Hintergrund der aktuellen politischen Entwicklungen zu beachten ist, dass ein Kernkraftwerk vorzeitig abgeschaltet werden kann. Die folgende Abbildung fasst die möglichen Bewertungsmethoden in Abhängigkeit von der Kostenart anschaulich zusammen:

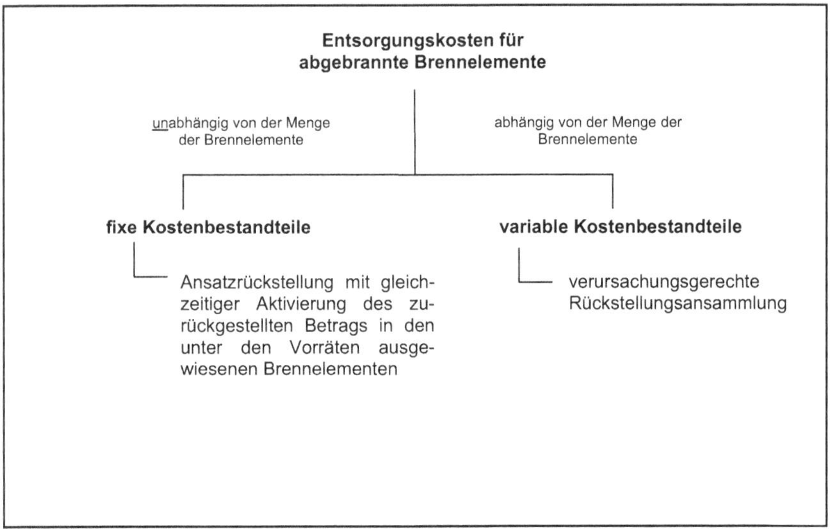

Abb. 12: Mögliche Bewertungsmethoden für abgebrannte Brennelemente in Abhängigkeit von der Kostenart

438 Dieses Vorgehen wird unterstützt durch Beispiel 3 in Anhang C zu IAS 37. Vgl. auch Ernst & Young (2006), S. 1825 f.

3122 Ansatz und Bewertung gemäß ED IAS 37

Mit den Änderungsvorschlägen zu IAS 37 werden die dargestellten Unsicherheiten in Bezug auf die Bewertung von Rückstellungen für die Entsorgung von abgebrannten Brennelementen nicht beseitigt.

3123 Ansatz und Bewertung gemäß SFAS 5

Die Rechnungslegungsstandards des FASB enthalten ebenso wenig explizite Normen zur Bilanzierung von Entsorgungskosten für abgebrannte Brennelemente und radioaktive Abfälle wie das IFRS-Regelwerk, so dass auch ein Rückgriff auf die US-amerikanischen Normen zu keiner Abmilderung der diskutierten Unsicherheiten führen würde. Es gelten die allgemeinen Regelungen des SFAS 5 „Accounting for Contingencies". Hiernach erfolgt die Bewertung von Rückstellungen für ungewisse Verpflichtungen analog zu IAS 37 zum bestmöglichen Schätzwert.

313 Analyse des abschlusspolitischen Gestaltungspotenzials und Ableitung damit verbundener Beeinträchtigungen der Entscheidungsnützlichkeit der publizierten Daten

Die Analyse hat deutlich gemacht, dass die Bewertung der Entsorgungskosten für abgebrannte Brennelemente von Grund auf mit einer Vielzahl von Unsicherheiten verbunden ist. Die internationalen Rechnungslegungsnormen sehen diesbezüglich keine ausdrücklichen Bewertungsregeln vor, so dass in Abhängigkeit von der Sichtweise unterschiedliche Bewertungsverfahren zur Anwendung kommen können. Im Folgenden wird herausgearbeitet, dass die identifizierten Mängel und Beeinträchtigungen nur über eindeutige Handlungsanweisungen gemindert werden können bzw. der nötige Grad an Objektivität nur zu erreichen ist, wenn strenge Bewertungsregeln gelten. Hierfür muss sich das Normensystem auf eine konkrete Bewertungssystematik für Verpflichtungen zur Entsorgung von Brennelementen und vergleichbare Pflichten festlegen.

3131 Ansatz- versus Ansammlungsrückstellung

Die Entsorgungskosten für abgebrannte Brennelemente setzen sich aus unterschiedlichen Kostenarten zusammen,[439] so dass sich eine differenzierte Bewer-

[439] Vgl. hierzu Abschnitt B233.

tungsmethodik anbietet. Eine nach fixen und variablen Kostenarten differenzierende Bewertung wird der Zwecksetzung eines internationalen Abschlusses am ehesten gerecht. Als fixe Kosten der Entsorgung kommen insbesondere die Kosten für die (zentrale und dezentrale) Zwischenlagerung und Endlagerung von radioaktiven Abfällen in Betracht. Aufgrund ihrer Unabhängigkeit von der Menge der Brennelemente empfiehlt sich eine volle Kostenberücksichtigung zum Abschlussstichtag, indem der Barwert des Verpflichtungsbetrags passiviert und gleichzeitig auf der Aktivseite abgebildet wird.

Die Brennelemente werden mit ihren (fortgeführten) Anschaffungskosten unter den Vorräten ausgewiesen, da sie als Rohstoffe dazu bestimmt sind, bei der Energieerzeugung verbraucht zu werden.[440] IAS 2 sieht grundsätzlich nicht vor, dass Entsorgungskosten in den Anschaffungskosten von Roh-, Hilfs- und Betriebsstoffen enthalten sind. Vielmehr sind nur diejenigen Kosten zu erfassen, die erforderlich sind, um den Gegenstand anzuschaffen, zu konditionieren und verwendbar zu machen.[441] Die Entsorgungskosten leben aber gerade nicht bei der Anschaffung, sondern beim Verbrauch auf und könnten demnach lediglich Kostenbestandteil der Herstellungskosten für Strom sein. Damit flössen sie in die unfertigen / fertigen Erzeugnisse ein, was jedoch bei Strom aufgrund seiner mangelnden Lagerbarkeit nicht möglich ist. Deshalb ist in diesem Zusammenhang auch interessant, dass IAS 16.18 mit der Regelung, dass immer dann, wenn die künftigen Verpflichtungen aus der Produktion eines Vermögenswerts resultieren, erforderliche Rückstellungszuführungen als Teil der Herstellungskosten der Vorräte zu aktivieren sind,[442] auf IAS 2 verweist, ohne dass jedoch IAS 2 selbst darauf Bezug nimmt. Nichtsdestotrotz lässt sich eine Hinzuaktivierung von Entsorgungskosten auf die Brennelemente unmittelbar aus IAS 16 ableiten.[443] Mit dem Kauf der Brennelemente wird auch die mit dem Brennelementeeinsatz unmittelbar verbundene Entsorgungsverpflichtung eingegangen,[444] so dass die Brennelemente auch die mit ihnen verbundenen Entsorgungskosten „verdienen“ und somit einen entsprechenden Nutzenbeitrag liefern können müssen. Die fixen Entsorgungskosten werden zwar vom ersten Brennelement verur-

---

440 Vgl. IAS 2.4.

441 Vgl. IAS 2.10. Zu Begriff und Abgrenzung von Anschaffungskosten vgl. Riese, in: Bohl/Riese (2006), § 8, Rn. 19-30, für Herstellungskosten Rn. 31-57.

442 Diese Regelung wurde bei der Anpassung des IAS 16 im Rahmen des Improvements Projects aufgenommen. Vgl. Zülch, KoR 2004, S. 155.

443 So auch Heuser/Theile (2007), Rz. 1135 u. 1140.

444 Vgl. auch analog hierzu die mit dem Kauf bzw. Bau und der Inbetriebnahme eines Kernkraftwerks unmittelbar verbundene Stilllegungs- und Rückbauverpflichtung.

sacht, aber von mehreren Brennelementen über den gesamten Einsatzzyklus genutzt, so dass aus Periodisierungsgründen eine Zurechnung der fixen Kosten als Anschaffungsnebenkosten zu den Brennelementen gerechtfertigt erscheint.[445]

Analog zu den Regelungen des IAS 16 im Hinblick auf eine Aktivierung der künftigen Stilllegungs- und Rückbaukosten[446] müsste der die Vorräte regelnde IAS 2 dahingehend geändert werden, dass zu den Bestandteilen der Anschaffungs- oder Herstellungskosten der Vorräte auch die geschätzten Kosten für die Entsorgung von abgebrannten Brennelementen und ähnlichen Verpflichtungen in dem Maße, wie sie gemäß IAS 37 als Rückstellung erfasst werden, zu rechnen sind. In den Folgeperioden wirken sich die Zinsaufwendungen aus der Aufzinsung der Rückstellungen und die Abschreibungen auf die um den zurückgestellten Betrag erhöhten Vorräte ergebniswirksam aus.

Ein ganz entscheidender Ansatzpunkt für abschlusspolitische Gestaltungsmöglichkeiten bietet insbesondere auch die Cashflow-orientierte Barwertermittlung. Das bilanzierende Unternehmen hat hierbei weitreichende Freiräume bei der Herleitung der erwarteten Zahlungsabflüsse, der Bestimmung des Abzinsungssatzes und insbesondere auch bei der Festlegung des Erfüllungszeitpunkts. Letzteres kann dabei zu ganz wesentlichen Diskontierungseffekten führen, wenn beispielsweise die Zeiträume für eine standortnahe Zwischenlagerung und die anschließende Endlagerung stark variieren.

Als variable Kosten kommen insbesondere die Kosten für den Transport und die Behälter der Brennelemente sowie die Kosten für eine Wiederaufarbeitung der Brennelemente und die Konditionierung von radioaktiven Abfällen in Betracht. Da diese Entsorgungskosten in Abhängigkeit von der Menge der Brennelemente anfallen und somit ein technischer Zusammenhang zwischen der Energieerzeugung und der Verschmutzung bzw. dem Verbrauch der Brennelemente besteht, empfiehlt sich eine verursachungsgerechte Ansammlung der voraussichtlichen Kosten über den Einsatzzeitraum der Brennelemente. In den Folgeperioden wirken sich die periodischen Rückstellungszuführungen ergebniswirksam aus.

Die herausgearbeiteten Empfehlungen lassen sich wie folgt zusammenfassen:

---

445 So auch Hoffmann, in: Lüdenbach/Hoffmann (2007), § 8, Rn. 11, wonach die geschätzten Kosten der Entfernung, der Entsorgung oder Grundsanierung, für die eine Rückstellung zu bilden ist, Anschaffungsnebenkosten i. S. v. IAS 2.10 darstellen. Ebenso Küting/Ranker, KoR 2007, S. 194.

446 Vgl. IAS 16.16 (c).

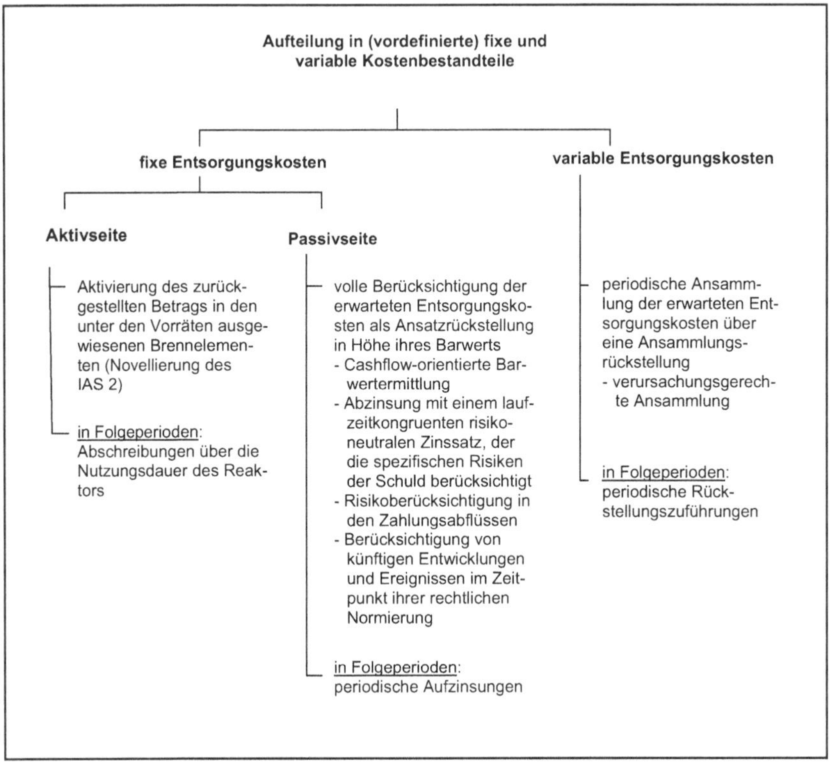

Abb. 13: Empfohlene Bewertungsmethodik für Rückstellungen zur Entsorgung von abgebrannten Brennelementen[447]

Es konnte dargelegt werden, dass eine zwischenbetriebliche Vergleichbarkeit sowie eine transparente und intersubjektiv nachvollziehbare Berichterstattung erst durch eindeutige Rechnungslegungsvorgaben erreicht werden kann. Im Folgenden wird zudem herausgearbeitet, dass darüber hinaus auch die Offenlegung in Bezug auf die angewandte Bewertungsmethode und die ihr zu Grunde gelegten Annahmen und Parameter ausgebaut werden muss.

---

[447] Die abschlusspolitischen Gestaltungsmaßnahmen bei der Barwertermittlung im Hinblick auf den Diskontierungssatz, die Risikoberücksichtigung und die Erfassung von voraussichtlichen Ereignissen und Entwicklungen in der Zukunft werden in Abschnitt C324 diskutiert. Insofern werden an dieser Stelle die Unterpunkte zur Barwertermittlung zunächst als gegeben betrachtet.

3132 Entobjektivierung des Best Estimate

Die Bewertung erfolgt mit dem besten Schätzwert (Best Estimate) der Ausgaben, die zur Erfüllung der gegenwärtigen Verpflichtung zum Abschlussstichtag erforderlich sind. Dieser Wert stellt in seiner Grundkonzeption einen marktorientierten Zeitwert dar und wird als Transaktions- bzw. Übertragungspreis der Verpflichtung zwischen transaktionswilligen Parteien betrachtet.[448] Schätzungen liegen naturgemäß im Ermessen des bilanzierenden Unternehmens und sind zwangsläufig mit subjektiven Elementen behaftet, so dass eine vollständige intersubjektive Nachvollziehbarkeit der publizierten Daten grundsätzlich angezweifelt werden kann.

Allein eine Beschränkung der Wertermittlung auf die Preisverhältnisse am jeweiligen Abschlussstichtag setzt bereits vielfältige Annahmen voraus: So sind der Zeitpunkt und die Art einer möglichen Wiederaufarbeitung festzulegen, verschiedenste Zwischenlagerungs- und Transportparameter sowie eventuelle Währungsparitäten zu berücksichtigen, außerdem die Länge des maßgeblichen Entsorgungszeitraums regelmäßig anzupassen und die verschiedenen Stilllegungs- und Beseitigungsbedingungen zu bewerten. Insofern kann auch eine Fokussierung auf die Wertverhältnisse am jeweiligen Abschlussstichtag nur in eingeschränktem Maße zur Ermessensbegrenzung bei der Wertermittlung beitragen. Das IFRS-Regelwerk sieht darüber hinaus die Berücksichtigung der Preisverhältnisse zum Erfüllungsstichtag vor und macht damit zusätzlich den Einbezug von künftigen Ereignissen und Entwicklungen in die Wertermittlung erforderlich. Nach IAS 37 können individuelle Annahmen über inflationsbedingte Kostenentwicklungen ebenso in die Berechnungen einbezogen werden wie Erwartungen über den bis zum Erfüllungszeitpunkt erreichten Fortschritt der anzuwendenden Technologien.[449] Der Einbezug von künftigen Preis-, Kosten- und Technologieentwicklungen und sonstigen voraussichtlichen und vom bilanzierenden Unternehmen erwarteten Ereignissen in die Rückstellungsbewertung bedingt stets ein materielles Unsicherheitspotenzial für den externen Abschlussadressaten.[450]

448 Vgl. IAS 37.36 f.

449 Vgl. IAS 37.48 ff.

450 Prognostizierte Preissteigerungen und technische Entwicklungen dürfen handelsrechtlich nur dann in die Rückstellungsbewertung einfließen, wenn sie am Abschlussstichtag bereits verursacht und üblicherweise zu erwarten sind. So erfolgt die Wertermittlung in der handelsrechtlichen Bilanz auf Basis der Preise am jeweiligen Abschlussstichtag; Anpassungsbeträge werden über mehrere Jahre gleichmäßig verteilt und belasten somit nicht

Dabei ist grundsätzlich zu berücksichtigen, dass sich diese Unsicherheiten unabhängig von einem möglichen Gestaltungswillen des bilanzierenden Unternehmens naturgemäß aus langfristigen Projekten und damit verbundenen Ungewissheiten über zukünftige Entwicklungen und Ereignisse ergeben. Unsicherheiten können jedoch grundsätzlich durch die Berücksichtigung von Erfahrungswerten und Branchenpraktiken im Zeitablauf reduziert werden. Die Zugrundelegung von Vertragsvereinbarungen mit Unternehmen der Entsorgungswirtschaft, externen Gutachten und Kostenprognosen anerkannter Institute führt auf jeden Fall zu einer gewissen Objektivierung bei der Wertfindung der Kosten für die Preiskalkulation, darf jedoch nicht darüber hinwegtäuschen, dass Unternehmensangebote, Gutachten und Prognosen u. a. auch auf Vorgaben beruhen, die wiederum aus Annahmen über bspw. Maß- und Zeitangaben, anzuwendende Entsorgungstechniken oder Preissteigerungsraten abgeleitet worden sind.

Der IASB hat dieses notwendigerweise aus Schätzungen und der Berücksichtigung von Zukunftsaspekten resultierende Unsicherheitspotenzial erkannt und folgert daraus, dass dergleichen Wertunsicherheiten bei sachgemäßer Vorgehensweise die Entscheidungsnützlichkeit der publizierten Daten nicht per se beeinträchtigen müssen.[451] Es darf jedoch nicht verkannt werden, dass die internationalen Standardsetter im Falle der Fair Value-Bewertung von Entsorgungsverpflichtungen die erhofften Vorteile durch die wirtschaftliche Aussagekraft von Zeitwerten bewusst deutlich stärker gewichten als die damit verbundenen Entobjektivierungen und damit auch mögliche Beeinträchtigungen der Zuverlässigkeit bewusst in Kauf nehmen.

Vor diesem Hintergrund kann eine intersubjektive Nachprüfbarkeit der publizierten Daten nur über umfassende und aussagekräftige Angaben und Erläuterungen in den Notes zu Posten der Bilanz und Erfolgsrechnung erreicht werden. Bezugnehmend auf die Empfehlungen im Hinblick auf die Bewertung von Verpflichtungen zur Entsorgung von abgebrannten Brennelementen sollte das bilanzierende Unternehmen zunächst die Zuteilung seiner Entsorgungskosten zu den fixen respektive variablen Kosten offen legen. In Bezug auf die Barwertermittlung der fixen Entsorgungskosten sollten insbesondere die folgenden Informationen berichtet werden:

- Höhe der erwarteten Entsorgungskosten für abgebrannte Brennelemente

---

allein die Abschlussperiode. Diese Methodik erlaubt zumindest eine gewisse Nachprüfbarkeit.

[451] Vgl. IAS 37.25 u. F.86.

- Barwert der Entsorgungsrückstellung
- Laufzeit der betroffenen Kernkraftwerke
- zu Grunde gelegte Erfüllungszeitpunkte
- Höhe und Zusammensetzung des Diskontierungssatzes
- Berücksichtigung von Risiken und Unsicherheiten
- Berücksichtigung von voraussichtlichen künftigen Ereignissen und Entwicklungen, die sich wesentlich auf die Verpflichtungshöhe auswirken
- wesentliche Parameteränderungen im Vergleich zum Vorjahr
- Abschreibungsmethode der Brennelemente

Im Hinblick auf die variablen Kosten, die über eine Ansammlungsrückstellung abgebildet werden, sollte das bilanzierende Unternehmen vor allem über die folgenden Parameter Aufschluss geben:

- Höhe und Zusammensetzung der periodischen Rückstellungszuführungen
- wesentliche Parameteränderungen im Vergleich zum Vorjahr

Ferner wäre es auch zu begrüßen, wenn das berichtende Unternehmen die Entwicklung der periodischen Zuführungen, Auflösungen und Verbräuche der Rückstellungen für die Entsorgung von abgebrannten Brennelementen im Rahmen eines Rückstellungsspiegels darstellen sowie sämtliche der Wertermittlung zu Grunde gelegten Annahmen (Annahmen zu Entsorgungszeitpunkten, -bedingungen und -kosten u. a.), Parameter (Transport- und Zwischenlagerparameter, Währungsparitäten u. a.) und Erwartungen (Erwartungen zu Technikentwicklungen bzw. -fortschritten, gesetzlichen Änderungen u. a.) offen legen würde. Unsicherheitspotenziale sollten angemessen berichtet, und der Einbezug von zukünftigen Preisentwicklungen in die Wertermittlung sollte dargestellt werden. Die Berichterstattung im Anhang sollte jedoch in einem angemessenen Umfang erfolgen, um insbesondere eine Informationsüberladung der Abschlussadressaten zu verhindern.

In diesem Zusammenhang schreibt IAS 1.113 vor, dass das bilanzierende Unternehmen diejenigen Ermessensausübungen offen legen muss, die den bedeutendsten Einfluss auf die Abschlussposten haben. Ferner regelt IAS 1.116, dass das Unternehmen über die wichtigsten zukunftsbezogenen Prämissen sowie über sonstige wesentliche Quellen von Schätzungsunsicherheiten berichten soll, soweit in Verbindung mit diesen Ungewissheiten ein bedeutendes Risiko der Bewertungsanpassung von Posten innerhalb des nächsten Abschlussjahres besteht. Insbesondere soll die Sensitivität des Bilanzpostens gegenüber den Bewertungsprämissen oder die Bandbreite der möglichen Werte dargestellt werden.[452] Mit IAS 1.118 wird darüber hinaus betont, dass die Ermessensausübung mit steigender Anzahl der Annahmen immer subjektiver und schwieriger wird. In Summe soll die Berichterstattung dazu dienen, dem Abschlussadressaten die Ermessensausübungen des Unternehmens bezüglich Zukunftsunsicherheiten und anderer Quellen der Schätzungsunsicherheit verständlich zu machen.[453] Zusammenfassend enthält somit vor allem IAS 1 explizite Angabepflichten zu Unsicherheitspotenzialen aus Schätzungen und dem Einbezug von Zukunftsaspekten. Diese Regelungen sind allerdings dahingehend zu kritisieren, dass Begriffe wie „bedeutendsten", „wichtigsten" und „wesentliche" sehr auslegungsbedürftig und daher nur eingeschränkt dazu geeignet sind, Ermessensspielräume zu begrenzen.

3133 Entobjektivierung der Gemeinkostenzurechnung

IAS 37 gibt nicht explizit vor, welche Kostenarten in die Wertermittlung einbezogen werden müssen, so dass das bilanzierende Unternehmen „jedes begründete Rechen- bzw. Kalkulationsschema für die Ermittlung rückstellungsfähiger Kosten anwenden"[454] kann. Die Bestimmung des IAS 37.37, dass die zur Erfüllung der Verpflichtung erforderlichen Ausgaben zu berücksichtigen sind, kann jedoch soweit ausgelegt werden, dass darunter alle verpflichtungsbezogenen Einzel- und Gemeinkosten subsumiert werden können.[455] Es ist davon auszugehen, dass Informationen über Gemeinkosten, wie etwa anteilige Anlageabschreibungen oder Arbeitslöhne, regelmäßig nur schwer zugänglich und im Schätzwege durch das publizierende Unternehmen selbst zu evaluieren sind, so dass ihre Ermittlung in hohem Grade ermessensabhängig ist. Eine Gemeinkostenzurechnung wird regelmäßig auch deshalb nicht objektiviert möglich sein, weil sich ei-

[452] Vgl. IAS 1.120.

[453] Vgl. IAS 1.120.

[454] Tanski (2006), S. 93.

[455] Vgl. Heuser/Theile (2007), Rz. 2354, Hoffmann, in: Lüdenbach/Hoffmann (2007), § 21, Tz. 116, Ruhnke (2005), S. 575, Arbeitskreis „Externe Unternehmensrechnung" der Schmalenbach-Gesellschaft, ZfbF Sonderheft 1999, S. 137 f., ADS International (2003), Abschnitt 18, Rn. 66, Hayn/Pilhofer, DStR 1998, S. 1766 u. Schmidbauer, BB 2000, S. 1133. Kayser spricht von einem produktionsbezogenen Vollkostenansatz, vgl. Kayser (2002), S. 277. Ausgenommen sind die allgemeinen Verwaltungs- und Vertriebskosten, die fixe und nicht zurechenbare Kosten darstellen (analog IAS 2.10 ff. und IAS 11.16 ff.). Vgl. v. Keitz u. a., in: Baetge u. a. (2002), Rn. 106 u. Kayser (2002), S. 277. Diese sind im Allgemeinen als Aufwendungen der Periode zu behandeln, in der sie anfallen. Vgl. auch Coenenberg (2003), S. 370, Hayn/Pilhofer, DStR 1998, S. 1766 u. Pilhofer (1997), S. 149.

ne Zurechnung von Gemeinkosten zur entsprechenden Leistung nur durch (subjektive) Schlüsselungen vornehmen lässt. Darüber hinaus wird ein gedachter Erwerber der Verpflichtung regelmäßig auch eine Gewinnspanne in die Wertermittlung einbeziehen. Ihr Einbezug bzw. ihre Ermittlung bleibt dem Ermessen des bilanzierenden Unternehmens überlassen und kann nur subjektiv erfolgen.

Unter Objektivierungsaspekten empfiehlt es sich, nur auf die einer Leistungsverpflichtung direkt zurechenbaren Kosten abzustellen. Das allgemeine Verursachungsprinzip schreibt jedoch den Vollkostenansatz des Verpflichtungsbetrags vor, so dass alle in einem kausalen Zusammenhang mit der Leistungserbringung stehenden Kosten, d. h. sowohl Einzel- als auch Gemeinkosten berücksichtigt werden müssten.[456] Gemeinkostenzurechnungen sollten jedoch unbedingt auf intersubjektiv nachprüfbaren Annahmen beruhen, um eine gewisse Mindestobjektivierung zu gewährleisten. Die Adressaten des Abschlusses können nur aus einer angemessenen Berichterstattung über die Art und Methodik von Gemeinkostenzurechnungen für ihre Entscheidungsfindung nützliche Informationen generieren. Der Einbezug von Gewinnzuschlägen oder pauschalen Aufschlägen ist im Falle ihrer Wesentlichkeit darzustellen. Eine hinreichende Objektivierung ließe sich darüber hinaus insbesondere auch herbeiführen, wenn das bilanzierende Unternehmen einen gesicherten Nachweis über die Kosten erbringen könnte, die eine Übertragung der gesamten Entsorgungsaufgabe auf einen fremden Dritten mit sich führen würde.

314 Zusammenfassung

Die Bewertung von Verpflichtungen zur Entsorgung von abgebrannten Brennelementen ist weder im IFRS-Regelwerk noch in den US-amerikanischen Standards explizit geregelt und wird auch nicht durch die Änderungsvorschläge des ED IAS 37 konkretisiert, wodurch dem bilanzierenden Unternehmen weitreichende Ermessensspielräume eingeräumt werden. Es konnte herausgearbeitet werden, dass die nukleare Entsorgungsfrage selbst eine Vielzahl von Unwägbarkeiten mit sich bringt, so dass zusammengenommen die Entscheidungsnützlichkeit der Abschlussinformationen zu den künftigen nuklearen Entsorgungskosten in Frage gestellt werden muss. Darüber hinaus verführen Regelungsunschärfen zu bewussten und interessegeleiteten Beeinflussungen des Zahlenwerks durch das berichterstattende Unternehmen. Die Untersuchung ist zu dem Ergebnis ge-

[456] Hiernach müssten alle auftragsbezogenen Gemeinkosten in die Bewertung einer Leistungsverpflichtung einbezogen werden. Vgl. Hayn/Pilhofer, DStR 1998, S. 1766.

kommen, dass Unsicherheiten aus dem impliziten Bewertungswahlrecht zwischen einer Ansatzrückstellung im Zeitpunkt der erstmaligen Bestrahlung der Brennelemente und einer sukzessiven Rückstellungszuführung über die Einsatzzeit der Brennelemente vor allem durch eindeutige Handlungsanweisungen im Regelwerk gemindert werden können, denn „Bilanzierungsregeln finden ihre Rechtfertigung allein darin, dass sie das eigene Ermessen des Bilanzierenden beseitigen durch eindeutige Vorschriften“[457].

Da sich die Entsorgungskosten für abgebrannte Brennelemente aus unterschiedlichen Kostenarten zusammensetzen, bietet sich eine nach fixen und variablen Kostenarten differenzierende Bewertungsmethodik an, die für fixe Entsorgungskosten eine erfolgsneutrale Abbildung über eine gleichzeitige Passivierung und Aktivierung des Verpflichtungsbarwerts zum Abschlussstichtag vorsieht. Hierzu muss der die Vorräte regelnde IAS 2 entsprechend modifiziert werden. Variable Kosten, die sich in Abhängigkeit von der Menge der Brennelemente ergeben, sollten hingegen über periodische Rückstellungsansammlungen berücksichtigt werden. Unabhängig von eindeutigen Rechnungslegungsvorgaben sollte das bilanzierende Unternehmen grundsätzlich die angewandte Bewertungsmethode zweckadäquat darstellen und beschreiben sowie über mögliche Unsicherheiten berichten.

Da die auf die Zukunft gerichtete IFRS-Rechnungslegung eine mit vielfältigen Ermessens-, Auslegungs- und Schätzungsspielräumen (Stichwort: Best Estimate u. a.) behaftete Bewertung bewusst in Kauf nimmt, kann eine intersubjektive Nachvollziehbarkeit der Abschlussdaten nur über umfassende und aussagekräftige Abschlusserläuterungen erreicht werden. Die Regelungen des IAS 1 greifen allerdings aufgrund ihrer Unbestimmtheit zu kurz und eignen sich nicht dazu, das identifizierte abschlusspolitische Gestaltungspotenzial des bilanzierenden Unternehmens substanziell zu mindern.[458]

32 Stilllegung und Rückbau kerntechnischer Anlagen

321 Vorbemerkungen und Problemstellung

Die Stilllegungs- und Rückbauphase einer kerntechnischen Anlage setzt sich aus unterschiedlichen Entsorgungssachverhalten zusammen.[459] Für Bilanzierungs-

457 Schneider, WPg 1971, S. 611, zitiert nach Kußmaul, RiW 1987, S. 683.
458 Gleicher Auffassung jüngst z. B. Wohlgemuth (2007), S. 101 ff.
459 Vgl. Abschnitt B22.

zwecke sind die Kosten für Demontage, Rückbau und Beseitigung der nuklearen und konventionellen Bestandteile der Anlage[460] sowie für Wiederherrichtung des durch die Aufstellung der Anlage in Mitleidenschaft gezogenen Grund und Boden von den Kosten für die Entsorgung von radioaktiven Stilllegungsabfällen zu unterscheiden. Erstere Entsorgungskosten werden als Abbruch- und Wiederherrichtungskosten[461] bezeichnet. Die Kosten für die Entsorgung von radioaktiven Stilllegungsabfällen enthalten vor allem auch die Kosten für die Dekontaminierung eines Kernkraftwerks.

Das Atomgesetz hat mit §§ 7 und 9a öffentlich-rechtliche Verpflichtungen zur bestimmungsgemäßen Durchführung von Stilllegungs- und Rückbaumaßnahmen normiert. Während § 7 Abs. 3 AtG die Pflicht zur Genehmigung der Stilllegung eines Kernkraftwerks vorschreibt, verpflichtet § 9a AtG den Betreiber eines Kernkraftwerks zur Verwertung von radioaktiven Reststoffen und zur Beseitigung von radioaktiven Abfällen. Weder die allgemeinen Rechnungslegungsnormen des IASB noch der Rückstellungssachverhalte regelnde IAS 37 enthalten gesonderte Regelungen zu Ansatz und Bewertung von voraussichtlichen Entsorgungskosten in der Stilllegungs- und Rückbauphase eines Kernkraftwerks. Im Anhang zu IAS 37 wird jedoch mit einem Beispiel verdeutlicht, dass diese Entsorgungsaufwendungen soweit zu berücksichtigen sind, als bis zum Abschlussstichtag beseitigungspflichtige Schäden entstanden sind.[462] Darüber hinaus beinhaltet allerdings IAS 16 die explizite Forderung, dass auch die „...geschätzten Kosten für den Abbruch und das Abräumen des Vermögenswerts und die Wiederherstellung des Standorts in dem Maße, wie sie gemäß IAS 37 [...] als Rückstellung erfasst werden“[463], in die Anschaffungs- oder Herstellungskosten eines Vermögenswerts einzubeziehen sind.

Im weiteren Verlauf der Untersuchung wird zunächst das IFRS-Konzept zur Bilanzierung von Rückbau- und Wiederherrichtungsverpflichtungen umfassend

460 Die Pflicht zur Beseitigung des nuklearen Anlagenteils stillgelegter Kernkraftwerke stellt dabei eine öffentlich-rechtliche Verpflichtung nach dem Atomgesetz dar und basiert auf Auflagen in den Betriebsgenehmigungen, während die Pflicht zur Beseitigung des konventionellen Anlagenteils grundsätzlich auf zivilrechtlichen Vereinbarungen bzw. öffentlich-rechtlichen Auflagen im Genehmigungsverfahren oder auf sonstigen Vereinbarungen basiert. Vgl. z. B. Konzerngeschäftsbericht der E.ON AG zum 31.12.2006, S. 160.

461 Im Folgenden werden diese Kosten auch als Rückbau- und Wiederherrichtungs- bzw. Wiederherstellungskosten bezeichnet.

462 Vgl. IAS 37 App. C Example 3.

463 IAS 16.16c.

vorgestellt und mit den Regelungen des SFAS 143, der innerhalb der US-GAAP ebenfalls die erfolgsneutrale Passivierung einer Vollrückstellung für so genannte Asset Retirement Obligations vorschreibt,[464] verglichen.[465] Im Rahmen der Folgebewertung wird das Vorgehen bei der Abbildung von Änderungen der Bewertungsparameter nach IFRIC 1 skizziert. Anschließend soll analysiert werden, wieweit die Regelungen des IASB geeignet sind, entscheidungsnützliche Informationen über die Vermögens-, Finanz- und Ertragslage des bilanzierenden Unternehmens sowie deren Änderungen zu vermitteln.

322 Kosten für den Abbruch und die Wiederherrichtung

3221 Bilanzierung nach internationalen Rechnungslegungsnormen

32211 Ansatz und Bewertung gemäß IAS 37 und IAS 16

Die voraussichtlichen Kosten für den Abbruch eines Kernkraftwerks und die Wiederherrichtung des Grund und Boden sind nach IAS 37 als Rückstellungen für ungewisse Verpflichtungen abzubilden,[466] da spätestens die Inbetriebnahme der Anlage und das Auslösen der ersten Kettenreaktion das verpflichtungsbegründende Ereignis (Obligating Event) in der Vergangenheit darstellen,[467] das zu der gegenwärtigen rechtlichen Verpflichtung des Betreiberunternehmens zum Abschlussstichtag führt, die Anlage nach Ablauf ihrer betrieblichen Nutzungsdauer zu beseitigen (IAS 37.14a). Als Passivierungszeitpunkt für Rückbau- und Wiederherrichtungsverpflichtungen gilt somit nach IFRS der Zeitpunkt der rechtlichen Entstehung. Darüber hinaus geht die Erfüllung der Verpflichtung mit dem Abfluss von Ressourcen mit wirtschaftlichem Nutzen einher (IAS 37.14b)[468] und kann die Ermittlung der Kosten vor allem aus Verträgen, Gutachten und Erfahrungswerten des Unternehmens zuverlässig abgeleitet werden (IAS 37.14c).

---

[464] Vgl. SFAS 143.11.

[465] Bezüglich einer Gegenüberstellung der IFRS-Regelungen und der US-GAAP-Regelungen vgl. Hommel, Der Konzern 2003, S. 746-754 u. Lüdenbach, BB 2003, S. 835-840.

[466] Vgl. auch IAS 37 App. C Ex. 3.

[467] Vgl. z. B. Kümpel, DStR 2004, S. 1228, Roese (1999), S. 218, Kayser (2002), S. 263, Lauerwald (2000), S. 143 u. Reinhard, Vortrag v. 10.6.1986, S. 28. Vgl. auch Beispiel 3 in Anhang C zu IAS 37. Die Entsorgungsverpflichtung für ein Kernkraftwerk fällt demnach bereits an, wenn die erste Kettenreaktion eingeleitet wurde. Dies dürfte regelmäßig schon im Probebetrieb, also vor der eigentlichen kommerziellen Nutzung, der Fall sein.

[468] Vgl. auch Roese (1999), S. 220 u. Lauerwald (2000), S. 143.

Die Bewertung der zukünftigen Kosten[469] für Abbruch und Wiederherrichtung ist im Gegensatz zur Bewertung der Kosten für die Brennelementeentsorgung vergleichsweise unproblematisch.[470] Diese Entsorgungsverpflichtungen sind in voller Höhe zum Abschlussstichtag zu berücksichtigen (Vollrückstellung, Ansatzrückstellung), da das Betreiberunternehmen nur dann die Genehmigung zum Bau eines Kernkraftwerks erhält, wenn es sich auch zur Stilllegung dieser Anlage verpflichtet (§ 7 AtG), so dass die Verpflichtung zum Abbruch eines Kernkraftwerks und zur Wiederherrichtung des Grund und Boden bereits zum Zeitpunkt der Anlagenerrichtung (spätestens mit der Inbetriebnahme der Anlage) rechtlich in voller Höhe entstanden ist.

Diese Verpflichtungen sind unvermeidlich mit der Errichtung der Anlage verbunden, vice versa könnte sich das bilanzierende Unternehmen diesen Entsorgungsverpflichtungen nur entziehen, wenn es auf eben diese Anlagenerrichtung verzichten würde. Das Betreiberunternehmen muss diese Entsorgungsverpflichtungen eingehen, um das Kernkraftwerk überhaupt errichten bzw. betreiben und damit künftig Nutzenzuflüsse aus diesem Vermögenswert erwirtschaften zu können,[471] so dass es auch keine Rolle spielt, dass diese Aufwendungen „physisch erst zu einem späteren Entfernungszeitpunkt anfallen, [...] da es [...] auf ein physisches Einfließen in das hergestellte Gut nicht ankommt. Ebenso ist irrelevant, dass die Verpflichtungen aus physischer Sicht nicht auf die Herstellung einer neuen Sache, sondern auf deren Vernichtung gerichtet sind."[472] Diese Verpflichtungen bestehen unabhängig von einer künftigen Nutzung der Anlage, etwaigen Strahlungseinflüssen oder erzeugten Energieeinheiten (erwirtschafteten bzw. künftigen Erträgen),[473] so dass die Entsorgungsrückstellung bereits bei Aufnahme der Produktion die gesamten Abbruch- und Wiederherrichtungs-

469 Im Hinblick auf die zukünftigen Kosten für Abbruch und Wiederherrichtung eines Kernkraftwerks stellen sich im Grunde die gleichen Fragen wie bei der Bewertung der Rückstellungen für die Entsorgung von Brennelementen. So steht es dem bilanzierenden Unternehmen ebenso frei, zwischen einem Vollkosten- und einem Teilkostenansatz zu wählen. Dergleichen stellt sich zum Beispiel auch die Frage nach dem Zeitraum der Barwertermittlung, so dass auch hier die diskontierten Cash Outflows in Abhängigkeit vom gewählten Erfüllungszeitpunkt wesentlich voneinander abweichen können.

470 Die Bewertung ist auch gerade deshalb vergleichsweise unproblematisch, weil mit IAS 16.16 explizite Vorgaben für die Berücksichtigung von Stilllegungs- und ähnlichen Verpflichtungen existieren.

471 Vgl. auch Graumann, BBK 2004, S. 556. Vgl. analog SFAS 143.B42.

472 Lüdenbach, BB 2003, S. 839.

473 Die Rückstellung ist „unabhängig von der Kompensation der künftigen Aufwendungen durch zurechenbare Erträge" auszuweisen. Förschle/Kroner/Heddäus, WPg 1999, S. 46.

kosten umfassen muss, denn nur über die Passivierung einer Vollrückstellung wird dem Jahresabschlussadressaten ein „vollständiges und den tatsächlichen Verhältnissen entsprechendes Bild von der „Schuldenlage" des Unternehmens vermittelt."[474]

Die Rückstellungen für Abbruch- und Wiederherrichtungsverpflichtungen sind nach IAS 37.36 und IAS 37.45 in Höhe des Barwerts der erwarteten Ausgaben anzusetzen. Die voraussichtliche Höhe der künftigen Rückbau- und Wiederherrichtungskosten,[475] der Erfüllungszeitpunkt und der Diskontierungssatz stellen die Parameter für diese Barwertermittlung dar, die mit vielfältigen Unsicherheiten verbunden ist. Dem Best Estimate der zur Erfüllung der gegenwärtigen Verpflichtung erforderlichen Ausgaben liegen nämlich die voraussichtlichen Verhältnisse zum weit in der Zukunft liegenden Erfüllungszeitpunkt zu Grunde,[476] und der Erfüllungszeitpunkt selbst ist wiederum von vielen Parametern abhängig, wie beispielsweise von den politischen und wirtschaftlichen Rahmenbedingungen für den Betrieb eines Kernkraftwerks. Der Diskontierungssatz berücksichtigt zudem möglicherweise stark schwankende Kapitalmarkterwartungen, so dass auch vor diesem Hintergrund das bilanzierende Unternehmen mit IAS 37 dazu verpflichtet wird, den Abschlussadressaten über bestehende Unsicherheitsaspekte angemessen zu informieren und den Effekt divergierender Stilllegungszeitpunkte darzustellen.[477] Daneben bestimmt IAS 37.47, dass Risiken und Unsicherheiten nicht im Diskontierungssatz berücksichtigt werden dürfen, wenn sie bereits in die Schätzung der künftigen Zahlungsströme eingegangen sind. In der Praxis dürften spezifische Risiken und Unsicherheiten regelmäßig zu einer Anpassung der künftigen Zahlungsströme führen, die dann mit einem einheitlichen Marktzins abgezinst werden.[478]

Sobald die Ansatzkriterien des IAS 37 für eine Rückstellungsbildung erfüllt sind, ist der als Rückstellung anzusetzende Betrag in die Anschaffungs- oder Herstellungskosten des rückzubauenden Kernkraftwerks einzubeziehen.[479] In IAS 16.16c heißt es zu den Bestandteilen der Anschaffungs- oder Herstellungs-

[474] Klaholz (2005), S. 55 f.

[475] Nach IAS 37.37 können wahlweise die voraussichtlich intern oder extern entstehenden Kosten zu Grunde gelegt werden. Kritisch hierzu Kümpel, DStR 2004, S. 1228.

[476] Vgl. IAS 37.37.

[477] Vgl. IAS 37 App. D Example 2.

[478] Vgl. ADS International (2003), Abschnitt 18, Rn. 83 mit Verweis auf IDW RS HFA 2, WPg 2001, S. 850 f., Kümpel, DStR 2004, S. 1228.

[479] Vgl. v. Keitz u. a., in Baetge u. a. (2002), Rn. 105 u. Scheinpflug, in: Bohl/Riese/-Schlüter (2006), § 5, Tz. 50.

kosten, dass „... geschätzte Kosten für den Abbruch und das Abräumen des Vermögenswertes und die Wiederherstellung des Standortes in dem Maße, wie sie gemäß IAS 37 [...] als Rückstellung erfasst werden" direkt einem Vermögenswert zurechenbare Kosten darstellen,[480] und mit IAS 16.18 muss die zu aktivierende Verpflichtung gemäß IAS 37 (bzw. IAS 2) bewertet werden.[481] Der IASB vertritt die Auffassung, dass Rückbau- und Wiederherstellungsverpflichtungen, die bei der Anschaffung / Herstellung oder zu einem Zeitpunkt während der Nutzung des zugehörigen Vermögenswerts eingegangen werden, Anschaffungs- oder Herstellungskosten des zugehörigen Vermögenswerts darstellen.[482] Dadurch werden jedoch „die bisher extern bestätigten Anschaffungskosten in erheblichem Maß durch ermessensbehaftete Entscheidungen beeinflusst [...] und die aus der Rückstellungsbilanzierung bekannte Unsicherheit in die Anschaffungskostenbewertung implementiert."[483]

Die Zugangsbewertung von Abbruch- und Wiederherrichtungsverpflichtungen erfolgt also gleichzeitig aktivisch und passivisch (Bruttobilanzierung), führt zu einer Bilanzverlängerung und wirkt sich somit erst in Folgeperioden erfolgswirksam aus.[484] Die erfolgsneutrale Bildung solcher „vermögenswertbezogener Rückstellungen"[485] lässt sich damit begründen, dass mit dem IFRS-Framework ein vollständiger Ausweis der Vermögenswerte und Schulden im Zeitpunkt ihrer Entstehung gefordert wird (Grundsatz der Vollständigkeit) und darüber hinaus die unerwünschten GuV-Wirkungen einer vollständigen erfolgswirksamen Erfassung der Rückstellung vermieden werden.[486]

480 Zur Einbeziehung von Verpflichtungen für Abbruch und Abräumung in die Anschaffungskosten gem. IAS 16.16c vgl. jüngst Küting/Ranker, KoR 2007, S. 193 f.

481 Vgl. Scheinpflug, in: Bohl/Riese/Schlüter (2006), § 5, Tz. 50, Hebestreit/Dörges, in: Bohl/Riese/Schlüter (2006), § 13, Tz. 103, ADS International (2003), Abschnitt 9, Rn. 33, Peemöller, in: Ballwieser u. a. (2007), Abschnitt 8, Rn. 15 u. Grünberger (2006), S. 59.

482 Vgl. Rüdinger (2004), S. 175.

483 Küting/Ranker, KoR 2007, S. 199. Hierzu auch kritisch, da durch dieses Bewertungskonzept auch Schätzelemente in die Anschaffungskosten einbezogen werden, Wohlgemuth/Radde, WPg 2000, S. 910 u. Kayser (2002), S. 271.

484 Vgl. Hommel/Wich, KoR 2004, S. 25 u. Kayser (2002), S. 261.

485 ADS International (2003), Abschnitt 18, Rn. 117.

486 Vgl. Lüdenbach, BB 2003, S. 839 u. Kümpel, DStR 2004, S. 1228, ders., b&b 2005, S. 275 u. Peemöller, in: Ballwieser u. a. (2007), Abschnitt 8, Rn. 18-22.

In den Folgeperioden wirken sich zwei Sachverhalte ergebnismindernd in der Erfolgsrechnung des bilanzierenden Unternehmens aus:[487] Es sind dies zum einen die Zinsaufwendungen aus der periodischen Aufzinsung der Rückstellung. Zum anderen muss der Buchwert der Anschaffungs- oder Herstellungskosten über die Nutzungsdauer der Kernkraftwerksanlage abgeschrieben werden, so dass auch der zusätzlich aktivierte Barwert der erwarteten Abbruch- und Wiederherrichtungsausgaben auf die Nutzungsdauer der Anlage verteilt und über diesen Zeitraum periodengerecht ergebniswirksam wird.[488] Die Restnutzungsdauer einer Anlage bestimmt sich dabei nach der mit dem novellierten Atomgesetz ihr zugeteilten Reststrommenge[489], die damit maßgebend für die Abschreibungsdauer und -beträge sowie für die Höhe der Aufzinsung und die Anhangsangabe nach IAS 37.85 (a) ist. Demnach führt das Konzept der erfolgsneutralen Passivierung von Rückbau- und Wiederherrichtungsverpflichtungen auch dazu, dass die „Ertragslage des Unternehmens […] im Zeitablauf „richtig" dargestellt"[490] wird.

32212 Ansatz und Bewertung gemäß ED IAS 37

Die Vorschläge des ED IAS 37 beinhalten keine abweichenden Ansatz- oder Bewertungsvorschriften für die betrachteten Abbruch- und Wiederherrichtungsverpflichtungen.

32213 Ansatz und Bewertung gemäß SFAS 143 und FIN 47

Das FASB sieht mit SFAS 143 „Accounting for Asset Retirement Obligations"[491] gesonderte Ansatz- und Bewertungsregelungen für die Bilanzierung von rechtlichen Verpflichtungen vor, die mit dem Ausscheiden von langlebigen

---

487 Vgl. Basche/Nölte, KoR 2004, S. 37 u. Kayser (2002), S. 273.

488 Vgl. Rüdinger (2004), S. 175.

489 Vgl. § 7 Abs. 1a S. 1 AtG sowie Ausführungen in Abschnitt B21.

490 Klaholz (2005), S. 56.

491 Beispiele für Asset Retirement Obligations sind die Verpflichtungen aus der Stilllegung von Kernkraftwerken, aus der Demontage von Ölplattformen, aus der Schließung und Überwachung von Mülldeponien, aus der Beseitigung von Umweltschäden und Verpflichtungen aus dem Rückbau bzw. der Beseitigung von Mietereinbauten, sofern sie aus dem normalen Betrieb der entsprechenden Vermögenswerte resultieren. Zu Ansatz und Bewertung von Verpflichtungen bei der Stilllegung von Anlagen gem. SFAS 143 vgl. KPMG (2006), US-GAAP, S. 100-104.

Sachanlagen verbunden sind.[492] Der Standard folgt dem so genannten Asset-Liability-Approach, nach dem unabhängig vom Zeitpunkt der wirtschaftlichen Verursachung alle zum Abschlussstichtag bestehenden Verbindlichkeiten passiviert werden müssen.[493] Die allgemeinen Ansatzvoraussetzungen für Verbindlichkeiten bestimmen sich zunächst nach SFAC 6 „Elements of Financial Statements", wonach eine gegenwärtige wirtschaftliche Vermögensbelastung (Present Obligation) im Sinne einer Verpflichtung gegenüber fremden Dritten (Other Entities), die zu einem wahrscheinlichen (Probable)[494], zukünftigen Abfluss von wirtschaftlichen Ressourcen (Future Sacrifice) führt und durch ein Ereignis in der Vergangenheit (Result of Past Transactions or Events) rechtlich oder wirtschaftlich begründet worden ist, eine Passivierungspflicht nach sich zieht.[495]

Die in den Anwendungsbereich des SFAS 143 fallenden Rückbau- und Wiederherrichtungsverpflichtungen sind zu passivieren, sobald die Ansatzvoraussetzungen des SFAC 6 Abs. 35 erfüllt sind und der Fair Value des Erfüllungsbetrags zuverlässig bestimmt werden kann.[496] Analog zu den IFRS-Normen kommt es für die Passivierungsfähigkeit einer Schuld darauf an, dass sich das bilanzierende Unternehmen nicht mittels künftiger Geschäftsaktivitäten der Verpflichtung entziehen kann (Unentziehbarkeitstheorem). Mit der im März 2005 verabschiedeten FASB Interpretation No. 47 „Accounting for Conditional Asset Retirement Obligations" (FIN 47) ist diese Ansatzvoraussetzung für so genannte aufschiebend bedingte Verpflichtungen zur Entsorgung und Wiederherrichtung gestrichen worden.[497] Das FASB hat mit der Interpretation auf die unterschiedliche Handhabung der Regelungen des SFAS 143 durch die Praxis reagiert und fest-

492 Die Verpflichtungen, die unter dem Begriff „Asset Retirement Obligations" gefasst werden, entsprechen den in dieser Arbeit als Rückbau- und Wiederherrichtungsverpflichtungen bezeichneten Verpflichtungen.

493 Vgl. Hommel/Wich, KoR 2004, S. 22 ff.

494 Im Gegensatz zu IAS 37 hebt das FASB hervor, dass mit dem Wahrscheinlichkeitskriterium nicht auf eine mathematische Wahrscheinlichkeit von über 50 % abgestellt wird. Vgl. SFAS 143.B36. Vgl. hierzu Hommel/Wich, KoR 2004, S. 22 f.

495 Vgl. SFAC 6.35.

496 Vgl. SFAS 143.6. Vgl. auch KPMG (2006), US-GAAP, S. 100.

497 FIN 47 stellt klar, dass bei Vorliegen einer gesetzlichen Verpflichtung die Passivierung grundsätzlich bei Inbetriebnahme der Anlage zu erfolgen hat. Die Unsicherheit über den Zeitpunkt der Stilllegung ist in der Ermittlung des Betrags zu berücksichtigen. Ein Verzicht auf die Passivierung wegen der Unsicherheit über die Stilllegung analog einer Rückstellungsbildung nach SFAS 5 ist nicht zulässig. Vgl. auch KPMG (2006), US-GAAP, S. 100 f.

gelegt, dass rechtlich bereits entstandene Entsorgungs-, Wiederherstellungs- und ähnliche Verpflichtungen selbst dann angesetzt werden müssen, wenn ihre Erfüllung noch von einem zukünftigen Ereignis abhängt. So wird mit FIN 47 klargestellt, dass Unsicherheiten bezüglich des „Wann" und „Wie" nicht dazu führen können, dass eine Verbindlichkeit bilanziell nicht berücksichtigt wird. Ansatzvoraussetzung ist jedoch nach wie vor, dass der Fair Value der Entsorgungskosten hinreichend sicher geschätzt werden kann.[498] Mit FIN 47.4 werden dem bilanzierenden Unternehmen Kriterien an die Hand gegeben, zu welchem Zeitpunkt ein Fair Value hinreichend sicher bestimmt werden kann.[499]

Im Gegensatz zu SFAC 6 können nach SFAS 143 ausschließlich rechtliche Stilllegungsverpflichtungen passiviert werden.[500] Der Standard schließt rein faktische Verpflichtungen explizit von einer Passivierung aus, weil diese schwerer zu identifizieren sind und regelmäßig subjektives Ermessen erfordern.[501] Ausgenommen von diesem Verbot sind jedoch ausdrücklich solche Verpflichtungen, die aus der „Doctrine of Promissory Estoppel" (Grundsatz von Treu und Glauben)[502], d. h. einer so genannten Rechtsscheinbindung aufgrund eines Versprechens, entstehen.[503] Mithin wird es sehr schwer fallen, die „Doctrine of Promissory Estoppel" von den „Contructive Obligations" des IASB zu unterscheiden.[504]

Im Hinblick auf die Bewertung von Rückbau- und Wiederherrichtungsverpflichtungen fordert der US-amerikanische Standard analog zum IASB-Regelwerk, dass diese Verpflichtungen bereits zum Zeitpunkt der Inbetriebnahme des Kernkraftwerks in Höhe ihres als Barwert der künftigen Auszahlungen ermittelten

498 Vgl. FIN 47.3.

499 Sollte der Fair Value der Verpflichtung nicht hinreichend sicher geschätzt werden können, hat das Unternehmen diesen Sachverhalt in den Notes anzugeben und zugleich den Grund dafür darzulegen, warum eine hinreichend sichere Schätzung nicht vorgenommen werden kann. Vgl. FIN 47.6.

500 Vgl. SFAS 143.2, SFAS 143.B5.

501 Vgl. SFAS 143.B16.

502 Vgl. SFAS 143.B16.

503 Im Gegensatz zu den „Constructive Obligations" des IASB führt eine „Promissory Estoppel" immer zu einem konkreten Anspruch eines Dritten, da eine quasi vertragliche und keine faktische Verpflichtung vorliegt. Vgl. Hommel/Wich, KoR 2004, S. 23.

504 Es erübrigt sich eine weitere Diskussion hinsichtlich des Anwendungsbereichs des SFAS 143, weil die betrachteten nuklearen Entsorgungsverpflichtungen immer atomrechtlich begründet sind.

Fair Value[505] erfolgsneutral zu passivieren sind.[506] Somit gilt auch nach US-GAAP die rechtliche Entstehung der Verpflichtung als der den Rückstellungsansatz konstituierende Zeitpunkt. Der Buchwert des korrespondierenden Anlageguts auf der Aktivseite muss in Höhe des zurückgestellten Betrags zugeschrieben werden,[507] so dass Rückbau- und Wiederherstellungsverpflichtungen nach US-GAAP ebenfalls im Wege einer erfolgsneutralen Passivierung einer Vollrückstellung im Jahresabschluss abzubilden sind.[508] In den Folgeperioden wird die Rückstellung jährlich an ihren aktuellen Barwert angepasst, während der dem Anlagegegenstand zugeschriebene Betrag über dessen Nutzungsdauer abgeschrieben wird. Die periodischen Zuwachsaufwendungen aus der jährlichen Aufzinsung des Erfüllungsbetrags stellen dabei operativen Aufwand (nicht Zinsaufwand) dar und werden in einem gesonderten Posten als Accretion Expense erfasst.[509] Die Abschreibung des Assets hat unter Anwendung einer systematischen und rationalen Methode über die betriebsgewöhnliche Nutzungsdauer der Anlage zu erfolgen und soll an die geschätzten Erträge dieser Anlage gekoppelt werden.[510]

3222 Zahlungsstrom- und Zinssatzänderungen

32221 Zahlungsstrom- und Zinssatzänderungen nach IFRIC 1

Ein wesentliches Merkmal der Abbruch- und Wiederherrichtungsverpflichtungen ist deren Langfristigkeit, die dazu führt, dass die geforderte Abbildung des Best Estimate[511] der zur Erfüllung der Verpflichtung erforderlichen Ausgaben nur über eine regelmäßige Anpassung von Schätzparametern im Nutzungsver-

---

505 Der Fair Value ist der Betrag, zu dem die Verpflichtung zwischen vertragswilligen Parteien auf einem aktiven Markt transferiert werden kann. Zur Definition und den Ermittlungstechniken des Fair Value vgl. SFAS 143.7-.9.

506 Vgl. SFAS 143.3.

507 Vgl. SFAS 143.11. Das FASB begründet den Einbezug der Stilllegungskosten in die Anschaffungs- oder Herstellungskosten der entsprechenden Sachanlage damit, dass diese Verpflichtungen integraler Bestandteil dieser Anlage oder zumindest die Voraussetzung für ihre Inbetriebnahme seien. Vgl. SFAS 143.B42.

508 Mit SFAS 143.B47 wird betont, dass diese Bruttobilanzierung für den Abschlussadressaten aussagekräftigere Informationen bereitstelle als eine Nettobilanzierung.

509 Vgl. SFAS 143.14, A25, B57, B58.

510 Vgl. SFAS 143.11 u .B46. Kritisch zu den Regelungen des SFAS 143 vgl. Hommel/Wich, KoR 2004, S. 25-28.

511 Vgl. IAS 37.36 sowie die Abschnitte C221 u.C32211.

lauf der Anlage erreicht werden kann.[512] Im Hinblick auf eine bilanzielle Behandlung von Schätzänderungen im Zeitablauf stellen sich einerseits Fragen nach dem Zeitpunkt und der Methodik einer bilanziellen Abbildung von Parameteränderungen. Andererseits müssen die bilanziellen Folgen einer retrospektiven Anpassung mit denen einer prospektiven Anpassung verglichen werden.[513] Zu dieser Problemstellung hat das IFRIC am 27.5.2004 die Accounting Interpretation 1 Changes in Existing Decommissioning, Restoration and Similar Liabilities (IFRIC 1) veröffentlicht. IFRIC 1 enthält Leitlinien für die Bilanzierung von Änderungen von Entsorgungs-, Rekultivierungs- und ähnlichen Verpflichtungen, die sowohl nach IAS 16: Sachanlagen aktiviert als auch nach IAS 37: Rückstellungen, Eventualschulden und Eventualforderungen passiviert wurden.

Rückstellungen für Abbruch- und Wiederherrichtungsverpflichtungen werden in Höhe des zur Erfüllung der Verpflichtungen erwarteten künftigen Ressourcenabflusses gebildet und aufgrund ihrer Langfristigkeit und Wesentlichkeit mit einem aktuellen Marktkalkulationszins[514] auf den Abschlussstichtag diskontiert. Insofern beruht der erwartete Erfüllungsbetrag auf Schätzungen bezüglich der Höhe der Zahlungsabflüsse (Cash(out-)Flows), des Fälligkeitszeitpunkts der jeweiligen Verpflichtung und des Diskontierungszinssatzes.[515]

Die Höhe der Zahlungsströme (erwarteter Erfüllungsbetrag) verändert sich im Laufe der Zeit regelmäßig, weil sich die der Bewertung zu Grunde gelegten Annahmen an späteren Abschlussstichtagen auf Grund von neuen Erkenntnissen und verbesserten Informationen ändern. Eine Beeinflussung des Erfüllungsbetrags ist vor allem durch Technologieentwicklungen sowie rechtliche Änderungen im Zeitablauf denkbar. Einerseits ist anzunehmen, dass sich die Kosten für den Abbruch einer kerntechnischen Anlage und die Wiederherrichtung des Standorts kontinuierlich über die Nutzungszeit der Anlage infolge von technologischen Entwicklungen bzw. Fortschritten oder Erfahrungskurveneffekten reduzieren werden. Eine diesbezügliche Anpassung hat unter Zugrundelegung aller verfügbaren substanziellen Hinweise auf zum Zeitpunkt der Entsorgung verfügbaren Technologien zu erfolgen, wozu insbesondere die Einschätzung von unabhängigen Sachverständigen herangezogen werden kann (vgl. IAS 37.38 u

---

512 Vgl. Kümpel, DStR 2004, S. 1229 u. Zeimes, DB 2003, S. 2077.

513 Detailliert zur Gegenüberstellung von einer retrospektiven Anpassung und einer prospektiven Anpassung von Schätzänderungen vgl. Klaholz (2005), S. 197-201.

514 Vgl. IAS 37.47 i. V. m. IFRIC 1.BC3 sowie Abschnitt C223.

515 Nach IFRIC 1.3 können dementsprechend Zahlungsstromänderungen, Zinssatz- und Aufzinsungsänderungen Auswirkungen auf die Bewertung dieser Rückstellungen haben.

IAS 37.49). Andererseits muss gerade für den Bereich der Umwelt- und Entsorgungsverpflichtungen mit einer stetigen Zunahme von Gesetzesauflagen gerechnet werden, die wohl regelmäßig zu höheren Zahlungsabflüssen führen werden. Mögliche Gesetzesänderungen dürfen bereits berücksichtigt werden, wenn eine zeitnahe Verabschiedung des Gesetzes und die daraus abgeleiteten Anforderungen so gut wie sicher sind (vgl. IAS 37.50). Darüber hinaus können auch die Erfahrungen des Unternehmens mit abgeschlossenen Rückbauprojekten im Zeitablauf dazu führen, dass die zuvor geschätzten Rückbau- und Wiederherrichtungskosten angepasst werden müssen.[516]

Der Fälligkeitszeitpunkt einer Entsorgungsverpflichtung kann sich vor allem infolge von Gesetzesänderungen, politischen Zwängen oder wirtschaftlichen Überlegungen verschieben. So führt insbesondere der vereinbarte Atomausstieg in Deutschland in vielen Fällen zu einem vorgezogenen Entsorgungszeitpunkt.

Veränderungen des zur Diskontierung der Zahlungsströme anzuwendenden Zinssatzes können vor allem aus Änderungen der Restlaufzeit[517] der Verpflichtung oder des aktuellen Marktzinses hervorgehen, denn mit IAS 37.47 wird die Berücksichtigung der am jeweiligen Abschlussstichtag aktuellen Markterwartungen bei der Bestimmung des Zinssatzes gefordert.[518] Auswirkungen von Zinssatzänderungen sind in den Notes anzugeben (vgl. IAS 37.84 (e)).

Das IFRIC hatte am 4.9.2003 mit dem Interpretationsentwurf IFRIC Draft Interpretation D2 Changes in Existing Decommissioning, Restoration and Similar Liabilities eine Stellungnahme zu Anpassungen eines Verpflichtungsbetrags aufgrund von Schätzänderungen veröffentlicht. Hiernach sollten Zahlungsstrom- und Zinssatzänderungen zu einer retrospektiven Anpassung des Rückstellungsbetrags und des korrespondierenden Vermögenswerts führen.[519] Eine Anpassung sollte also unter der Fiktion erfolgen, dass bereits zum Zeitpunkt der erstmaligen Erfassung der Entsorgungsverpflichtung künftige Zahlungsstrom- und Zinssatzänderungen zutreffend vorweggenommen wurden (sog. Fresh-Start-Methode).[520]

---

516 Vgl. z. B. Klaholz (2005), S. 176.

517 Zur Anpassung eines laufzeitadäquaten Diskontierungszinssatzes vgl. ADS International (2003), Abschnitt 18, Rn. 87.

518 So impliziert ja gerade der Rückgriff auf den aktuellen Marktzinssatz, dass es sich nicht um einen über mehrere Perioden konstanten Zinssatz handeln kann.

519 Vgl. IFRIC D2.4.

520 Vgl. Kümpel, DStR 2004, S. 1229, Basche/Nölte, KoR 2004, S. 37, Hommel, Der Konzern 2003, S. 752 u. Zeimes, DB 2003, S. 2078.

Eine Rückstellungsanpassung hätte somit über eine Erhöhung respektive Verminderung des Buchwerts der entsprechenden Kernkraftwerksanlage in Höhe des zukünftigen Verbrauchs des Vermögenswerts erfolgen müssen.[521] Der Betrag, der dem bereits abgeschriebenen Teil des Vermögenswerts zugeordnet wird, sollte erfolgswirksam erfasst werden.[522] Diese Methodik wurde insbesondere im Hinblick auf eine mögliche Durchbrechung einer einheitlichen Behandlung von vergleichbaren Sachverhalten in Frage gestellt. So widerspricht dieses Vorgehen insbesondere der mit IAS 8 geforderten ausschließlich prospektiven Anpassung von Schätzänderungen. Zudem wurde ihre theoretische Nachvollziehbarkeit angezweifelt, da beispielsweise bei einer erst nach zehn Jahren eingetretenen Gesetzesänderung so vorzugehen wäre, als hätte das Unternehmen bereits zum Zeitpunkt der erstmaligen Erfassung der Verpflichtung Kenntnis über diese Änderung gehabt.[523]

Das IFRIC reagierte auf die weitgehende Ablehnung[524] der mit dem Entwurf vorgeschlagenen retrospektiven Anpassung der Rückstellungsänderung und veröffentlichte am 27.5.2004 IFRIC 1 Accounting Interpretation 1 Changes in Existing Decommissioning, Restoration and Similar Liabilities, mit der nun eine ausschließlich prospektive Anpassung von Schätzänderungen gefordert wird.[525] Hiernach müssen Wertänderungen in Abhängigkeit von der angewandten Folgebewertungsmethode für die betroffene Sachanlage berücksichtigt werden. Bei einer Bewertung zu fortgeführten Anschaffungs- oder Herstellungskosten sieht IFRIC 1.5 vor, dass Anpassungen der Entsorgungsverpflichtung[526] aufgrund von

---

521 Vgl. IFRIC D2.4(a).

522 Vgl. IFRIC D2.5.

523 Vgl. z. B. Kümpel, DStR 2004, S. 1229, ders., b&b 2005, S. 277 u. Basche/Nölte, KoR 2004, S. 37.

524 Die vorgeschlagene retrospektive Rückstellungsanpassung wurde insbesondere in den Kommentarbriefen zum Interpretationsentwurf weitgehend abgelehnt. Vgl. z. B. Conseil National de la Comptabilité, Comment Letter on IFRIC Draft Interpretation D2, S. 2, Deloitte Touche Tohmatsu, Comment Letter on IFRIC Draft Interpretation D2, S. 1 f., KPMG, Comment Letter on IFRIC Draft Interpretation D2, S. 1 ff. u. IDW, Comment Letter on IFRIC Draft Interpretation D2, S. 2-5.

525 Hiermit ist auch eine Übereinstimmung mit den Normen des FASB erreicht worden, die eine ausschließlich prospektive Berücksichtigung von Zahlungsstromänderungen vorsehen. Vgl. SFAS 143.13 ff.

526 IFRIC 1 gilt nicht nur für die betrachteten Rückbau- und Wiederherrichtungsverpflichtungen bei Kernkraftwerken, sondern darüber hinaus auch für Verpflichtungen aus der Demontage von Ölplattformen und Erdgasförderanlagen oder aus der Schließung von Mülldeponien sowie für Rückbauverpflichtungen von Mietereinbauten oder Ver-

Zahlungsstrom- oder Zinssatzänderungen erfolgsneutral als Erhöhung respektive Verminderung des entsprechenden Vermögenswerts zu erfassen sind,[527] so dass sich die Effekte aus einer Änderung erst künftig über eine Veränderung der Abschreibungsbasis bzw. -beträge in der Erfolgsrechnung niederschlagen werden.[528] Damit dieses bilanzielle Vorgehen nicht zu unrealistisch hohen respektive negativen Buchwerten führt, wird ferner festgelegt, dass eine Reduzierung des Vermögenswerts nur maximal in Höhe seines Buchwerts erfolgen kann; der darüber hinausgehende Betrag muss erfolgswirksam erfasst werden.[529] Ein unrealistisch hoher Wertansatz lässt sich durch einen Werthaltigkeitstest nach IAS 36 vermeiden.[530] Darüber hinaus legt IFRIC 1 fest, dass Parameteränderungen nach Ablauf der Nutzungsdauer der Sachanlage direkt erfolgswirksam zu berücksichtigen sind.[531]

Mit dem folgenden Beispiel wird die Methodik einer Anpassung an Schätzänderungen veranschaulicht:

Der Restbuchwert (RBW) auf der Aktivseite beträgt 100 GE und setzt sich zusammen aus dem Restbuchwert der Sachanlage in Höhe von 70 GE und dem Restbuchwert der Rückbauverpflichtung in Höhe von 30 GE. Technologische Fortschritte führen zu einer Reduktion der voraussichtlichen Rückbaukosten um 50 GE und somit zu einer negativen Schätzänderung, d. h. Reduzierung des Best Estimate der Verpflichtung auf der Passivseite. Nach IFRIC 1 muss der korrespondierende Vermögenswert gleichfalls um 50 GE reduziert werden, so dass auf der Aktivseite ein Restbuchwert in Höhe von 50 GE verbleibt. Es wird kein Ertrag gebucht.

---

pflichtungen, in Betrieb genommene Fabrik- oder Lagerhallen am Ende ihrer Nutzungszeit wieder abzureißen. Vgl. Kümpel, b&b 2005, S. 275.

527 Vgl. IFRIC 1.5a.

528 Vgl. IFRIC 1, Illustrative Example 1. Zu IFRIC 1 im Anschaffungskosten-Modell vgl. Kümpel, DStR 2004, S. 1229, KPMG (2006), S. 117 ff. u. Hoffmann, in: Lüdenbach/-Hoffmann (2007), § 21, Tz. 121 f.

529 Vgl. IFRIC 1.5b. Die Wertuntergrenze einer Anpassung ist ein Buchwert von null (Zero Asset Floor). Vgl. IFRIC 1.BC18.

530 Vgl. IFRIC 1.5c. Der erzielbare Betrag des IAS 36 stellt die Wertobergrenze für die Sachanlage dar.

531 Vgl. Hayn, in: Ballwieser u. a. (2007), Abschnitt 12, Rn. 53. Zu den Vorschriften des IFRIC 1 bei einer Folgebewertung zu AK/HK (Cost Model) vgl. auch Zülch/Willms, DB 2005, S. 1181.

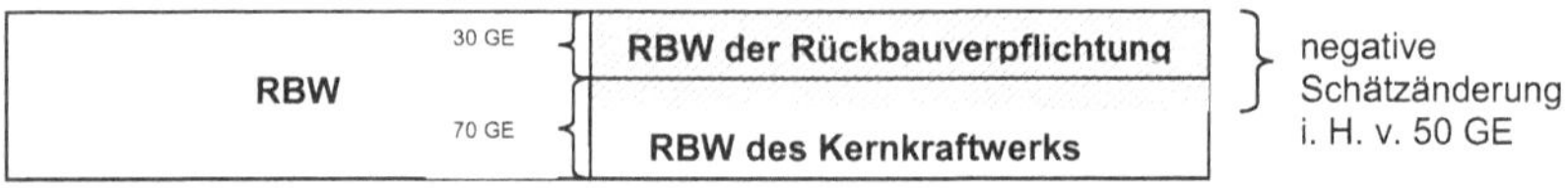

Im Hinblick auf negative Schätzänderungen sieht IFRIC 1 also vor, dass ein über den Restbuchwert der Verpflichtung hinausgehender Anpassungsbedarf zunächst einmal den Restbuchwert der Sachanlage mindert, bevor sich die Änderung in der Erfolgsrechnung niederschlagen darf. Eine Anpassung an geänderte Schätzparameter wirkt sich somit erst in den Folgeperioden über die reduzierte Abschreibung der Sachanlage erfolgswirksam aus. Es ist durchaus fraglich, warum der Restbuchwert des Kernkraftwerks um den die aktivierte Verpflichtung übersteigenden Anpassungsbetrag reduziert werden muss, obwohl sich doch ausschließlich die Höhe der Entsorgungspflicht vermindert hat. Die Anlage selbst ist im Anschaffungs-/ Herstellungsjahr mit ihren Anschaffungs- oder Herstellungskosten zugegangen, und gerade diese Kosten sind bereits zu diesem Zeitpunkt abgeflossen und könnten in der Zukunft gar nicht mehr angepasst werden. Eine andere Sichtweise stellt die Sinnhaftigkeit dieser Regelung gleichfalls in Frage. Nach IFRIC 1 führt die Korrektur einer ursprünglich zu hoch angesetzten Stilllegungsverpflichtung zu einem Verbrauch bzw. Abgang des eigentlichen Sachanlagevermögens. Da der Ansatz einer Sachanlage als Vermögenswert voraussetzt, dass dem Unternehmen ein mit ihm verbundener künftiger wirtschaftlicher Nutzen zufließen wird (= Nutzenbeitrag des Vermögenswerts), suggeriert dieses Vorgehen einen Werteverlust, obwohl doch aus dem Rückgang der Rückstellung gerade eine wirtschaftliche Belastung vermindert wird. Vor diesem Hintergrund sind zumindest adäquate Angabepflichten erforderlich, mit denen „das Bild wieder gerade gerückt werden könnte". So müsste vor allem über die Höhe des Sachanlagevermögens vor Anpassung an geänderte Verpflichtungsschätzwerte berichtet werden.[532] In diesem Zusammenhang stellt sich auch die Frage nach der Zuordnung bzw. Aufteilung der Stilllegungs- und Rückbauverpflichtung auf die einzelnen Komponenten des Vermögenswerts im Sinne des Komponentenansatzes des IAS 16 (revised 2003).[533] Die Literatur lässt eine

[532] Klaholz vertritt die Auffassung, dass „sämtliche Wertänderungen nach dem Zeitpunkt der Ersterfassung der Verpflichtung unmittelbar erfolgswirksam erfasst werden müssten." Klaholz (2005), S. 194. Im gleichen Zuge schränkt er jedoch seine Meinung ein und merkt an, dass dieses Vorgehen die Vergleichbarkeit des Periodenergebnisses (Stichwort: Volatilität des Periodenergebnisses) nicht unerheblich beeinträchtigen würde. Vgl. ebd., S. 195.

[533] Vgl. detailliert zur Bilanzierung von Sachanlagen nach dem Komponentenansatz des IAS 16 Hagemeister (2004).

derartige Diskussion noch vermissen. Im Hinblick auf die Darstellung der Stilllegungskomponente stellen sich insbesondere die Fragen, ob die Stilllegungsverpflichtung Bestandteil der Anschaffungsnebenkosten ist, gegebenenfalls eine eigene Komponente darstellt oder ob sie auf die übrigen Komponenten aufzuteilen wäre.

Sofern die Folgebewertung der Sachanlage nach der Neubewertungsmethode gemäß IAS 16.31 mit dem Fair Value erfolgt, werden Anpassungen von Entsorgungsverpflichtungen infolge von Parameteränderungen nach den Regelungen des IAS 16.39 f. vorgenommen.[534] Gemäß IFRIC 1.6 führt eine Minderung der Verpflichtung zu einer erfolgsneutralen Erhöhung der Neubewertungsrücklage des entsprechenden Vermögenswerts, es sei denn, sie gleicht eine frühere aufgrund einer Neubewertung erfolgswirksam erfasste Abwertung dieses Vermögenswerts aus. Eine Erhöhung der Verpflichtung wirkt sich als Abstockung der zugehörigen Neubewertungsrücklage aus, soweit die Erhöhung den Betrag dieser Neubewertungsrücklage nicht übersteigt. Anpassungen an Schätzänderungen berühren somit nicht den Fair Value des Vermögenswerts. Zinssatzänderungen werden ebenso prospektiv durch eine Anpassung sowohl des Rückstellungs- als auch Sachanlagenbuchwerts im Falle einer Bewertung zu fortgeführten Anschaffungs- oder Herstellungskosten berücksichtigt bzw. können zu einer Erhöhung respektive Reduzierung der Neubewertungsrücklage bei einer Fair Value-Bewertung führen.[535]

32222 Zahlungsstrom- und Zinssatzänderungen nach SFAS 143

Neben den allgemeinen Ansatz- und Bewertungsregeln zu Rückbau- und Wiederherrichtungsverpflichtungen enthält SFAS 143 auch die Vorschriften für eine bilanzielle Erfassung von Zahlungsstrom- und Zinssatzänderungen im Zeitablauf. Die US-GAAP enthalten keinen separaten Standard bzw. keine Interpretation für die Berücksichtigung derartiger Wertänderungen. Da die US-GAAP eine Neubewertung im Sinne der IFRS nicht zulassen, kann eine Berücksichtigung von Wertänderungen auch nicht in Abhängigkeit von der angewandten Folgebewertungsmethode für die entsprechende Sachanlage erfolgen. Der US-amerikanische Standard unterscheidet im Hinblick auf so genannte Period-to-Period

534 Vgl. IFRIC 1.6.

535 Zu IFRIC 1 im Neubewertungsmodell vgl. KPMG (2006), S. 119 ff., Hoffmann, in: Lüdenbach/Hoffmann (2007), § 21, Tz. 123 u. Zülch/Willms, DB 2005, S. 1181 f. Zur bilanziellen Behandlung von Parameteränderungen im Zeitablauf vgl. Kümpel, DStR 2004, S. 1227-1232.

Changes des Verpflichtungsbetrags zwischen Anpassungen infolge von „Passage of Time“ und solchen Anpassungen, die aus einer Änderung des Fälligkeitszeitpunkts oder der Höhe der ursprünglich geschätzten (undiskontierten) Entsorgungskosten resultieren. Passage of Time-Anpassungen sind dabei stets vorrangig zu berücksichtigen.[536]

Änderungen des Verpflichtungsbetrags im Sinne von Passage of Time liegen im Zeitablauf der Verpflichtung begründet und werden durch die Abzinsung der künftigen Entsorgungskosten auf den jeweiligen Abschlussstichtag berücksichtigt. Als Zinssatz wird die Credit-Adjusted Risk-Free Rate aus der erstmaligen Bewertung der Verpflichtung (Initially Measured) verwendet.[537] Hierunter wird ein risikofreier Zinssatz verstanden, der die Bonität und Kreditwürdigkeit des bilanzierenden Unternehmens (Stichwort: Credit Standing) berücksichtigt. In den Folgeperioden führt die Aufzinsung zu einer erfolgswirksamen Erhöhung des Rückstellungsbetrags. Die jährlichen Zuwachsaufwendungen werden als betrieblicher Aufwand (nicht Zinsaufwand) unter der Position „Accretion Expense“ gesondert ausgewiesen.[538]

Änderungen der zukünftigen Rückbau- und Wiederherrichtungskosten, die aus einer Berichtigung des Fälligkeitszeitpunkts oder der Höhe der Zahlungsabflüsse hervorgehen, führen zu Anpassungen der korrespondierenden Verpflichtung auf der Aktivseite. Dabei wird jedoch der Restbuchwert der Sachanlage nicht durch die Schätzungsanpassung berührt. Der Standard unterscheidet bezüglich einer Bewertung der Anpassungsbeträge zwischen so genannten Upward Revisions und Downward Revisions der (undiskontierten) Zahlungsabflüsse. Erstere werden dabei unter Verwendung der aktuellen (Current) Credit-Adjusted Risk-Free Rate abgebildet, während Minderungen in den Zahlungsabflüssen mit dem ursprünglich (original) angewandten Zinssatz zu diskontieren sind. Für den Fall, dass dem Unternehmen nicht die Identifizierung der die Minderung der Zahlungsabflüsse bedingenden Periode gelingt, ist ein gewichteter Diskontierungssatz (Weighted-Average Credit-Adjusted Risk-Free Rate) zu verwenden.[539]

Vergleicht man die US-amerikanischen Regelungen zu Anpassungen an geänderte Schätzparameter mit den Regelungen des IFRIC 1 kann ein für das bilanzierende Unternehmen entscheidender Unterschied zwischen den beiden Metho-

---

[536] Vgl. SFAS 143.13.

[537] Vgl. SFAS 143.14.

[538] Vgl. SFAS 143.14 u .A25.

[539] Vgl. SFAS 143.15 u .A26.

diken festgestellt werden. Während IFRIC 1 im Hinblick auf negative Schätzänderungen (siehe Beispiel in C.32221) vorsieht, dass ein über den Restbuchwert der Verpflichtung hinausgehender Anpassungsbedarf den Restbuchwert der Sachanlage mindert, lassen die US-amerikanischen Regelungen nur eine Anpassung der „Related Asset Retirement Cost" (ARC) zu.[540] Das bedeutet, dass in einem US-amerikanischen Abschluss Erträge aus negativen Schätzänderungen sehr viel früher als in einem IFRS-Abschluss gebucht werden. In einem IFRS-Abschluss schlägt sich die Anpassung erst in späteren Abschlussperioden über die reduzierte Abschreibung erfolgswirksam nieder. Zieht man das Beispiel aus dem vorangegangenen Kapitel heran, so lassen sich die US-amerikanischen Regelungen zu Anpassungen im Zeitverlauf wie folgt veranschaulichen:

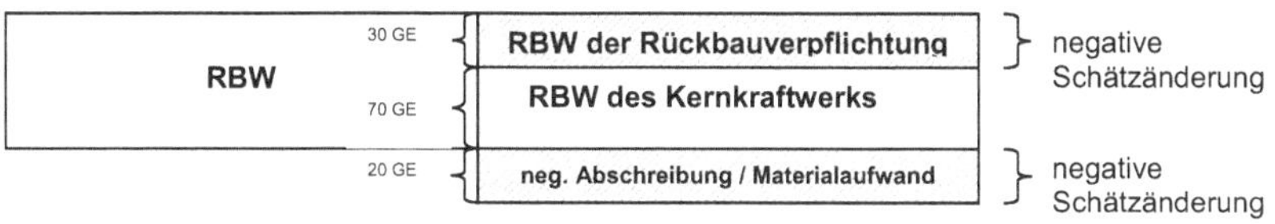

Darüber hinaus besteht zwischen IFRIC 1 und SFAS 143 als Pendant in der US-amerikanischen Rechnungslegung ein weiterer nicht zu unterschätzender Unterschied in der Berücksichtigung von Parameter- bzw. Schätzdatenanpassungen. Während nach IFRIC 1 sowohl Zahlungsstromänderungen als auch Änderungen des Abzinsungssatzes zu einer Anpassung der Buchwerte von Rückstellung und Sachanlage führen, sieht SFAS 143.14 vor, dass ausschließlich Zahlungsstromänderungen diese Anpassungen bewirken. Dahinter steht die Argumentation, dass volatile Zinssätze zu beträchtlichen Schwankungen der Rückstellungshöhe führen und damit die Aussagekraft der Jahresabschlussdaten beeinträchtigen können.[541] Höhere künftige Entsorgungskosten werden mit dem aktuell geltenden Zinssatz abgezinst und Reduktionen des Erfüllungsbetrages durch eine Abzinsung mit dem historischen Zinssatz berücksichtigt.[542]

540 Vgl. SFAS 143.15 S. 1.

541 Vgl. Kayser (2002), S. 264.

542 Vgl. SFAS 143.15; Kümpel, DStR 2004, S. 1232 f.

3223 Rechte auf Anteile an Entsorgungsfonds

32231 Rechte auf Anteile an Entsorgungsfonds nach IFRIC 5

IAS 37 enthält keine spezifischen Regelungen zur Behandlung von Ansprüchen gegen Fonds für die Entsorgung und Wiederherrichtung (Decommissioning, Restoration and Environmental Rehabilitation Funds), nachfolgend als „Entsorgungsfonds" oder „Fonds" bezeichnet. Die Betreiberunternehmen, d. h. die zur Stilllegung und zum Rückbau einer Kernkraftwerksanlage verpflichteten Unternehmen, können freiwillig oder aufgrund einer gesetzlichen Verordnung[543] Einzahlungen (Beiträge) in so genannte Entsorgungsfonds leisten,[544] um aus dem angesammelten Fondsvermögen die künftig anfallenden Entsorgungsaufwendungen teilweise oder vollständig zu finanzieren.[545] Die Fonds können dabei unterschiedliche Strukturen aufweisen:[546] So kann ein einzelnes Betreiberunternehmen einen Fonds zur Finanzierung seiner individuellen Entsorgungsverpflichtungen einrichten. Gängiger ist der Fall, dass mehrere Unternehmen gemeinsam einen Fonds zwecks Finanzierung ihrer eigenen oder gemeinsamen Entsorgungsverpflichtungen konstituieren. Bei diesem Modell haben die teilnehmenden Unternehmen (auch Teilnehmer genannt) Anspruch auf Erstattung ihrer eigenen Entsorgungsaufwendungen, und zwar bis zur Höhe ihrer Einzahlungen bzw. Beiträge und der angefallenen Erträge aus diesen Zahlungen abzüglich ihres Anteils an den Verwaltungskosten des Fonds. Es kann auch geregelt sein, dass die teilnehmenden Unternehmen zusätzliche Beiträge leisten müssen, sobald z. B. ein Teilnehmer zahlungsunfähig geworden ist. Das beschriebene Modell der gemeinsamen Teilnahme an Fonds kann auch dahingehend variieren, dass das erforderliche Beitragsniveau auf der Grundlage der derzeitigen Tätigkeit eines Teilnehmers basiert, während davon abweichend der aus dem Fonds realisierbare Nutzen auf seiner vergangenen Tätigkeit beruht.

Derartige Fondsgebilde sind dadurch gekennzeichnet, dass das Fondsvermögen gewöhnlich von unabhängigen Treuhändern verwaltet wird, die darüber verfü-

---

543 Ein Beispiel für einen gesetzlich vorgeschriebenen Fonds ist der Swedish Nuclear Waste Fund, in dem jedes Energieversorgungsunternehmen, das in Schweden ein Kernkraftwerk betreibt, Beiträge zu leisten hat. Für den eigentlichen Rückbau eines Kernkraftwerks sowie die Entsorgung der radioaktiven Abfälle ist in Schweden ausschließlich die SVENSK KÄRNBRÄNSLEHANTERING AB (SKB), ein Gemeinschaftsunternehmen der schwedischen Elektrizitätsversorgungsunternehmen, zuständig. Vgl. hierzu Klaholz (2005), S. 113 f.

544 Vgl. IFRIC 5.2.

545 Zum Zweck eines solchen Fonds vgl. IFRIC 5.1.

546 Zu den Strukturen vgl. IFRIC 5.2a-c. Vgl. auch KPMG (2006), S. 148.

gen, wie die Beiträge in Vermögenswerte, wie etwa Schuld- und Beteiligungstitel, investiert werden.[547] Es muss festgehalten werden, dass durch die Teilnahme an solchen Fonds das Unternehmen jedoch nicht von seiner Pflicht zur Entsorgung befreit wird, so dass es unverändert eine Rückstellung in Höhe der erwarteten Belastung nach den Regelungen des IAS 37 zu passivieren hat.

Das IFRIC regelt mit dem am 16.12.2004 veröffentlichten IFRIC 5 Rights to Interests Arising from Decommissioning, Restoration and Environmental Funds[548] die Bilanzierung von Anteilen an Fonds, in welchen die zur Entsorgung verpflichteten Unternehmen Vermögenswerte ansammeln, um aus dem Fondsvermögen die künftig anfallenden Entsorgungsaufwendungen teilweise oder vollständig zu finanzieren.[549] Der Anwendungsbereich dieser Interpretation beschränkt sich auf Entsorgungsfonds, die 1) eine gesonderte Verwaltung der Vermögenswerte und 2) einen begrenzten Zugriff der Teilnehmer auf die Vermögenswerte vorsehen.[550]

Die Interpretation sieht vor, dass das teilnehmende Unternehmen seine Rückbau- und Wiederherrichtungsverpflichtung sowie seinen Anteil an dem Fonds gesondert, d. h. unsaldiert auszuweisen hat (= Bruttobilanzierung).[551] Der gesonderte Ausweis von Rückstellung und Erstattungsanspruch ist insbesondere vor dem Hintergrund zu begrüßen, dass der Abschlussadressat hierdurch angemessen über die Entwicklung der Rückstellungen im Zeitablauf informiert wird.[552] Gemäß IFRIC 5.8 hat das berichtende Unternehmen hierzu zunächst festzustel-

547 Vgl. IFRIC 5.3a u. b.

548 Diese Interpretation ist erstmals verpflichtend für nach dem 1.1.2006 beginnende Geschäftsjahre anzuwenden.

549 Zum Zweck eines solchen Fonds vgl. IFRIC 5.1.

550 Vgl. IFRIC 5.4. Zur Abgrenzung des Anwendungsbereichs vgl. ebenfalls IFRIC 5.BC4-BC6.

551 Vgl. IFRIC 5.7. Es sei denn, das Unternehmen ist von der Haftung für den Entsorgungsaufwand, selbst wenn der Fonds nicht zahlt, entbunden. Vgl. IFRIC 5.BC7. Nach IAS 37.54 ist eine Saldierung des Aufwands aus der Rückstellungsbildung mit dem Ertrag aus dem Erstattungsanspruch in der GuV indes zulässig. Vgl. Ernst & Young (2006), S. 1832. Die Möglichkeit einer Saldierung in der GuV ist für die betrachteten Rückbau- und Wiederherrichtungsverpflichtungen hingegen irrelevant, da es sich hierbei um die erfolgsneutrale Bildung einer Rückstellung handelt. IFRIC 5.9 legt zudem fest, dass die an den Fonds gezahlten Beiträge und die erhaltenen Erstattungen aus dem Fonds nicht erfolgswirksam berücksichtigt werden dürfen.

552 Vgl. detailliert Klaholz (2005), S. 121 f.

len, ob es den Fonds beherrscht,[553] die gemeinschaftliche Führung des Fonds[554] oder einen maßgeblichen Einfluss auf den Fonds[555] nach IAS 27, IAS 31, IAS 28 ausübt oder der Fonds eine Zweckgesellschaft i. S. v. SIC-12[556] darstellt und gegebenenfalls seinen Anteil an dem Fonds in Übereinstimmung mit diesen Standards bilanzieren muss. Andernfalls hat das Unternehmen den Anspruch aus dem Fonds als Erstattungsanspruch gemäß IAS 37 zu aktivieren,[557] und zwar in Höhe des niedrigeren Betrags aus dem passivierten Rückstellungsbetrag und dem Anteil des Unternehmens an dem zum Fair Value bewerteten Nettovermögen des Fonds.[558] „Der Wertansatz für den Erstattungsanspruch wird somit durch die Höhe der Rückstellung gedeckelt (Asset Cap)“[559], so dass die in IFRIC 5 vorgesehene Bewertungskonzeption für Erstattungsansprüche gegen Entsorgungsfonds auch als „gedeckelte Fair Value-Bilanzierung (Capped-Fair-Value-Accounting)“[560] bezeichnet wird.

Sollte das teilnehmende Unternehmen dazu verpflichtet sein, zusätzliche Beiträge beispielsweise für die Fälle zu leisten, dass ein anderer Teilnehmer zahlungsunfähig geworden ist oder die angesammelten Vermögenswerte nicht mehr zur Deckung der Erstattungsverpflichtungen des Fonds ausreichen, so stellt diese Verpflichtung zur Leistung zusätzlicher Beiträge eine Eventualschuld[561] nach IFRIC 5 dar,[562] die in den Anwendungsbereich des IAS 37 fällt.[563] Der Teilneh-

---

553 Zur Vollkonsolidierung von Tochterunternehmen vgl. z. B. Baetge/Schulze, in: Baetge u. a. (2002), Rn. 127-185, Lüdenbach, in: Lüdenbach/Hoffmann (2007), § 32, Senger u. a., in: Bohl/Riese/Schlüter (2006), § 33 u. Heuser/Theile (2007), Rz. 3015-3035.

554 Zur Bilanzierung von Gemeinschaftsunternehmen vgl. z. B. Lüdenbach, in: Lüdenbach-/Hoffmann (2007), § 34, Weber, in: Ballwieser u. a. (2007), Abschnitt 10, Rn. 219-254, Hayn, in: Bohl/Riese/Schlüter (2006), § 35 u. Heuser/Theile (2007), Rz. 3040-3034 u. Rz. 3400-3430 (Quotenkonsolidierung).

555 Zur Bilanzierung assoziierter Unternehmen nach der Equity-methode vgl. z. B. Baetge/-Bruns/Klaholz, in: Baetge u. a. (2002), Lüdenbach, in: Lüdenbach/Hoffmann (2007), § 33, Weber, in: Ballweiser u. a. (2007), Abschnitt 10, Rn. 149-218, Hayn, in: Bohl/-Riese/Schlüter (2006), § 34 u. Heuser/Theile (2007), Rz. 3045-3050 u. Rz. 3500-3560 (Equity-Methode).

556 Zur Konsolidierung von Zweckgesellschaften gemäß SIC-12 vgl. z. B. Schruff/Rothenburger, WPg 2002, S. 761-763 u. Schmidbauer, DStR 2002, S. 1013-1015.

557 Vgl. hierzu KPMG (2006), S. 151.

558 Vgl. IFRIC 5.9. Ausführlich auch KPMG (2006), S. 150 f.

559 Klaholz (2005), S. 118 mit Bezug auf IFRIC 5.BC19. Vgl. auch Zülch/Willms, DB 2005, S. 1183 u. Ernst & Young (2006), S. 1832.

560 Klaholz (2005), S. 118.

561 Zur Definition von Eventualschulden vgl. Abschnitt C1.

562 Vgl. KPMG (2006), S. 152.

mer hat nur dann eine entsprechende Rückstellung zu passivieren, wenn der Abfluss zusätzlicher Beiträge wahrscheinlich im Sinne von IAS 37.14 (b) ist. Betrachtet man die Vorschläge des ED IAS 37 zu Änderungen des IAS 37, so müssten derartige zusätzliche Fondsbeiträge unabhängig von der Wahrscheinlichkeit eines möglichen Abflusses bereits dann passiviert werden, wenn die allgemeinen Voraussetzungen einer Schuld vorliegen und die Höhe dieser Verpflichtung verlässlich bestimmt werden kann. Es läge eine so genannte „Stand-Ready Obligation" vor: Der Erfüllungsbetrag ist abhängig vom Eintreten oder Nichteintreten der Zahlungsunfähigkeit eines Teilnehmers bzw. der Unterdeckung des Fondsvermögens (siehe oben). Das Unternehmen hat demnach eine unbedingte Verpflichtung, sich zur Erfüllung der bedingten Zahlungsverpflichtung bereit zu halten, für den Fall dass die Zahlungsunfähigkeit eines Fondsteilnehmers bzw. eine Unterdeckung des Fondsvermögens in der Zukunft eintritt.[564] Derartige Vertragskonstrukte dürften in der Praxis nicht selten vorkommen, schon deshalb, weil sich der Treuhänder gegen mögliche Zahlungsrisiken regelmäßig absichern wird, so dass nach ED IAS 37 im Vergleich zum aktuell gültigen IAS 37 aus der Pflicht zu zusätzlichen Beiträgen höhere Entsorgungsrückstellungen mit entsprechenden Ergebniswirkungen resultieren würden.

Sollte das Unternehmen von der Haftung für eventuelle Zahlungsausfälle des Fonds entbunden sein, weil die Verpflichtung unwiderruflich auf den Fonds übergegangen ist, wird sich jedoch bereits aus der Prüfung der Ansatzkriterien des IAS 37.14[565] ergeben, dass keine Rückstellung anzusetzen ist und die an den Fonds gezahlten Beiträge aufwandswirksam in der GuV zu erfassen sind.[566]

32232 Rechte auf Anteile an Entsorgungsfonds nach SFAS 143

SFAS 143 stellt mit Punkt 16 zunächst heraus, dass Finanzierungssicherheiten, beispielsweise in Form von Bürgschaften, Versicherungspolicen, Akkreditiven oder auch in Form von Fonds, in denen Finanzierungsmittel angesammelt werden, keinen Einfluss auf den Ansatz der betreffenden Entsorgungsrückstellung haben. Mit der Existenz derartiger Sicherungsinstrumente demonstriert das Unternehmen, dass es finanziell in der Lage sein wird, seinen Verpflichtungen nachzukommen. In diesem Sinne können Finanzierungssicherheiten die Höhe

---

563 Vgl. IFRIC 5.10.

564 Zum Ansatz von unbedingten Verpflichtungen nach ED IAS 37 vgl. Kapitel C2122.

565 Zu den Ansatzkriterien des IAS 37.14 vgl. Abschnitt C1 u. C21.

566 Vgl. Kayser (2002), S. 224 u. Schmidbauer, BB 2000, S. 1134.

des Diskontierungssatzes positiv beeinflussen bzw. zur Verwendung eines niedrigeren Zinssatzes führen. Weiter heißt es in SFAS 143.16, dass Zinssatzänderungen aufgrund einer Zunahme oder Abnahme von Sicherheiten im Zeitablauf (Changes in Funding and Assurance Provisions) ausschließlich den Zinssatz zur Diskontierung von Upward Revisions in den Zahlungsabflüssen betreffen können, da gerade diese Änderungen mit dem aktuellen Zinssatz zu bewerten sind.[567] Der Anteil an solchen Entsorgungsfonds ist analog zum IFRIC 5 gesondert zu aktivieren.[568]

Im Vergleich zu den Regelungen des IFRIC 5 enthalten die US-GAAP keine Vorschriften hinsichtlich der Bewertung von Anteilen an Entsorgungsfonds. Es wird lediglich gefordert, Anteile an derartigen Fonds gesondert auszuweisen.

3224 Anwendungsbeispiel

Das in den IFRS-Vorschriften vorgesehene Konzept der erfolgsneutralen Passivierung von Abbruch- und Wiederherrichtungsverpflichtungen soll mit dem nachfolgenden Anwendungsbeispiel veranschaulicht werden.[569] Das Beispiel erfährt eine Zweiteilung dahingehend, dass mit A) die grundsätzliche Methodik für die bilanzielle Abbildung von Rückbau- und Wiederherrichtungsverpflichtungen illustriert wird und mit B) eine Erweiterung um die Berücksichtigung von Zinssatzänderungen sowie jährlichen Anpassungen der Cash (out-) Flows aufgrund von Kosten- und Preisänderungen im Zeitverlauf erfolgt und veranschaulicht wird, wie diese Änderungen in der betroffenen Periode und in Folgeperioden erfasst werden.

Die Energy-AG erstellt zum 1.1.2006 für 100.001 GE (= AK/HK) ein Kernkraftwerk (= KKW). Die AG ist aufgrund von atomrechtlichen Bestimmungen dazu verpflichtet, das Kernkraftwerk zum Ende seiner betriebsgewöhnlichen Nutzungszeit abzubauen, zu beseitigen und den Grund und Boden wieder in seinen Ursprungszustand zu überführen. Die Nutzungsdauer der Anlage wird branchenüblich auf zehn Jahre festgelegt. Dabei wird angenommen, dass das Kernkraftwerk am Ende des zehnten Jahres keinen Restwert hat.

Mit der Installation des Kernkraftwerks entsteht dem bilanzierenden Unternehmen eine passivierungspflichtige Rückbau- und Wiederherrichtungsverpflichtung gemäß IAS 37, die gleichzeitig gemäß IAS 16.16c als Teil der AK/HK des Kernkraftwerks zu aktivieren ist.

---

567 Vgl. SFAS 143.15.

568 Vgl. SFAS 143.16.

569 Als Basis dienen die Beispiele aus Appendix C zu SFAS 143: Illustrative Examples – Recognition and Measurement Provisions sowie Klaholz (2005), S. 167 ff.

1. Ende des Jahres 10 werden die folgenden Ausgaben für Rückbau und Wiederherrichtung erwartet:
   a. Die AG hat unabhängige Sachverständigengutachten anfertigen lassen, auf Basis derer sie die Rückbau- und Wiederherrichtungsverpflichtung durch Gewichtung der möglichen Ergebnisse mit den damit verbundenen Wahrscheinlichkeiten wie folgt schätzt:

geschätzte Cash (out-) Flows (in GE)	Wahrscheinlichkeit (in %)	erwartete Cash (out-) Flows (in GE)
100.000	25	25.000
125.000	50	62.500
175.000	25	43.750
		$\sum$ 131.250

   b. Die AG rechnet weiter mit Gemeinkostenaufschlägen in Höhe von 80 % auf die erwarteten Einzelkosten gemäß a.
   c. Das allgemeine Marktrisiko wird auf 5 % von den erwarteten inflationsbereinigten Cash (out-) Flows festgelegt.
   d. Die AG rechnet mit einer Inflationsrate in Höhe von 4 % über die zehn Nutzungsjahre.
2. Der Marktkalkulationszinssatz zum 1.1.2006 beträgt 5 %. Die AG passt diesen Zinssatz um 3,5 %-punkte nach oben an, um ihrem Credit Standing Rechnung zu tragen. Für die Barwertermittlung wird somit ein Zinssatz in Höhe von 8,5 % zugrunde gelegt.

A) Im Folgenden wird die Ermittlung des Barwerts der erwarteten Entsorgungskosten zum 1.1.2006 sowie die Entwicklung in der Bilanz (Rückstellungen und Sachanlagen) und die Auswirkungen in der Erfolgsrechnung (Aufzinsungen und Abschreibungen) über die Jahre dargestellt. Darüber hinaus werden die Buchungssätze aufgezeigt.[570]

Barwert der erwarteten Rückbau- und Wiederherrichtungskosten zum 1.1.2006:

	Erwartete Cash (out-) Flows (in GE), 1.1.2006
erwartete Stilllegungskosten (EK)	131.250
Gemeinkostenaufschlag (80 % von 131.250)	105.000
erwartete Cash (out-) Flows vor Inflation	236.250
Inflationsrate über 10 Jahre (4 %)	1,4802
erwartete Cash (out-) Flows nach Inflation	349.697
allgemeines Marktrisiko (5 % von 349.697)	17.485
erwartete Cash (out-) Flows nach Marktrisiko	367.182
Barwert der erwarteten Ausgaben zum 1.1.2006 (i = 8,5 %)	162.399

570 Die ermittelten Beträge werden ohne Nachkommazahlen dargestellt.

Rückstellungen sind gemäß IAS 37.45 mit ihrem Barwert anzusetzen,[571] so dass die erwarteten Rückbau- und Wiederherrichtungsausgaben i. H. v. 367.182 GE zum Zeitpunkt des Entstehens, also zum 1.1.2006, über einen Zeitraum von zehn Jahren abzuzinsen sind und zum 1.1.2006 der Wertansatz der Rückstellung 162.399 GE[572] beträgt.

Darstellung der Entwicklung der Rückstellungen:

Jahr	Rückstellungen 1.1. (in GE)	Aufzinsung (in GE)	Rückstellungen 31.12. (in GE)
2006	162.399	13.804	176.203
2007	176.203	14.977	191.180
2008	191.180	16.250	207.430
2009	207.430	17.632	225.062
2010	225.062	19.130	244.192
2011	244.192	20.756	264.948
2012	264.948	22.521	287.469
2013	287.469	24.435	311.904
2014	311.904	26.512	338.416
2015	338.416	28.766	367.182

Die Rückstellung wird in den Folgeperioden mit einem Zinssatz i. H. v. 8,5 % aufgezinst. Die Aufzinsungen werden erfolgswirksam durch die Buchung

Zinsaufwand aus Aufzinsung 13.804 GE (für das erste Jahr)[573]
an Rückstellungen für Abbruch und Wiederherrichtung 13.804 GE

in der GuV erfasst. Der periodisch aufgezinste Wertansatz der Rückstellung in Höhe von 367.182 GE entspricht am Ende der Nutzungsdauer des Kernkraftwerks den zu Beginn des Kraftwerksbetriebs (1.1.06) geschätzten Ausgaben, die erforderlich sein werden, um das Kernkraftwerk zurückzubauen und dessen Standort wiederherzurichten.

Darstellung der Entwicklung der Sachanlagen:

Jahr	Sachanlagen 1.1. (in GE)	Abschreibung (in GE)	Sachanlagen 31.12. (in GE)
2006	262.400	26.240	236.160
2007	236.160	26.240	209.920
2008	209.920	26.240	183.680
2009	183.680	26.240	157.440

571 Vgl. Abschnitt C22.

572 162.399 GE = 367.182 GE x $1{,}085^{-10}$.

573 Weiter gemäß Tabelle.

2010	157.440	26.240	131.200
2011	131.200	26.240	104.960
2012	104.960	26.240	78.720
2013	78.720	26.240	52.480
2014	52.480	26.240	26.240
2015	26.240	26.240	0

Da die entstandene Verpflichtung gleichzeitig einen aktivierungspflichtigen Teil der AK/HK des Kernkraftwerks darstellt, wird die Rückstellung zum 1.1.2006 erfolgsneutral durch die Buchung

Kernkraftwerk 162.399 GE
an Rückstellungen für Abbruch und Wiederherrichtung 162.399 GE

in der Bilanz des Unternehmens erfasst, so dass die AK/HK des Kernkraftwerks insgesamt 262.400 GE[574] betragen.

Das Kernkraftwerk wird linear über zehn Jahre abgeschrieben, so dass die jährliche Abschreibung 26.240 GE (262.400 GE/10 Jahre) beträgt. Ohne die Aktivierung der Rückbau- und Wiederherrichtungsverpflichtung hätte die Abschreibung auf das Kernkraftwerk jährlich lediglich 10.000 GE (100.001 GE/10 Jahre) betragen, d. h. aufgrund der Aktivierung der Verpflichtung hat sich der jährliche Abschreibungsaufwand um 16.240 GE erhöht. Zum 31.12.2015 sind die AK/HK des Kernkraftwerks einschließlich der aktivierten Verpflichtung vollständig amortisiert. Die jährlichen Abschreibungen werden wie folgt gebucht:

Abschreibungen 26.240 GE
an Kernkraftwerk 26.240 GE

<u>Darstellung der Erfolgsrechnung:</u>

Jahr	**Aufzinsungen (in GE)**	**Abschreibungen (in GE)**	**∑ Aufwand (in GE)**
2006	13.804	26.240	40.044
2007	14.977	26.240	41.217
2008	16.250	26.240	42.490
2009	17.632	26.240	43.872
2010	19.130	26.240	45.370
2011	20.756	26.240	46.996
2012	22.521	26.240	48.761
2013	24.435	26.240	50.675
2014	26.512	26.240	52.752
2015	28.766	26.240	55.006

574 262.400 GE = 100.001 (originäre AK/HK des Kernkraftwerks) + 162.399 GE (aktivierte Rückbau- und Wiederherrichtungsverpflichtung).

In den Folgeperioden werden damit sowohl die periodischen Aufzinsungen der Rückstellung als auch die Abschreibungen auf den um die passivierte Verpflichtung erhöhten Buchwert des Kernkraftwerks erfolgswirksam in der GuV erfasst.

Entwicklungen in der Bilanz:

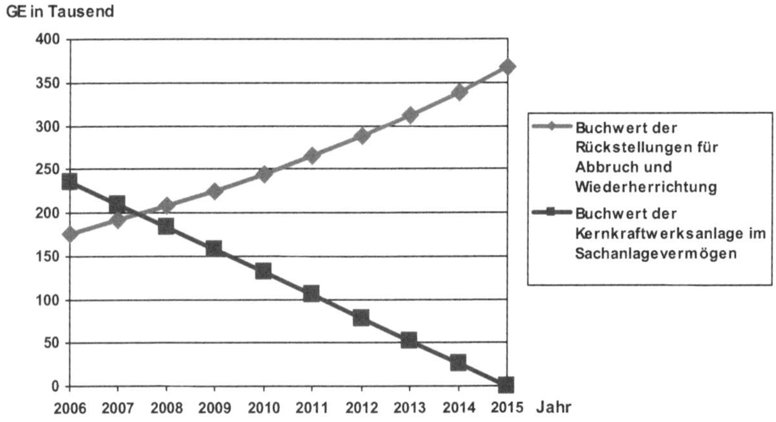

Darstellung der Erfolgsrechnung:

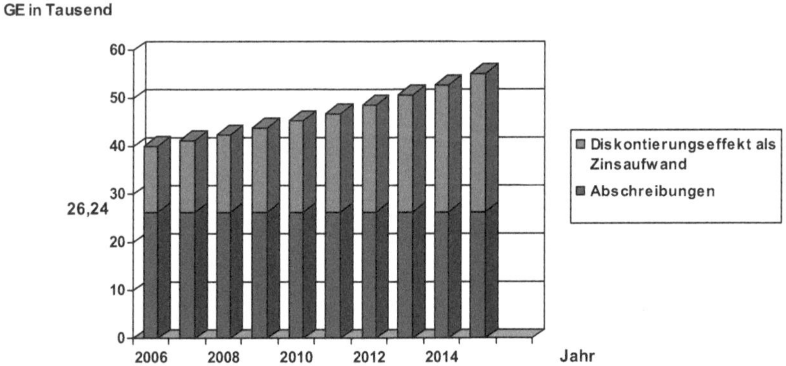

B) Wie A) Es müssen folgende zwei Sachverhalte zusätzlich berücksichtigt werden:

1. Die Kreditwürdigkeit der AG verbessert sich über die Jahre, so dass der Diskontierungszinssatz um 0,5 % auf 8 % zum 31.12.2007 reduziert wird.
2. Zum 31.12.2007 bestätigt ein unabhängiger Gutachter der AG, dass die erwarteten Rückbau- und Wiederherrichtungskosten aufgrund von Preisentwicklungen voraussichtlich um 10 % steigen werden.[575]

[575] Die ermittelten Beträge werden ohne Nachkommazahlen dargestellt.

Barwert der erwarteten Rückbau- und Wiederherrichtungskosten beträgt unverändert zum 1.1.2006:

	Erwartete Cash (out-) Flows (in GE), 1.1.2006
erwartete Stilllegungskosten (EK)	131.250
Gemeinkostenaufschlag (80 % von 131.250)	105.000
erwartete Cash (out-) Flows vor Inflation	236.250
Inflationsrate über 10 Jahre (4 %)	1,4802
erwartete Cash (out-) Flows nach Inflation	349.697
allgemeines Marktrisiko (5 % von 349.697)	17.485
erwartete Cash (out-) Flows nach Marktrisiko	367.182
Barwert der erwarteten Ausgaben zum 1.1.2006 (i = 8,5 %)	162.399

Ermittlung des Barwerts der Rückbau- und Wiederherrichtungskosten gemäß B2 (10 %-Erhöhung) zum 31.12.2007:

	Erwartete Cash (out-) Flows (in GE), 31.12.2007
erwartete zusätzliche Rückbau- u. Wiederherrichtungskosten (10 % von 131.250)	13.125
Gemeinkostenaufschlag (80 % von 13.125)	10.500
erwartete Cash (out-) Flows vor Inflation	23.625
Inflationsrate über 8 Jahre (4 %)	1,3686
erwartete Cash (out-) Flows nach Inflation	32.333
allgemeines Marktrisiko (5 % von 32.333)	1.617
erwartete Cash (out-) Flows nach Marktrisiko	33.950
Barwert der zusätzlichen Ausgaben unter Zugrundelegung von 8 % über 8 Jahre	18.342

Die erwarteten höheren Rückbau- und Wiederherrichtungsausgaben, die zum 31.12.2007 festgestellt wurden, sind über einen Zeitraum von acht Jahren mit einem Zinssatz i. H. v. 8 % abzuzinsen, so dass zum 31.12.2007 der Wertansatz der Rückstellung für den zusätzlichen Teil der Kosten 18.342 GE beträgt. Der Barwert der erwarteten Verpflichtungserhöhung wird gemäß IFRIC 1 erfolgsneutral durch die Buchung

Kernkraftwerk	18.342 GE	
an Rückstellungen für Abbruch und Wiederherrichtung		18.342 GE

zum 31.12.2007 erfasst.

Darstellung der Entwicklung der Rückstellungen:

Jahr	Rückstellungen 1.1. (in GE)	Aufzinsungen (in GE)	Schätz-änderung (in GE)	Rückstellungen 31.12. (in GE)
2006	162.399	13.804		176.203
2007	176.203	14.977	18.342	209.522
2008	209.522	16.762		226.284
2009	226.284	18.103		244.387
2010	244.387	19.551		263.938
2011	263.938	21.115		285.053
2012	285.053	22.804		307.857
2013	307.857	24.629		332.486
2014	332.486	26.599		359.085
2015	359.085	28.727		387.812

Die Rückstellung für Rückbau und Wiederherrichtung zum 31.12.07 fällt somit um diesen Betrag höher aus (209.522 GE = 191.180 GE (s. Beispiel A) + 18.342 GE). In den Folgeperioden wird dieser höhere Rückstellungsbetrag mit dem reduzierten Zinssatz i. H. v. 8 % aufgezinst, so dass der Wertansatz der Rückstellung zum 31.12.2015 387.812 GE beträgt.

Die Aufzinsung erfolgt ab 2008 mit dem reduzierten Zinssatz zu 8 %, und der Buchungssatz lautet z. B. zum 31.12.2008:

Zinsaufwand aus Aufzinsung	16.762 (für 2008)[576]
an Rückstellungen für Abbruch und Wiederherrichtung	16.762

Darstellung der Entwicklung der Sachanlagen:

Jahr	Sachanlagen 1.1. (in GE)	Abschreibungen (in GE)	Schätz-änderung (in GE)	Sachanlagen 31.12. (in GE)
2006	262.400	26.240		236.160
2007	236.160	26.240	18.342	228.262
2008	228.262	28.533		199.729
2009	199.729	28.533		171.196
2010	171.196	28.533		142.663
2011	142.663	28.533		114.130
2012	114.130	28.533		85.597
2013	85.597	28.533		57.064
2014	57.064	28.533		28.531
2015	28.531	28.533		0

[576] Weiter gemäß Tabelle.

Durch die Schätzänderung unter B) erhöht sich auch die jährliche Abschreibung ab 2008 um 2.293 GE[577] (18.342 GE/8 Jahre) und beträgt dann insgesamt 28.533 GE. Der Buchungssatz für die periodischen Abschreibungen lautet ab 2008:

Abschreibungen	28.533 GE	
an Kernkraftwerk		28.533 GE

Darstellung der Erfolgsrechnung:

Jahr	Aufzinsungen (in GE)	Abschreibungen (in GE)	∑ Aufwand (in GE)
2006	13.804	26.240	40.044
2007	14.977	26.240	41.217
2008	16.762	28.533	45.295
2009	18.103	28.533	46.636
2010	19.551	28.533	48.084
2011	21.115	28.533	49.648
2012	22.804	28.533	51.337
2013	24.629	28.533	53.162
2014	26.599	28.533	55.132
2015	28.727	28.533	57.260

Entwicklungen in der Bilanz:

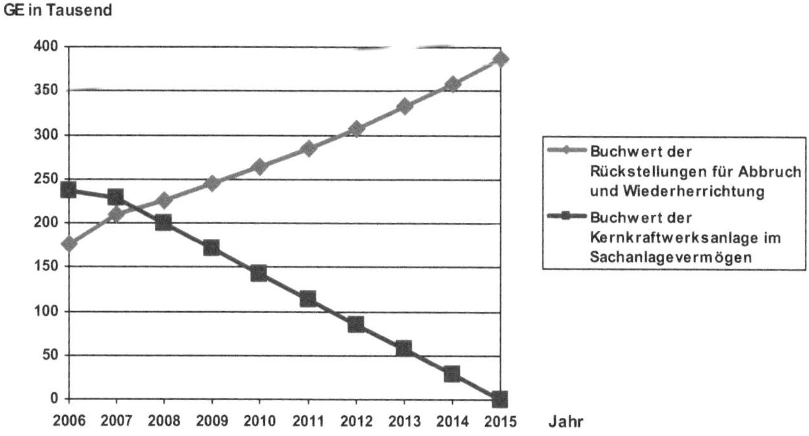

577 Bei dem Betrag handelt es sich um einen aufgerundeten Betrag.

Darstellung der Erfolgsrechnung:

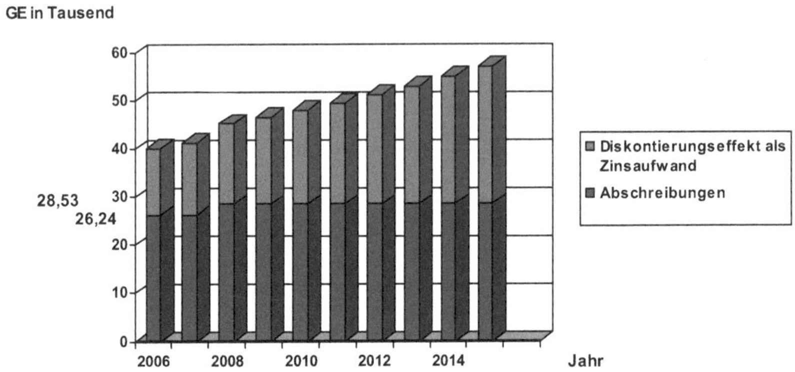

323 Entsorgung von radioaktiven Stilllegungsabfällen

Die Maßnahmen zu Stilllegung und Rückbau eines Kernkraftwerks schließen neben Demontage und Abbau der Anlage sowie Wiederherrichtung von Grund und Boden auch die Entsorgung von radioaktiven Stilllegungsabfällen, die sowohl aus der Anlage selbst stammen als auch aus den Stilllegungsarbeiten resultieren können, mit ein. Die radioaktive Kontamination eines Kernkraftwerks resultiert dabei aus den Strahleneinwirkungen auf die Anlage während ihrer Betriebszeit. In den ersten Betriebsjahren eines Kernkraftwerks wird eine sehr viel höhere Strahlungsintensität aufgebaut als in späteren Nutzungsjahren, so dass die Anlage unterschiedliche Strahlungsintensitäten im Nutzungsablauf aufweist.[578]

Mit § 9a I AtG wird der Betreiber eines Kernkraftwerks dazu verpflichtet, alle aus dem Betrieb einer Kernkraftwerksanlage resultierenden radioaktiven Stoffe schadlos zu verwerten oder als radioaktive Abfälle geordnet zu beseitigen. Aus dieser Norm leitet sich auch die Pflicht zur Entsorgung von Stilllegungsabfällen ab, da die Energieerzeugung während der Betriebsphase zu einer radioaktiven Kontamination der Anlage geführt hat. Im Gegensatz zu den Rückbau- und Wiederherrichtungsverpflichtungen, die bereits mit der Errichtung der Anlage rechtlich in voller Höhe entstanden sind, richtet sich der Passivierungszeitpunkt für die Kosten zur Entsorgung von Stilllegungsabfällen, die aus der Anlage selbst

[578] Vgl. Reinhard, Vortrag v. 10.6.1986 in Münster, S. 29.

stammen, nach der wirtschaftlichen Verursachung der Schuld (ereignisbezogene Verursachung).

Die Entsorgungsverpflichtung für ein Kernkraftwerk und damit auch die Pflicht zur Entsorgung von Stilllegungsabfällen werden mit der ersten Kettenreaktion[579] in der Anlage ausgelöst, da bereits von Anfang an zumindest die Oberfläche der Anlagenteile kontaminiert ist. Durch eine längere Bestrahlung werden die Anlagenteile bis in tiefere Schichten radioaktiv verstrahlt, so dass die Oberflächenbehandlung mit der Betriebszeit des Kernkraftwerks grundsätzlich intensiver vorzunehmen ist. Hinzu kommen gegebenenfalls andere Entsorgungstechniken, längere Abklingzeiten und insgesamt ein größeres Aufkommen an radioaktiven Abfällen. Für bilanzielle Zwecke müsste somit zwischen den Entsorgungskosten für die so genannte einfache Oberflächenbehandlung, die bereits mit der ersten Bestrahlung ausgelöst werden, und den Kosten für intensivere Oberflächenbehandlungen von mit der Betriebszeit tiefer verstrahlten Anlagenteilen differenziert werden. Erstere müssten nach den Regelungen des IAS 16 im Zeitpunkt der Inbetriebnahme der Anlage in voller Höhe zurückgestellt und gleichzeitig den Anschaffungskosten des Kernkraftwerks hinzuaddiert werden, während die so genannten Zusatzkosten in den Normenbereich des IAS 2 fallen und verursachungsgerecht über den Zeitraum der nuklearen Verschmutzung anzusammeln wären.[580]

Es ist allerdings anzunehmen, dass es in der Praxis vor allem aus Vereinfachungsgründen gängig ist, von der beschriebenen detaillierten Differenzierung abzusehen und die Pflicht zur Entsorgung von Stilllegungsabfällen gemeinsam mit der Rückbau- und Wiederherrichtungsverpflichtung bilanziell abzubilden und damit bereits zum Zeitpunkt der Errichtung der Anlage in voller Höhe passivisch und aktivisch zu berücksichtigen. Für dieses Vorgehen spricht insbesondere, dass sich das Abfallvolumen in der Stilllegungsphase bereits zu diesem Zeitpunkt zumindest in einer gewissen Bandbreite möglicher Werte bestimmen

579 Dies dürfte regelmäßig bereits im Probebetrieb, also vor der eigentlichen kommerziellen Nutzung der Fall sein. Ab diesem Zeitpunkt ist das Kernkraftwerk nach den anerkannten atomrechtlichen Regeln zu entsorgen.

580 Vgl. Beispiel 3 in Anhang C zu IAS 37, wonach die Verpflichtung eines Ölförderunternehmens zur Wiederherstellung des Seebetts in dem Maße wie die Schäden durch die Ölförderung verursacht sind, über den Zeitraum der Ölförderung anzusammeln sind. Vgl. auch SFAS 143.A12, B12 u. B31.

lässt: Erfahrungsgemäß müssen etwa 5 % der Gesamtmasse des Kontrollbereichs als radioaktiver Abfall in der Stilllegungsphase entsorgt werden.[581]

324 Analyse des abschlusspolitischen Gestaltungspotenzials und Ableitung damit verbundener Beeinträchtigungen der Entscheidungsnützlichkeit der publizierten Daten

Die im Jahresabschluss abgebildeten Rückbau- und Wiederherrichtungsverpflichtungen stellen eine entscheidungsnützliche[582] Information im Sinne des IFRS-Rahmenkonzepts dar, wenn sie als zuverlässig betrachtet werden können und damit frei von wesentlichen Fehlern und verzerrenden Einflüssen sind. Gefordert ist der True and Fair View in die Schuldenlage des bilanzierenden Unternehmens.[583] Ebenso wird mit IAS 37.14c verlangt, dass der erwartete Ressourcenabfluss zur Begleichung der Verpflichtung verlässlich ermittelt werden kann.[584]

Unabhängig von bilanzpolitisch nutzbaren Entscheidungsspielräumen, die sich aus unzureichenden Rechnungslegungsregeln ergeben – wie es die folgende Untersuchung darlegen wird – ist die Bewertung von Rückbau- und Wiederherrichtungsverpflichtungen schon ihrem Wesen nach sehr schwierig und problematisch, wodurch die Zuverlässigkeit des zu ermittelnden Erfüllungsbetrags notwendigerweise beeinträchtigt wird. Das liegt zum einen darin begründet, dass die betrachteten Verpflichtungen erst weit in der Zukunft fällig werden und die Rückstellungen mithin über einen Zeitraum von bis zu 80 Jahren verbraucht werden.[585] In diesem Zeitfenster entwickeln und verbessern sich die technischen Möglichkeiten und Verfahren einer nuklearen Entsorgung und verschärfen sich vor allem im Umweltbereich die gesetzlichen Vorschriften, wodurch sich die Höhe der Rückbau- und Wiederherrichtungsverpflichtungen regelmäßig verändert. Zum anderen kennzeichnet diese Verpflichtungen insbesondere auch die Unsicherheit in Bezug auf die Endlagerung radioaktiver Abfälle, so dass sich neue Erkenntnisse und Bestimmungen nicht unerheblich auf den Wertansatz der Verpflichtungen auswirken.

---

581 Vgl. Wendling, in: BMU (2002), S. 3. Aufteilung und betragsmäßige Darstellung der Rückbaumassen sehr gut bei E.ON Kernkraft (2002), S. 24. Vgl. hierzu Abschnitt B22123.

582 Vgl. F.12.

583 Zur qualitativen Anforderung der Zuverlässigkeit vgl. Abschnitt B32.

584 Zum Ansatzkriterium des IAS 37.14c vgl. Abschnitt C213.

585 Vgl. Konzerngeschäftsbericht der RWE AG zum 31.12.2006, S. 155.

Darüber hinaus können die Rückbau- und Wiederherrichtungsmaßnahmen im Einzelfall sehr komplex und speziell sein, so dass erst Erfahrungswerte mit dem Rückbau von Kernkraftwerken zu einer Objektivierung der Verpflichtungshöhe führen werden. Auch vor diesem Hintergrund ist die nachfolgende Analyse der abschlusspolitischen Gestaltungspotenziale bei der Bilanzierung von Rückbau- und Wiederherrichtungsverpflichtungen zu sehen.

3241 Ermessensspielräume bei der Barwertbestimmung

32411 Wesentlichkeit

Rückstellungen müssen nach IAS 37.46 abgezinst und in Höhe des Barwerts der erwarteten Ausgaben (Present Value)[586] angesetzt werden, wenn die aus der Diskontierung resultierenden Zinseffekte (Unterschiedsbetrag zwischen Barwert und Rückzahlungsbetrag) wesentlich sind. Das Barwertkalkül beruht auf der Annahme, dass „die durch den Ansatz der Rückstellung an das Unternehmen gebundenen Ausgabengegenwerte bis zum Zeitpunkt des tatsächlichen Mittelabflusses ertragbringend angelegt und die erwirtschafteten Zinsen der (teilweisen) Erfüllung der Verpflichtung dienen."[587] IAS 37 gibt nicht explizit vor, wann die Auswirkungen des Zinseffekts wesentlich sind und stellt somit die Auslegung dieses Bewertungskriteriums ganz bewusst in das Ermessen des bilanzierenden Unternehmens.

Die Beurteilung der Wesentlichkeit orientiert sich an der Fristigkeit und absoluten Höhe des Verpflichtungsbetrags sowie an dem Zinssatz.[588] Ein wesentlicher Zinseffekt wird regelmäßig bei langfristigen Verpflichtungen (Laufzeit größer ein Jahr) angenommen.[589] Mithin kann auch bei kürzeren Laufzeiten eine Abzinsung erforderlich werden, wenn es sich um hohe Verpflichtungsbeträge handelt und hohe Diskontierungszinssätze zugrunde gelegt sind.[590] Gleichzeitig kann die Abzinsung von langfristigen Verpflichtungen unterbleiben, wenn der Zinseffekt nicht wesentlich ist. Eine Abzinsung ist jedoch immer dann verboten, wenn der

586 Der geforderte Present Value der Rückstellung bezeichnet dabei den Betrag, den ein gedachter Erwerber im Rahmen des Gesamtpreises für das Unternehmen zur Ablösung der Verpflichtung ansetzen würde; vgl. IAS 37.37.

587 Vgl. Keitz/Dörner/Wollmert/Oser, in: Baetge (2002), Rn. 90.

588 Vgl. Heuser/Theile (2007), Rz. 2357.

589 Vgl. Busse von Colbe/Seeberg, ZfbF 1997, Sonderheft 39, S. 122 u. Hoffmann, in: Lüdenbach/Hoffmann (2007), Rn. 105 f.

590 Vgl. Heuser/Theile (2007), Rz. 2357, Kümpel, b&b 2005, S. 271 u. IAS 37, Anhang D, Bsp. 1.

zeitliche Anfall der erwarteten Ressourcenabflüsse nicht zuverlässig bestimmt werden kann.[591]

Nach IAS 37.45 muss für jede Rückstellung gesondert geprüft werden, ob eine Abzinsung einen wesentlichen Einfluss hat. Darüber hinaus sollte auch die Wesentlichkeit des Abzinsungseffekts für den gesamten Bilanzposten Rückstellungen, d. h. inklusive der nicht bereits aufgrund der individuellen Analyse diskontierten Rückstellungen, geprüft werden.[592] Im Hinblick auf eine zumindest einheitliche Handhabung innerhalb einer Unternehmens-/ Konzerneinheit empfiehlt es sich, dass das bilanzierende Unternehmen einheitliche Größen- und Laufzeitkriterien (quantitative Kriterien) festlegt, bei deren Unterschreitung eine Abzinsung des Erfüllungsbetrags unterbleibt.[593] Der Abschluss wird transparent und kann mit Abschlüssen anderer Unternehmen, die vergleichbare Verpflichtungen aufweisen, verglichen werden, wenn diese internen Vorgaben im Anhang des Jahres- bzw. Konzernabschlusses offen gelegt werden. Die Unsicherheit dahingehend, welche Bezugsgröße für eine Beurteilung der Wesentlichkeit der Zinsauswirkungen ausgewählt werden sollte, könnte vor allem durch jene explizite Vorgabe in IAS 37 beseitigt werden, dass der undiskontierte Erfüllungsbetrag der jeweiligen Rückstellung als Bezugsgröße für eine Bestimmung der Wesentlichkeit zu Grunde zulegen ist.[594]

Die US-amerikanischen Regelungen sind an dieser Stelle bereits weiter entwickelt und lassen die diskutierten Unsicherheiten bei der Beurteilung, ob die Zinsauswirkungen aus einer Diskontierung wesentlich sind, erst gar nicht entstehen. Hiernach sind nämlich Rückbau- und Entsorgungsverpflichtungen, die durch den Abgang oder das Ausscheiden eines Vermögenswerts entstehen, zwingend abzuzinsen.[595] Das FASB schreibt somit eine Abzinsung losgelöst von etwaigen Bedingungen explizit vor.

---

591 Vgl. Hayn/Pilhofer, DStR 1998, S. 1767.

592 Vgl. Hebestreit/Dörges, in: Bohl/Riese/Schlüter (2006), § 13, Tz. 68.

593 Vgl. Heuser/Theile (2007), Rz. 2357 u. Kümpel, b&b 2005, S. 271.

594 Vgl. v. Keitz u. a., in: Baetge u. a. (2002), Rn. 91 u. Hayn/Pilhofer, DStR 1998, S. 1767. Darüber hinaus könnte auch von einem wesentlichen Zinseffekt ausgegangen werden, wenn das Jahresergebnis durch die Abzinsung wesentlich beeinflusst wird. Vgl. Hebestreit/Dörges, in: Bohl/Riese/Schlüter (2006), § 13, Tz. 68 u. Tanski (2006), S. 138.

595 Vgl. SFAS 143.8 f.

Da gerade Rückbau- und Wiederherrichtungsverpflichtungen eine nicht unbedeutende Höhe aufweisen und die Zinswirkung wesentlich ist[596], sollte für derartige Rückstellungen eine Diskontierung ausdrücklich vorgeschrieben werden.[597] Konsequenterweise sollte für die fixen Entsorgungskosten für abgebrannte Brennelemente (vgl. C3131) ebenfalls ein Diskontierungsgebot gelten, während für die anzusammelnden variablen Entsorgungskosten (vgl. C3131) eine Diskontierung nicht in Betracht kommt.

32412 Zinssatzbestimmung

Nach IAS 37.47 ist der Erfüllungsbetrag der Verpflichtung zu jedem Abschlussstichtag mit einem restlaufzeitkongruenten[598] Rechnungszins vor Steuern abzuzinsen, der die gegenwärtigen Markterwartungen[599] hinsichtlich des Zeitwerts des Geldes und die spezifischen Risiken im Zusammenhang mit der Erfüllung der Verpflichtung widerspiegelt. Der Standard stellt es dem bilanzierenden Unternehmen frei, die mit der Verpflichtung verbundenen spezifischen Risiken entweder im Zinssatz oder bei der Bestimmung der künftigen Zahlungsabflüsse durch angemessene Risikoab- bzw. -zuschläge zu berücksichtigen.[600] Eine doppelte Risikoberücksichtigung im Wertansatz der Rückstellung wird jedoch explizit ausgeschlossen.[601] Im Gegensatz zum IASB präferiert der HFA des IDW eine Risikoberücksichtigung in den erwarteten Zahlungsabflüssen, und auch das FASB schreibt mit SFAS 143.9 vor, dass die erwarteten Cashflows mit einem risikoneutralen Rechnungszins (Risk-Free Rate) abzuzinsen sind. Vielmehr wird eine Abzinsung unter Zugrundelegung eines risikoadjustierten Zinssatzes durch das FASB ausdrücklich unter Hinweis auf die damit verbundenen Manipulationsspielräume abgelehnt.[602] Der IASB sollte sich an den US-amerikanischen Standard anlehnen und eine Berücksichtigung von spezifischen mit der Schuld

596 Bereits marginale Änderungen des Diskontierungssatzes können den Wertansatz der Rückstellung beträchtlich verändern. Vgl. unter Abschnitt C32412.

597 Vgl. auch Kümpel, DStR 2004, S. 1229 u. ders., b&b 2005, S. 276 u. Kayser (2002), S. 263.

598 Vgl. Hebestreit/Dörges, in: Bohl/Riese/Schlüter (2004), Rn. 168, v. Keitz, in: Baetge (2002), Rn. 92 u. Mandl/Rabel (1997), S. 75.

599 Zu den Unsicherheiten, die mit dem Kriterium der gegenwärtigen Markterwartungen verbunden sind, vgl. Tanski (2006), S. 135.

600 Vgl. IAS 37.47.

601 Zum Äquivalenzprinzip vgl. Moxter (1983), S. 155-202.

602 Vgl. SFAS 143.B40.

verbundenen Risiken in den künftigen Zahlungsabflüssen vorschreiben.[603] Hiermit könnte auch gerade im Hinblick auf die ohnehin mit vielfältigem subjektivem Ermessen behaftete Ermittlung und Erfassung von Risikozuschlägen[604] eine zumindest einheitliche Handhabung ihrer Berücksichtigung erzielt werden.[605]

Das bilanzierende Unternehmen kann zur Ermittlung des Barwerts auf unterschiedliche Zinssätze zugreifen und erfährt dementsprechend keine Einschränkungen. So können beispielsweise der Zinssatz für risikolose Anlagen (Staatsanleihen) mit einer fristgerechten Laufzeit,[606] der marktübliche Zinssatz für Kredite mit einer vergleichbaren Laufzeit (ohne Berücksichtigung der spezifischen Kapitalstruktur des Unternehmens) oder auch der fristadäquate Zinssatz, zu dem das Unternehmen gegenwärtig Fremdkapital aufnehmen kann,[607] in Betracht kommen. Die Besonderheit der Rückbau- und Wiederherrichtungsverpflichtungen ist vor allem ihre vergleichsweise lange Laufzeit, die bis zu 80 Jahre betragen kann. Das Problem besteht darin, dass es für eine derartige Laufzeit keinen Referenzzins geben dürfte. Anleihen der öffentlichen Hand beispielsweise wiesen gewöhnlich eine Laufzeit von 32 Jahren auf,[608] so dass das bilanzierende Unternehmen einen langfristigen Zinssatz für öffentliche Anleihen auf einen angemessenen restlaufzeitkongruenten Rechnungszins extrapolieren müsste. Problematisch ist jedoch, dass der IASB sowohl für den Zugang einer Verpflichtung

---

603 Vgl. auch Kümpel, DStR 2004, S. 1229. In der Praxis dürfte es bereits gängig sein, Risiken und Unsicherheiten nicht im Zinssatz, sondern in den erwarteten Zahlungsabflüssen zu berücksichtigen und diese mit einem annähernd risikoneutralen Zinssatz zu diskontieren. Vgl. ADS International (2003),Abschnitt 18, Rn. 83.

604 Vgl. detailliert Klaholz (2005), S. 103-109.

605 Ein um Risikozuschläge angepasster Zinssatz indes kann dabei entweder aus einem Vergleichsobjekt hergeleitet werden oder mit dem Capital Asset Pricing Model (CAPM) ermittelt werden. Für Rückbau- und Wiederherrichtungsverpflichtungen kommen beide Konzepte nicht in Betracht, da für derartige Verpflichtungen weder marktgehandelte Vergleichsobjekte noch die für die Anwendung des CAPM erforderlichen Marktdaten existieren. Zur Berücksichtigung von Risikozuschlägen im Zinssatz vgl. detailliert Klaholz (2005), S. 111.

606 So z. B. empfohlen von Busse von Colbe/Seeberg, ZfbF 1997, S. 122 u. Ernsting/v. Keitz, DB 1998, S. 2481.

607 Wird z. B. empfohlen von Hebestreit/Dörges, in: Bohl/Riese/Schlüter (2006), § 13, Tz. 69.

608 Vgl. Deutsche Finanzagentur, Bundesanleihen, abrufbar unter: http://www.deutsche-finanzagentur.de/nn_104000/DE/InstitutionelleInvestoren/Produkte/BundesanleihenBunds/bundesanleihen-bunds__node.html?__nnn=true.

als auch in den Folgeperioden bei der Diskontierung einen aktuellen Zinssatz fordert.[609]

Ein Gestaltungsvorschlag könnte sein, einen äquivalenten Zinssatz zu bestimmen, der im Hinblick auf die Fristigkeit und das Risiko gleichwertig ist.[610] Es wird jedoch vor allem aufgrund des sehr langen Planungshorizonts im Stilllegungsbereich von Kernkraftwerken sehr schwierig bis unmöglich sein, eine angemessene Alternativanlage zu bestimmen. Aus diesen Gründen können verlässliche Abschlussdaten regelmäßig nur über den Ausbau der Berichterstattung vermittelt werden. Das Unternehmen hat hierzu insbesondere die Ableitung, die Höhe und die Zusammensetzung des verwandten Zinssatzes offen zu legen.

Mit dem folgenden Beispiel werden die möglichen Auswirkungen der Unschärfen im Regelwerk des IAS 37 veranschaulicht:

Die Energy-AG errichtet zum 1.1.2006 ein Kernkraftwerk mit einer betriebsgewöhnlichen Nutzungszeit von 32 Jahren. Nach Ablauf der Nutzungszeit ist die AG dazu verpflichtet, das Kraftwerk abzubauen und den in Mitleidenschaft gezogenen Grund und Boden wiederherzurichten. Die AG schätzt die erwarteten Zahlungsabflüsse für die Rückbau- und Wiederherrichtungsmaßnahmen auf EUR 10 Mio. Der Diskontierungssatz beträgt zum 1.1.2006 5 %.[611]

a.) Die AG berücksichtigt keine spezifischen Risiken, weil keine hinreichend objektiven Hinweise vorliegen.

10.000.000 EUR x $(1,05)^{-32}$ = 2.098.662 EUR
Ansatz der Entsorgungsrückstellung in t1 mit 2.098.662 EUR.
Erfolgswirksame Aufzinsung in der Folgeperiode in Höhe von 104.933 EUR.

b.) Die AG berücksichtigt spezifische Risiken, wie etwa den Einfluss von erwarteten Gehaltssteigerungen auf die Höhe der Rückstellung, sowie Risiken, die den Zeitpunkt der zukünftigen Ressourcenabflüsse betreffen, durch eine Aufstockung des Zinssatzes um 3,5 %-punkte, so dass der Erfüllungsbetrag mit einem Zinssatz in Höhe von 8,5 % diskontiert wird.

10.000.000 EUR x $(1,085)^{-32}$ = 734.934 EUR
Ansatz der Entsorgungsrückstellung in t1 mit 734.934 EUR.
Erfolgswirksame Aufzinsung in der Folgeperiode in Höhe von 62.469 EUR.

609 Vgl. IASCF (Hrsg.), IASB Update October 2004, S. 3.

610 So auch Tanski, nach welchem die Vorgabe eines Zinssatzes zu einer zunehmenden Objektivierung führen könnte. Vgl. Tanski (2006), S. 138.

611 Die nachfolgend ermittelten Beträge werden gerundet ohne Angabe ihrer Nachkommazahlen dargestellt.

c.) Die AG berücksichtigt spezifische Risiken, wie etwa den Einfluss von erwarteten Gehaltssteigerungen auf die Höhe der Rückstellung, sowie Risiken, die den Zeitpunkt der zukünftigen Ressourcenabflüsse betreffen, durch eine Erhöhung der erwarteten Zahlungsabflüsse um EUR 1 Mio.

11.000.000 EUR x $(1{,}05)^{-32}$ = 2.308.528 EUR
Ansatz der Entsorgungsrückstellung in t1 mit 2.308.528 EUR.
Erfolgswirksame Aufzinsung in der Folgeperiode in Höhe von 115.426 EUR.

d.) Die AG berücksichtigt spezifische Risiken, wie etwa den Einfluss von erwarteten Gehaltssteigerungen auf die Höhe der Rückstellung, sowie Risiken, die den Zeitpunkt der zukünftigen Ressourcenabflüsse betreffen, durch eine Erhöhung der erwarteten Zahlungsabflüsse um EUR 1 Mio. Außerdem passt die Gesellschaft den Zinssatz um ihr Credit Standing an, indem sie eine Aufstockung des Zinssatzes um 3,5 % vornimmt, so dass der Erfüllungsbetrag mit einem Zinssatz in Höhe von 8,5 % diskontiert wird.

11.000.000 EUR x $(1{,}085)^{-32}$ = 808.428 EUR
Ansatz der Entsorgungsrückstellung in t1 mit 808.428 EUR.
Erfolgswirksame Aufzinsung in der Folgeperiode in Höhe von 68.716 EUR.

Das einfache Beispiel verdeutlicht, dass der gleiche zurückzustellende Sachverhalt allein aufgrund einer unterschiedlichen Berücksichtigung von Risikozuschlägen und unter Zugrundelegung unterschiedlicher Diskontierungssätze zu Rückstellungsbeträgen in einer Bandbreite von 735 TEUR bis 2.309 TEUR führen kann. Die Ergebnisbelastungen aus der Aufzinsung fallen in einer Bandbreite von 63 TEUR bis 115 TEUR an. Hieraus lässt sich ableiten, dass sich gerade bei den extrem langfristigen Rückbau- und Wiederherrichtungsverpflichtungen bereits marginale Änderungen des Zinssatzes massiv auf die Höhe der Rückstellung auswirken und geringfügige Schwankungen des Zinssatzes zu stark schwankenden Rückstellungsbeträgen im Zeitablauf führen (Stichwort: Volatilität der Rückstellungswerte) können.[612] Betrachtet man a.) und b.), führt eine Erhöhung des Diskontierungssatzes um 3,5 % von 5 % auf 8,5 % dazu, dass sich der Rückstellungsbetrag um 1.363.728 EUR (= 2.098.622 EUR – 734.934 EUR) reduziert. Darüber hinaus hat schon eine geringfügige Änderung des Zinssatzes um zum Beispiel 0,5 % von 5 % auf 5,5 % zur Folge, dass sich der Betrag der Rückstellung um 295.971 EUR (= 2.098.662 EUR – 1.802.691[613] EUR) reduzieren würde.[614]

612 Vgl. Klaholz (2005), S. 112.

613 1.802.691 EUR = 10.000.000 EUR x $1{,}055^{-32}$.

614 Vgl. auch Klaholz (2005), S. 112 f.

Im Hinblick auf die Zinssatzbestimmung fordern die US-amerikanischen Standards zusätzlich, das Credit Standing des jeweiligen Unternehmens angemessen zu berücksichtigen und durch angemessene Risikozuschläge auf den risikofreien Zinssatz zu erfassen.[615] Hieraus „resultieren (systematisch) unzulängliche Ergebnisse. So führt eine schlechte Bonität des Schuldners zu einem hohen Bonitätszuschlag im Nenner und damit zu einem geringeren Fair Value der Erfüllungsverpflichtung. (Und, d. Verf.) „die Diskontierung markttypischer Erfüllungskosten […] mit einem individualisierten Risikozuschlag führt zu einem aussagelosen Unikat, dessen Kenntnis für den Investor weder relevant noch verlässlich ermittelt ist."[616] Demzufolge offenbart der Rückgriff auf die Rechnungslegungsregelungen des FASB sogar noch zusätzliches beträchtliches Gestaltungspotenzial.

3242 Ermessensspielräume bei der Berücksichtigung zukünftiger Preisentwicklungen und künftiger Ereignisse

Gemäß IAS 37.48 sind bei der Bewertung von Rückstellungen künftige Ereignisse[617] und Preisänderungen, die den Erfüllungsbetrag einer Verpflichtung beeinflussen können, bei der Rückstellungsbemessung zu berücksichtigen, sofern hinreichend sichere und ausreichend objektiv nachprüfbare Hinweise für ihren Eintritt vorliegen. Im Sinne einer vermögensorientierten Sichtweise des IAS 37 würde auch ein potentieller Erwerber des Unternehmens all diejenigen künftigen Ereignisse und Preisänderungen in die Wertermittlung der Verpflichtung einbeziehen, die sich objektiv mit ausreichender Sicherheit nachweisen lassen.[618]

Mit IAS 37.49 f. werden beispielhaft mögliche künftige Ereignisse dargestellt, die in die Berechnung der Rückstellungshöhe einbezogen werden könnten.[619] Hiernach sind gemäß IAS 37.50 die Wirkungen möglicher Gesetzesänderungen oder neuer Gesetze zu berücksichtigen, wenn die Anforderungen aus dem Gesetz sowie seine Verabschiedung so gut wie sicher sind. Einschränkend macht der IASB selbst darauf aufmerksam, dass es aufgrund der Vielzahl möglicher Situationen geradezu unmöglich sei, ein einzelnes Ereignis festzulegen, das in jedem Fall zu einer hinreichend objektivierten Wertermittlung führen würde. Der

615 Vgl. SFAS 143.B40.
616 Hommel/Wich, KoR 2004, S. 28.
617 Nach IAS 37.48 f. basieren künftige Ereignisse vor allem auf technischen, wirtschaftlichen oder rechtlichen Entwicklungen.
618 Vgl. Förschle/Kroner/Heddäus, WPg 1999, S. 49 u. Moxter, BB 1999, S. 523.
619 Vgl. auch Cairns (2002), S. 685 f.

Standard führt weiter aus, dass sich die Inhalte eines Gesetzes regelmäßig erst mit seiner Verabschiedung hinreichend objektiviert nachweisen lassen.[620]

Im Grunde ist die Festlegung, wann künftige Ereignisse im Sinne von IAS.37 als hinreichend objektiviert gelten, im Einzelfall sehr schwierig, denn der Standard erläutert nicht, wann diese Voraussetzung erfüllt sein soll.[621] Vor diesem Hintergrund sollte eine rechtlich nicht voll entstandene Verpflichtung, wie etwa im Fall einer bevorstehenden Gesetzesverabschiedung bzw. -änderung, immer erst dann als Rückstellung angesetzt werden, wenn sich das Unternehmen dieser Verpflichtung nicht mehr entziehen kann.[622] Im Schrifttum wird die Meinung vertreten, dass eine unentziehbare Verpflichtung immer dann vorliegt, „wenn das bilanzierende Unternehmen auf die Erfüllung der noch ausstehenden Tatbestandsmerkmale keinen Einfluss mehr nehmen kann“[623] und es somit nicht mehr auf das Ermessen des Unternehmens ankommt. Die US-GAAP gehen an dieser Stelle weiter, wenn sie ausschließlich bis zum Abschlussstichtag in Kraft getretene Ereignisse (Enacted and Signed into Law) als berücksichtigungspflichtig betrachten[624] und somit die skizzierten Unsicherheiten gar nicht erst aufkommen lassen.

Des Weiteren führt IAS 37.49 aus, dass im Fall einer Entsorgungsverpflichtung bereits vernünftige Einschätzungen zu erwarteten technologischen Fortschritten dazu führen, dass sich die Entsorgungskosten für Rückbau und Wiederherrichtung reduzieren lassen. An dieser Stelle wird das Objektivierungserfordernis jedoch dahingehend konkretisiert, dass der niedrigere Betrag nur dann angesetzt werden soll, wenn fachlich qualifizierte und unabhängige Dritte, wie zum Beispiel Sachverständige, die Einschätzung des Unternehmens bestätigen. Kritisch muss jedoch angemerkt werden, dass das Unternehmen auch über die freie Gutachterauswahl das Ergebnis gezielt beeinflussen kann.[625]

Ein anderes gängiges Beispiel für die Unbestimmtheit des Kriteriums der hinreichend objektiven Nachweisbarkeit ist die Berücksichtigung von künftigen Preis-

---

620 Vgl. IAS 37.22 u. IAS 37.50.

621 Vgl. auch Rüdinger (2004), S. 111 mit Hinweis auf Förschle/Kroner/Heddäus, WPg 1999, S. 49.

622 Vgl. Baetge/Kirsch/Thiele (2005), S. 457.

623 Klaholz (2005), S. 70 mit Hinweis auf Thiele (1998), S. 100.

624 Vgl. z. B. EITF D-47 u. SFAS 109.27, wonach Steuersatzänderungen im Jahr der Gesetzesänderung zu berücksichtigen sind.

625 Vgl. Rüdinger (2004), S. 112 mit Hinweis auf Niehus, in: Matschke u. a. (1998), S. 497 f., Schildbach, BFuP 1998, S. 588.

steigerungen, wie zum Beispiel zum Abschlussstichtag absehbare Lohnerhöhungen aufgrund sich abzeichnender Tarifverhandlungsergebnisse.[626] Im Schrifttum wird die Meinung vertreten, dass auch absehbare Lohnerhöhungen bei der Rückstellungsbemessung zu berücksichtigen sind, um mit der Rückstellung die voraussichtliche Vermögensbelastung adäquat darzustellen.[627] Hier wird die Meinung vertreten, dass der höhere Betrag der Rückstellung erst mit dem Tarifabschluss berücksichtigungspflichtig werden sollte, denn erst ab diesem Zeitpunkt wird das Unternehmen in der Lage sein, einen möglichen Wertansatz hinreichend sicher zu konkretisieren.

Die Ausführungen machen deutlich, dass die Wertkonkretisierung einer Rückstellung durch den Einbezug von künftigen, also über den Abschlussstichtag hinausgehenden Entwicklungen nicht unerheblich an Objektivität einbüßen kann. Die US-amerikanischen Rechnungslegungsregeln sehen ebenso den Einbezug von zukünftigen Ereignissen in den Wertansatz der Rückstellung vor,[628] so dass auch in einem US-GAAP-Abschluss die Rückstellungsbemessung von einer Vielzahl an Ermessensspielräumen tangiert wird. „Auch hier werden weitere Möglichkeiten zur extensiven Einbringung von subjektiven Management-Auffassungen geschaffen."[629]

Ein durchgreifender Ansatz zur Einschränkung von Ermessensspielräumen würde die Forderung darstellen, künftige Ereignisse, deren Eintritt noch von der Verabschiedung eines Gesetzes oder vom Abschluss eines Vertrags abhängen, erst im Zeitpunkt ihrer rechtlichen Fixierung und Wirksamkeit bei der Wertermittlung zu erfassen, wie es auch die US-amerikanischen Standards vorsehen. Angemessener erscheint jedoch der Ansatz, für den Einbezug von künftigen Ereignissen auf die Unentziehbarkeit der Verpflichtung abzustellen, denn damit könnte sowohl eine hinreichende Konkretisierung des Wertansatzes als auch ein vollständiger Einblick in die Schuldenlage des Unternehmens gewährleistet werden. Bei der Frage, wann technologische Fortschritte oder Erfahrungskurveneffekte zu berücksichtigen sind, kann eine hinreichende Objektivierung eines künftigen Ereignisses grundsätzlich erst durch die Einschaltung eines unabhängigen und technisch qualifizierten Sachverständigen angenommen werden.

---

626 Vgl. Rüdinger (2004), S. 112.

627 Vgl. z. B. Hayn/Pilhofer, DStR 1998, S. 1767.

628 Vgl. SFAS 143.A20.

629 Hommel/Wich, KoR 2004, S. 28 mit Bezug auf Rüdinger (2004), S. 200, Hoffmann, DB 2002, S. 1, Baetge, BFuP 2003, S. 482.

Zusammenfassend ist festzuhalten, dass sich künftige Ereignisse und Preisentwicklungen gerade bei Rückbau- und Wiederherrichtungsverpflichtungen aufgrund ihres Langfristcharakters regelmäßig nicht objektiv schätzen lassen. Der IASB untersagt zumindest die Berücksichtigung von völlig neuen und folglich noch nicht hinreichend objektivierten Technologien.[630] Vor diesem Hintergrund sollte es zusätzlich darum gehen, die Ausübung von Ermessen für den externen Adressaten transparent zu machen, so dass vor allem die Berichterstattung ausgebaut werden müsste bzw. die mit IAS 1 geforderten Anhangsangaben[631] zu wesentlichen Ermessensausübungen, wichtigen zukunftsbezogenen Annahmen sowie wesentlichen Quellen von Schätzunsicherheiten konkretisiert werden müssten. Denn das Unternehmen wird durch ungenaue und auslegungsfähige Begriffe dazu ermutigt, die Jahresabschlussdaten bilanzpolitisch zu gestalten und ggf. zu verfälschen.[632]

325 Zusammenfassung

Rückbau- und Wiederherrichtungsverpflichtungen stellen einen materiellen Bestandsposten innerhalb der sonstigen Rückstellungen bzw. regelmäßig sogar den größten Einzelposten innerhalb der ungewissen Verpflichtungen des zur Erfüllung der Entsorgungsaufgabe verpflichteten Unternehmens dar, so dass sich bereits marginale Veränderungen in den Basisdaten und Grundannahmen bei der Rückstellungsberechnung erheblich auf die Höhe der Rückstellung auswirken können. Durch die extreme Langfristigkeit dieser Verpflichtungen können bereits geringfügige Änderungen des Diskontierungssatzes den Wertansatz der Rückstellung beträchtlich beeinflussen.[633] Vor diesem Hintergrund können unzureichende Rechnungslegungsregeln gerade bei diesen Verpflichtungen gezielte abschlusspolitisch motivierte Gestaltungen und Beeinflussungen der Abschlussdaten fördern und zu stark abweichenden Wertansätzen führen. Die Stellschrauben bleiben dem Abschlussadressaten regelmäßig verborgen, so dass eine Überleitung oder zwischenbetriebliche Vergleichbarkeit nicht möglich oder zumindest in ihrer Aussagefähigkeit nur in einem stark eingeschränkten Maße durchführbar ist.

---

630 Vgl. IAS 37.49.

631 Vgl. IAS 1.113 u .116.

632 So auch Wohlgemuth, nach welchem die Offenlegungspflichten der IAS 1.113 ff. nicht weit genug gehen, um einen zwischenbetrieblichen Vergleich angemessen zu ermöglichen. Kritisch zum Detaillierungsgrad der Angabepflichten gem. IAS 1.113 ff. vgl. Wohlgemuth (2007), S. 101-108.

633 Vgl. Ausführungen in Abschnitt C32412.

Die Analyse der Ansatz- und Bewertungsvorschriften hat trotz des höheren Detaillierungs- und Konkretisierungsgrads[634] keine eindeutigen Hinweise darauf ergeben, dass die US-GAAP aus Kapitalmarktsicht gegenüber den IFRS überlegene Rechnungslegungsregeln im Hinblick auf die Bilanzierung der Rückbau- und Wiederherrichtungsverpflichtungen enthalten.

Hinsichtlich der Bestimmung des Barwerts der erwarteten Ausgaben ergeben sich vor allem bei der Auslegung des in IAS 37 fixierten Wesentlichkeitskriteriums und der Wahl des Diskontierungszinssatzes weitreichende Unsicherheiten. Für Abbruch- und Wiederherrichtungsverpflichtungen empfiehlt es sich zum einen, das Wesentlichkeitskriterium zu streichen und analog zum SFAS 143 eine Diskontierung zwingend vorzuschreiben. Durch explizite und strenge Rechnungslegungsvorgaben und die Streichung von Auslegungskriterien können vergleichbare und im Sinne der Zielsetzung eines IFRS-Abschlusses entscheidungsnützliche Informationen gewährleistet werden.

Zum anderen bereitet die Bestimmung eines angemessenen und mit IAS 37.47 geforderten Diskontierungszinssatzes, der zugleich die gegenwärtigen Markterwartungen bezüglich des Zeitwerts des Geldes sowie die mit der Verpflichtung verbundenen Unsicherheiten wiedergeben soll, insbesondere wegen der Langfristigkeit der Stilllegungsmaßnahmen große Schwierigkeiten.[635] Für einen derart langen Planungshorizont findet sich kein Referenzzins. Insgesamt „scheint im Bereich der Abzinsung kaum etwas objektivierbar zu sein. Die Entscheidung, ob der Abzinsungseffekt wesentlich ist oder nicht, die Schätzung des Erfüllungszeitpunktes, die Wahl des risikoneutralen Zinssatzes, der angewandt werden soll sowie die Wahl eines eventuell notwendigen Risikoabschlags vom Zinssatz verbleiben beim Bilanzierenden.“[636] Gerade deshalb ist auch im Hinblick auf die Wahl des Diskontierungssatzes eine adäquate Berichterstattung über Höhe und Zusammensetzung immens wichtig für die Meinungsbildung des Abschlussadressaten.

Die Berücksichtigung von zukünftigen Entwicklungen und Ereignissen im Wertansatz der Rückstellungen wird trotz des zu berücksichtigenden Objektivie-

634 Ähnlich auch Lüdenbach, BB 2003, S. 836.

635 Dass tiefer gehende Überlegungen zum anzuwendenden Zinssatz gerade bei langfristigen Verpflichtungen von besonderem Gewicht sind und Rückbau- und Wiederherrichtungsverpflichtungen typische Beispiele hierfür darstellen, betont auch Hoffmann, in: Lüdenbach/Hoffmann (2007), § 21, Tz. 105.

636 Tanski (2006), S. 138.

rungskriteriums stets mit Unsicherheitspotenzialen einhergehen, die es im Wesentlichen durch zwei Ansätze zu reduzieren gilt. Zum einen sollten künftige Ereignisse, deren Eintritt noch nicht durch die Verabschiedung eines Gesetzes oder den Abschluss eines Vertrags bestätigt worden ist, erst zu dem Zeitpunkt erfasst werden, an dem sich das bilanzierende Unternehmen diesen Verpflichtungen nicht durch eigene künftige Aktivitäten entziehen kann. Der sicherste Anhaltspunkt für eine objektiv nachvollziehbare Bilanzierung stellt hingegen erst der Zeitpunkt dar, zu dem sämtliche Tatbestandsmerkmale einer Vorschrift erfüllt sind und somit die Erfüllung der Verpflichtung in jedem Fall eingefordert werden kann (vgl. z. B. EITF D-47 u. SFAS 109.27). Bei der Berücksichtigung von technologischen Fortschritten und Erfahrungskurveneffekten kann eine hinreichend objektive Wertermittlung nur dann angenommen werden, wenn die Wirkungen aus diesen Entwicklungen durch einen sachverständigen Dritten bestätigt worden sind. Zum anderen muss die Berichterstattung über die Berücksichtigung von zukünftigen Entwicklungen und Ereignissen angemessen ausgebaut werden. Die mit IAS 1 geforderten Anhangangaben zielen zwar in die richtige Richtung, sind aber bei genauerer Betrachtungsweise unklar und auslegungsfähig.[637]

[637] So auch Wohlgemuth (2007), S. 101 ff.

D Offenlegung: Ableitung von Anforderungen an die Offenlegung von Abschlussinformationen über nukleare Entsorgungsverpflichtungen zur Verbesserung ihrer Entscheidungsnützlichkeit

1 Vorbemerkungen und weiteres Vorgehen

Nachdem im vorangegangenen Kapitel zunächst die Rückstellungen für ungewisse Verbindlichkeiten als Abbildungsinstrumentarium für nukleare Entsorgungsverpflichtungen dargestellt und anschließend die Bilanzierung von Verpflichtungen zur Entsorgung von Brennelementen und radioaktiven Betriebsabfällen einerseits sowie die Verpflichtungen zum Rückbau und zur Wiederherrichtung andererseits analysiert und auf mögliche abschlusspolitische Gestaltungsmaßnahmen und Beeinträchtigungen der Entscheidungsnützlichkeit der publizierten Daten hin untersucht worden sind, soll Gegenstand dieses Kapitels der Aussagegehalt von Jahresabschluss und Lagebericht hinsichtlich nuklearer Entsorgungsaspekte sein.[638]

Hierzu soll zunächst herausgearbeitet werden, wie eine im Sinne der Zielsetzung[639] des IASB adäquate Berichterstattung zu nuklearen Entsorgungsverpflichtungen in der Bilanz, Gewinn- und Verlustrechnung, im Anhang sowie im Lagebericht ausgestaltet sein könnte, um anschließend exemplarisch an vier großen Energieversorgungsunternehmen in Deutschland zu untersuchen, ob erstens die gesetzlichen Anforderungen an eine derartige Berichterstattung erfüllt werden, zweitens die geforderten Angaben dazu in der Lage sind, dem Abschlussleser einen entscheidungsnützlichen Einblick in die wirtschaftliche Lage, den Geschäftsverlauf sowie die künftige Entwicklung und die damit verbundenen Risiken des berichterstattenden Unternehmens zu gewähren und ob drittens auf freiwilliger Basis über den mit den IFRS vorgeschriebenen Umfang an offen zu legenden Angaben und Informationen hinaus berichtet wird.

Diesbezüglich kann als ein wesentliches Untersuchungsergebnis vorweggenommen werden, dass die analysierten Unternehmen unterschiedliche Schwerpunkte in ihrer Berichterstattung setzen und eine zwischenbetriebliche Vergleichbarkeit nur äußerst eingeschränkt möglich ist. Dies ist vor allem auf die durchweg

---

[638] Zur Publizität umweltschutzbezogener Informationen in Geschäftsberichten vgl. v. a. auch Daldrup, WPg 1999, S. 734-748, Peemöller/Zwingel, WPg 1996, S. 50-64, Kellinghusen/Irrgang, DB 1978, S. 2277-2283 u. Heigl, DB 1974, S. 2265-2270.

[639] Zu der Zielsetzung eines IFRS-Abschlusses vgl. Abschnitt B32.

spärliche Berichterstattung der Unternehmen zurückzuführen, die dazu führt, dass für die Entscheidungsfindung des Abschlussadressaten nützliche unternehmensinterne Daten nicht preisgegeben werden und der Abschlussleser dementsprechend nur rudimentär über wesentliche Annahmen und Inputdaten informiert wird. Dies ist vor allem vor dem Hintergrund, dass Entsorgungsverpflichtungen im nuklearen Bereich einen materiellen Bestandsposten im Jahresabschluss des betreffenden Energieversorgungsunternehmens darstellen, äußerst kritisch zu beurteilen.

Eine Möglichkeit, den Jahresabschluss besser interpretieren und beurteilen zu können sowie die Informationsqualität und Vergleichbarkeit von Abschlussinformationen zu verbessern, stellt sicherlich die Ergänzung und Erweiterung der Abschlussinformationen um einen Lagebericht dar. Parallel zu den Entwicklungen auf europäischer und deutscher Ebene,[640] soll der Lagebericht analog der US-amerikanischen MD&A als Bestandteil eines IFRS-Abschlusses ausgebaut werden.[641] Der IASB hat hierzu ein Diskussionspapier Management Commentary veröffentlicht, der sich wesentlich auf die Berichtspflichten stützt, wie sie im Deutschen Rechnunsglegungs Standard (DRS) 15 gefordert werden. Für die anschließende Analyse sind vor allem die Neuerungen des DRS 15[642] im Hinblick auf den Ausbau der qualitativen und prognoseorientierten Berichterstattung von Bedeutung. Daneben wird nun explizit über die reine Darstellung hinaus auch eine Analyse von Geschäftsverlauf und Lage unter Berücksichtigung bedeutsamer finanzieller und nicht-finanzieller Leistungsindikatoren sowie die Berichterstattung über die wesentlichen Risiken und Chancen der künftigen Entwicklung gefordert. Zusammengefasst sieht DRS 15 vor, den Lagebericht als ein Instrument einer wert- und zukunftsorientierten Berichterstattung auszubauen. Gemäß § 315a bzw. § 325 Abs. 2a HGB besteht auch für nach IFRS berichterstattende Unternehmen die Pflicht zur Aufstellung eines Lage- bzw. Konzernlageberichts, so dass sich die betreffenden Unternehmen umfassend mit den Neuerungen des DRS 15 befassen müssen.[643]

---

640 Mit dem Bilanzrechtsreformgesetz (BilReG) wurden die gesetzlichen Vorschriften zur Lageberichterstattung erweitert. Zu den wichtigsten Änderungen vgl. Pfitzer/Oser/Orth (2006), S. 101 ff.

641 Die IAS/IFRS fordern bisher keinen Lagebericht.

642 Zu den Neuerungen in den Lageberichtsnormen vgl. Krawitz/Hartmann, WPg 2006, S. 1264 ff.

643 Vgl. z. B. Buchheim/Knorr, WPg 2006, S. 415 f.

2 Analyse der Berücksichtigung von nuklearen Entsorgungsverpflichtungen im Periodenabschluss

21 Berücksichtigung in der Bilanz

Grundsätzlich dient die Bilanz dazu, die Vermögens- und Finanzlage des bilanzierenden Unternehmens darzustellen. Es kommt „... für eine angestrebte qualitativ hochwertige Abbildung der wirtschaftlichen Lage eines Unternehmens darauf an, dass einerseits die Gliederung dies verdeutlicht und andererseits die zentralen Rechenzwecke aus der Gliederung ableitbar sind, wobei die genaue Ausgestaltung aber auch unter Einbezug der in den Anhang (und künftig ggf. auch in den Lagebericht; d. Verf.) ausgelagerten Informationen erfolgen kann.“[644] Mit IAS 1 wird ein Mindestinhalt für die Rechenwerke des Abschlusses gefordert[645] und eine Abgrenzung von kurz- und langfristigen Abschlussposten[646] festgelegt. Da die IFRS bezüglich Inhalt und Gliederung von Bilanz und Gewinn- und Verlustrechnung nur wenige explizite Vorgaben (Stichwort: Substance over Form) enthalten, sind insbesondere die folgenden allgemeinen Gliederungsgrundsätze des IAS 1 zu berücksichtigen:

- Grundsatz der Darstellungsstetigkeit: Inhalt und Ausweis der Abschlussposten sind stetig beizubehalten (IAS 1.27).
- Grundsatz der Vergleichbarkeit: Angabe der Vergleichswerte der Vorperiode (IAS 1.36).
- Grundsatz der Klarheit und Übersichtlichkeit der Darstellung: Saldierungsverbot, es sei denn, eine Saldierung ist in einzelnen Standards ausdrücklich erlaubt (IAS 1.33).
- Grundsatz der Wesentlichkeit: Angabe aller wesentlichen Posten (IAS 1.29).

Eine Bilanz hat zumindest die folgenden in IAS 1.68 aufgeführten 16 Positionen gesondert darzustellen, soweit sie im Unternehmen vorhanden sind:[647]

Auf der Aktivseite:
(1) immaterielle Vermögenswerte (Intangible Assets),

---

644 Ammann/Müller (2004), S. 82.

645 Zu den Abschlussbestandteilen eines IFRS-Abschlusses vgl. IAS 1.7.

646 Zur Definition eines kurzfristigen Vermögenswerts vgl. IAS 1.57.

647 Anmerkung: IAS 1.68 fasst Steuererstattungsansprüche und –schulden sowie Latente Steueransprüche und –schulden zu jeweils einer Mindestposition zusammen. Die kursiv markierten Positionen kennzeichnen dabei die Bilanzposten, die nachfolgend auf ihren ökologischen Aussagegehalt hin untersucht werden.

(2) *Sachanlagen (Property, Plant and Equipment),*
(3) biologische Vermögenswerte (Biological Assets),
(4) als Finanzinvestition gehaltene Immobilien (Investment Property),
(5) *finanzielle Vermögenswerte (Financial Assets), soweit nicht in anderen Positionen enthalten,*
(6) *nach der Equity-Methode bilanzierte Finanzinvestitionen (Investments Accounted for Using the Equity Method),*
(7) *Vorräte (Inventories)*
(8) *Forderungen aus Lieferungen und Leistungen und sonstige Forderungen (Trade and Other Receivables),*
(9) Steuererstattungsansprüche (Assets for Current Tax) oder Steuerschulden (siehe Passivseite),
(10) Latente Steueransprüche (Deferred Tax Assets) oder Latente Steuerschulden (siehe Passivseite),
(11) Zahlungsmittel und Zahlungsmitteläquivalente (Cash and Cash Equivalents).

Auf der Passivseite:
(12) *Gezeichnetes Kapital und Rücklagen (Issued Capital and Reserves Attributable to Equity Holders of the Parent),*
(13) Minderheitenanteile (Minority Interests),
(14) *Rückstellungen (Provisions),*
(15) finanzielle Schulden (Financial Liabilities), soweit nicht in anderen Positionen enthalten,
(16) Verbindlichkeiten aus Lieferungen und Leistungen und sonstige Verbindlichkeiten (Trade and Other Payables),
(17) Steuerschulden (Liabilities for Current Tax),
(18) Latente Steuerschulden (Deferred Tax Liabilities).

IAS 1 fordert keine explizite Reihenfolge dieser Angaben. Eine Erweiterung der Mindestgliederung um zusätzliche Posten, Überschriften und Zwischensummen ist immer dann erforderlich, wenn dadurch eine den tatsächlichen Verhältnissen entsprechende Darstellung der Vermögens- und Finanzlage des Unternehmens erzielt wird.[648] „Dazu können z. B. Kriterien wie Art und Umfang von Posten, Liquiditätsnähe und Funktion im Unternehmen herangezogen werden.“[649] Da IAS 1 keine weiteren Vorgaben enthält, ist sowohl eine Gliederung in Staffel-

648 Vgl. IAS 1.69.
649 Wagenhofer (2005), S. 433.

form als auch eine in Kontoform denkbar.[650] Die Bilanz ist grundsätzlich in kurzfristige und langfristige Vermögenswerte und Schulden zu gliedern, wobei eine Gliederung nach Liquidität dann zulässig wird, wenn sie im Vergleich zur Gliederung nach Fristen relevantere und verlässlichere Informationen liefert.[651] Unabhängig von der Art der Darstellung sind für die einzelnen Bilanzposten anzugeben, welche Teile innerhalb und welche Teile nach Ablauf von 12 Monaten fällig werden.[652]

In der Bilanz sind neben den in erster Linie von Entsorgungsverpflichtungen im nuklearen Bereich betroffenen Bilanzposten Sachanlagen, Vorräte und Rückstellungen auch andere Positionen grundsätzlich dazu geeignet, entsorgungsrelevante Informationen zu vermitteln. Auf der Aktivseite können Anteile an Entsorgungsfonds im Sinne von IFRIC 5 in den finanziellen Vermögenswerten enthalten oder quasi-sichere Erstattungsansprüche aus Versicherungsverträgen u. Ä. in den sonstigen Forderungen erfasst sein, während auf der Passivseite vor allem Zahlungsstrom- und Zinssatzänderungen im Zeitablauf zu einer Erhöhung oder Reduzierung der Neubewertungsrücklage führen können, sofern die korrespondierende Sachanlage mit ihrem Fair Value bewertet worden ist.

Am Ende eines jeden Untersuchungsabschnitts wird der potenziell vorhandene nukleare Informationsgehalt der einzelnen Bilanzposten tabellarisch zusammengefasst sowie mögliche Modifizierungen bzw. Erweiterungen dieser Posten um nukleare Entsorgungsaspekte zwecks Verbesserung der Entscheidungsnützlichkeit der publizierten Daten erörtert.

211 Berücksichtigung auf der Aktivseite

2111 Sachanlagen

IAS 16 regelt die Bilanzierung von Sachanlagevermögen. Sachanlagen sind definiert als „materielle Vermögenswerte,

(a) die ein Unternehmen für Zwecke der Herstellung oder der Lieferung von Gütern und Dienstleistungen, zur Vermietung an Dritte oder für Verwaltungszwecke besitzt und die
(b) erwartungsgemäß länger als eine Periode genutzt werden“[653].

[650] Vgl. IAS 1.71.
[651] Vgl. IAS.1.53.
[652] Vgl. IAS 1.54.
[653] IAS 16.6.

Eine Sachanlage ist als Vermögenswert anzusetzen, sobald es wahrscheinlich ist, dass dem Unternehmen hieraus ein künftiger wirtschaftlicher Nutzen zufließt und sich die Anschaffungs- oder Herstellungskosten (AHK) verlässlich ermitteln lassen.[654] Die Zugangsbewertung erfolgt zu ihren Anschaffungs- oder Herstellungskosten,[655] zu denen auch die künftig voraussichtlich entstehenden Kosten für den Abbruch des Vermögenswerts und die Wiederherrichtung des Standorts in dem Maße, wie sie gemäß IAS 37 als Rückstellung erfasst werden und im unmittelbaren Zusammenhang mit dem Erwerb der Anlage stehen, zählen.[656] Abbruch- und Wiederherrichtungskosten sind in Höhe des Rückstellungsbetrags gemäß IAS 37 in den AHK zu berücksichtigen, also regelmäßig mit dem Barwert der voraussichtlichen Ausgaben. Schätzänderungen in den Folgeperioden führen zu Minderungen respektive Erhöhungen der Entsorgungsrückstellung sowie der korrespondierenden Sachanlage, so dass sich die Korrekturbeträge erst über die planmäßigen Abschreibungen in der Restnutzungszeit der Anlage erfolgswirksam niederschlagen. Ein über den Restbuchwert der Sachanlage hinausgehender Minderungsbetrag wird hingegen sofort erfolgswirksam erfasst. Die periodischen Aufzinsungen des Rückstellungsbetrags berühren nicht die Anschaffungskosten, sondern stellen Zinsaufwendungen in der GuV dar.[657]

IAS 1.68a bestimmt, dass Sachanlagen in der Bilanz zumindest insgesamt als gesonderter Posten darzustellen sind. Darüber hinaus gilt jedoch auch der Grundsatz, dass jeder wesentliche Posten gesondert darzustellen ist.[658] Weitere Untergliederungen sind gemäß der in IAS 16.37 aufgeführten Gruppen entweder in der Bilanz oder im Anhang vorzunehmen.[659] Beispiele für solche eigenständigen Gruppen sind Grundstücke, Grundstücke und Gebäude, Maschinen und technische Anlagen, Schiffe, Flugzeuge und Kraftfahrzeuge.[660] Eine weitere Untergliederung kann sinnvoll sein, wenn bestimmte Gruppen als wesentlich eingestuft werden.

---

654 Vgl. IAS 16.7. Definition und Ansatzkriterien von Sachanlagen decken sich mit den in F.49-59 gemachten Ausführungen des Rahmenkonzepts.

655 Vgl. IAS 16.14.

656 Vgl. IAS 16.16c. Wiederherrichtungskosten, die aus der Nutzung der Anlage (Betriebsphase) resultieren, sind jedoch nicht in den AHK der Anlage zu berücksichtigen, sondern nach Entstehen der Verpflichtung ergebniswirksam zu passivieren. Zur Abgrenzung vgl. auch IAS 37 Anhang C Beispiel 3.

657 Vgl. Ausführungen unter Abschnitt C322.

658 Vgl. IAS 1.29.

659 Vgl. IAS 1.75a.

660 Vgl. IAS 16.37.

Die folgende Tabelle fasst die möglichen entsorgungsrelevanten Aspekte in den Sachanlagen noch einmal zusammen:

Bilanzposition	**Entsorgungsrelevante Aspekte**
(1) Sachanlagen	• Kernkraftwerke zu fortgeführten Anschaffungskosten oder alternativ zum beizulegenden Zeitwert • voraussichtliche Abbruch- und Wiederherrichtungskosten in Höhe der nach IAS 37 zu passivierenden Rückstellung • Zinssatz- und Zahlungsstromänderungen im Zeitablauf im Sinne von IFRIC 1

Die wesentliche Bedeutung der Rückbau- und Wiederherrichtungsverpflichtungen für das jeweilige Kraftwerksbetreiberunternehmen konnte bereits an verschiedenen Stellen abgeleitet werden und führt zusammen mit den identifizierten Unsicherheiten im Zusammenhang mit der Bilanzierung dieser Verpflichtungen[661] zu der Überlegung, ob ein gesonderter Ausweis der oben dargestellten nuklearen Sachverhalte angemessen sein bzw. gefordert sein könnte, um zu aussagekräftigen und für die Entscheidungsfindung der Abschlussadressaten relevanten Aussagen zu gelangen. Ein Ausweis von zusätzlichen Posten kann dabei sowohl auf der Ebene der in IAS 1.68 genannten Bilanzposten erfolgen[662] als auch zu einer Untergliederung derselbigen führen. Darüber hinaus könnte auch eine Änderung der Bezeichnung eines mit IAS 1.68 aufgeführten Bilanzpostens zu einer besseren Wiedergabe von Wesen und Geschäftstätigkeit des Unternehmens führen und Branchenspezifika Rechnung tragen. So wird in den Bilanzen von Fluggesellschaften der Posten „Sachanlagen“ häufig umbenannt in „Flugzeuge“ und ein zusätzlicher Posten als „Sonstige Sachanlagen“ ausgewiesen.[663]

Für eine aussagefähige und transparente Bilanz und auch im Hinblick auf eine bessere zwischenbetriebliche Vergleichbarkeit empfiehlt es sich, die Bilanzposition Sachanlagen um einen davon-Vermerk zu erweitern, der folgendermaßen lauten könnte:

[661] Vgl. unter Abschnitt C324.

[662] In diesem Sinne bestimmt zum Beispiel IAS 41, dass biologische Vermögenswerte gesondert in der Bilanz darzustellen sind. Vgl. IAS 41.39.

[663] Vgl. z. B. Konzernabschluss der Deutschen Lufthansa AG zum 31.12.2006. In der Konzernbilanz werden „Flugzeuge und Reservetriebwerke“ sowie „Übriges Sachanlagevermögen“ separat ausgewiesen.

Sachanlagen
davon Kernkraftwerke und dazugehörige Abbruch- und Wiederherrichtungskosten

Hierdurch erhält der Abschlussadressat Einblick in die Dimension der nuklearen Aspekte in den Sachanlagen sowie über ihr Verhältnis zu den gesamten Sachanlagen und zur Bilanzsumme. Zudem erleichtert eine einheitliche Darstellung einen Vergleich zwischen Unternehmen mit vergleichbaren Geschäftstätigkeiten. Eine darüber hinausgehende betragsmäßige Aufteilung in die beiden Komponenten Kernkraftwerke einerseits und künftig entstehende Abbruch- und Wiederherrichtungskosten andererseits sollte hingegen Bestandteil des Anhangs sein, damit die Klarheit der Bilanz gewahrt bleibt.

2112 Finanzanlagen

Gemäß IAS 39.1 i. V. m. IAS 39.3 fallen Beteiligungsverhältnisse nicht in den Anwendungsbereich des IAS 39, der die Bilanzierung von Finanzinstrumenten regelt. Ein Beteiligungsverhältnis begründet dabei eine je nach Höhe des Anteilsbesitzes unterschiedlich starke Einflussnahme auf ein anderes Unternehmen. Hat das bilanzierende Unternehmen die Möglichkeit, die Finanz- und Geschäftspolitik eines anderen Unternehmens zu bestimmen, um aus dessen Tätigkeiten Nutzen zu ziehen (Stichwort: Beherrschung), liegt ein konsolidierungspflichtiges Beteiligungsverhältnis vor, welches entsprechend der Regelungen des IAS 27: Konzernabschlüsse und Bilanzierung von Anteilen an Tochterunternehmen zu bilanzieren ist.[664] Übt das berichtende Unternehmen hingegen zusammen mit einem oder mehreren Partnerunternehmen die gemeinschaftliche Kontrolle über die wirtschaftlichen Aktivitäten eines gemeinsam geführten Unternehmens aus, liegt ein Joint Venture vor, der in den Regelungsbereich des IAS 31: Rechnungslegung über Anteile an Joint Ventures fällt.[665] Schließlich liegt ein assoziiertes Unternehmen vor, wenn der Anteilseigner einen maßgeblichen Einfluss auf das Unternehmen ausüben kann und weder ein Tochterunternehmen i. S. v. IAS 27 noch ein Joint Venture i. S. v.

[664] Zur Vollkonsolidierung von Tochterunternehmen vgl. z. B. Baetge/Schulze, in: Baetge u. a. (2002), Rn. 127-185, Lüdenbach, in: Lüdenbach/Hoffmann (2007), § 32, Senger u. a., in: Bohl/Riese/Schlüter (2006), § 33 u. Heuser/Theile (2007), Rz. 3015-3035.

[665] Zur Bilanzierung von Gemeinschaftsunternehmen vgl. z. B. Lüdenbach, in: Lüdenbach/Hoffmann (2007), § 34, Weber, in: Ballwieser u. a. (2007), Abschnitt 10, Rn. 219-254, Hayn, in: Bohl/Riese/Schlüter (2006), § 35 u. Heuser/Theile (2007), Rz. 3040-3034 u. Rz. 3400-3430 (Quotenkonsolidierung).

IAS 31 vorliegt. IAS 28 regelt die Bilanzierung von Anteilen an assoziierten Unternehmen.[666] Anteile an Tochterunternehmen, gemeinschaftlich geführten Einheiten oder an assoziierten Unternehmen sind mit den Anschaffungskosten oder nach IAS 39 zu bilanzieren.[667]

IAS 1.68 empfiehlt einen gesonderten Ausweis von finanziellen Vermögenswerten, sofern sie nicht in anderen Positionen bereits enthalten sind, sowie von Finanzinvestitionen, die nach der Equity-Methode bilanziert worden sind. In beiden Positionen können Anteile an Entsorgungsfonds i. S. v. IFRIC 5, die entweder in den Finanzanlagen oder als Erstattungsanspruch in den sonstigen Forderungen gesondert auszuweisen sind, enthalten sein.[668] Eine Aktivierung als Finanzanlagevermögen setzt dabei voraus, dass das publizierende Unternehmen den Fonds beherrscht, gemeinschaftlich führt oder maßgeblich beeinflussen kann.

Die folgenden entsorgungsrelevanten Aspekte können demnach in den Finanzanlagen enthalten sein:

Bilanzposition	Entsorgungsrelevante Aspekte
(2) Finanzanlagen	• Anteile an Entsorgungsfonds i. S. v. IFRIC 5

Es ist durchaus gebräuchlich, die Position Finanzanlagen im Rahmen der Darstellung des Anlagenspiegels als Bestandteil des Anhangs über die in IAS 1.68 fixierten Empfehlungen hinaus in die folgenden Gruppen weiter aufzugliedern:[669] Anteile an verbundenen Unternehmen, Anteile an Joint Ventures, Anteile an at equity bewerteten Unternehmen und Übrige Beteiligungen. Vor dem beschriebenen Hintergrund dürfte der Abschlussadressat zumindest ein Interesse daran haben, über das Bestehen von Entsorgungsfonds, mögliche Ansprüche aus derartigen Fonds und die Art der Einflussnahme auf diese Fonds informiert zu werden. Eine diesbezügliche Berichterstattung sollte insbesondere aus Gründen

666 Zur Bilanzierung assoziierter Unternehmen nach der Equity-Methode vgl. z. B. Baetge/Bruns/Klaholz, in: Baetge u. a. (2002), Lüdenbach, in: Lüdenbach/Hoffmann (2007), § 33, Weber, in: Ballweiser u. a. (2007), Abschnitt 10, Rn. 149-218, Hayn, in: Bohl/Riese/Schlüter (2006), § 34 u. Heuser/Theile (2007), Rz. 3045-3050 u. Rz. 3500-3560 (Equity-Methode).

667 Vgl. IAS 27.37.

668 Vgl. Ausführungen unter C3223.

669 Vgl. z. B. Konzerngeschäftsbericht der E.ON AG zum 31.12.2006, S. 142 f. u. Konzerngeschäftsbericht der EnBW AG zum 31.12.2006, S. 142 u. 144.

der Klarheit und Übersichtlichkeit nicht in der Bilanz erfolgen, sondern Bestandteil der Anhangsangaben sein. Eine solche Anhangsangabe könnte wie folgt lauten:

Vom Buchwert der Anteile an Joint Ventures entfallen EUR X Mio. auf einen mit der Energie AG und Power AG gemeinschaftlich geführten Entsorgungsfonds, in welchen die Gesellschaft jährlich um aktuelle Erkenntnisse angepasste Zahlungen leistet. Das Fondsvermögen deckt die erwarteten Rückbau- und Wiederherrichtungskosten in vollem Umfang.

Darüber hinaus sollten Beteiligungen an Entsorgungsfonds in der Beteiligungsübersicht des berichterstattenden Unternehmens mit Name und Sitz, Kapitalanteil, Eigenkapital und Ergebnis aufgeführt werden.

2113 Vorräte

IAS 2 ist die zentrale Rechnungslegungsnorm für Vorräte. Vorräte sind definiert als Vermögenswerte,

- „die zum Verkauf im normalen Geschäftsgang gehalten werden;
- die sich in der Herstellung für einen solchen Verkauf befinden; oder
- die als Roh-, Hilfs- und Betriebsstoffe dazu bestimmt sind, bei der Herstellung oder der Erbringung von Dienstleistungen verbraucht zu werden“[670].

Da IAS 2 keine spezifischen Ansatznormen für Vorräte enthält, gelten diesbezüglich die definitorischen Voraussetzungen sowie die allgemeinen und elementspezifischen Ansatzkriterien des Rahmenkonzepts. IAS 1.68 empfiehlt einen gesonderten Ausweis der Vorräte in der Bilanz (IAS 1.68(g)). Gängig ist zudem die Untergliederung der Vorräte in Handelswaren, Roh-, Hilfs- und Betriebsstoffe, Unfertige Erzeugnisse und Leistungen sowie Fertigerzeugnisse.[671] Die Bewertung der Vorräte erfolgt gemäß IAS 2.10 zu ihren Anschaffungs- oder Herstellungskosten; der Ansatz erfolgt mit dem niedrigeren Wert aus An-

[670] IAS 2.6.

[671] Vgl. IAS 2.37 u. IAS 1.75c.

schaffungs- oder Herstellungskosten und dem Nettoveräußerungswert.[672] Nach IAS 2 gilt ein strenges Niederstwertprinzip mit verpflichtender Wertaufholung. In den Vorräten werden einerseits die Brennelemente zu ihren (fortgeführten) Anschaffungskosten erfasst, da sie als Rohstoffe dazu bestimmt sind, bei der Energieerzeugung verbraucht zu werden.[673] Andererseits sind auch die geschätzten fixen Kosten für die Entsorgung von abgebrannten Brennelementen in dem Maße, wie sie gemäß IAS 37 als Rückstellung erfasst werden, zu den Bestandteilen der AHK der Vorräte zu rechnen.[674] Die folgende Abbildung fasst die nuklearen Bestandteile in den Vorräten wie folgt zusammen:

Bilanzposition	Entsorgungsrelevante Aspekte
(3) Vorräte	• Brennelemente zu fortgeführten Anschaffungs- oder Herstellungskosten oder alternativ zum niedrigeren Nettoveräußerungswert • voraussichtliche fixe Entsorgungskosten für abgebrannte Brennelemente in Höhe der nach IAS 37 zu passivierenden Rückstellung

Legt man die in der Praxis verbreitete Untergliederung der Vorratsposition (s. o.) zu Grunde, empfiehlt sich insbesondere auch im Hinblick auf den Umfang sowie die Funktion der Brennelemente und der mit ihnen verbundenen Entsorgungsverpflichtungen für das Unternehmen ein gesonderter Ausweis der Position „Brennelemente und dazugehörige Entsorgungskosten" als eine weitere Vorratsposition unter den Roh-, Hilfs- und Betriebsstoffen wie folgt:[675]

Vorräte
- Roh-, Hilfs- und Betriebsstoffe
- Brennelemente und dazugehörige Entsorgungskosten
- Unfertige Erzeugnisse, unfertige Leistungen
- Fertige Erzeugnisse und Waren
- Geleistete Anzahlungen

---

672 Vgl. IAS 2.9.

673 Vgl. IAS 2.4.

674 Vgl. Ausführungen unter Abschnitt C3131.

675 So hat beispielsweise die RWE AG in ihrem Abschluss für die Geschäftsjahre 1996/97 ihre Kernbrennelemente als eigene Position zwischen Anlage- und Umlaufvermögen ausgewiesen. Vgl. Geschäftsbericht der RWE AG 1996/97, S. 72.

2114 Forderungen und sonstige Vermögenswerte

Die derzeit gültigen IFRS enthalten weder einen expliziten Standard für die Bilanzierung von Forderungen und sonstigen Vermögenswerten noch eine Definition der Forderungen. Nach IAS 1.68 sollte jedoch ein getrennter Ausweis der Forderungen und sonstigen Vermögenswerte in der Bilanz vorgenommen werden (IAS 1.68(h)). Weiter bestimmt IAS 1.72, dass eine sachgerechte Untergliederung der Forderungen entweder in der Bilanz oder im Anhang zu erfolgen hat. Nach IAS 1.75b kann eine solche Untergliederung beispielhaft erfolgen in Forderungen gegenüber Handelskunden, Forderungen gegenüber Konzernunternehmen und anderen nahe stehenden Unternehmen, in Anzahlungen und sonstige Beträge. Unter den Forderungen können auch im Rahmen des gewöhnlichen Geschäftsprozesses entstandene Forderungen, die voraussichtlich nicht innerhalb eines Jahres bzw. eines Geschäftszyklus realisiert werden, ausgewiesen werden.[676]

Mögliche nukleare Entsorgungsaspekte in den Forderungen und sonstigen Vermögenswerten können zwei Sachverhalte betreffen. Zum einen sind so gut wie sichere Rückgriffs- und Erstattungsansprüche, beispielsweise aus Versicherungsverträgen oder Gewährleistungsansprüchen, separat als sonstige Vermögenswerte zu aktivieren, sofern dem Unternehmen auch im Falle der Nichtzahlung des Dritten die Haftung für den Verpflichtungsbetrag verbleibt.[677] Derartige Ansprüche dürften jedoch im atomrechtlich geregelten nuklearen Entsorgungsbereich so gut wie nie bestehen. Denkbar sind Versicherungs- und Entschädigungsklauseln hingegen im Fall einer finanziellen Absicherung gegen nukleare Unfälle und Zwischenfälle, die jedoch nicht Gegenstand dieser Untersuchung sind. Zudem wird das Ansatzkriterium „so gut wie sicher“ stets sehr restriktiv ausgelegt werden müssen. Zum anderen kann das Ansammeln von Vermögenswerten in so genannten Entsorgungsfonds zur Finanzierung der künftig entstehenden Entsorgungsaufwendungen im Sinne von IFRIC 5 die Höhe der Forderungen und sonstigen Vermögenswerte tangieren. Sollte das Unternehmen den Fonds nicht beherrschen, gemeinschaftlich führen oder maßgeblich beeinflussen, hat es den Anspruch aus dem Fonds als Erstattungsanspruch gemäß IAS 37 zu aktivieren.[678]

---

676 Vgl. IAS 1.59.

677 Vgl. IAS 37.53 ff. und Abschnitt C225.

678 Weitere Ausführungen unter Abschnitt C3223.

Mit der folgenden Abbildung werden die möglichen entsorgungsrelevanten Aspekte in den Forderungen und sonstigen Vermögenswerten wie folgt zusammengefasst:

Bilanzposition	**Entsorgungsrelevante Aspekte**
(4) Forderungen und sonstige Vermögenswerte	• Rückgriffs- und Erstattungsansprüche aus Versicherungsverträgen, Entschädigungsklauseln oder Gewährleistungsansprüchen gem. IAS 37 • Erstattungsansprüche aus Entsorgungsfonds i. S. v. IFRIC 5

Da die beschriebenen Sachverhalte nicht regelmäßig vorkommen und in ihrem Aussagegehalt vielmehr eine zusätzliche Information als eine bilanzrelevante Angabe für den Abschlussadressaten darstellen dürften, empfiehlt sich an dieser Stelle, über bestehende Rückgriffs- und Erstattungsansprüche, die ihrem Wesen nach sonstige Vermögenswerte darstellen, im Anhang zu berichten. Dabei sollten die Ansprüche sowohl betragsmäßig aufgeführt als auch verbal näher erläutert werden. Nachstehend finden sich beispielhaft die folgenden Angaben zu den Forderungen und sonstigen Vermögenswerten im Anhang des Konzernabschlusses der E.ON AG:[679]

Forderungen und sonstige Vermögensgegenstände

„Im Jahr 2006 enthalten die sonstigen finanziellen Vermögensgegenstände Forderungen gegen Minderheitsgesellschafter der Gemeinschaftskernkraftwerke in Höhe von EUR 609 Mio. ... Darüber hinaus ist [...] in den sonstigen finanziellen Vermögensgegenständen mit EUR 427 Mio. [...] ein Erstattungsanspruch gegenüber dem schwedischen Nuklearfonds im Zusammenhang mit der Stilllegung und dem Rückbau von Kernkraftwerken enthalten. Da dieser Vermögensgegenstand zweckgebunden ist, unterliegt er Restriktionen in Hinblick auf die Verfügbarkeit durch die Gesellschaft."

[679] Vgl. Konzerngeschäftbericht der E.ON AG zum 31.12.2006, S. 149.

212 Berücksichtigung auf der Passivseite

2121 Rücklagen

Nach den IFRS lassen sich die offenen Rücklagen klassifizieren in Kapitalrücklagen, Gewinnrücklagen und Sonstige Rücklagen, die in Neubewertungsrücklagen und Rücklagen aus Währungsumrechnungsdifferenzen weiter untergliedert werden können. Im Rahmen der Folgebewertung ist für Positionen des Sachanlagevermögens auch ein Ansatz zum beizulegenden Zeitwert (Fair Value) auf Basis einer Neubewertung möglich.[680] Führt eine Neubewertung zu Wertansätzen oberhalb der historischen Anschaffungs- oder Herstellungskosten, so ist der Differenzbetrag erfolgsneutral in das Eigenkapital unter der Position Neubewertungsrücklage einzubuchen, sofern er nicht eine zuvor erfolgswirksam erfasste Abwertung desselben Vermögenswertes auf Grund einer Neubewertung rückgängig macht.[681] Führt eine Neubewertung zu einer Verminderung des Buchwerts, so wird die Abwertung erfolgswirksam als Aufwand erfasst, sofern nicht eine direkte Verrechnung mit einer zugehörigen Neubewertungsrücklage möglich ist.[682]

IAS 1.68 empfiehlt lediglich den gesonderten Ausweis der Bilanzpositionen Gezeichnetes Kapital und Rücklagen. In der Praxis werden jedoch regelmäßig zumindest die Kapitalrücklagen und Gewinnrücklagen separat in der Bilanz dargestellt.[683] Mit IAS 1.76b wird gefordert, dass das berichterstattende Unternehmen Art und Zweck jeder Rücklage innerhalb des Eigenkapitals entweder in der Bilanz oder im Anhang anzugeben hat. Die IFRS bestimmen zudem mit IAS 1.97c, dass entweder in der Eigenkapitalveränderungsrechnung oder alternativ im Anhang eine Überleitung der Buchwerte sämtlicher Rücklagen zu Beginn und am Ende der Periode mit einer Darstellung der einzelnen Bewegungen anzugeben ist.

Im Hinblick auf mögliche entsorgungsrelevante Aspekte in den Rücklagen tangieren Anpassungen von Entsorgungsverpflichtungen infolge von Zinssatz- oder

[680] Vgl. IAS 16.29. Für immaterielle Vermögenswerte vgl. IAS 38.64.

[681] Vgl. IAS 16.37 u. IAS 38.76.

[682] Vgl. IAS 16.38 u. IAS 38.77.

[683] Vgl. z. B Konzerngeschäftbericht der E.ON AG zum 31.12.2006, S. 111 u. Konzerngeschäftsbericht der EnBW AG zum 31.12.2006, S. 111. Anders indes z. B. im Konzernabschluss der Vattenfall Europe AG zum 31.12.2006, S.53. Nach IAS 1.75e sind das gezeichnete Kapital und die Rücklagen in verschiedene Gruppen, wie z. B. eingezahltes Kapital, Agio und Rücklagen, entweder in der Bilanz oder im Anhang weiter zu untergliedern.

Zahlungsstromänderungen im Zeitablauf die Höhe der Neubewertungsrücklage, sofern die Folgebewertung der mit der Verpflichtung korrespondierenden Sachanlage nach der Neubewertungsmethode gemäß IAS 16.29 zum Fair Value erfolgt ist. Parameteränderungen führen zu Erhöhungen respektive Reduzierungen der Neubewertungsrücklage; der Fair Value der Sachanlage wird durch Anpassungen an Schätzänderungen nicht tangiert.[684]

In einer Neubewertungsrücklage können demnach die folgenden entsorgungsrelevanten Sachverhalte berücksichtigt worden sein:

Bilanzposition	Entsorgungsrelevante Aspekte
(5) Rücklagen Neubewertungsrücklage	• Zahlungsstrom- und Zinssatzänderungen i. S. v. IFRIC 1 bei einer Bewertung zum Fair Value

Es empfiehlt sich, eine Neubewertungsrücklage gesondert in der Bilanz auszuweisen. Eine weitere Untergliederung dieser Rücklage oder der Ausweis eines davon-Vermerks zur Information über berücksichtigte Anpassungen von Schätzänderungen dürften jedoch zu Unübersichtlichkeiten in der Bilanz führen und mithin ihre Klarheit stark beeinträchtigen, so dass sich eine diesbezügliche Berichterstattung sowohl in der nach IFRS verpflichtend darzustellenden Eigenkapitalveränderungsrechnung als auch alternativ im Anhang anbietet.[685] Wird eine Berichterstattung innerhalb der Eigenkapitalveränderungsrechnung bevorzugt, bietet sich eine Erweiterung dieser Rechnung um eine separate Spalte an, mit der die einzelnen Bewegungen in der Neubewertungsrücklage infolge von Anpassungen an Parameteränderungen dargestellt werden können. Darüber hinaus sollten zusätzlich auch verbale Erläuterungen zu den berücksichtigten Schätzänderungen im Anhang ausgeführt werden. Soll eine Berichterstattung hingegen ausschließlich im Anhang erfolgen, empfehlen sich sowohl quantitative als auch qualitative Informationen zu Anpassungen des Verpflichtungsbetrags infolge von Parameteränderungen, die im Berichtsjahr festgestellt worden sind.[686] Eine solche Berichterstattung sollte jedoch unter der Bilanzposition Rückstellungen mit einem Querverweis zur Neubewertungsrücklage erfolgen.

684 Siehe Ausführungen unter C32221.
685 Vgl. auch IAS 1.97c.
686 Vgl. auch IAS 1.97c.

Innerhalb der Eigenkapitalveränderungsrechnung könnte eine Berichterstattung über Anpassungen der Neubewertungsrücklage aufgrund von Parameteränderungen wie folgt aussehen:

Mio. €				Kum. erfolgsneutrale Veränderungen			
	Gez. Kapital	Kapital-RL	Gewinn-RL	Neubew. Imm. VG	Neubew. nuklearer SAV	Eigene Anteile	Summe
Stand 01.01.2005	**2.000**	**8.000**	**9.000**	**-250**	**2.000**	**-260**	**20.490**
Erwerb eigener Anteile							
Gezahlte Dividenden							
...							
Erfolgsneutrale Anpassungen des geschätzten Mittelabflusses für nukleare Entsorgungsverpflichtungen					-350		
Erfolgsneutrale Veränderungen des Zinssatzes für nukleare Entsorgungsverpflichtungen							
Übrige Veränderungen							
Stand 31.12.2005	**2.000**	**8.000**	**9.000**	**-250**	**1.650**	**-260**	**20.140**
Erwerb eigener Anteile							
Gezahlte Dividenden							
...							
Erfolgsneutrale Anpassungen des geschätzten Mittelabflusses für nukleare Entsorgungsverpflichtungen					-500		
Erfolgsneutrale Veränderungen des Zinssatzes für nukleare Entsorgungsverpflichtungen					100		
Übrige Veränderungen							
Stand 31.12.2006	**2.000**	**8.000**	**9.000**	**-250**	**1.250**	**-260**	**19.740**

Die Berichterstattung im Anhang könnte beispielsweise wie folgt formuliert sein:

Rückstellungen:
Die Auflösung der Rückstellungen im Kernenergiebereich in Höhe von EUR 500 Mio. (Vorjahr: EUR 350 Mio.) resultiert aus gesunkenen Erfüllungsbeträgen aufgrund geringerer Kostensteigerungen sowie aus veränderten rechtlichen Rahmenbedingungen. [...]
Der Diskontierungssatz zur Berechnung der Rückstellungen im Kernenergiebereich hat sich im Berichtsjahr um 0,5 %-Punkte auf 5 % verringert. Damit erfolgt eine Anpassung an veränderte Marktbedingungen. Diese Zinssatzänderung hat zu einer Erhöhung der Rückstellungen im Kernenergiebereich in Höhe von EUR 100 Mio. (im Vorjahr: EUR 0 Mio.) geführt. Diese Schätzungsanpassungen führen zu gleichzeitigen Veränderungen des Verpflichtungsbetrags sowie der korrespondierenden Neubewertungsrücklage, schlagen sich demnach also erfolgsneutral nieder. Siehe auch Darstellung der Änderungen in der Eigenkapitalveränderungsrechnung auf S. 12.

2122 Rückstellungen

IAS 37 ist die Rechnungslegungsnorm für Rückstellungen. Per definitionem handelt es sich bei einer Rückstellung um eine Schuld, die bezüglich ihrer Fälligkeit oder ihrer Höhe ungewiss ist.[687] Eine Rückstellung ist nach IAS 37.14 nur dann anzusetzen, wenn

(a) einem Unternehmen aus einem Ereignis in der Vergangenheit eine gegenwärtige rechtliche oder faktische Verpflichtung entstanden ist;
(b) ein Abfluss von Ressourcen mit wirtschaftlichem Nutzen zur Erfüllung dieser Verpflichtung wahrscheinlich ist; und
(c) die Höhe der Verpflichtung zuverlässig geschätzt werden kann.[688]

Gemäß IAS 1.68 (k) sind Rückstellungen als gesonderter Posten unter den Schulden auszuweisen. Darüber hinaus fordert IAS 1.75d eine Gliederung der Rückstellungen in Rückstellungen für Personalaufwand und sonstige Rückstellungen alternativ in der Bilanz oder im Anhang. Die Pflicht zu einer weiteren

[687] Vgl. IAS 37.10.
[688] Ausführlicher zu den einzelnen Ansatzkriterien sowie zur Bewertung von Rückstellungen siehe Abschnitt C2. Auf weitere grundsätzliche Ausführungen wird an dieser Stelle verzichtet.

Untergliederung besteht, sofern sich die Sachverhalte nach Betrag, Art oder Erfüllungszeitpunkt wesentlich voneinander unterscheiden.[689] Hiernach kann gerade auch im Fall von diskontierten Rückstellungen eine Pflicht zu einer wieteren Untergliederung entstehen.[690] In der Praxis ist vor allem die Gliederung der Rückstellungen in Pensionsrückstellungen, Steuerrückstellungen und Sonstige Rückstellungen gebräuchlich.[691]

Wie ausführlich in Kapitel C3 analysiert und dargestellt wurde, stellen sowohl die Verpflichtungen zur Entsorgung von Brennelementen und radioaktiven Betriebsabfällen (vgl. C31) als auch die Verpflichtungen zur Stilllegung und zum Rückbau kerntechnischer Anlagen (vgl. C32) unsichere Schulden im Sinne von IAS 37 dar, die die Ansatzkriterien gemäß IAS 37.14 erfüllen und mit der bestmöglichen Schätzung des Ausgabenbetrags zum Abschlussstichtag zu passivieren sind. Während für die Entsorgung von abgebrannten Brennelementen eine nach fixen und variablen Kostenbestandteilen differenzierende Bewertungsmethodik verfolgt wird (vgl. C3131), werden die Rückstellungen für Abbruch und Wiederherrichtung zum Zeitpunkt der Inbetriebnahme des Kernkraftwerks in Höhe des Barwerts der erwarteten Ausgaben passiviert und gleichzeitig in die Anschaffungs- oder Herstellungskosten des rückzubauenden Kernkraftwerks einbezogen (vgl. C3221). Voraussichtliche Entsorgungskosten für Stilllegungsabfälle können aus Vereinfachungsgründen zusammen mit den erwarteten Ausgaben für Abbruch und Wiederherrichtung bereits zum Zeitpunkt der Inbetriebnahme der Anlage in voller Höhe sowohl passivisch als auch gleichzeitig aktivisch berücksichtigt werden (vgl. C323).

Die folgende Tabelle fasst die möglichen entsorgungsrelevanten Aspekte in den Rückstellungen zusammen:

Bilanzposition	**Entsorgungsrelevante Aspekte**
(6) Rückstellungen	• Verpflichtungen zur Entsorgung von Brennelementen und radioaktiven Betriebsabfällen • Verpflichtungen zur Stilllegung und zum Rückbau kerntechnischer Anlagen (inkl. Verpflichtungen zur Entsorgung von radiaoktiven Stilllegungsabfällen)

689 Vgl. IAS 1.69 u. IAS 1.71 (a).

690 Vgl. Zülch/Willms, DB 2005, S. 1180 mit Hinweis auf IAS 1.72 f. u. Förschle/-Kroner/Heddäus, WPg 1999, S. 51.

691 Vgl. z. B. Konzerngeschäftsbericht der E.ON AG zum 31.12.2006, S. 111. Anders jedoch im Konzergeschäftsbericht der EnBW AG zum 31.12.2006, S. 111.

Analog zu den Ausführungen zu den Sachanlagen empfiehlt sich auch an dieser Stelle, insbesondere aufgrund der wesentlichen Bedeutung der nuklearen Entsorgungsverpflichtungen für das betreffende Unternehmen, ein gesonderter Ausweis dieser Verpflichtungsaspekte in der Bilanz. So bietet sich für die Sonstigen Rückstellungen ein davon-Vermerk wie folgt an:

<u>Rückstellungen</u>
Rückstellungen für Pensionen und ähnliche Verpflichtungen
Steuerrückstellungen
Sonstige Rückstellungen
<u>davon Rückstellungen für Entsorgungen im Kernenergiebereich</u>

Darüber hinaus hat das Unternehmen eine Überleitung der Buchwerte sämtlicher Rückstellungen zu Beginn und am Ende der Periode mit einer Darstellung der einzelnen Bewegungen (Rückstellungsspiegel) zu leisten.[692] Es empfiehlt sich eine separate Darstellung der Verpflichtungen zur Entsorgung von Brennelementen und radioaktiven Betriebsabfällen einerseits und der Verpflichtungen zur Stilllegung und zum Rückbau kerntechnischer Anlagen andererseits. Weitere denkbare Anhangsangaben werden in einem separaten Kapitel (D233) eingehend untersucht.

213 Analyse möglicher Modifizierungen der Bilanzgliederung um nukleare Entsorgungsaspekte

Die detaillierte Analyse der Aktiv- und Passivseite hat zu der Erkenntnis geführt, dass viele Bilanzpositionen potenzielle Informationen zu nuklearen Entsorgungspflichten und -maßnahmen beinhalten können, die jedoch nach geltendem internationalen Recht nicht gesondert ausgewiesen werden müssen. Fehlende diesbezügliche explizite Vorgaben führen zu unterschiedlich detaillierten Informationen in Abschlüssen von Unternehmen mit vergleichbaren Tätigkeitsschwerpunkten, beeinträchtigen die zwischenbetriebliche Vergleichbarkeit und ziehen grundsätzlich Informations- bzw. Verständnislücken nach sich. Zudem dürfte der Abschlussadressat regelmäßig von eher spärlichen als umfangreichen und detaillierten Informationen ausgehen, so dass eine entscheidungsnützliche Informationsbereitstellung bzw. eine Bereitstellung von qualitativ hochwertigen Abschlussinformationen in der Bilanz im Sinne der IFRS-Zielsetzung regelmäßig nicht zu erwarten ist. Inwieweit eine Offen-

[692] Vgl. IAS 37.84.

legung im Anhang oder Lagebericht vorgenommen werden kann oder muss, wird an späterer Stelle diskutiert.

Der gestiegenen Umweltbedeutung könnte mit einer stärkeren Untergliederung der einzelnen Bilanzpositionen bzw. mit einem detaillierteren Bilanzausweis Rechnung getragen werden.[693] Gemäß IAS 1.69 kann eine Erweiterung der mit IAS 1.68 geforderten Mindestgliederung um zusätzliche Posten, Überschriften und Zwischensummen immer dann erforderlich sein, wenn dadurch eine den tatsächlichen Verhältnissen entsprechende Darstellung der Vermögens- und Finanzlage des Unternehmens erzielt wird. Zudem fordert IAS 1.29, dass jeder wesentliche Posten gesondert darzustellen ist. Vor diesem Hintergrund erscheint eine tiefere Untergliederung der Bilanzpositionen unter Beachtung einer möglicherweise auftretenden Informationsüberladung durchaus vertretbar bzw. vielmehr sogar geboten, um der Zwecksetzung eines IFRS-Abschlusses gerecht zu werden. Eine um nukleare Entsorgungsaspekte erweiterte Bilanzgliederung für Kernkraftwerksbetreiber könnte dabei wie folgt aussehen:[694]

Konzernbilanz der Kernenergie AG zum 31.12.2006			
Aktiva	**Anhang**	**31.12.2006**	**31.12.2005**
Anlagevermögen			
Immaterielle Vermögenswerte			
Sachanlagen *davon Kernkraftwerke und dazugehörige Abbruch- und Wiederherrichtungskosten*	(13)		
Finanzanlagen in Immobilien			
At equity bewertete Beteiligungen	(15)		
Übrige Finanzanlagen	(16)		
Summe Anlagevermögen			
Umlaufvermögen			
Vorräte Roh-, Hilfs- und Betriebsstoffe *Brennelemente und dazugehörige Entsorgungskosten* Unfertige Erzeugnisse, unfertige Leistungen Fertige Erzeugnisse und Waren Geleistete Anzahlungen	(18)		
Forderungen aus Lieferungen und Leistungen			
Andere Forderungen und sonstige Vermögenswerte	(18)		
Ertragsteuerforderungen			
Wertpapiere			
Flüssige Mittel			

693 So auch bereits Kellinghusen/Irrgang, die zwecks Erhöhung der Informationssubstanz von Bilanz und GuV die vielfältigen Möglichkeiten des Ausweises von zusätzlichen Positionen und Vermerken anführen. Vgl. Kellinghusen/Irrgang, DB 1978, S. 2279.

694 Unter Zugrundelegung der IFRS-Bilanzgliederung gemäß IAS 1. Die Markierungen heben dabei die möglichen Modifizierungen der Bilanz um nukleare Entsorgungsaspekte hervor.

Zwischensumme			
Langfristige Vermögenswerte zum Verkauf			
Summe Umlaufvermögen			
Bilanzsumme			

Abb. 14: Um nukleare Entsorgungsaspekte modifizierte Bilanzgliederung nach IAS 1: Aktiva

Passiva	**Anhang**	**31.12.2006**	**31.12.2005**
Eigenkapital			
Gezeichnetes Kapital			
Kapitalrücklage			
Gewinnrücklage			
Neubewertungsrücklage	(26)		
Bilanzgewinn			
Zwischensumme			
Anteile anderer Gesellschafter (Minderheiten)			
Summe Eigenkapital			
Langfristige Schulden			
Finanzschulden			
Übrige langfristige Verbindlichkeiten			
Pensionsverpflichtungen			
Übrige langfristige Rückstellungen *davon Rückstellungen für Entsorgungen im Kernenergiebereich*	(31)		
Latente Steuern			
Summe langfristige Schulden			
Kurzfristige Schulden			
Finanzschulden			
Verbindlichkeiten aus Lieferungen und Leistungen			
Sonstige kurzfristige Verbindlichkeiten			
Steuerrückstellungen			
Kurzfristige Rückstellungen *davon Rückstellungen für Entsorgungen im Kernenergiebereich*	(31)		
Zwischensumme			
Verbindlichkeiten i. Z. m. lgfr. Vermögenswerten zum Verkauf			
Summe kurzfristige Verbindlichkeiten			
Bilanzsumme			

Abb. 15: Um nukleare Entsorgungsaspekte modifizierte Bilanzgliederung nach IAS 1: Passiva

22 Berücksichtigung in der Gewinn- und Verlustrechnung

Ebenso wie in den einzelnen Bilanzpositionen können Informationen zu nuklearen Entsorgungspflichten und –maßnahmen auch in der Gewinn- und Verlustrechnung eines IFRS-Abschlusses enthalten sein.[695] Nach IAS 1 besteht,

[695] Zu Aufstellung, Anforderungen und Analysemöglichkeiten einer Gewinn- und Verlustrechnung nach IFRS vgl. jüngst Kuhnle/Banzhaf (2007).

ähnlich wie bei der Bilanzgliederung, lediglich die Notwendigkeit, folgende, in IAS 1.81 aufgeführte Positionen gesondert anzugeben:[696]

(a) Umsatzerlöse
(b) Finanzierungsaufwendungen
(c) Gewinn- und Verlustanteile an assoziierten Unternehmen und Joint Ventures, die nach der Equity-Methode bilanziert werden
(d) Gewinne und Verluste vor Steuern auf die Veräußerung von Vermögenswerten oder die Abgeltung von Schulden in Verbindung mit der Aufgabe von Geschäftsbereichen
(e) Steueraufwendungen
(f) Periodenergebnis
  - Ergebnis der Minderheiten
  - Ergebnis der Anteilseigner des Mutterunternehmens

Diese Reihenfolge muss nicht eingehalten werden; vielmehr handelt es sich um Minimumerfordernisse, die eine Erweiterung um zusätzliche Posten, Überschriften und Zwischensummen erfahren müssen, sofern eine solche Erweiterung erst die Darstellung einer den tatsächlichen Verhältnissen entsprechenden Ertragslage ermöglicht.[697] Zudem bestimmt IAS 1.84, dass zusätzliche Posten dargestellt und ausgewählte Bezeichnungen und die Anordnung einzelner Posten geändert werden müssen, wenn dies für das Verständnis der erreichten Ertragskraft des Unternehmens sowie für die Prognostizierung künftiger Ergebnisse notwendig ist. Bestimmende Faktoren sind hierbei die Wesentlichkeit, Art und Funktion der verschiedenen Ertrags- und Aufwandsbestandteile. Analog zu den Ausführungen zu den Bilanzpositionen sind Art und Betrag von als wesentlich eingestuften Ertrags- und Aufwandspositionen separat anzugeben.[698]

Kritisch muss angemerkt werden, dass diese vagen Anforderungen in Bezug auf die Gewinndarstellung sowie die nur grob vorgegebene Mindestgliederung des IAS 1.81 die Vergleichbarkeit der Abschlüsse wesentlich beeinträchtigen können. Die Vorschriften sind wenig detailliert und deshalb stark auslegungsfähig, und den Posten selbst fehlt es an einer präzisen Definition.[699]

---

696 U. a. auch Wagenhofer (2005), S. 438.
697 Vgl. IAS 1.83.
698 Vgl. IAS 1.86.
699 So auch jüngst Hettich, KoR 2007, S. 6 u. 10 f.

Für die Darstellung der Gewinn- und Verlustrechnung kann sowohl das Gesamtkostenverfahren als auch das Umsatzkostenverfahren gewählt werden.[700] Der Unterschied beider Verfahren besteht darin, dass das Gesamtkostenverfahren die Aufwendungen nach ihrer Art zusammenfasst und nicht nach ihrer funktionalen Zugehörigkeit unterteilt (Umsatzkostenverfahren), so dass betriebliche Aufwendungen nicht einzelnen Funktionsbereichen zugeordnet werden müssen. Da nur durch das Gesamtkostenverfahren eine Aufwandsgliederung nach den verschiedenen Aufwandsarten geboten wird, erscheint das Gesamtkostenverfahren bezogen auf ihren ökologischen Aussagegehalt vorteilhafter, weil transparenter und aussagekräftiger als das Umsatzkostenverfahren.[701] Zudem kann die Zuordnung von Aufwendungen zu Funktionen sehr willkürlich und dadurch stark vom Ermessen des publizierenden Unternehmens abhängig sein.[702] Aus diesen Gründen beschränkt sich die anschließende Untersuchung auf die Betrachtung des Gesamtkostenverfahrens. IAS 1.91 führt folgende Gliederung bei der Anwendung des Gesamtkostenverfahrens beispielhaft auf:[703]

Umsatzerlöse		X
Sonstige Erträge		X
Veränderung des Bestandes an Fertigerzeugnissen und unfertigen Erzeugnissen	X	
Aufwendungen für Roh-, Hilfs- und Betriebsstoffe	*X*	
Zuwendungen an Arbeitnehmer	X	
Aufwand für planmäßige Abschreibungen	*X*	
Andere Aufwendungen	X	
Gesamtaufwand		(X)
Gewinn		X

Im Folgenden werden alle wesentlichen entsorgungsrelevanten Aufwandspositionen auf ihren Aussagegehalt hin überprüft und positionsbezogen mögliche Modifizierungen der Gliederung der GuV zur Erhöhung der ökologischen Aussagefähigkeit diskutiert.

---

700 Vgl. IAS 1.88. Die Entscheidung für eine der beiden Verfahren richtet sich danach, welche Darstellungsweise verlässliche und relevantere Informationen ermöglicht.

701 Ebenso Peemöller/Zwingel (1995), S. 79 f. u. Klein (1998), S. 200.

702 Vgl. auch IAS 1.92.

703 Die kursiv markierten Positionen kennzeichnen dabei die GuV-Posten, die nachfolgend auf ihren ökologischen Aussagegehalt hin untersucht werden. Hinzu kommt das Finanzergebnis als eine zu untersuchende GuV-Position, die jedoch im Gliederungsschema des IAS 1.91 nicht explizit aufgeführt ist.

221 Berücksichtigung in Aufwandspositionen

2211 Materialaufwand

Die IFRS enthalten weder eine Definition des Materialaufwands noch spezifische Ausweisregelungen zum Materialaufwand. Der Materialaufwand, der sich regelmäßig aus den Aufwendungen für Roh-, Hilfs- und Betriebsstoffe und für bezogene Waren sowie Aufwendungen für bezogene Leistungen zusammensetzt, muss demnach nicht gesondert ausgewiesen werden.[704]

Die Entsorgungskosten für abgebrannte Brennelemente, die sich auf den Transport und die Behälter für Brennelemente und auf die Kosten einer Wiederaufarbeitung und Konditionierung von radioaktiven Abfällen beziehen, stellen variable Kosten dar, die in Abhängigkeit von der Menge der Brennelemente anfallen. Die voraussichtlichen variablen Entsorgungskosten sollten verursachungsgerecht über den Einsatzzeitraum der Brennelemente angesammelt werden.[705] Die periodischen Rückstellungszuführungen sind im Materialaufwand zu erfassen. Ferner können auch die Abschreibungen auf die Brennelemente in dieser Position abgebildet werden. Alternativ bietet sich für den Verbrauch an Brennelementen auch ein Ausweis unter der Position „Abschreibungen" an.

Die Aufwendungen für Roh-, Hilfs- und Betriebsstoffe können zusammengefasst die folgenden nuklearen Entsorgungsaspekte beinhalten:

GuV-Position	Entsorgungsrelevante Aspekte
(1) Materialaufwand - Roh-, Hilfs- und Betriebsstoffe	• Zuführungen zu dem Teil der Rückstellungen, der auf die variablen Entsorgungskosten für Brennelemente entfällt (erfolgswirksame Rückstellungsansammlung) • Abschreibungen auf / Verbrauch an Kernbrennelemente(n)

Der Materialaufwand sollte separat als Aufwandsposition in der Erfolgsrechnung dargestellt werden, wobei aus Gründen der Übersichtlichkeit eine weitere Unterteilung in die einzelnen Aufwandskomponenten im Anhang vorgenommen werden sollte. Empfehlenswert ist, die in den Aufwendungen für Roh-, Hilfs-

[704] Die Aufwendungen für Roh-, Hilfs- und Betriebsstoffe werden lediglich im Rahmen der beispielhaften Darstellung der GuV-Gliederung nach dem Gesamtkostenverfahren als separate Aufwandsposition aufgeführt; vgl. IAS 1.91.

[705] Vgl. Abschnitt C3131.

und Betriebsstoffe enthaltenen nuklearen Entsorgungsaspekte (s. o.) quantitativ darzustellen und wesentliche Aspekte oder Änderungen im Vergleich zum Vorjahr verbal näher zu erläutern. Denkbar ist beispielsweise die folgende Berichterstattung zum Materialaufwand:[706]

Materialaufwand

Mio. €	**2006**	2005
Aufwendungen für Roh-, Hilfs- und Betriebsstoffe und für bezogene Waren	**X**	X
Aufwendungen für bezogene Leistungen	**X**	X
Gesamt	**X**	X

„Die Aufwendungen für Roh-, Hilfs- und Betriebsstoffe umfassen die periodischen Zuführungen zu den Rückstellungen für die Brennelemententsorgung in Höhe von X Mio. €, die Kosten für die Entsorgung von Brennelementen und radioaktiven Betriebsabfällen in Höhe von X Mio. € sowie den Verbrauch an Kernbrennelementen in Höhe von X Mio. €."

2212 Abschreibungen

Nach IFRS-Regelwerk ist das publizierende Unternehmen nicht zu einer gesonderten Angabe der Abschreibungen verpflichtet.[707] Lediglich außerplanmäßige Abschreibungen und zugehörige Wertaufholungen erfordern eine gesonderte Darstellung in der GuV oder alternativ im Anhang.[708] Als mögliche Entsorgungsaspekte in dieser Aufwandsposition kommen zum einen sowohl die Abschreibungen auf Brennelemente (siehe auch Abschnitt 2211) als auch die planmäßigen Abschreibungen auf Kernkraftwerke in Betracht. Der Verbrauch an Brennelementen kann dabei arbeitsabhängig nach Maßgabe des Verbrauchs und leistungsabhängig nach Maßgabe der Nutzungsdauer des Reaktors ermittelt werden.[709] Die Abschreibungen auf Kernkraftwerke kennzeichnet die Besonderheit, dass nicht nur die eigentlichen Anlagen abgeschrieben werden, sondern darüber

706 In Anlehnung an den Konzerngeschäftsbericht der EnBW AG zum 31.12.2006, S. 133.

707 Der Aufwand für planmäßige Abschreibungen wird lediglich im Rahmen der beispielhaften Darstellung der GuV-Gliederung nach dem Gesamtkostenverfahren als separate Aufwandsposition aufgeführt; vgl. IAS 1.91.

708 Vgl. IAS 1.87a.

709 Vgl. auch Konzerngeschäftsbericht der RWE AG zum 31.12.2006, S. 153.

hinaus auch die zusätzlich in die Anschaffungs- oder Herstellungskosten der Anlage einbezogenen Stilllegungs- und Rückbaukosten, die gemäß IAS 37 passiviert worden sind, planmäßig verbraucht werden.[710]

Zum anderen können Parameter- und Schätzänderungen im Zeitablauf zu einer Reduzierung des zurückgestellten Verpflichtungsbetrags führen. IFRIC 1 sieht diesbezüglich eine erfolgsneutrale Anpassung vor, indem sich die Reduzierung der Verpflichtung gleichzeitig auch als eine Reduzierung des Buchwerts des korrespondierenden Kernkraftwerks niederschlägt. Gleichwohl kann eine Reduzierung des Aktivums maximal in Höhe seines Buchwerts erfolgen, so dass ein darüber hinaus gehender Anpassungsbedarf erfolgswirksam in der Position zu erfassen ist, gegen die die Rückstellung vormals gebildet worden ist. Da eine Anpassung des Verpflichtungsbetrags nach unten impliziert, dass in der Vergangenheit zu hohe Abschreibungsbeträge das Ergebnis belastet haben, sind die Anpassungen „negativ“ in der Position „Abschreibungen“ zu erfassen.[711]

Die folgende Tabelle fasst die möglichen entsorgungsrelevanten Aspekte in den Abschreibungen zusammen:

GuV-Position	**Entsorgungsrelevante Aspekte**
(2) Abschreibungen	• Abschreibungen auf Brennelemente • planmäßige Abschreibungen auf Kernkraftwerke und der in die Anschaffungskosten der Anlagen einbezogenen Stilllegungs- und Rückbaukosten, die gem. IAS 37 passiviert worden sind • über den Buchwert des Kernkraftwerks hinausgehender Anpassungsbedarf infolge einer Reduzierung des Erfüllungsbetrags (i. S. v. IFRIC 1)

Für eine aussagefähige und transparente GuV und auch im Hinblick auf eine bessere zwischenbetriebliche Vergleichbarkeit empfiehlt es sich, die Aufwandsposition „Abschreibungen“ gesondert in der GuV auszuweisen und darüber hinaus um einen davon-Vermerk zu erweitern, der folgendermaßen lauten könnte:

---

710 Vgl. Abschnitt C3221.

711 Vgl. ausführlich unter Abschnitt C3222.

Abschreibungen
davon Abschreibungen auf Kernkraftwerke und Brennelemente[712]

Im Falle einer Anpassungsbuchung sind darüber hinaus auch Informationen über Art und Betrag der Anpassung anzugeben. Hierfür stellt der Anhang ein geeignetes Berichtsformat dar.

2213 Finanzergebnis

Das Finanzergebnis setzt sich regelmäßig zusammen aus dem Zinsergebnis, den Zinsanteilen an Rückstellungszuführungen und dem übrigen Finanzergebnis. Die Zinsanteile an Rückstellungszuführungen umfassen auch die jährlichen Aufzinsungsbeträge im Zusammenhang mit der Barwertfortschreibung der Rückstellungen für Stilllegung und Rückbau kerntechnischer Anlagen.[713]

Das Finanzergebnis beinhaltet somit die folgenden nuklearen Entsorgungsaspekte:

GuV-Position	Entsorgungsrelevante Aspekte
(4) Finanzergebnis	• jährliche Aufzinsung der Rückstellungen für Stilllegung und Rückbau kerntechnischer Anlagen

IAS 1.81b verpflichtet zum gesonderten Ausweis der Finanzierungsaufwendungen in der Erfolgsrechnung. In der Praxis werden die Finanzierungserträge und –aufwendungen regelmäßig zum Finanzergebnis zusammengefasst und als dieses gesondert in der Erfolgsrechnung ausgewiesen.[714] Eine Aufteilung des Finanzergebnisses in seine wesentlichen Bestandteile sollte insbesondere aus Gründen der Klarheit im Anhang erfolgen. Die Zinsanteile an Rückstellungszuführungen sollten dabei sowohl quantitativ dargestellt als auch verbal erläutert werden. Zur Höhe des Diskontierungssatzes bietet sich zumindest ein Querverweis zu den Ausführungen zu den Rückstellungen an.

---

712 Für den Fall, dass die Abschreibungen auf Brennelemente nicht im Materialaufwand erfaßt werden.

713 Vgl. z. B. Konzerngeschäftsbericht der RWE AG zum 31.12.2006, S. 165 f.

714 Ein separater Ausweis von Finanzerträgen und Finanzaufwendungen hingegen im Konzerngeschäftsbericht der RWE AG zum 31.12.2006, S. 142.

222 Analyse möglicher Modifizierungen der Gliederung der Gewinn- und Verlustrechnung um nukleare Entsorgungsaspekte

Die Ausführungen machen deutlich, dass verschiedene GuV-Positionen nukleare Entsorgungsaspekte beinhalten können. Das IFRS-Regelwerk trägt diesem Umstand jedoch wenig Rechnung. Es finden sich in den IFRS keine expliziten Offenlegungspflichten im Hinblick auf Umweltschutzverpflichtungen in der Erfolgsrechnung, so dass eine tiefere Aufgliederung der Aufwendungen und Erträge um entsorgungsrelevante Aspekte im nuklearen Bereich wünschenswert erscheint. Eine Modifizierung der Gliederung der Gewinn- und Verlustrechnung erscheint jedoch nur insoweit sinnvoll, als ausschließlich wesentliche Positionen zusätzlich erfasst werden und dadurch der True-and-Fair-View in die Erfolgslage nicht beeinträchtigt wird. Eine um nukleare Entsorgungsaspekte angepasste Gliederung der Erfolgsrechnung könnte dabei folgendermaßen aussehen:[715]

Mio. €	**Anhang**	**2006**	**2005**
Umsatzerlöse			
Erdgas-/Stromsteuer			
Umsatzerlöse (ohne Erdgas-/Stromsteuer)			
Bestandsveränderung der Erzeugnisse			
Andere aktivierte Eigenleistungen			
Sonstige betriebliche Erträge			
Materialaufwand	(7)		
Personalaufwand			
Abschreibungen davon Abschreibungen auf Kernkraftwerke und Brennelemente	(9)		
Sonstige betriebliche Aufwendungen			
Ergebnis der betrieblichen Tätigkeit			
Beteiligungsergebnis davon Ergebnis aus nach der Equity-Methode bilanzierten Finanzanlagen			
Finanzergebnis	(13)		
Ergebnis vor Steuern			
davon: Veräußerungsgewinn aus Discontinuing Operations			
Ertragsteuern			
Ergebnis nach Steuern			
Anteile anderer Gesellschafter			
Nettoergebnis			

Abb. 16: Um nukleare Entsorgungsaspekte modifizierte GuV-Gliederung nach IAS 1

715 Unter Zugrundelegung der Gewinn- und Verlustrechnung des RWE-Konzerns, vgl. Konzerngeschäftsbericht der RWE AG zum 31.12.2006, S. 116. Die Markierungen heben dabei die möglichen Modifizierungen der GuV um nukleare Entsorgungsaspekte hervor.

23 Berücksichtigung im Anhang

231 Der Anhang als integraler Bestandteil eines IFRS-Abschlusses

IAS 1.8e legt fest, dass ein vollständiger Abschluss neben einer Bilanz und Gewinn- und Verlustrechnung auch einen Anhang beinhaltet, mit dem die wesentlichen Bilanzierungs- und Bewertungsmethoden berichtet und sonstige Erläuterungen publiziert werden. Insofern ist der Anhang Pflichtbestandteil eines IFRS-Abschlusses. Zudem wird mit IAS 1.11 nochmals explizit definiert, dass der Anhang zusätzliche Informationen zu Angaben in der Bilanz, Gewinn- und Verlustrechnung, Eigenkapitalveränderungsrechnung und zur Kapitalflussrechnung enthält sowie verbale Beschreibungen und Aufgliederungen von Positionen dieser Rechnungslegungsinstrumente liefert und Informationen über Positionen, die in diesen Rechnungen nicht angesetzt werden müssen, umfasst. Bereits im Rahmenkonzept wird mit F7 herausgestellt, dass der Anhang einen integralen Bestandteil eines Abschlusses darstellt und somit gleichwertig mit anderen Teilen des Abschlusses ist.[716]

Dem Anhang in einem IFRS-Abschluss kommt eine Erläuterungs-, Entlastungs- und Ergänzungsfunktion zu. So soll der Anhang einzelne Positionen von Bilanz und GuV kommentieren bzw. erklären (Erläuterungsfunktion) und mit detaillierteren Informationen zu diesen Positionen die anderen Rechnungslegungsinstrumente entlasten (Entlastungsfunktion). Zudem wirken die Angaben des Anhangs ergänzend, indem dem Abschlussadressaten Informationen zu Posten geliefert werden, die in anderen Abschlussteilen nicht angegeben worden sind (Ergänzungsfunktion).[717]

Wie der gesamte Abschluss unterliegt auch der Anhang den in F24 fixierten qualitativen Anforderungen an einen IFRS-Abschluss Relevanz, Verlässlichkeit, Verständlichkeit und Vergleichbarkeit.[718]

---

716 Vgl. Krawitz (2005), S. 10.
717 Vgl. Ruhnke (2005), S. 262.
718 Ausführlich zu den einzelnen Anforderungen an die Anhangsinformationen nach IFRS vgl. Krawitz (2005), S. 19-23.

232 Inhalt der Anhangsangaben

2321 Allgemeine Angaben

Der Anhang muss gemäß IAS 1.103 mindestens die folgenden allgemeinen Angaben enthalten:

(a) Informationen über die Grundlagen der Aufstellung und die maßgeblichen Bilanzierungs- und Bewertungsmethoden, die bei der Erstellung des Abschlusses angewendet wurden, und über die sonstigen angewandten Rechnungslegungsmethoden, die für das Verständnis des Abschlusses relevant sind (IAS 1.108-115).
(b) Informationen, die berichtet werden müssen und an keiner anderen Stelle des Abschlusses gegeben werden, wie z. B. Sitz und Rechtsform des Unternehmens, das Land, in dem es als juristische Person eingetragen ist und die Beschreibung der Geschäftstätigkeit (IAS 1.126).
(c) Zusätzliche Informationen, die nicht in anderen Bestandteilen des Abschlusses gewährt wurden, aber für das Verständnis des Abschlusses relevant sind.

In die Angabepflichten zur Bilanzierung und Bewertung fällt zum Beispiel auch die für die bilanzielle Abbildung der nuklearen Entsorgungsverpflichtungen relevante Pflicht zur Angabe der wesentlichen zukunftsbezogenen Annahmen und der Unsicherheitsfaktoren im Rahmen von Schätzvorgängen, sofern ein beträchtliches Risiko entstehen kann, dass sich die Buchwerte der ausgewiesenen Vermögenswerte und Schulden innerhalb der nächsten Abschlussperiode wesentlich verändern werden. Das Unternehmen muss dann Art und Buchwert der betroffenen Vermögenswerte und Schulden angeben.[719] Die geforderten Angaben haben so zu erfolgen, dass den Adressaten die Nachvollziehbarkeit der Ermessensausübung der Geschäftsleitung hinsichtlich der Zukunft und anderer wesentlicher Quellen der Schätzunsicherheit erleichtert wird.[720] So sind beispielsweise die Art der Annahme, die Sensitivität der Buchwerte hinsichtlich der Methoden, der Annahmen und der Schätzungen, die der Berechnung der Buchwerte zugrunde liegen unter Angabe der Gründe für die Sensitivität, und die erwartete Auflösung einer Unsicherheit sowie die Bandbreite der vernünftigerweise für möglich gehaltenen Ausgänge innerhalb der nächsten Abschlussperiode bezüg-

[719] Vgl. IAS 1.116.
[720] Vgl. IAS 1.120.

lich der Buchwerte der betreffenden Vermögenswerte und Schulden anzugeben.[721]

Nachfolgend werden zunächst ausgewählte Bilanz- und GuV-Positionen auf ihren Informationsgehalt im Anhang hin untersucht. Dazu werden jeweils die wesentlichen in den jeweiligen Standards fixierten Angabepflichten für den Anhang detailliert dargestellt. Als zu betrachtende Standards kommen dabei insbesondere IAS 16 und IAS 37 in Betracht. Darauf aufbauend gilt es anschließend zu erörtern, wie eine Modifizierung der Anhangsangaben um nukleare Entsorgungsaspekte ausgestaltet sein könnte, um eine Entscheidungsnützlichkeit der publizierten Abschlussinformationen im Sinne der Zwecksetzung eines IFRS-Abschlusses zu erzielen bzw. ob diese Modifizierungen für das Verständnis des Abschlusses relevant im Sinne von IAS 1.103 sind. Dabei muss generell der Anspruch gelten, dass zusätzliche Informationen, die nicht bereits explizit gefordert werden und deshalb auch nicht in anderen Abschlussbestandteilen enthalten sein dürften, immer dann notwendig werden, wenn erst durch sie das Verständnis für einen Abschluss geschaffen wird.

2322 Informationen zu ausgewählten Bilanz- und GuV-Positionen

23221 Sachanlagen

Über die allgemeinen Regelungen über Bilanzierungs- und Bewertungsgrundlagen und –methoden gemäß IAS 1.108 ff. hinaus, bestehen zahlreiche Angabepflichten im Anhang zu den Sachanlagen, die explizit in IAS 16 aufgeführt sind. IAS 16.73 fordert für jede Gruppe von Sachanlagen die folgenden Anhangsangaben:

(a) die Bewertungsgrundlagen für die Bestimmung des Bruttobuchwerts der Anschaffungs- oder Herstellungskosten;
(b) die verwendeten Abschreibungsmethoden;
(c) die verwendeten Nutzungsdauern oder Abschreibungssätze;
(d) der Bruttobuchwert und die kumulierten Abschreibungen zu Beginn und zum Ende der Periode;
(e) eine Überleitung des Buchwerts von Anfang bis Ende der Periode (Anlagenspiegel) mit Ausweis der
   - Zugänge;
   - Vermögenswerte im Sinne von IFRS 5, und andere Abgänge;

[721] Vgl. IAS 1.120a –c. Vgl. auch Hoffmann/Lüdenbach, DB 2003, S. 1968.

- Erwerbe durch Unternehmenszusammenschlüsse;
- Erhöhungen oder Verminderungen während der Periode aufgrund von Neubewertungen gemäß IAS 16.31, .39 und .40 und von direkt im Eigenkapital erfassten oder aufgehobenen Wertminderungen gemäß IAS 36 (falls vorhanden);
- in der Gewinn- und Verlustrechnung während der Periode gemäß IAS 36 erfassten Wertminderungen (falls vorhanden);
- in der Gewinn- und Verlustrechnung während der Periode gemäß IAS 36 aufgehobenen Wertminderungen, d. h. Zuschreibungen (falls vorhanden);
- Abschreibungen;
- Nettoumrechnungsdifferenzen aufgrund von Währungsumrechnungen von Abschlüssen von wirtschaftlich selbständigen ausländischen Teileinheiten; und
- sonstigen Bewegungen.

Insbesondere die Angabe der verwendeten Abschreibungsmethoden und Nutzungsdauern dürfte für die Beurteilung der vom Unternehmen gewählten Bilanzierungs- und Bewertungsmethode, vor allem auch im Hinblick auf Vergleiche mit anderen Unternehmen, sehr nützlich sein. Aus ähnlichen Gründen ist es erforderlich, die periodischen Abschreibungen und die kumulierten Abschreibungen am Ende der Periode anzugeben.[722]

Darüber hinaus werden bestimmte Zusatzinformationen gefordert, wie zum Beispiel die Angabe der Bilanzierungsmethode für die geschätzten Abbruch- und Wiederherstellungskosten gemäß IAS 37.[723] Im Zusammenhang mit Schätzänderungen resultieren gemäß IAS 16.76 Angabepflichten in Bezug auf die Restwerte, die geschätzten Kosten für den Abbruch, die Beseitigung oder die Wiederherstellung von Sachanlagen, die Nutzungsdauern und die Abschreibungsmethoden. Bezieht man die Regelungen des IFRIC 1 zu Anpassungen an Schätzänderungen in die Betrachtung mit ein, fällt auf, dass der IFRIC bewusst auf die Vorgabe von weiteren bzw. über IAS 16 und IAS 37 hinausgehenden Anhangsangaben verzichtet.[724]

Werden die Sachanlagen im Rahmen der Folgebewertung mit dem beizulegenden Zeitwert neu bewertet (Neubewertungsmethode), verlangt IAS 16.77 weitere Angabepflichten. Anzugeben sind neben den Grundlagen für die Neube-

---

[722] Vgl. IAS 16.60 f.

[723] Vgl. IAS 16.74b.

[724] Vgl. BC28 zu IFRIC 1.

wertung, wie zum Beispiel der oder die Zeitpunkte der Neubewertung, die Methoden und die verwendeten Annahmen und die Aussage darüber, ob die Neubewertung unter Hinzuziehung eines unabhängigen Gutachters erfolgte, insbesondere auch die Neubewertungsrücklage mit Angabe der Veränderung in der Periode.[725]

23222 Vorräte

IAS 2 enthält mit IAS 2.36 ff. die erforderlichen Anhangsangaben zu den Vorräten. Nach IAS 2.36 sind die folgenden Angaben zu leisten:

(a) angewandte Bilanzierungs- und Bewertungsmethoden einschließlich der Zuordnungsverfahren;
(b) Gesamtbuchwert der Vorräte und die Buchwerte in einer unternehmensspezifischen Untergliederung;
(c) Buchwert der zum Nettoveräußerungswert angesetzten Vorräte;
(d) Betrag der vorgenommenen, in der Berichtsperiode als Ertrag erfassten Wertaufholungen sowie die Umstände oder Ereignisse, die dazu geführt haben;
(e) Buchwert der Vorräte, die als Sicherheit für Verbindlichkeiten verpfändet sind.

Eine unternehmensspezifische Untergliederung der Vorräte (vgl. (b)) nach unterschiedlichen Arten und eine Angabe der einzelnen Buchwerte und ihrer Veränderungen dürften den Adressaten nützliche Informationen liefern. Die in der Praxis gängige Untergliederung in Handelswaren, Roh-, Hilfs- und Betriebsstoffe, Unfertige Erzeugnisse und Fertigerzeugnisse sollte bei Unternehmen der Energieversorgungsbranche um die Vorratsposition „Brennelemente und dazugehörige Entsorgungskosten" erweitert werden.[726] Hiermit wird das Unternehmen nicht nur den Transparenzerfordernissen eines IFRS-Abschlusses gerecht, sondern trägt darüber hinaus auch der mit IAS 2.36b fixierten Forderung nach einer unternehmensspezifischen Untergliederung der Vorräte Rechnung.

---

725 Vgl. IAS 16.77.
726 Siehe auch Ausführungen unter D2113.

23223 Rückstellungen

IAS 37 verlangt sowohl quantitative als auch qualitative Anhangsangaben zu Rückstellungen[727] und zielt auf eine umfassende Beschreibung der Entwicklung der einzelnen Rückstellungsarten im Berichtszeitraum im Sinne eines „kommentierten Rückstellungsspiegel(s)“[728] ab. Nach IAS 37.84 hat ein Unternehmen für jede Klasse von Rückstellungen die folgenden Angaben, die sich sowohl in der Bilanz als auch in der Erfolgsrechnung niederschlagen, zu machen:

(a) den Buchwert zu Beginn und zum Ende der Berichtsperiode;
(b) zusätzliche, in der Berichtsperiode gebildete Rückstellungen einschließlich der Erhöhung von bestehenden Rückstellungen;
(c) während der Berichtsperiode verwendete (d. h. entstandene und gegen die Rückstellung verrechnete) Beträge;
(d) nicht verwendete Beträge, die während der Berichtsperiode aufgelöst wurden; und
(e) die Erhöhung des während der Berichtsperiode aufgrund des Zeitablaufs abgezinsten Betrags und die Auswirkung von Änderungen des Abzinsungssatzes.

Qualitativer Art sind die folgenden Angaben, die gemäß IAS 37.85 für jede Gruppe von Rückstellungen verlangt werden:

(a) eine kurze Beschreibung der Art der Verpflichtung sowie der voraussichtlichen Fälligkeiten der erwarteten Ressourcenabflüsse;
(b) die Angabe von Unsicherheiten hinsichtlich des Betrags oder der Fälligkeiten dieser Abflüsse. Falls die Angabe von adäquaten Informationen erforderlich ist, hat das Unternehmen die wesentlichen Annahmen für künftige Ereignisse nach IAS 37.48 anzugeben; und
(c) die Höhe aller erwarteten Erstattungen unter Angabe der Höhe der Vermögenswerte, die für die jeweilige Erstattung angesetzt wurden.

Die verlangten Angaben über Unsicherheiten und wesentliche Annahmen gemäß Punkt (b) erfordern dabei eine Erläuterung der in der Schätzung der Rückstellungsbeträge berücksichtigten Faktoren und ggf. eine Angabe ihrer Bandbreite im Falle unterschiedlicher Annahmen. Wesentliche Bestimmungsfaktoren kön-

[727] Weitreichende Angabepflichten resultieren aus IAS 37.84-.92. Auf die Angaben zu Eventualschulden und –forderungen wird an dieser Stelle nicht weiter eingegangen. Vgl. hierzu v. a. IAS 37.86 und .89.

[728] Krawitz (2005), S. 95.

nen dabei die Zinssätze, Fälligkeitszeitpunkte oder auch künftige Marktpreise sein.

IAS 37 veranschaulicht mit Beispiel 2 im Anhang D erforderliche Anhangsangaben zu Entsorgungsrückstellungen bzw. –aufwendungen und stellt zudem heraus, dass der Diskontierungssatz bei zum Barwert bilanzierten Rückstellungen anzugeben ist.

23224 Materialaufwand

Die IFRS enthalten keine spezifischen Ausweisregelungen für die Position Materialaufwand.[729]

23225 Abschreibungen

Die IFRS enthalten keine explizite Verpflichtung zu bestimmten Anhangsangaben zu Abschreibungen.[730]

233 Analyse möglicher Modifizierungen der Anhangsangaben um nukleare Entsorgungsaspekte

2331 Sachanlagen

Für eine Modifizierung der Anhangsangaben zu Sachanlagen bieten sich grundsätzlich drei Möglichkeiten zur Erhöhung der Informationssubstanz an: eine Integration der aktivierten Kernkraftwerke im Anlagenspiegel, zusätzliche quantitative Informationen in Form von tabellarischen Darstellungen sowie eine Erweiterung der Angaben um qualitative Informationen. Unternehmen der Energieversorgungsbranche sollten erstens dazu verpflichtet werden, ihre Kernkraftwerke und dazugehörige Rückbau- und Wiederherrichtungsverpflichtungen mit den in IAS 16.73e geforderten Angaben gesondert im Anlagenspiegel darzustellen. Es bietet sich eine Darstellung zwischen den Sachanlagengruppen „Grund und Boden“ und „Technische Anlagen“ an.[731] Da die fortgeführten Anschaf-

[729] Vgl. auch Abschnitt D2211.

[730] Vgl. auch Abschnitt D2212.

[731] Anders z. B. bei EnBW, die ihre „Erzeugungsanlagen“ zusammen mit den Gasübernahmestationen in einer separaten Linie zwischen „Technische Anlagen und Maschinen“

fungs- oder Herstellungskosten der Kernkraftwerke auch den um Abschreibungen verminderten Barwert der zum Zeitpunkt der Inbetriebnahme geschätzten Stilllegungskosten enthalten, empfiehlt es sich über einen gesonderten Ausweis im Anlagenspiegel hinaus, zweitens die Zusammensetzung dieser Sachanlagengruppe explizit darzustellen sowie auf die Ausführungen zur Bemessung der künftigen Rückbau- und Wiederherrichtungskosten unter den „Rückstellungen" zu verweisen. Eine anschauliche Darstellung könnte dabei wie folgt aussehen:

Die Buchwerte der nuklearen Erzeugungsanlagen setzen sich wie folgt zusammen:

Mio. €	**31.12.2006**	**31.12.2005**
Kernkraftwerke		
Erwartete Rückbau- und Wiederherrichtungskosten		
Zinssatz- und Zahlungsstromänderungen i. S. v. IFRIC 1		
Gesamt		

Wesentliche Änderungen in der Art und / oder Zusammensetzung dieser Position im Vergleich zum Vorjahr können indes drittens erst durch zusätzliche verbale Informationen für den Anschlussleser nachvollziehbar werden. Darüber hinaus sollten auch alle anderen mit IAS 16.73 geforderten Angaben, wie zum Beispiel die verwendeten Abschreibungsmethoden und Nutzungsdauern der Kernkraftwerksanlagen, und ggf. weitere Angaben im Falle einer Neubewertung der Vermögenswerte gemäß IAS 16.77 für diese Sachanlagenposition gewährt werden. Gleichwohl kann positiv beurteilt werden, dass die Verpflichtung, die Bilanzierungsmethode für die geschätzten Abbruch- und Wiederherrichtungskosten gemäß IAS 37 (vgl. IAS 16.74b) sowie Veränderungen dieser Kosten aufgrund von Parameteranpassungen (vgl. IAS 16.76b) anzugeben, bereits gesetzlich fixiert ist.

2332 Vorräte

Wie bereits unter D23222 dargelegt, sollte für Unternehmen der Energieversorgungsbranche explizit gefordert werden, die in den Vorräten erfassten Brennelemente und dazugehörigen Entsorgungskosten im Anhang separat auszuweisen.

---

und „Andere Anlagen, Betriebs- und Geschäftsausstattung" im Anlagenspiegel ausweist. Vgl. Konzerngeschäftsbericht der EnBW AG zum 31.12.2005, S. 164 f. Im Geschäftsjahr 2006 ändert die EnBW ihre Berichterstattung und stellt ihre Erzeugungsanlagen nicht mehr explizit im Anlagenspiegel dar.

Erst mit dieser Erweiterung würde auch der Forderung nach einer unternehmensspezifischen Untergliederung der Vorräte gemäß IAS 2.36b Rechnung getragen werden. Die Angabe könnte folgendermaßen gewährt werden:[732]

Der Gesamtbuchwert der Vorräte setzt sich wie folgt zusammen:

Mio. €	**31.12.2006**	**31.12.2005**
Roh-, Hilfs- und Betriebsstoffe		
Brennelemente und dazugehörige Entsorgungskosten (inkl. darauf geleistete Anzahlungen)		
Unfertige Erzeugnis, unfertige Leistungen		
Fertige Erzeugnisse und Waren		
Geleistete Anzahlungen		
Gesamt		

Im Hinblick auf die voraussichtlichen künftigen Entsorgungskosten für abgebrannte Brennelemente empfiehlt sich ein Verweis auf die Ausführungen unter den Rückstellungen, um Wiederholungen zu vermeiden. An dieser Stelle sollten zumindest der (Rest-) Buchwert der Brennelemente sowie die Höhe der voraussichtlichen Entsorgungskosten offen gelegt werden.

Darüber hinaus sollten insbesondere auch die für Brennelemente angewandten Bilanzierungs- und Bewertungsmethoden (vgl. IAS 2.36a) zumindest wie folgt angegeben werden:

> „Die unter den Vorräten ausgewiesenen Kernbrennelemente werden mit den fortgeführten Anschaffungskosten bewertet. Die Abschreibungen werden nach Maßgabe des Verbrauchs ermittelt."

2333 Rückstellungen

Nach IAS 1.74 und .75d hat das Unternehmen eine Untergliederung der Rückstellungen in einer der Geschäftstätigkeit des Unternehmens angemessenen Wiese anzugeben und die Rückstellungen für alle anderen Posten, die den spezifischen Ausprägungen der Geschäftstätigkeit des Unternehmens Rechnung tragen, gesondert darzustellen. Nukleare Entsorgungsverpflichtungen im Zusammenhang mit der Erzeugung von atomarer Energie zählen zu den spezifischen Aus-

[732] In Anlehnung an den Konzerngeschäftsbericht der EnBW AG zum 31.12.2006; vgl. ebd., S. 147.

prägungen der Geschäftstätigkeit eines Kernkraftwerksbetreibers, so dass nur über eine gesonderte Angabe dieser Verpflichtungen und ihrer Entwicklungen entscheidungsnützliche Informationen vermittelt werden können. Vor diesem Hintergrund und insbesondere auch aufgrund der immensen Bedeutung dieser Verpflichtungen für den Gesamtbetrag der Rückstellungen[733] sollten die Rückstellungen im Kernenergiebereich als eigenständige Rückstellungsart im Rückstellungsspiegel erfasst werden. Darüber hinaus empfiehlt sich vor allem aus Transparenzgründen eine gesonderte Darstellung der Verpflichtungen zur Entsorgung von Brennelementen und radioaktiven Betriebsabfällen einerseits und der Verpflichtungen zur Stilllegung und zum Rückbau kerntechnischer Anlagen andererseits.[734]

Eine Darstellung der nuklearen Entsorgungsverpflichtungen im Rückstellungsspiegel könnte folgendermaßen aussehen:

Rückstellungsspiegel Mio. €	**Stand 1.1.06**	**Inanspruch-nahmen**	**Auflö-sungen**	**Aufzin-sungen**	**Zuführun-gen**	**Stand 31.12.06**
Rückstellungen für Pensionen und ähnliche Verpflichtungen						
Steuerrückstellungen						
Rückstellungen im Kernenergiebereich						
davon Entsorgung von Brennelementen u. radioaktiven Betriebsabfällen						
davon Stilllegung und Rückbau kerntechnischer Anlagen						
Sonstige Rückstellungen						
Gesamt						

Darüber hinaus ist es auch denkbar, die Verpflichtungen zur Entsorgung von radioaktiven Betriebsabfällen gesondert darzustellen. In diesem Sinne vermitteln die Anhangsangaben der EnBW AG einen vollständigen Einblick in die Höhe der einzelnen Entsorgungssachverhalte:[735]

733 So betragen z. B. im Konzernabschluss der EnBW AG die Rückstellungen im Kernenergiebereich etwa 45 % der gesamten Rückstellungen und vom Gesamtbetrag der sonstigen Rückstellungen sogar etwa 76 %; vgl. Konzerngeschäftsbericht der EnBW AG zum 31.12.2006, S. 152 f.

734 Vgl. auch Henselmann, KoR 2007, S. 239.

735 Konzerngeschäftsbericht der EnBW AG zum 31.12.2006, S. 152.

Rückstellungen im Kernenergiebereich

Mio. €	**31.12.2006**	**31.12.2005**
Stilllegung und Rückbau		
Brennelemententsorgung		
Betriebsabfälle		
Gesamt		

Das berichterstattende Unternehmen sollte auch gerade im Hinblick auf die Bemessung der Verpflichtungen zur Entsorgung von abgebrannten Brennelementen umfassende Anhangsangaben zur Verfügung stellen. Unter Zugrundelegung der Empfehlungen zu Ansatz und Bewertung dieser Verpflichtungen[736] sollte zunächst über die Zuteilung der erwarteten Entsorgungskosten zu den fixen respektive variablen Kosten informiert werden, um anschließend die folgenden relevanten Inputdaten für die Barwertermittlung der fixen Kosten offen zu legen:

- Höhe der erwarteten Entsorgungskosten für abgebrannte Brennelemente
- Barwert der Entsorgungsrückstellung
- Laufzeit der betroffenen Kernkraftwerke
- zu Grunde gelegte Erfüllungszeitpunkte
- Höhe und Zusammensetzung des Diskontierungssatzes
- Berücksichtigung von Risiken und Unsicherheiten
- Berücksichtigung von voraussichtlichen künftigen Ereignissen und Entwicklungen, die sich wesentlich auf die Verpflichtungshöhe auswirken
- wesentliche Parameteränderungen im Vergleich zum Vorjahr
- Abschreibungsmethode der Brennelemente

Im Hinblick auf die variablen Kosten, die über eine Ansammlungsrückstellung abgebildet werden, sollte das bilanzierende Unternehmen vor allem über die folgenden Parameter Aufschluss geben:

- Höhe und Zusammensetzung der periodischen Rückstellungszuführungen
- wesentliche Parameteränderungen im Vergleich zum Vorjahr

Die IFRS verlangen bereits explizit, dass das publizierende Unternehmen zum einen die Art der Verpflichtungen sowie die voraussichtlichen Fälligkeiten der erwarteten Nutzenabflüsse zu beschreiben hat und zum anderen Unsicherheiten bezüglich des Betrags oder der Fälligkeiten der Abflüsse sowie die wesentlichen

[736] Vgl. Abschnitt C3131 u. C3132.

Annahmen für künftige Ereignisse anzugeben hat.[737] Aufgrund der Langfristigkeit der betrachteten Verpflichtungen kann insbesondere der letzteren Angabepflicht im Hinblick auf die Berücksichtigung künftiger Entwicklungen zum Abschlussstichtag eine besondere Bedeutung beigemessen werden. Da die untersuchten Entsorgungsrückstellungen aufgrund ihres Zukunftsbezugs große Schätzpotenziale aufweisen, notwendigerweise auf Annahmen basieren und wesentlich vom Ermessen und den Absichten des bilanzierenden Unternehmens beeinflusst werden, kann der Abschlussadressat erst über die Darstellung und Erläuterung der der Rückstellungsbewertung zugrunde gelegten Annahmen und der ihr inhärenten wesentlichen Unsicherheiten eine Sensibilität für die Abschlusszahlen und ihrer Entwicklungen entwickeln. Diesbezügliche Anhangsangaben könnten wie folgt aussehen:[738]

> „Die Rückstellungen für Entsorgungen im Kernenergiebereich betragen zum Abschlussstichtag 500 Mio. €. Die Rückstellungen beruhen auf der Annahme, dass die Entsorgungen in 20 bis 25 Jahren stattfinden werden. Es besteht jedoch die Möglichkeit, dass die Entsorgungen erst in 50 bis 60 Jahren erfolgen werden; dann würde sich der Barwert der Rückstellungen auf 350 Mio. € verringern. Die Rückstellungen berücksichtigen erwartete Kostenrückgänge infolge von besseren Entsorgungstechnologien. Voraussichtlich höhere Entsorgungskosten aufgrund bevorstehender Gesetzesänderungen sind wegen der noch ausstehenden Gesetzesverabschiedung noch nicht berücksichtigt worden. Die Rückstellungen würden sich dann voraussichtlich um 50 Mio. € erhöhen. Die Rückstellungen wurden im Vergleich zum Vorjahr mit einem Realzinssatz von 5 % statt 6 % abgezinst; dadurch fällt der Barwert um 25 Mio. € höher aus."

2334 Materialaufwand

Obwohl die IFRS keine spezifischen Ausweisregelungen und Anhangspflichten zum Materialaufwand enthalten, sollten die im Materialaufwand erfassten entsorgungsrelevanten Sachverhalte gleichwohl quantitativ angegeben und wesentliche Aspekte oder Veränderungen im Vergleich zum Vorjahr beschrieben

[737] Vgl. IAS 37.85 mit Bezug auf IAS 37.48.

[738] Hierzu wird das Beispiel 2 aus Anhang D des IAS 37 in Grundzügen zugrunde gelegt und wesentlich erweitert.

werden. Unter Bezugnahme auf Abschnitt D2211 könnte eine angemessene Berichterstattung wie folgt aussehen:

> „Die Aufwendungen für Roh-, Hilfs- und Betriebsstoffe umfassen die periodischen Zuführungen zu den Rückstellungen für die Brennelemententsorgung in Höhe von X Mio. €, die Kosten für die Entsorgung von Brennelementen und radioaktiven Betriebsabfällen in Höhe von X Mio. € sowie den Verbrauch an Kernbrennelementen in Höhe von X Mio. €. Die periodischen Rückstellungszuführungen betreffen dabei die voraussichtlichen variablen Entsorgungskosten für Brennelemente; die fixen Kosten werden erfolgsneutral unter den Vorräten erfasst. Verweis auf die Ausführungen unter den „Rückstellungen".

2335 Abschreibungen

In dieser Aufwandsposition werden sowohl die Abschreibungen auf Brennelemente als auch die planmäßigen Abschreibungen auf Kernkraftwerksanlagen und dazugehörige Stilllegungs- und Abbruchkosten erfasst.[739] Unter Vernachlässigung einer möglichen Wiederholung sollten auch an dieser Stelle vor allem die verwendeten Abschreibungsmethoden und angesetzten Nutzungsdauern zusammen mit einem Verweis auf die Angaben zum Sachanlagevermögen angegeben werden. Im Hinblick auf den Verbrauch von Brennelementen wird insbesondere interessieren, ob sich die Abschreibungen an dem tatsächlichen Verbrauch oder alternativ an der Nutzungsdauer des Reaktors bemessen, während hinsichtlich der Abschreibungen auf Kernkraftwerke insbesondere die Angabe der angesetzten Nutzungsdauern eine Nachvollziehbarkeit der Entscheidungen des Managements und aussagefähige zwischenbetriebliche Vergleiche ermöglicht. Die Angaben zu den Abschreibungen könnten dabei wie folgt lauten:

[739] Ausführlich unter D2212.

„Die Abschreibungen auf Sachanlagen enthalten mit 150 Mio. € planmäßige Abschreibungen über die voraussichtliche Nutzungsdauer der Kernkraftwerke, die auch den Verbrauch der zusätzlich in die Anschaffungskosten der Anlagen einbezogenen Stilllegungs- und Abbruchkosten, die gemäß IAS 37 passiviert wurden, umfassen. Zur Bemessung der Abschreibungen wurden die folgenden Nutzungsdauern zugrunde gelegt:

Energiewerk A	18 Jahre
Energiewerk B	25 Jahre
Energiewerk C	25 Jahre

Die Abschreibungen im Umlaufvermögen belaufen sich auf € 25 Mio. und betreffen in voller Höhe den periodischen Verbrauch an Brennelementen, der arbeitsabhängig nach Maßgabe des tatsächlichen Verbrauchs ermittelt wird."

2336 Zusammenfassung

Abschließend sollen die aus der Sicht der nuklearen Entsorgungsaspekte relevanten (wesentlichen) Anhangsinformationen überblicksartig zusammengefasst werden. Dabei werden bereits existierende Anhangspflichten, die sich größtenteils nicht explizit auf nukleare Entsorgungstatbestände beziehen, soweit konkretisiert, dass das publizierende Unternehmen explizite Vorgaben hinsichtlich zu vermittelnder Informationen zu eben diesen Entsorgungsverpflichtungen bzw. –maßnahmen erhält. Für den Fall, dass keine expliziten Anhangspflichten existieren, wie insbesondere bei den betrachteten Aufwandspositionen, werden die herausgearbeiteten Vorschläge noch einmal zusammengestellt.[740]

Rechnungslegungsstandard	Informationsgehalt an nuklearen Entsorgungsaspekten
IAS 16: Sachanlagen	
IAS 16.73	• Angabe der Bewertungsgrundlagen für die Bestimmung des Bruttobuchwerts der AHK von Kernkraftwerken • Angabe der verwandten Abschreibungsmethoden u. Nutzungsdauern für Kernkraftwerke • Angabe der periodischen u. kumulierten Abschreibungen auf Kernkraftwerke • gesonderte Darstellung von Kernkraftwerken und dazugehörigen Abbruch- und Wiederherrichtungskosten im Anlagenspiegel

[740] Dabei stellen die markierten Abschnitte die speziell für nukleare Entsorgungssachverhalte evaluierten Modifizierungen heraus.

	zusätzlich: tabellarische Darstellung der Zusammensetzung der Buchwerte
IAS 16.74b	• Angabe der Bilanzierungsmethode für die geschätzten Abbruch- und Wiederherrichtungskosten gem. IAS 37
IAS 16.76	• Angabe von Art und Betrag einer Schätzänderung in Bezug auf Restwerte, geschätzte Kosten für den Abbruch, die Beseitigung oder Wiederherstellung von Sachanlagen, Nutzungsdauern und Abschreibungsmethoden
IAS 16.77	• Angabe der Neubewertungsrücklage aus der Neubewertung der korrespondierenden Sachanlage (KKW) mit Angabe von Veränderungen in der Periode
IAS 2: Vorräte	
IAS 2.36	• Angabe der angewandten Bilanzierungs- u. Bewertungsmethoden für Brennelemente • gesonderte Darstellung der Buchwerte der Brennelemente und ihrer Veränderungen sowie zusätzlich: gesonderte Angabe des unter den Vorräten aktivierten Teils der Rückstellungen für die Entsorgung von BE (fixe Kosten)
IAS 37: Rückstellungen	
IAS 37.84 mit Bezug auf IAS 1.74 u .75d	• gesonderte Darstellung der Entsorgungsverpflichtungen im Kernenergiebereich im Rückstellungsspiegel zusätzlich: gesonderte Darstellung der Rückstellungen für die Entsorgung von Brennelementen u. radioaktiven Betriebsabfällen einerseits u. der Rückstellungen für Stilllegung u. Rückbau kerntechnischer Anlagen andererseits zusätzlich: tabellarische Aufgliederung der einzelnen Entsorgungssachverhalte nach Art und Betrag
IAS 37.85 u. IAS 37.85 mit Bezug auf IAS 37.48	• Beschreibung der Art der Entsorgungsverpflichtungen sowie der voraussichtlichen Fälligkeiten der erwarteten Ressourcenabflüsse • Angabe von Unsicherheiten hinsichtlich des Betrags oder der Fälligkeiten der Ressourcenabflüsse sowie der wesentlichen Annahmen für künftige Ereignisse nach IAS 37.48 zusätzlich: Erläuterung der in der Schätzung der Rückstellungsbeträge berücksichtigten Faktoren / Annahmen u. ggf. Angabe ihrer Bandbreite im Falle unterschiedlicher Annahmen sowie wesentliche Parameteränderungen u. ihre Auswirkungen auf den Wertansatz der Verpflichtungen
IAS 37 Bsp. 2 Anhang D	• Angabe des verwandten Diskontierungssatzes
Materialaufwand	• gesonderte Darstellung der periodischen Zuführungen zu dem Teil der Rückstellungen, der auf die variablen Entsorgungskosten für Brennelemente entfällt • ggf. Angabe der Abschreibungsmethoden u. Nutzungsdauern der Brennelemente (alternativ: unter den Abschreibungen) • ggf. Angabe der periodischen u. kumulierten Abschreibungen auf Brennelemente (alternativ: unter den Abschreibungen) • Erläuterung von wesentlichen Aspekten und Veränderungen im Vergleich zum Vorjahr
Abschreibungen	• gesonderte Darstellung der Abschreibungen auf Kernkraftwerke u. dazugehörige Stilllegungs- u. Rückbaukosten

	einerseits u. der Abschreibungen auf Brennelemente andererseits • Angabe von erfassten Anpassungen infolge einer Reduzierung des Erfüllungsbetrags i. S. v. IFRIC 1. • Angabe der verwandten Abschreibungsmethoden, insb. in Bezug auf Brennelemente, sowie der angesetzten Nutzungsdauern, insb. in Bezug auf die Kernkraftwerke
Finanzergebnis	• Aufgliederung des Finanzergebnisses in seine wesentlichen Bestandteile, insb. gesonderte Angabe der jährlichen Aufzinsungsbeträge im Zshg. mit der Barwertfortschreibung der Rückstellungen für Stilllegung u. Rückbau kerntechnischer Anlagen u. der Rückstellungen für die Entsorgung von Brennelementen (fixe Kosten) • Angabe des verwandten Diskontierungssatzes • Erläuterung von Änderungen im Vergleich zum Vorjahr

Abb. 17: Um nukleare Entsorgungsaspekte modifizierte Anhangsangaben

24 Berücksichtigung im Lagebericht

241 Der Lagebericht im Zusammenhang mit einem IFRS-Abschluss

Der Lagebericht stellt traditionell eine zweite Säule der Berichterstattung dar,[741] die durch den Einbezug „qualitativ-verbaler, subjektiver und insbesondere prognostischer Berichterstattungselemente als Korrektiv des primär retrospektiv ausgerichteten Jahres- bzw. Konzernabschlusses wirkt"[742] und dabei ausschließlich als ein Instrument der Informationsvermittlung dient.[743] Der Abschlussadressat erhält insbesondere über die Prognose- und Risikoberichtsteile[744] des Lageberichts weitere entscheidungsnützliche Informationen und eine zunehmend wertorientierte Berichterstattung.[745]

741 Der Lagebericht stellt ein eigenständiges Rechnungslegungs- und Informationsinstrument neben dem Abschluss dar. Zum Wesen des Lageberichts als Ergänzung eines Abschlusses nach IFRS vgl. Krawitz (2005), S. 11 ff. u. 205 ff.

742 Kirsch/Scheele, WPg 2005, S. 1149.

743 Vgl. Baetge/Fischer/Paskert (1989), S. 10. Zu den Funktionen des Lageberichts vgl. Krawitz (2005), S. 209.

744 Vgl. für den Prognosebericht Baetge, in: Bruhn u. a. (1997), S. 112, und für den Risikobericht Wolf, DStR 2003, S. 1090. Ausführlich zur Problematik der Trennung von Prognose- und Risikobericht vgl. Kirsch/Scheele, WPg 2005, S. 1151-1154.

745 Vgl. auch Heumann (2005), S. 9-13.

Der Lagebericht hat mit dem Bilanzrechtsreformgesetz (BilReG)[746] und dem Deutschen Rechnungslegungs Standard (DRS) 15 „Lageberichterstattung"[747] bedeutsame Konkretisierungen und Erweiterungen seiner Berichtsinhalte erfahren.[748] „Ziel ist es, den Informationsgehalt des (Konzern-)Lageberichts sowie dessen Vergleichbarkeit zu verbessern."[749] Dies soll insbesondere auch über eine intensivere Offenlegung von Umweltbelangen und sozialen Aspekten erreicht werden.[750]

Wie die Untersuchung in Abschnitt 23 gezeigt hat, weisen die IFRS im Bereich der ergänzenden Berichterstattung des Anhangs umfassende Angabepflichten auf, wohingegen ein dem Lagebericht vergleichbares Informationsinstrument bisher noch in einem IFRS-Abschluss fehlt.[751] Für nach IAS / IFRS rechnungslegende Unternehmen, die ihren Sitz in Deutschland haben, besteht deshalb über die deutschen Rechnungslegungsnormen des HGB, d. h. mit § 315a bzw. § 325 Abs. 2a HGB, die explizite Pflicht zur Aufstellung und Offenlegung eines Lage- bzw. Konzernlageberichts[752] nach den Regelungen des § 289 HGB.[753] Mit der EU-Transparenz-Richtlinie wird der Lagebericht ab 2007 sogar verpflichtender Bestandteil der jährlichen und halbjährlichen Finanzberichterstattung aller in der

---

746 Gesetz zur Einführung internationaler Rechnungslegungsstandards und zur Sicherung der Qualität der Abschlussprüfung (Bilanzrechtsreformgesetz - BilReG) vom 4.12.2004, BGBl. I 2004, S. 3166. Zur Aufstellung der wesentlichen Änderungen und der Gesetzesbegründung vgl. Kaiser, WPg 2005, S. 407 u. Wolf, DStR 2005, S. 439.

747 Bekanntmachung gem. § 342 Abs. 2 HGB durch das BMJ am 26.2.2005.

748 Zu den Neuerungen vgl. Fink/Keck, KoR 2005, S. 137 ff., Kaiser, WPg 2005, S. 406 ff., Wolf, DStR 2005, S. 438 ff. u. Kirsch/Scheele, WPg 2005, S. 1149 ff. Ausgangspunkt der jüngsten Lageberichtsreform ist die Modernisierungsrichtlinie vom 18.6.2003 gewesen, mit welcher die Qualität der in der EU publizierten Lageberichte verbessert und die Aussagekraft von Lageberichten insgesamt erhöht werden sollte. Vgl. dazu Kirsch/Scheele, WPg 2004, S. 4.

749 Wolf, DStR 2005, S. 438.

750 Vgl. Wolf, DStR 2005, S. 438.

751 IAS 1.9 beschreibt den möglichen Inhalt eines sog. Financial Review by Management; mit IAS 1.10 S. 2 wird jedoch ausdrücklich klar gestellt, dass ein solcher Bericht nicht in den Anwendungsbereich der IAS / IFRS fällt. Der IASB bringt jedoch mit der expliziten Erwähnung weiterer Berichte, wie z. B. Umweltberichte, zum Ausdruck, dass es durchaus sinnvoll sein kann, den IFRS-Abschluss durch weitere Angaben zu ergänzen. Vgl. hierzu auch Krawitz (2005), S. 206.

752 Soweit keine spezifische Unterscheidung zwischen Lagebericht und Konzernlagebericht erforderlich ist, wird vereinfachend nur von Lagebericht gesprochen.

753 Deshalb kann es auch zu Überschneidungen von Pflicht- und Sollbestandteilen des Lageberichts mit den Anhangsberichtspflichten der IAS / IFRS kommen. Zur „Doppelungsproblematik" vgl. Krawitz/Hartmann, WPg 2006, S. 1267 ff.

EU notierten Emittenten. Der IASB hat am 28.10.2005 mit der Herausgabe eines Diskussionspapiers „Management Commentary" auf diese Entwicklungen reagiert und lehnt sich dabei maßgeblich am DRS 15 an.[754]

2411 Wesentliche Neuerungen in der Lageberichterstattung durch das Bilanzrechtsreformgesetz und DRS 15 – Lageberichterstattung

Eine wesentliche Neuerung in den Lageberichtsnormen durch das Bilanzrechtsreformgesetz stellt die explizite Forderung dar, den Geschäftsverlauf und die wirtschaftliche Lage der Gesellschaft über ihre bloße Darstellung hinaus zu analysieren und dabei die bedeutsamsten finanziellen und nicht-finanziellen Leistungsindikatoren darzustellen und in Bezug auf die im IFRS-Abschluss erfassten Beträge zu erläutern. Während zu den finanziellen Leistungsindikatoren beispielsweise einzelne Ergebniskomponenten, die Liquidität und Kapitalausstattung gezählt werden, kommen als nichtfinanzielle Leistungsindikatoren u. a. die Entwicklung des Kundenstamms, Angaben zu Forschung und Entwicklung oder Belange des Umweltschutzes in Betracht.[755] Mit diesen Informationen soll vor allem das Verständnis über Faktoren, die die Unternehmensentwicklung wesentlich beeinflussen können, verbessert werden.[756] Dabei sind insbesondere die Anforderungen an die Publizität nichtfinanzieller Leistungsindikatoren materiell erhöht worden.[757] Mit der expliziten Aufnahme der Analyse wird überdies sichergestellt, dass das berichterstattende Unternehmen nunmehr analyseorientierte

754 Teixeira u. a., IASB Discussion Paper Management Commentary vom 28.10.2005, abrufbar unter http://www.iasb.org. Vgl. dazu Kirsch/Scheele, WPg 2006, S. 89 ff., Beiersdorf/Buchheim, BB 2006, S. 96 ff. u. Kasperzak/Beiersdorf, KoR 2007, S. 121 ff.

755 Vgl. BMJ, Regierungsentwurf für ein Gesetz zur Einführung internationaler Rechnungslegungsstandards und zur Sicherung der Qualität der Abschlussprüfung (Bilanzrechtsreformgesetz – BilReG), S. 25 ff. abrufbar unter: www.bmj.bund.de.

756 Vgl. Wolf, DStR 2005, S. 439.

757 Wolf führt in diesem Zusammenhang das Schlagwort „Value Reporting" an; vgl. Wolf, DStR 2005, S. 440. Im Gegensatz zur Publizität finanzieller Leistungsindikatoren dürfte die Offenlegung nichtfinanzieller Indikatoren im europäischen Raum noch keine gängige Unternehmenspraxis sein. Vgl. auch ebd., S. 442. In den USA hingegen haben die Financial Accounting bereits 1994 mit dem sog. Jenkins-Report eine Erweiterung um nichtfinanzielle Größen erfahren. Inzwischen existiert ein Rahmenkonzept, mit dem eine noch weiter verstärkte Bereitstellung nichtfinanzieller Leistungsindikatoren zwecks Verbesserung der Kapitalmarktkommunikation verkündet wird. Vgl. Fink/Keck, KoR 2005, S. 138 mit Verweis auf Kleinmanns, StuB 2004, S. 1021 sowie ausführlich bei Haller/Dietrich, KoR 2001, S. 165 ff.

Angaben kaum mehr umgehen kann und der Abschlussprüfer entsprechende Informationen nun zwingend einfordern muss.[758]

Ferner sind die Anforderungen an die Berichterstattung der zukunftsorientierten Jahresabschlusselemente präzisiert worden, denn das Unternehmen muss nunmehr die voraussichtliche Entwicklung einschließlich der wesentlichen Chancen und Risiken darstellen, beurteilen und erläutern. Hierzu hat das Unternehmen die Erwartungen, Prognosen und Annahmen zur künftigen Entwicklung zu erläutern und zu einer Gesamtaussage zu verdichten. Neu ist, dass explizit auch die Chancen dargestellt und erläutert werden müssen,[759] über eine Erläuterung der wesentlichen Chancen und Risiken hinaus auch eine Beurteilung zu erfolgen hat und dass die zugrunde gelegten Prognoseprämissen angegeben werden müssen. Da eine prospektive Berichterstattung zwangsläufig mit erheblichen Unsicherheiten verbunden ist, kommt auch gerade der Pflicht, die den Unternehmensaussagen zugrunde gelegten Annahmen anzugeben, eine große Bedeutung zu.[760]

DRS 15 zielt darüber hinaus im Wesentlichen darauf ab, die Lageberichte deutscher Unternehmen im Hinblick auf Umfang, Inhalt und Aufbau anzugleichen und somit ihren Informationsgehalt zu verbessern.[761] Hierzu soll insbesondere auch die wert- und zukunftsorientierte Berichterstattung ausgebaut werden, um den Abschlussadressaten die Beurteilung der künftigen Entwicklung des Unternehmens zu vereinfachen. Zur Erreichung dieser Zielsetzungen sind mit DRS 15 fünf Grundsätze zur Lageberichterstattung fixiert worden: Erstens sollen unter Beachtung des Wesentlichkeitsgebots (DRS 15.10 f.) sämtliche Informationen offen gelegt werden, die zur Beurteilung der gesetzlich geforderten Inhalte des Lageberichts benötigt werden (DRS 15.9: Grundsatz der Vollständigkeit). Zweitens und drittens müssen die Informationen verlässlich (DRS 15.14-19: Grundsatz der Verlässlichkeit), d. h. zutreffend und nachvollziehbar sowie frei von Widersprüchen mit dem Abschluss, sowie klar und übersichtlich (DRS 15.20-27: Grundsatz der Klarheit und Übersichtlichkeit) sein. Viertens sollen der Ge-

---

758 Vgl. Krawitz/Hartmann, WPg 2006, S. 1264, Buchheim/Knorr, WPg 2006, S. 415, Krawitz (2005), S. 212 f., Fink/Keck, KoR 2005, S. 138.

759 Vgl. Kaiser (2005), S. 345 ff. Ausführlich zur Offenlegung von wesentlichen Chancen vgl. Wolf, DStR 2005, S. 440 ff.

760 Vgl. Krawitz/Hartmann, WPg 2006, S. 1264 f., Buchheim/Knorr, WPg 2006, S. 415, Krawitz (2005), S. 214.

761 Vgl. DRSC, E-DRS 20, abrufbar unter: http://www.standardsetter.de/drsc/docs/-press_releases/E-DRS%2020_website_131103.pdf.

schäftsverlauf, die wirtschaftliche Lage sowie die voraussichtliche Entwicklung des Unternehmens aus Sicht der Unternehmensleitung beurteilt werden (DRS 15.28: Informationen aus Sicht der Unternehmensleitung), und mit dem fünften Grundsatz sind „alle zum Berichtszeitpunkt bekannten Ereignisse, Entscheidungen und Faktoren anzugeben und zu erläutern, die aus Sicht der Unternehmensleitung einen wesentlichen Einfluss auf die weitere Wertentwicklung des Unternehmens haben können.“[762] (DRS 15.30: Konzentration auf die nachhaltige Wertschaffung).[763]

Neben den Angaben zur Geschäftstätigkeit und ihren Rahmenbedingungen (DRS 15.36-44),[764] zu Vorgängen von besonderer Bedeutung nach Schluss des Geschäftsjahrs (DRS 15.81),[765] einer Darstellung der Ertrags[766]-, Finanz[767]- und Vermögenslage[768] (DRS 15.45-80 i. V. m. 15.103-119) und einer Risikoberichterstattung (DRS 15.83) wird mit DRS 15 insbesondere die zukunftsorientierte Berichterstattung über die voraussichtliche Entwicklung mit ihren wesentlichen

762 Buchheim/Knorr, WPg 2006, S. 417 mit Hinweis auf DRS 15.30.

763 Vgl. Buchheim/Knorr, WPg 2006, . 416 ff., Kajüter, DB 2004, S. 203 u. Kirsch/Scheele, BB 2003, S. 2738.

764 Hierzu zählen z. B. Angaben zur Organisationsstruktur, zu Segmenten, wichtigen Absatzmärkten und zu relevanten Einflussfaktoren auf das Geschäft. Vgl. DRS 15.37 u. auch Buchheim/Knorr, WPg 2006, S. 418.

765 Hierunter fallen die Vorgänge von besonderer Bedeutung nach Schluss des Geschäftsjahrs und ihre erwarteten Auswirkungen auf die Ertrags-, Finanz- und Vermögenslage. Vgl. DRS 15.81 u. auch Buchheim/Knorr, WPg 2006, S. 420.

766 Hierzu zählen z. B. Angaben zur Entwicklung von Ergebnis, Umsatz und Auftragslage. Vgl. DRS.15.50-60 u. auch Buchheim/Knorr, WPg 2006, S. 419 f.

767 Hierzu zählen die Darstellung der Grundsätze und Ziele des Finanzmanagements u. weitergehende Angaben zur konkreten Umsetzung. Vgl. DRS 15.61 u. 107. Bzgl. der Kapitalstruktur sind die internen und externen Finanzierungsquellen darzustellen. Vgl. DRS 15.62-66. Ferner fallen hierunter v. a. die Angabe wesentlicher Asset-Backed-Securities- oder Sale-and-Lease-Back-Transaktionen (vgl. DRS 15.67 f.) sowie eine Investitionsanalyse (vgl. DRS 15.69 f.) und Erläuterung der Liquiditätsentwicklung anhand einer Kapitalflussrechnung (vgl. DRS 15.71-76). Vgl. auch Buchheim/Knorr, WPg 2006, S. 420.

768 Hierzu zählen z. B. Angaben zur Höhe und Zusammensetzung des Vermögens sowie die Darstellung wesentlicher Abweichungen gegenüber dem Vorjahr. Vgl. DRS 15.77 f.. Ferner fallen hierunter auch Angaben zu außerbilanziellen Finanzierungsinstrumenten und deren wesentlichen Veränderungen gegenüber dem Vorjahr. Vgl. DRS 15.79 f. Darüber hinaus enthält DRS 15 mit den Tz. 110-119 zahlreiche Empfehlungen zur Vermögenslage, wie z. B. zahlenmäßige Angaben zum Humankapital, den Kundenbeziehungen und den Organisations- und Verfahrensvorteilen. Vgl. auch Buchheim/Knorr, WPg 2006, S. 420.

Chancen und Risiken gemäß DRS 15.84 ausgebaut. Eine zukunftsorientierte Berichterstattung im Sinne von DRS 15 beinhaltet vor allem qualitative Erläuterungen und Beurteilungen für die nächsten beiden Geschäftsjahre,[769] die um die Annahmen und Unsicherheiten bei der Beurteilung der voraussichtlichen Entwicklung zu ergänzen sind. Prognoseorientierte Informationen haben eine wesentliche Bedeutung für den Abschlussadressaten, wobei eine qualitative Berichterstattung zwangsläufig mit Unsicherheiten behaftet ist, die umso größer sind, je größer der Prognosehorizont ist. In diesem Blickwinkel vermögen vor allem die mit DRS 15.84 geforderten Angaben zu den zugrunde gelegten Annahmen und Einflussfaktoren Unsicherheiten einzuschränken sowie Informationsasymmetrien zwischen Geschäftsleitung und Adressaten wesentlich zu reduzieren.[770]

2412 Weitere Entwicklungen auf europäischer und internationaler Ebene durch die EU-Transparenz-Richtlinie und das IASB-Diskussionspapier „Management Commentary"

Die EU-Transparenz-Richtlinie[771] vom 15.12.2004 zielt darauf ab, die Berichterstattung von in der EU notierten Unternehmen zu harmonisieren und legt hierzu fest, dass ab 2007 alle an einem organisierten Markt in der EU notierten Emittenten den Lagebericht in ihrer jährlichen und halbjährlichen Finanzberichterstattung aufzunehmen haben.[772] Gleichzeitig hat der IASB 2004 eine Arbeitsgruppe „Management Commentary" eingerichtet, die sich mit der ergänzenden Lageberichterstattung in einem IFRS-Abschluss befasst. Am 27.10.2005 hat die Arbeitsgruppe ihre Ergebnisse als Diskussionspapier zum „Management Commentary" herausgegeben,[773] das in seinem Anhang bereits einen Vorschlag für einen möglichen Standard zur Lageberichterstattung enthält. Das Diskussionspa-

---

769 Vgl. DRS 15, Tz. 84. Für bestandsgefährdende Risiken beträgt der Betrachtungshorizont indes nur zwölf Monate. Vgl. IDW, WPg 1998, S. 653-662, Tz. 33.

770 Vgl. Buchheim/Knorr, WPg 2006, S. 418-422. Zu den Lageberichtsinhalten nach DRS 15 vgl. Fink/Keck, KoR 2005, S. 141-145.

771 Richtlinie (EG) Nr. 2004/109 vom 15.12.2004 zur Harmonisierung der Transparenzanforderungen in Bezug auf Informationen über Emittenten, deren Wertpapiere zum Handel auf einem Geregelten Markt zugelassen sind, und zur Änderung der Richtlinie 2001/34/EG, ABlEU Nr. L 390/38 vom 31.12.2004. Vgl. dazu Buchheim/Ulbrich, KoR 2004, S. 273 ff.

772 Vgl. Buchheim/Knorr, WPg 2006, S. 422 f.

773 Vgl. IASB, Discussion Paper Management Commentary, abrufbar unter: http://www.-iasb.org/NR/rdonlyres/0FE78C14-8AF9-4CFB-A764-40B1A08E0DF5/0/DPManagementCommentary.pdf. Vgl. dazu Beiersdorf/Buchheim, BB 2006, S. 96 ff., Kirsch/Scheele, WPg 2006, S. 89 ff u. Buchheim/Knorr, WPg 2006, S. 424.

pier sieht vor, dass mit dem Management Commentary als separates Berichtsinstrument neben dem Jahresabschluss vor allem Ergänzungen und Erweiterungen der Jahresabschlussinformationen, Unternehmensanalysen aus Sicht des Managements sowie zukunftsorientierte Berichtselemente geliefert werden. Die Adressaten sollen vor allem in die Lage versetzt werden, den Jahresabschluss unter Berücksichtigung des Unternehmensumfelds, das Management und ihre Pläne sowie die vom Unternehmen verfolgten Strategien zu interpretieren und zu beurteilen.[774]

Die Kommentierungsfrist für das Diskussionspapier endete am 28.4.2006. Nach Auswertung der Stellungsnahmen plant der IASB nunmehr die Erstellung eines Agenda-Vorschlags.[775] Ein IASB-Standard zur Lageberichterstattung auf Basis des Diskussionspapiers könnte dabei vor allem zu einer weltweiten Angleichung der Finanzmarktberichterstattung führen und damit einerseits zu einheitlichen Wettbewerbsbedingungen beitragen und andererseits den Abschlussadressaten einen zwischenbetrieblichen Vergleich erleichtern.[776] Gleichwohl bleiben vielfältige Unsicherheiten für den Abschlussadressaten bestehen, da das Diskussionspapier lediglich einen „groben Berichtsrahmen vorgibt, dessen inhaltliche Konkretisierung dem Management selbst überlassen wird“[777] und zudem in vielen Bereichen vage gehalten ist.[778]

242 Ausgewählte inhaltliche Anforderungen an die Lageberichterstattung

Im Folgenden wird sich die Analyse der Anforderungen an die Berichtsinhalte des Lageberichts und ihrer möglichen Modifikationen um nukleare Entsorgungsaspekte im Wesentlichen auf erstens die Analyse des Geschäftsverlaufs und der wirtschaftlichen Lage sowie zweitens den Bericht über die voraussichtliche Entwicklung des Unternehmens mit ihren wesentlichen Chancen und Risiken (Prognosebericht) konzentrieren. Die Untersuchung stützt sich vor allem auf die Normen und Empfehlungen des DRS 15 zur Lageberichterstattung. Der Vorschlag für einen Management Commentary Standard aus dem IASB-Diskussionspapier

---

774 Vgl. Krawitz/Hartmann, WPg 2006, S. 1270 u. Kirsch/Scheele, WPg 2006, S. 90.

775 Vgl. DRSC, Projektübersicht, abrufbar unter: http://www.standardsetter.de/drsc/projects_drsc/index.php.

776 Vgl. auch Buchheim/Knorr, WPg 2006, S. 424.

777 Kirsch/Scheele, WPg 2006, S. 91.

778 Vgl. Kirsch/Scheele, WPg 2006, S. 91.

vom 27.10.2005 enthält dabei keine für die Untersuchung relevanten über DRS 15 hinausgehenden Angabepflichten für den Lagebericht.

2421 Analyse des Geschäftsverlaufs und der wirtschaftlichen Lage

Ausgangspunkt für die Analyse des Geschäftsverlaufs und der wirtschaftlichen Lage ist die Darstellung des Konzerns, seiner Geschäftstätigkeiten und deren Rahmenbedingungen gemäß DRS 15.36-44. Hierzu hat die Gesellschaft unter anderem die organisatorische und rechtliche Struktur des Konzerns und seiner Gesellschaften, seine Segmente und die wesentlichen Standorte, die wichtigsten Produkte und Geschäftsprozesse, die wesentlichen Absatzmärkte und die dort erreichte Wettbewerbsposition sowie die wesentlichen rechtlichen und wirtschaftlichen Einflussfaktoren für das Geschäft darzulegen.[779] Ferner hat die Unternehmensleitung insbesondere einen Überblick über den Geschäftsverlauf unter Hinzuziehung der gesamtwirtschaftlichen und branchenspezifischen Rahmenbedingungen zu geben und die wesentlichen Ereignisse, die diesen Geschäftsverlauf beeinflusst haben, darzustellen.[780] Auf dieser Grundlage müssen Geschäftsverlauf und wirtschaftliche Lage des Konzerns und seiner Gesellschaften neuerdings auch adäquat analysiert und beurteilt werden.[781] Dabei sollten jedoch nicht nur die Zahlen des Abschlusses komprimiert wiedergegeben werden, sondern vielmehr Zusammenhänge und Ursachen dieser Entwicklungen zum besseren Verständnis aufgezeigt werden.[782]

2422 Prognosebericht

Gegenstand des Prognoseberichts ist die voraussichtliche Entwicklung des Konzerns mit ihren wesentlichen Chancen und Risiken.[783] Die Erwartungen der Unternehmensleitung haben sich hierbei auf die wirtschaftlichen Rahmenbedingungen, die Branchenaussichten und auf positive respektive negative Entwicklungstrends und deren wesentliche Einflussfaktoren zu beziehen.[784] Es wird empfoh-

---

779 Vgl. DRS 15.37.

780 Vgl. DRS 15.43.

781 Vgl. DRS 15.44.

782 Mit der nicht mehr existierenden IDW-Stellungnahme zur Rechnungslegung: Aufstellung des Lageberichts (IDW RS HFA 1) wird eine Vielzahl an nichtfinanziellen Informationen aufgeführt, die in die Berichterstattung einbezogen werden sollten. Vgl. hierzu auch Auflistung bei Haller/Dietrich, KoR 2001, S. 171.

783 Vgl. DRS 15.84.

784 Vgl. DRS 15, Zusammenfassung u. .84 f., .88 f.

len, die wesentlichen Einflussfaktoren der Ertrags- und Finanzlage zu quantifizieren und getrennt für die einzelnen künftigen Geschäftsjahre anzugeben.[785] Ferner wird mit dem Standard betont, dass der Prognosecharakter der Darstellung sowie die wesentlichen Prognoseprämissen und Unsicherheiten bei der Beurteilung der voraussichtlichen Entwicklung herauszustellen sind.[786] Als Prognosezeitraum sind mindestens zwei Jahre zu Grunde zu legen. Bei komplexen Großprojekten wird indes ein längerer Betrachtungshorizont empfohlen.[787] In den Empfehlungen für die Lageberichterstattung heißt es wieter, dass die erwartete Entwicklung von Umsatz, Aufwendungen und Ergebnis im Hinblick auf die zukünftige Ertragslage sowie der geplante Umfang der Investitionen in Bezug auf die zukünftige Finanzlage angegeben und erläutert werden sollten.[788]

243 Analyse möglicher Modifizierungen der Lageberichterstattung um nukleare Entsorgungsaspekte

Im Folgenden werden die recht vage und allgemein gehaltenen Anforderungen an die Berichtsinhalte des Lageberichts in Bezug auf das Untersuchungsobjekt der nuklearen Entsorgungsverpflichtungen sachlich konkretisiert. Hierzu wird eine Vielzahl an möglichen Informationen und Angaben zu nuklearen Entsorgungsaspekten tabellarisch zusammengestellt, die sowohl quantitativer als auch verbaler Natur sind. Dem rechnungslegenden Unternehmen bleibt es in letzter Konsequenz überlassen, diese Anforderungen unternehmensindividuell auszugestalten. Ziel ist es, für den Jahresabschlussadressaten nutzbringende Informationen und Angaben zu generieren, ohne jedoch den Lagebericht zu überfrachten oder allzu häufige Wiederholungen im Abschluss zu schaffen. Bei der inhaltlichen Ausgestaltung des Lageberichts als Ergänzung eines IFRS-Abschlusses besteht nämlich die Problematik, dass gewisse Angaben bereits innerhalb eben dieses Abschlusses und zwar i. d. R. im Anhang erfolgen müssen. Für diesen Fall besteht die Notwendigkeit, zu prüfen, inwieweit diese Aussagen nochmals in den Lagebericht aufgenommen werden müssen bzw. inwieweit Verweise auf die Ausführungen im Anhang ausreichen.

Im Rahmen der vorliegenden Arbeit kann es nur darum gehen, ein Muster mit wesentlichen inhaltlichen Anforderungen an die Berichtsinhalte des Lage-

---

785 Vgl. DRS 15, Anlage: Empfehlungen für die Lageberichterstattung, Tz. 120.

786 Vgl. DRS 15.86.

787 Vgl. DRS 15.87.

788 Vgl. DRS 15, Anlage: Empfehlungen für die Lageberichterstattung, Tz. 121 f.

berichts in Bezug auf nukleare Entsorgungsaspekte zu entwerfen. Aufgrund der Komplexität der Thematik kann damit jedoch keine vollständige Auflistung aller möglichen Szenarien erfolgen.

Darstellung von Konzernstruktur und Geschäftstätigkeit
Gesonderter Abschnitt zu **Betrieb von nuklearen Kraftwerken** - Benennung der in den Konzernabschluss einbezogenen Kernkraftwerke / Kernkraftwerksstandorte Allgemeine Angaben zu den erfassten Kernkraftwerken - Anteilsbesitz (und ggf. weitere Anteilseigner) und die Methode ihres Einbezugs in den Konzernabschluss - Reaktortyp - Baujahr - Restlaufzeit - Produktionskapazität und ähnliche technische Angaben sowie Angabe der Reststrommenge - durchschnittliche Produktionsstillstände Gesonderter Abschnitt zu **Entsorgungsverpflichtungen aus dem Betrieb von nuklearen Kraftwerken** Rechtliche Aspekte der nuklearen Entsorgung - Atomgesetz, Vereinbarung zwischen Bundesregierung u. Energieversorgungsunternehmen vom 14.6.2000 etc. - Auflistung von wesentlichen Verträgen mit Wiederaufarbeitungsunternehmen, sonst. Entsorgungsunternehmen, Transport- u. Lagerungsunternehmen u. Ä. Technische Aspekte der nuklearen Entsorgung - gewählte Entsorgungspfade für abgebrannte Brennelemente u. radioaktive Betriebsabfälle (Wiederaufarbeitung, Direkte Endlagerung) o Darstellung der Entsorgungsszenarien (technische Aspekte, rechtliche / vertragliche Situation / Vertragspartner, Zeithorizont u. Ä.) o Angabe der Entsorgungskosten (zumindest in Bandbreiten) gesondert für schadhafte u. abgebrannte Brennelemente sowie radioaktive Betriebsabfälle - gewählte Stilllegungskonzepte (Unmittelbare Beseitigung, Gesicherter Einschluss) o Darstellung der Entsorgungsszenarien (technische Aspekte, rechtliche / vertragliche Situation / Vertragspartner, Zeithorizont u. Ä.) o Angabe der voraussichtlichen Stilllegungskosten für die einzelnen Kernkraftwerke Auflistung aller Bilanz- und GuV-Positionen, die entsorgungsrelevante Posten enthalten (inkl. Verweis auf positionsbezogene Anhangsangaben)
Darstellung, Analyse und Beurteilung des Geschäftsverlaufs und der wirtschaftlichen Lage
Gesonderter Abschnitt zu **Betrieb von nuklearen Kraftwerken** - Anlagenspiegel bezogen auf die Anschaffungs- oder Herstellungskosten der Kernkraftwerke mit einer gesonderten Darstellung der Grundstücke, Gebäude sowie technischen

Anlagen und Maschinen (inkl. Verweis auf Anhangsangaben zu Sachanlagen)
- Benennung von Störfällen, Produktionsstillständen und wesentlichen Vorkommnissen im Berichtsjahr
- Investitionen in neue / alte Kernkraftwerke (Inland und Ausland)
- Kooperationsvereinbarungen
- Rechtsstreitigkeiten
- Gesetzesänderungen

Gesonderter Abschnitt zu **Entsorgungsverpflichtungen aus dem Betrieb von nuklearen Kraftwerken**
- geänderte entsorgungsrelevante Sachverhalte inkl. Kostenbezifferung (zumindest Bandbreite) im Hinblick auf
    - technische Entsorgungsaspekte (geänderte technische Entsorgungsspezifikationen, Änderung von Entsorgungspfaden / Stilllegungskonzepten, Austausch von Brennelementen, schadhafte Brennelemente u. Ä.)
    - Kooperationsvereinbarungen
    - Rechtsstreitigkeiten
    - Gesetzesänderungen
    - Bau von standortnahen Zwischenlagern
    - geänderte Beschaffungsmöglichkeiten für Zwischenlagerbehälter u. Ä.

Gesonderter Abschnitt zu **Stilllegungsprojekten**
- Benennung der aus dem Betrieb genommenen Kernkraftwerke
- Gründe für die Außerbetriebnahme
- Beschreibung des Stilllegungskonzepts (Unmittelbare Beseitigung, Gesicherter Einschluss)
- erwartetes radioaktives Abfallaufkommen
- voraussichtliche Stilllegungskosten (zumindest in Bandbreiten)

Prognosebericht

Darstellung und Beurteilung der **Entwicklung rechtlicher und technischer Rahmenbedingungen** und Quantifizierung ihrer Auswirkungen auf die Ertrags- und Finanzlage des Unternehmens und Heraushebung der mit diesen Entwicklungen verbundenen Unwägbarkeiten bzw. Risiken und Chancen
Voraussichtliche Änderungen der in die Bewertung der nuklearen Entsorgungsrückstellungen einfließenden Schätzparameter und damit der wesentlichen Einflussfaktoren für die voraussichtliche Entwicklung von Umsatz, Aufwendungen und Ergebnis
- geänderte rechtliche Rahmenbedingungen (geänderte politische Mehrheiten) für den Betrieb und die Entsorgung von radioaktiven Abfällen / Kernkraftwerken
- geänderte Restlaufzeiten der Kernkraftwerke
- geänderter Kalkulationszinssatz
- Kosten- und Preisentwicklungen
- geänderte technische Aspekte bezogen auf die Entsorgungspfade für radioaktive Abfälle und Stilllegungskonzepte für Kernkraftwerke

Chancen
- positive Entwicklung der Marktkalkulationszinssätze - positive Entwicklung der Marktpreise und Entsorgungskosten - Aussicht auf längere Restlaufzeiten der Kernkraftwerke in Deutschland - Kostenvorteile durch die Optimierung von technischen Spezifikationen - positive Entwicklung bei der Endlagerfrage, Aussicht auf kostengünstigere Endlagerlösung - Chancen aus aktuellen und künftigen Investitionsprojekten (neue Kernkraftwerke im Ausland, neue Zwischenlager, neue Transportwege u. Ä.)

Abb. 18: Um nukleare Entsorgungsaspekte modifizierte Lageberichterstattung

3 Untersuchung über die Praxis der nuklearen Berichterstattung in den Geschäftsberichten deutscher Energieversorgungsunternehmen

31 Gegenstand und Ablauf der Untersuchung

In der bisherigen Untersuchung der vorliegenden internationalen Rechtsvorschriften konnte eine Vielzahl an Defiziten im Hinblick auf die Bilanzierung und Offenlegung von nuklearen Entsorgungsverpflichtungen herausgearbeitet werden. Während im Bilanzierungsteil mögliche Beeinträchtigungen der Entscheidungsnützlichkeit der publizierten Abschlussdaten aufgrund von Ermessens- und Gestaltungsspielräumen, die durch unzureichende Regelungen begünstigt werden, identifiziert werden konnten, erfolgte im Offenlegungsteil eine Analyse des ökologischen Aussagegehalts einzelner Rechnungslegungsinstrumente und möglicher Erweiterungen ihrer Informationssubstanz. Mit dem folgenden praktischen Teil soll nun die Relevanz der untersuchten Fragen anhand von Praxisauswertungen nachgewiesen werden.

Hierzu soll zunächst der momentane Stand der nuklearen Berichterstattung in den Geschäftsberichten deutscher Energieversorgungsunternehmen dargestellt werden. Unter Bezugnahme auf die Ergebnisse aus dem Bilanzierungs- und Offenlegungsteil der vorliegenden Arbeit sollen in einem weiteren Schritt Unklarheiten aus der Berichterstattung des jeweiligen Unternehmens und fehlende Informationen, die zu einer Beeinträchtigung der Aussagefähigkeit der Abschlussdaten führen können, identifiziert werden. Untersuchungsgegenstand sind die Konzerngeschäftsberichte der vier großen Energieversorgungsunternehmen in Deutschland. Der Analysezeitraum umfasst das Geschäftsjahr 2006 und für

Vergleichszwecke auch das Jahr 2005. Im Einzelnen wurden folgende Unternehmen analysiert:

1. E.ON AG
2. RWE AG
3. EnBW AG
4. Vattenfall Europe AG

Eine Beschränkung auf diese vier Energieversorgungsunternehmen ist zum einen deshalb vertretbar, weil diese Unternehmen zusammen ca. 80 % des deutschen Strommarkts beherrschen und damit als repräsentativ für die Bilanzierungs- und Berichterstattungspraxis von Energieversorgungsunternehmen in Deutschland gelten dürfen. Zum anderen verkörpern gerade diese Unternehmen auch andere Problemstellungen, wie etwa möglicherweise beträchtliche Ergebnisauswirkungen aus der Umstellung auf die IFRS-Rechnungslegung. Die E.ON AG beispielsweise bilanziert bisher nach den US-amerikanischen Rechnungslegungsstandards (United States Generally Accepted Accounting Principles – US-GAAP) und muss ihre Rechnungslegung infolge der EU-Verordnung spätestens in 2007 nach den IFRS-Regelungen aufstellen.

Die relativ geringe Anzahl der in die Untersuchung einbezogenen Unternehmen lässt keine statistisch-mathematischen Rückschlüsse von den Forschungsergebnissen auf die Grundgesamtheit aller Energieversorgungsunternehmen zu. Das soll auch nicht das Ziel der Untersuchung sein. Vielmehr sollen die betrachteten Praxisbeispiele einen partiellen Einblick in die Bilanzierungs- und Berichterstattungsgepflogenheiten deutscher Energieversorgungsunternehmen, die nach internationalen Rechnungslegungsstandards bilanzieren, ermöglichen, der Diskussionsgrundlage für anschließende Verbesserungsvorschläge sein kann. Darüber hinaus sollen die Praxisauswertungen verhindern, dass die theoretischen Analysen und ihre Ergebnisse im „luftleeren" Raum verbleiben. Im Folgenden wird zunächst auf die Konzerngeschäftsberichte der einzelnen Unternehmen getrennt eingegangen und anschließend ein zusammenfassender Vergleich durchgeführt.

Im Einzelnen werden die folgenden Fragen in Bezug auf nukleare Entsorgungsverpflichtungen untersucht:

- Erfolgt eine Berichterstattung in Bilanz, GuV, Anhang und Lagebericht?
- Gewähren die Abschlussinformationen Einblick in die Ansatz- und Bewertungsmethodik des Unternehmens?

- Werden betragsmäßige Angaben zu Höhe und periodischen Anpassungen gemacht?
- Erlauben die Abschlussinformationen einen unmittelbaren Unternehmensvergleich?
- Kann die Entscheidungsnützlichkeit der publizierten Daten angenommen werden?

32 Untersuchungsergebnisse

321 Konzerngeschäftsberichte der E.ON AG

Allgemeines

E.ON ist einer der weltweit größten privaten Energiedienstleister. Das Unternehmen ist auf die Kerngeschäfte Strom und Gas fokussiert und konzentriert sich auf die fünf Zielmärkte Central Europe, Pan-European Gas, UK, Nordic sowie US-Midwest. Die E.ON Energie AG als Führungsgesellschaft des Zielmarkts Central Europe ist im E.ON-Konzern für das integrierte Stromgeschäft und das Downstream-Gasgeschäft in Zentraleuropa verantwortlich. Die E.ON Kernkraft GmbH ist eine 100 %-Tochter der E.ON Energie AG und für die Stromversorgung in Deutschland verantwortlich. Sie betreibt sechs Kernkraftwerke und ist an weiteren fünf beteiligt. Es sind dies die Kernkraftwerke Brokdorf, Brunsbüttel, Emsland, Grafenrheinfeld, Grohnde, Gundremmingen B + C, Isar 1 und 2, Krümmel sowie Unterweser. Die Kernkraftwerke Würgassen und Stade sind stillgelegt und befinden sich im Rückbau.[789] E.ON ist für das Geschäftsjahr 2006 nach Art. 57 Satz 1 Nr. 2 EGHGB von der Aufstellung eines Konzernabschlusses nach Maßgabe der IFRS und eines Konzernlageberichts gemäß § 315a HGB befreit. E.ON stellt nach § 292a HGB i. V. m. Art. 58 Abs. 5 Satz 2 EGHGB einen Konzernabschluss und einen Konzernlagebericht nach den US-GAAP auf.

Bilanzierung und Bewertung von nuklearen Entsorgungsverpflichtungen

In der Zusammenfassung der wesentlichen Grundsätze der Rechnungslegung im Anhang[790] des Konzerngeschäftsberichts heißt es zu **Sachanlagen**, dass diese „mit ihren Anschaffungs- oder Herstellungskosten einschließlich aktivierungs-

[789] Vgl. Konzerngeschäftsbericht der E.ON AG zum 31.12.2006, Umschlag u. Zusammengefasster Lagebericht, S. 18 ff. sowie E.ON, Homepage, abrufbar unter: http://www.eon.com.

[790] Vgl. Konzernanhang, S. 114 -185.

pflichtiger Stilllegungskosten bewertet“[791] sind. Darüber hinaus berichtet die Gesellschaft, dass die voraussichtlichen Nutzungsdauern für Technische Anlagen und Maschinen zwischen 10 und 65 Jahre betragen.[792] Auf eine weitere Aufgliederung wird verzichtet. In der Berichterstattung zu den **sonstigen Rückstellungen**[793] werden zunächst die Regelungen des SFAS 143 zu Zahlungsverpflichtungen, die aus der Stilllegung oder Veräußerung von Sachanlagen resultieren, beschrieben. Der Standard schreibt vor, dass „der Fair Value einer Zahlungsverpflichtung, die aus der Stilllegung oder Veräußerung von Sachanlagen resultiert, in der Periode zu passivieren ist, in welcher die Verpflichtung entsteht, sofern eine zuverlässige Schätzung des Fair Value möglich ist. Zugleich sind die entsprechenden Sachanlagen um denselben Betrag zu erhöhen. In den Folgeperioden ist diese Buchwerterhöhung über die voraussichtliche Restnutzungsdauer des Anlagegutes zu amortisieren, während die Zahlungsverpflichtung jährlich aufgezinst wird. Rückstellungen für Stilllegungsverpflichtungen im Bereich der Kernenergie basieren auf externen Gutachten und werden laufend aktualisiert.“[794]

Zur Berücksichtigung von Schätzänderungen im Zeitablauf, die sich gemäß SFAS 143 „insbesondere bei Abweichungen von der ursprünglich geschätzten Kostenentwicklung oder bei Änderungen bezüglich des Zahlungszeitpunkts oder des Verpflichtungsumfangs“[795] ergeben, heißt es weiter, dass diese regelmäßig zu einer erfolgsneutralen Anpassung der Verpflichtung durch eine Gegenbuchung in den Sachanlagen führen. Mit dem Verweis auf FIN 47 erklärt die E.ON, dass auch „bedingte Stilllegungs- oder Rückbauverpflichtungen rechtliche Verpflichtungen darstellen, bei denen unklar ist, wann oder wie sie zu erfüllen sind. Sie sind zu bilanzieren, wenn die Höhe der Verpflichtung vernünftig schätzbar ist.“[796] In der Darstellung der wesentlichen Unterschiede zwischen US-GAAP und den deutschen Rechnungslegungsgrundsätzen nach HGB[797] wird noch einmal explizit auf die bilanzielle Abbildung von Entsorgungskosten eingegangen und betont, dass im Gegensatz zu den US-amerikanischen Regelungen die Vorschriften des HGB nicht vorsehen, dass passivierte Stilllegungskosten

791 Konzernanhang, Wesentliche Grundsätze der Rechnungslegung, Sachanlagen, S. 118.
792 Vgl. ebd., S. 118.
793 Vgl. Konzernanhang, Wesentliche Grundsätze der Rechnungslegung, Übrige Rückstellungen und Verbindlichkeiten, S. 121 f.
794 Ebd., S. 121.
795 Ebd., S. 121.
796 Ebd. S. 122.
797 Vgl. Konzernanhang, Wesentliche Unterschiede zwischen US-GAAP und deutschen Rechnungslegungsgrundsätzen nach HGB, Entsorgungskosten, S. 124.

die Anschaffungs- und Herstellungskosten der entsprechenden Vermögenswerte erhöhen.[798]

Erläuterungen zur Konzern-Gewinn- und -Verlustrechnung und -bilanz

Die Gewinn- und Verlustrechnung der E.ON ist nach dem Umsatzkostenverfahren aufgestellt. Die Anhangsangaben zur **Gewinn- und Verlustrechnung**[799] enthalten keine expliziten Angaben zu den nuklearen Entsorgungskosten im E.ON-Konzern.

In Bezug auf die Anhangsangaben zu **Bilanzpositionen**[800] wird im **Anlagenspiegel** lediglich die Sammelposition „Technische Anlagen und Maschinen" mit ihren Zugängen, Abgängen, Umbuchungen in den Anschaffungs- und Herstellungskosten und Abschreibungen in einer separaten Linie dargestellt.[801] Die Gesellschaft verzichtet auf eine tiefere Aufgliederung oder verbale Erläuterungen, so dass der Abschlussadressat keinen Einblick in die Höhe und Entwicklung der in den Sachanlagen erfassten kerntechnischen Anlagen und der mit diesen verbundenen aktivierten Stilllegungsverpflichtungen erhält. In den Erläuterungen zu den **Sachanlagen** wird lediglich auf die Anteile der E.ON an verschiedenen Gemeinschaftskraftwerken eingegangen und erklärt, dass die Aufwendungen für diese Anlagen in Höhe des Anteilsbesitzes der E.ON im Konzernabschluss enthalten sind. Eine nachfolgende tabellarische Übersicht über die Gemeinschaftskraftwerke führt die drei Kraftwerke Isar 2, Gundremmingen B und Gundremmingen C im Bereich Kernenergie auf. Explizite Ausführungen zu Ansatz und Bewertung der mit diesen Kraftwerken verbundenen Entsorgungsaufwendungen sowie Informationen darüber, ob und in welcher Höhe diese Kraftwerke in den Sachanlagen ausgewiesen sind, fehlen indes.[802]

In den Erläuterungen zu den **Vorräten** finden sich gar keine Angaben zum Bereich der Kernenergie bzw. zur Berücksichtigung von Brennelementen in dieser Position.[803] In den **sonstigen finanziellen Vermögensgegenständen** sind auch

798 Vgl. ebd., S. 124.

799 Vgl. Konzernanhang, Erläuterungen zur Konzern-GuV, S. 130-141.

800 Vgl. Konzernanhang, Erläuterungen zur Konzern-Bilanz, S. 142-167.

801 Vgl. ebd., Goodwill, immaterielle Vermögensgegenstände, Sachanlagen und Finanzanlagen, S. 142 f.

802 Vg. ebd., Gemeinschaftskraftwerke, S. 145.

803 Vgl. ebd., Vorräte, S. 148.

die Forderungen gegen Minderheitsgesellschafter der Gemeinschaftskraftwerke in Höhe von EUR 609 Mio. sowie ein Erstattungsanspruch gegenüber dem schwedischen Nuklearfonds im Zusammenhang mit der Stilllegung und dem Rückbau von Kernkraftwerken in Höhe von EUR 427 Mio. enthalten.[804]

Unter den **sonstigen Rückstellungen** werden die Verpflichtungen aus Stilllegungen oder Rückbau von Sachanlagen gemäß SFAS 143 erläutert sowie inhaltliche Angaben zu den einzelnen Entsorgungssachverhalten gemacht.[805] Zunächst wird die Entwicklung der Verpflichtungen aus Stilllegung oder Rückbau von Sachanlagen tabellarisch dargestellt, ohne jedoch weiter nach Verpflichtungen, die den Kernenergiebereich betreffen, und den Verpflichtungen zur Rekultivierung und ähnlichen Verpflichtungen inklusive Bergschäden zu differenzieren. Die Verpflichtungen aus dem Kernenergiebereich machen jedoch mit EUR 8.988 Mio. von insgesamt EUR 9.948 Mio. mehr als 90 % der gesamten Stilllegungs- und Rückbauverpflichtungen aus, so dass diese Beeinträchtigung unter Wesentlichkeitsgesichtspunkten vernachlässigbar gering ist und sich der Abschlussadressat dennoch ein aussagefähiges Bild über die Entwicklung der Stilllegungsverpflichtungen im Kernenergiebereich im Vergleich zum Vorjahr machen kann.

In einer zusätzlichen Tabelle werden die Rückstellungen für Entsorgungen im Kernenergiebereich weiter aufgegliedert und die einzelnen Entsorgungssachverhalte betragsmäßig aufgeführt.[806] Hiernach werden Rückstellungen für Entsorgungen im Kernenergiebereich für die Entsorgung abgebrannter Brennelemente, für die Stilllegung und den Rückbau von Kernkraftwerksanlagen und für die Entsorgung schwach radioaktiver Betriebsabfälle gebildet. Darüber hinaus erfolgt erstmals in 2006 eine weitere Unterteilung der einzelnen Rückstellungsarten nach Fristigkeitsgesichtspunkten (kurzfristige versus langfristige Rückstellungen).[807]

Die Angaben zur Entsorgung von abgebrannten Brennelementen erfolgen differenziert nach den beiden Entsorgungswegen „Wiederaufarbeitung“ und „Direkte Endlagerung“. Im Anschluss an die Darstellung der einzelnen Kostenkomponenten dieser beiden Entsorgungspfade wird berichtet, dass die Rückstellungen

804 Vgl. ebd., Forderungen, sonstige Vermögensgegenstände und aktive Rechnungsabgrenzungsposten, S. 148 f.

805 Vgl. ebd., Übrige Rückstellungen, S. 158-161.

806 Vgl. ebd., S. 159.

807 Vgl. ebd., S. 159.

für diesen Entsorgungssachverhalt über den Zeitraum gebildet werden, in dem die Brennelemente zur Erzeugung elektrischer Energie genutzt werden.[808] Die Rückstellungen für die Kosten der Stilllegung von Kernkraftwerken umfassen die erwarteten Kosten für den Nachbetrieb und den Rückbau der Anlage sowie die voraussichtlichen Entsorgungskosten für radioaktive Stilllegungsabfälle. Angaben zu Schätzänderungen oder Parameteranpassungen werden nicht gemacht. Die Rückstellung für die Kosten der Entsorgung von Betriebsabfällen berücksichtigt die Kosten für die Konditionierung radioaktiver Abfälle, die während des Betriebs der Kernkraftwerke anfallen. Der Abschlussadressat erhält keine Auskünfte zur Bewertung dieser Rückstellung.[809]

Wesentliche Unklarheiten

1. Unklarheit über Anzahl und Einbezug der Kernkraftwerke des E.ON-Konzerns und die Höhe der mit diesen Kraftwerken verbundenen nuklearen Entsorgungsverpflichtungen

Mit dem Konzernabschluss der E.ON AG erfährt der Abschlussadressat lediglich, dass die E.ON Anteile an drei Gemeinschaftskraftwerken hält und die Aufwendungen für diese Anlagen anteilsmäßig im Konzernabschluss enthalten sind.[810] Gemeinschaftlich geführte Unternehmen werden quotal entsprechend ihres Anteilsbesitzes im Konzernabschluss berücksichtigt, d. h. die Vermögensgegenstände und Schulden und somit auch die Verpflichtungen zur nuklearen Entsorgung dieser Gemeinschaftskraftwerke sind entsprechend der Anteile der E.ON an diesen Kraftwerken im Konzernabschluss abgebildet. Es werden keine betragsmäßigen Angaben zu den mit diesen Kraftwerken verbundenen künftigen Entsorgungskosten gemacht.

Über diese Informationen hinaus werden weder in der Beteiligungsübersicht noch an einer anderen Stelle im Geschäftsbericht weitere Angaben über Anteile an, den Betrieb und den Einbezug von Kernkraftwerken gemacht. Vielmehr gelangt der Adressat des Abschlusses nur über Recherche auf der Website der E.ON zu der Information, dass die E.ON Kernkraft AG als verantwortliche Gesellschaft des E.ON-Konzerns für die Stromversorgung in Deutschland, insge-

---

[808] Vgl. ebd., S. 160.

[809] Vgl. ebd., S. 159 f.

[810] Vgl. Konzernanhang, Erläuterungen zur Konzern-Bilanz, Gemeinschaftskraftwerke, S. 145.

samt sechs Kernkraftwerke betreibt und an weiteren fünf beteiligt ist.[811] Es werden keine Angaben zum Einbezug dieser Anlagen in den Abschluss gemacht. Darüber hinaus fehlen Informationen über die Höhe des Anteilsbesitzes – und zwar insbesondere bei den Beteiligungen an Kernkraftwerken – sowie Angaben zu anderen Anteilseignern oder Betreibergesellschaften. Zusammenfassend ist die Darstellung der Gemeinschaftskraftwerke wenig geeignet, dem Abschlussadressaten einen für seine Entscheidungsfindung nützlichen Einblick in die Bedeutung und den Einbezug von Kernkraftwerken im E.ON-Konzern zu gewähren. Es werden darüber hinaus keine Angaben zum Einbezug und zum Restbuchwert der Kernkraftwerke und der mit diesen Anlagen verbundenen Entsorgungsverpflichtungen in den Sachanlagen gemacht.

2. Rückstellungen für die Entsorgung abgebrannter Brennelemente und radioaktiver Betriebsabfälle

In Bezug auf die Bewertung der Rückstellungen für die Entsorgung von abgebrannten Brennelementen erfährt der Abschlussadressat insbesondere, dass diese Rückstellungen über den Zeitraum gebildet werden, in dem die Brennelemente zur Erzeugung elektrischer Energie genutzt werden.[812] Dieses Vorgehen entspricht einer Ansammlung des Verpflichtungsbetrags über die Einsatzzeit der Brennelemente. Es stellt sich die Frage, ob die Ansammlung erfolgswirksam erfolgt ist und wenn dies der Fall ist, ob es sich um eine lineare oder eine abbrandabhängige Ansammlung handelt. Andernfalls lässt SFAS 5 auch eine erfolgsneutrale Ansammlung des Fair Value des hinzugekommenen Verpflichtungsbetrags zu, so dass an dieser Stelle fraglich ist, ob die Gegenbuchung in der Vorratsposition erfolgt ist. Die Erläuterungen zu den Vorräten enthalten keine expliziten Angaben zum Einbezug von Brennelementen und / oder den mit diesen verbundenen Entsorgungspflichten. Positiv muss indes hervorgehoben werden, dass der Abschlussadressat über die Höhe der Verpflichtung zur Brennelemente-entsorgung informiert wird und somit imstande ist, zumindest einen betragsmäßigen Vergleich mit anderen Unternehmen dieser Branche durchzuführen.

Zur Bewertung von Entsorgungsverpflichtungen, die radioaktive Betriebsabfälle betreffen, werden indes keine weiteren verbalen Angaben gemacht. Es wird jedoch zumindest über die Höhe dieser Verpflichtungen berichtet, womit ebenfalls ein zwischenbetrieblicher Vergleich ermöglicht wird.

---

811 Vgl. E.ON, Homepage, abrufbar unter: http://www.eon.com.

812 Vgl. Konzernanhang, Erläuterungen zur Konzern-Bilanz, Übrige Rückstellungen, S. 160.

3. Rückstellungen für die Stilllegung von Kernkraftwerksanlagen

Im Hinblick auf die Bewertung der Stilllegungs- und Rückbaurückstellungen werden die Regelungen des SFAS 143 relativ ausführlich dargestellt.[813] Über die verbalen Erläuterungen hinaus, werden die Stilllegungsrückstellungen auch betragsmäßig angegeben.[814] In Bezug auf den bei der Ermittlung des Fair Value zugrunde gelegten Diskontierungsfaktor, werden lediglich die allgemeinen Regelungen des SFAS 143 zum maßgeblichen Zinssatz dargestellt,[815] ohne jedoch den verwandten Abzinsungssatz betragsmäßig anzugeben. Darüber hinaus ist der Abschlussadressat nicht imstande, die Fälligkeitszeitpunkte der Entsorgungskosten zumindest annähernd zu eruieren, da die tabellarische Übersicht der Nutzungsdauern der Sachanlagen keine weitere Aufteilung der technischen Anlagen und Maschinen bis auf die Ebene der Kernkraftwerke enthält. Die Vorjahresangaben hingegen enthalten eine detaillierte Darstellung der Nutzungsdauern der sowohl konventionellen als auch nuklearen Teile der Kraftwerke.[816]

Mit der tabellarischen Übersicht der Entwicklung der Stilllegungs- und Rückbauverpflichtungen erhält der Abschlussadressat zwar einen Einblick in die Veränderung des Verpflichtungsvolumens im Vergleich zum Vorjahr, die sich im Wesentlichen aus Inanspruchnahmen aus der Verpflichtung, Aufzinsungen des Verpflichtungsbetrags und einer Anpassung des geschätzten Mittelabflusses zusammensetzt. Darüber hinaus werden jedoch keine weiteren Informationen zu den Gründen oder Annahmen für negative und / oder positive Anpassungen der voraussichtlichen Stilllegungs- und Rückbaukosten preisgegeben.

4. Fehlende Informationen zu Inanspruchnahmen aus den zurückgestellten nuklearen Entsorgungsverpflichtungen in der Stilllegungs- und Rückbauphase der Kernkraftwerke Stade und Würgassen

Am 14.11.2003 wurde das Kernkraftwerk Stade, an dem die E.ON Kernkraft 66,7 % der Anteile hält, aus wirtschaftlichen und teilweise auch politisch motivierten Gründen abgeschaltet. Das Kernkraftwerk Würgassen, das zu 100% der

813 Vgl. Konzernanhang, Wesentliche Grundsätze der Rechnungslegung, Übrige Rückstellungen und Verbindlichkeiten, S. 121 f.

814 Vgl. Konzernanhang, Erläuterungen zur Konzern-Bilanz, Übrige Rückstellungen, S. 159.

815 Vgl. Konzernanhang, Wesentliche Grundsätze der Rechnungslegung, Übrige Rückstellungen und Verbindlichkeiten, S. 121 f.

816 Vgl. Konzernabschluss der E.ON AG zum 31.12.2005, S. 111.

E.ON Kernkraft zugerechnet wird, ist bereits am 26.8.1994 abgeschaltet worden.[817] Die Fälligkeitszeitpunkte für die zurückgestellten Stilllegungs- und Rückbaukosten sind somit für diese beiden Kraftwerke erreicht. Sie befinden sich in der Phase der Inanspruchnahme aus den zurückgestellten Verpflichtungen. Erst in dieser Phase wird ersichtlich, ob die erwarteten Stilllegungs- und Rückbaukosten mit den tatsächlichen Kosten übereinstimmen, so dass es gerade vor diesem Hintergrund nicht verständlich ist, dass der Abschlussadressat keine diesbezüglichen Informationen zu den Stilllegungsprojekten Stade und Würgassen erhält und insbesondere nicht erfährt, ob Rückstellungshöhe und tatsächliche Inanspruchnahme annähernd übereinstimmen. Aus diesen Angaben könnten wiederum Rückschlüsse auf die Vorsorge für die zukünftige Stilllegung noch in Betrieb befindlicher Kraftwerke geschlossen werden. Insbesondere auch aus dem Blickwinkel, dass die Stilllegungskosten für ein Kernkraftwerk bis zu EUR 1 Mrd. betragen können, werden damit wesentliche Informationen nicht offen gelegt.

Vergleich mit dem Vorjahr:

Im Vergleich zum Vorjahr ist die Berichterstattung über die voraussichtlichen Nutzungsdauern der Sachanlagen wesentlich reduziert worden. Während im Vorjahr die Nutzungsdauern herunter gebrochen auf die Ebene der Kraftwerke und hierüber hinaus unterteilt nach konventionellen und nuklearen Teilen angegeben worden sind,[818] erfolgt im Berichtsjahr lediglich noch eine Offenlegung auf der Ebene der technischen Anlagen und Maschinen. Dies ist insbesondere im Hinblick auf die Zielsetzung, dem Abschlussadressaten vollständige und vergleichbare Informationen über die bilanzielle Abbildung der künftigen nuklearen Entsorgungskosten zu liefern, kritisch anzumerken.

322 Konzerngeschäftsberichte der RWE AG

Allgemeines

Der RWE-Konzern zählt zu den führenden Strom- und Gasunternehmen in Europa. Sieben Unternehmensbereiche verantworten das operative Geschäft des RWE-Konzerns und steuern nachgeordnete Business Units. Die RWE Power als einer der sieben Unternehmensbereiche ist der Stromerzeuger im RWE-Konzern

---

[817] Vgl. E:ON Homepage, abrufbar unter: http://www.eon.com.

[818] Vgl. Konzernabschluss der E.ON AG zum 31.12.2005, S. 111.

in Kontinentaleuropa und einer der größten Stromproduzenten Europas. RWE Power stützt sich in ihrer Erzeugung auf eine breite Palette von Energieträgern: Kernenergie und die aus eigenen Tagebauen im Rheinland geförderte Braunkohle in der Grundlast, Steinkohle, Gas und regenerative Energien wie Wasser, Wind und Biomasse in der Mittel- und Spitzenlast. Die RWE Power betreibt die vier Kernkraftwerke Biblis, Gundremmingen, Emsland sowie Mülheim-Kärlich.[819] Der Konzernabschluss wird nach den IFRS, wie sie in der Europäischen Union anzuwenden sind, und den ergänzend nach § 315a Abs. 1 HGB anzuwendenden handelsrechtlichen Vorschriften aufgestellt.

Bilanzierung und Bewertung von nuklearen Entsorgungsverpflichtungen

Zu den Bilanzierungs- und Bewertungsmethoden des **Sachanlagevermögens** heißt es im Anhang des Konzerngeschäftsberichts, dass „die Anschaffungs- oder Herstellungskosten von Sachanlagen [...] gegebenenfalls auch die geschätzten Ausgaben für die Stilllegung von Anlagen oder die Wiedernutzbarmachung von Flächen“[820] enthalten. Darüber hinaus berichtet die Gesellschaft, dass die konzerneinheitlichen Nutzungsdauern für thermische Kraftwerke zwischen 15 und 20 Jahren betragen.[821] Es sei angemerkt, dass zu den thermischen Kraftwerken neben Kernkraftwerken insbesondere auch Kohlekraftwer-ke gezählt werden können.[822] Zu den **Vorräten** heißt es, dass die in den Roh-, Hilfs- und Betriebsstoffen ausgewiesenen Kernbrennelemente mit den fortgeführten Anschaffungskosten bewertet und die Abschreibungen arbeitsabhängig nach Maßgabe des Verbrauchs und leistungsabhängig nach Maßgabe der Nutzungsdauer des Reaktors ermittelt werden.[823]

Zu den **Rückstellungen** wird berichtet, dass alle langfristigen Rückstellungen mit ihrem auf den Bilanzstichtag abgezinsten voraussichtlichen Erfüllungsbetrag bilanziert werden. Bei Stilllegungs-, Rekultivierungs- und ähnlichen Rückstellungen werden geänderte Schätzungen und Parameteranpassungen sowohl bei der bestehenden Rückstellung als auch in gleicher Höhe beim zugehörigen Vermögenswert, z. B. Kraftwerk, berücksichtigt. Ein über den Buchwert des Ver-

[819] Vgl. Konzerngeschäftsbericht der RWE AG zum 31.12.2006, Umschlag u. Lagebericht, S. 18-22 sowie RWE, Homepage, abrufbar unter: http://www.rwe.com.

[820] Konzernanhang, Bilanzierungs- und Bewertungsmethoden, Sachanlagen, S. 151.

[821] Vgl. ebd., S. 152.

[822] Vgl. Energie Lexikon, Thermische Kraftwerke, abrufbar unter: http://www.energieinfo.de/eglossar/node173.html.

[823] Vgl. Konzernanhang, Bilanzierungs- und Bewertungsmethoden, Vorräte, S. 153.

mögenswerts hinausgehender Anpassungsbetrag wird erfolgswirksam erfasst. Die Entsorgungsrückstellungen im Kernenergiebereich setzen sich zusammen aus den Rückstellungen für die Entsorgung von Kernbrennelementen, den Rückstellungen für die Stilllegung von Kernkraftwerksanlagen sowie den Rückstellungen für die Entsorgung radioaktiver Betriebsabfälle. Während erstere die erwarteten Kosten der Wiederaufarbeitung und direkten Endlagerung sowie die Kosten für Transport, Abfallbehandlung, -rücknahme und Zwischenlagerung umfassen, werden mit den Stilllegungsrückstellungen die erwarteten Kosten für die Nachbetriebsphase und den Rückbau der Anlagen abgebildet. Die Rückstellungen im Kernenergiebereich werden erwartungsgemäß bis zum Jahr 2080 verbraucht.[824]

Erläuterungen zur Konzern-Gewinn- und -Verlustrechnung und -bilanz

Die Gewinn- und Verlustrechnung der RWE ist nach dem Gesamtkostenverfahren aufgestellt. Unter den Aufwendungen für Roh-, Hilfs- und Betriebsstoffe im **Materialaufwand** werden auch die „Aufwendungen für Einsatz und Entsorgung von Kernbrennstoffen“[825] ausgewiesen. Es werden keine betragsmäßigen Angaben gemacht. Ähnlich verhält es sich mit den **Zinsen** aus der jährlichen Aufzinsung der Rückstellungen für die Entsorgung im Kernenergiebereich. Die Zinsanteile an Zuführungen zu den Rückstellungen werden zwar weiter aufgegliedert, dennoch werden die die Rückstellungen für Entsorgungen im Kernenergiebereich betreffenden Zinsanteile zusammen mit den Zuführungen zu den bergbaubedingten Rückstellungen dargestellt,[826] und eine weitere betragsmäßige Aufgliederung wird an dieser Stelle nicht vorgenommen. Indessen erfährt der Abschlussadressat in den Erläuterungen zu den Rückstellungen für Entsorgungen im Kernenergiebereich, dass die Rückstellungszuführungen in diesem Bereich vor allem auf den Zinsanteil in Höhe von EUR 416 Mio. zurückzuführen sind.[827]

In Bezug auf die Anhangsangaben zu **Bilanzpositionen**[828] wird im **Anlagenspiegel** lediglich die Sammelposition „Technische Anlagen und Maschinen“ mit ihren Zugängen, Abgängen, Umbuchungen in den

824 Vgl. ebd., Rückstellungen, S. 154 f.

825 Konzernanhang, Erläuterungen zur Gewinn- und Verlustrechnung, Materialaufwand, S. 163.

826 Vgl. ebd., Finanzergebnis, S. 165.

827 Vgl. Konzernanhang, Erläuterungen zur Bilanz, Rückstellungen für Entsorgung im Kernenergiebereich, S. 186.

828 Vgl. Konzernanhang, Erläuterungen zur Bilanz, S. 168-189.

Anschaffungs- und Herstellungskosten und Abschreibungen in einer separaten Linie dargestellt. Die Gesellschaft verzichtet auf eine tiefere Aufgliederung oder verbale Erläuterungen, so dass der Abschlussadressat keinen Einblick in die Höhe und Entwicklung der in den Sachanlagen erfassten kerntechnischen Anlagen und der mit diesen verbundenen aktivierten Stilllegungsverpflichtungen erhält.[829] In der Aufgliederung der **Vorräte** wird zwar ersichtlich, dass in den Roh-, Hilfs- und Betriebsstoffen auch die Kernbrennelemente enthalten sind. Der Abschlussadressat erhält jedoch keine betragsmäßigen Angaben zur Höhe oder Entwicklung der Kernbrennelemente.[830]

In der Aufgliederung der **sonstigen Rückstellungen** veranschaulicht die RWE das Verhältnis von langfristigen zu kurzfristigen Entsorgungsverpflichtungen im Kernenergiebereich. Es wird ersichtlich, dass der überwiegende Teil dieser Verpflichtungen (ca. 97 %)[831] langfristiger Art ist.[832] Darüber hinaus stellt die Gesellschaft die Zusammensetzung und Entwicklung ihrer sonstigen Rückstellungen in einem Rückstellungsspiegel dar und weist die Rückstellungen für Entsorgungen im Kernenergiebereich in einer separaten Linie aus.[833] Die Gesellschaft berichtet sehr ausführlich über die Entwicklung der Entsorgungsrückstellungen im Kernenergiebereich, die „überwiegend als langfristige Rückstellungen mit ihrem auf den Bilanzstichtag abgezinsten Erfüllungsbetrag“[834] angesetzt werden. Der Diskontierungsfaktor beträgt hiernach unverändert zum Vorjahr 5,0 %. Im Berichtsjahr sind insbesondere mengenbedingte Erhöhungen des Verpflichtungsvolumens durch Barwertzuführungen in Höhe von EUR 92 Mio. berücksichtigt und erwartete niedrigere Entsorgungskosten für die Zukunft durch Rückstellungsauflösungen in Höhe von EUR 164 Mio. abgebildet worden. Die Gesellschaft unterrichtet den Abschlussadressaten nicht über die Verpflichtungshöhe der einzelnen Entsorgungssachverhalte.[835]

---

[829] Vgl. ebd., Sachanlagen, S. 171.
[830] Vgl. ebd., Vorräte, S. 176.
[831] 96,72 % = EUR 8.544 Mio. / EUR 8.834 Mio.
[832] Vgl. ebd., Rückstellungen, S. 181.
[833] Vgl. ebd., Rückstellungsspiegel, S. 185.
[834] Ebd., Rückstellungen für Entsorgung im Kernenergiebereich, S. 186.
[835] Vgl. ebd., S. 186.

Wesentliche Unklarheiten

1. Unklarheit über die Anzahl und den Einbezug der Kernkraftwerke des RWE-Konzerns und die Höhe der mit diesen Kraftwerken verbundenen nuklearen Entsorgungsverpflichtungen

Auf der Homepage der RWE AG erfährt der Abschlussadressat, dass die RWE Power AG vier Kernkraftwerke betreibt. Betrachtet man die Darstellung der wesentlichen Beteiligungen der RWE AG im Konzerngeschäftsbericht,[836] werden lediglich die beiden Kernkraftwerke Emsland (Lippe-Ems) und Gundremmingen als verbundene Unternehmen der RWE Power aufgeführt.[837] Es ist somit davon auszugehen, dass auch nur diese beiden Kernkraftwerke in den technischen Anlagen der Sachanlagen enthalten sind und sich die Stilllegungsrückstellungen und Verpflichtungen zur Entsorgung von Brennelementen und radioaktiven Anfällen ausschließlich auf diese beiden Kernkraftwerke beziehen. Diesbezüglich werden keine expliziten Aussagen gemacht, so dass ein großes Unsicherheitspotential an ganz grundsätzlichen Informationen, zu denen die Anzahl der im Abschluss berücksichtigten Kernkraftwerke bei einem hiesigen Energieversorger auf jeden Fall zählen dürfte, besteht. Darüber hinaus erhält der Abschlussadressat auch keine Informationen zu eventuellen anderen Anteilseignern oder Betreibergesellschaften.

2. Rückstellungen für die Entsorgung von Kernbrennelementen und radioaktiven Betriebsabfällen

In Bezug auf die Bewertung der Entsorgungsrückstellungen im Kernenergiebereich erfährt der Abschlussadressat lediglich, dass sie überwiegend als langfristige Rückstellungen mit ihrem auf den Bilanzstichtag abgezinsten Erfüllungsbetrag angesetzt werden.[838] Die Gesellschaft verzichtet auf eine differenzierte Berichterstattung,[839] so dass unterstellt werden muss, dass die Verpflichtungen zur Entsorgung von Brennelementen und radioaktiven Betriebsabfällen ebenso wie die Stilllegungsrückstellungen bereits zum Zeitpunkt der Inbetriebnahme des Kernkraftwerks in voller Höhe abgebildet worden sind. Fraglich ist, in welcher Position die gleichzeitige Aktivierung des zurückgestellten Barwerts erfolgt

836 Vgl. Konzernabschluss, Weitere Informationen, Wesentliche Beteiligungen, S. 202 ff.

837 Vgl. ebd., S. 202.

838 Vgl. Konzernanhang, Erläuterungen zur Bilanz, Rückstellungen für Entsorgung im Kernenergiebereich, S. 186.

839 Vgl. ebd., S. 185 f.

ist. Diesbezügliche Auskünfte finden sich weder in den Erläuterungen zu den Vorräten noch in den Ausführungen zum Sachanlagevermögen. Deshalb könnte der Abschlussadressat auch davon ausgehen, dass sämtliche Entsorgungssachverhalte, die den Kernenergiebereich betreffen, gemeinsam bewertet und aktivisch unter den Sachanlagen berücksichtigt werden. Hierfür spricht auch, dass die Gesellschaft ihre Entsorgungsverpflichtungen als weit überwiegend langfristig einstuft. Es muss vor allem auch kritisch angemerkt werden, dass die Verpflichtungen für die Entsorgung von Brennelementen und radioaktiven Betriebsabfällen nicht betragsmäßig angegeben werden, so dass ein zwischenbetrieblicher Vergleich nicht möglich ist. Zusammengefasst erhält ein am Konzern interessierter Dritter keine expliziten Angaben zu Ansatz und Bewertung der im Konzernabschluss der RWE AG enthaltenen Rückstellungen für die Entsorgung von Brennelementen und radioaktiven Betriebsabfällen.

3. Rückstellungen für die Stilllegung von Kernkraftwerksanlagen

Zunächst kann festgestellt werden, dass der Abschlussadressat nicht explizit über die konzerneinheitlichen Nutzungsdauern der Kernkraftwerke des RWE-Konzerns unterrichtet wird, da lediglich für den Sammelbegriff „Thermische Kraftwerke" Nutzungsdauern zwischen 15 und 20 Jahren angegeben werden. Kritisch zu hinterfragen ist, ob denn Kernkraftwerke, deren konventionellen Teile Nutzungsdauern von bis zu 60 Jahren (die nuklearen Teile von bis zu 25 Jahren) aufweisen können, überhaupt in dieser Sammelposition enthalten sein können. Für die der Barwertermittlung zu Grunde gelegten Fälligkeitszeitpunkte der Entsorgungskosten spielen die angesetzten Nutzungsdauern der Anlagenteile aber eine wesentliche Rolle, so dass wichtige Informationen fehlen. Die Stilllegungsverpflichtungen des Konzerns werden mit ihrem Barwert passiviert und gleichzeitig unter den technischen Anlagen aktiviert. Betragsmäßige Angaben zur Verpflichtungshöhe werden nicht offen gelegt. Kritisch anzumerken ist wieter, dass im Anlagenspiegel keine Aufgliederung der technischen Anlagen vorgenommen und somit der aktivierte Teil der Stilllegungsrückstellungen nicht ersichtlich wird. Positiv hervorzuheben sind indes die ausführlichen Angaben zur Entwicklung der Stilllegungsverpflichtungen im Vergleich zum Vorjahr, die sowohl über die Gründe als auch über die betragsmäßigen Auswirkungen von Parameter- und Schätzänderungen informieren.

Vergleich mit dem Vorjahr:

Im Vergleich zum Vorjahr sind im Konzerngeschäftsbericht 2006 keine Änderungen in der Berichterstattung vorgenommen worden.

323 Konzerngeschäftsberichte der EnBW AG

Allgemeines

Die EnBW Energie Baden-Württemberg AG ist das drittgrößte deutsche Energieunternehmen. Die Kernaktivitäten konzentrieren sich auf die Geschäftsfelder Strom, Gas sowie Energie- und Umweltdienstleistungen. Die EnBW Kraftwerke AG, eine 100 %-ige Tochter der EnBW Energie Baden-Württemberg AG, betreibt den überwiegenden Teil des EnBW-Kraftwerksparks und verfügt mit eigenen und teileigenen Kraftwerken, Beteiligungen und langfristigen Kraftwerksbezugsverträgen über ein Erzeugungsportfolio aus Kernenergie, Kohle, Gas, Wasser und sonstigen erneuerbaren Energieträgern.[840] Aus der Standortübersicht der Gesellschaft wird ersichtlich, dass die EnBW Kraftwerke AG die drei inländischen Kernkraftwerke Obrigheim, Philippsburg und Neckarwestheim betreibt und an den zwei ausländischen Kernkraftwerken Cattenom (Frankreich) und Fessenheim (Frankreich) beteiligt ist. Der Betrieb des Kernkraftwerks Obrigheim ist als Folge des Atomkonsenses am 11.5.2005 eingestellt worden.[841] Der Konzernabschluss der EnBW wird entsprechend § 315a Abs. 1 HGB zu den am Bilanzstichtag verpflichtend in der Europäischen Union anzuwendenden IFRS aufgestellt.

Bilanzierung und Bewertung von nuklearen Entsorgungsverpflichtungen

Zu den Bilanzierungs- und Bewertungsmethoden der **Sachanlagen** heißt es im Anhang des Konzerngeschäftsberichts, dass „unter den nuklearen Erzeugungsanlagen … auch der um Abschreibungen verminderte Barwert der zum Zeitpunkt der Inbetriebnahme geschätzten Kosten für die Stilllegung und den Abbau der kontaminierten Anlagen ausgewiesen“[842] wird. Darüber hinaus berichtet die Gesellschaft, dass die konzerneinheitlichen Nutzungsdauern für Kraftwerke zwi-

840 Vgl. Konzerngeschäftsbericht der EnBW AG zum 31.12.2006, Umschlag u. Unternehmensbericht, S. 6 f. u. Lagebericht zum Unternehmen u. Umfeld, S. 48 ff. sowie EnBW, Homepage, abrufbar unter: http://www.enbw.com.

841 Vgl. Unternehmensbericht, Standorte, S. 8 f.

842 Konzernanhang, Wesentliche Bilanzierungs- und Bewertungsmethoden, Sachanlagen, S. 124.

schen 15 und 50 Jahren betragen.[843] In Bezug auf die Bilanzierung und Bewertung der **Vorräte** wird berichtet, dass die unter den Vorräten ausgewiesenen Kernbrennelemente mit den fortgeführten Anschaffungskosten bewertet und die Abschreibungen nach Maßgabe des Verbrauchs ermittelt werden.[844]

Auf die Zukunft bezogene Annahmen und Prognosen sowie damit verbundene Schätzunsicherheiten betreffen vor allem auch die **Kernenergierückstellungen**, die auf jährlich angepassten externen Gutachten basieren. Diesen Gutachten liegen Kostenschätzungen der Erfüllungsbeträge für die Verpflichtungen zu Grunde. Schätzunsicherheiten ergeben sich dabei „insbesondere aus Änderungen des Verpflichtungsumfangs und Abweichungen von den angenommenen Kostenentwicklungen sowie bei Änderungen der Zahlungszeitpunkte."[845] Darüber hinaus führen auch Änderungen des Diskontierungszinses zu einer Anpassung der Kernenergierückstellungen.[846]

Erläuterungen zur Konzern-Gewinn- und -Verlustrechnung und -bilanz

Die Gewinn- und Verlustrechnung der EnBW ist nach dem Gesamtkostenverfahren aufgestellt. Unter den Aufwendungen für Roh-, Hilfs- und Betriebsstoffe im **Materialaufwand** werden „die erforderlichen Zuführungen – mit Ausnahme der Aufzinsung – zu Rückstellungen für die Stilllegung der Kernkraftwerke, die Kosten für die Entsorgung bestrahlter Brennelemente und radioaktiver Abfälle sowie der Verbrauch an Kernbrennelementen und Kernbrennstoffen sowie an Brennstoffen konventioneller Kraftwerke"[847] ausgewiesen. Es werden keine betragsmäßigen Angaben gemacht. Anders verhält es sich mit den **Zinsen** aus der jährlichen Aufzinsung der kerntechnischen Rückstellungen: Der Zinsanteil der Zuführungen zu den Rückstellungen wird weiter aufgegliedert und der Betrag, der auf die kerntechnischen Rückstellungen entfällt, mit EUR 240,0 Mio. beziffert.[848]

843 Vgl. ebd., Sachanlagen, S. 125.
844 Vgl. ebd., Vorräte, S. 127.
845 Konzernanhang, Wesentliche Ermessensentscheidungen und Schätzungen, Kernenergierückstellungen, S. 130.
846 Vgl. ebd., Kernenergierückstellungen, S. 130.
847 Konzernanhang, Erläuterungen zur Gewinn- und Verlustrechnung und zur Bilanz, Materialaufwand, S. 132.
848 Vgl. ebd., Finanzergebnis, S. 134.

In Bezug auf die Anhangsangaben zu **Bilanzpositionen**[849] wird im **Anlagenspiegel** lediglich die Sammelposition „Technische Anlagen und Maschinen" mit ihren Zugängen, Abgängen, Umbuchungen in den Anschaffungs- und Herstellungskosten und Abschreibungen in einer separaten Linie dargestellt. Die Gesellschaft verzichtet auf eine tiefere Aufgliederung oder verbale Erläuterungen, so dass der Abschlussadressat an dieser Stelle keinen Einblick in die Höhe und Entwicklung der in den Sachanlagen erfassten kerntechnischen Anlagen und der mit diesen verbundenen aktivierten Stilllegungsverpflichtungen erhält. Dies kann auch nicht durch die Aussage kompensiert werden, dass die technischen Anlagen und Maschinen vor allem auch Erzeugungsanlagen beinhalten.[850] Positiv kann indes angemerkt werden, dass die EnBW die **Zugänge zur aktivierten Rückstellung** für Stilllegung und Abbau der nuklearen Erzeugungsanlagen im Berichtsjahr betragsmäßig offen legt. Zum 31.12.2006 handelt es sich um eine negative Schätzanpassung der Kernenergierückstellung um EUR 161,1 Mio. und eine entsprechende Reduzierung der aktivierten Rückstellung. Gründe für diese Schätzanpassung werden indes nicht angegeben.[851]

Positiv hervorzuheben ist auch die Berichterstattung zu den **Vorräten**, denn die EnBW weist die Kernbrennelemente (inkl. darauf geleisteter Anzahlungen) mit EUR 285 Mio. offen in der tabellarischen Aufgliederung des Vorratsvermögens aus.[852]

In der Aufgliederung der **Rückstellungen** veranschaulicht die EnBW das Verhältnis von langfristigen (> 1 Jahr) zu kurzfristigen (≤ 1 Jahr) Rückstellungen im Kernenergiebereich. Es wird ersichtlich, dass der überwiegende Teil dieser Verpflichtungen (ca. 97 %)[853] langfristiger Art ist.[854] Darüber hinaus stellt die Gesellschaft die Zusammensetzung und Entwicklung ihrer sonstigen Rückstellungen in einem Rückstellungsspiegel dar und weist die Rückstellungen im Kernenergiebereich in einer separaten Linie aus.[855] Die Gesellschaft berichtet sehr ausführlich über Bestandteile und Bildung der einzelnen Rückstellungsarten im Kernenergiebereich, bei denen es sich um Rückstellungen für die Entsorgung

849 Vgl. ebd., S. 137-159.
850 Vgl. ebd., Sachanlagen, S. 140 f.
851 Vgl. ebd., Sachanlagen, S. 141.
852 Vgl. ebd., Vorratsvermögen, S. 147.
853 97,17 % = EUR 4.405,1 Mio. / EUR 4.533,5 Mio.
854 Vgl. ebd., Rückstellungen, S. 149.
855 Vgl. ebd., Rückstellungsspiegel, S. 152 f.

von bestrahlten Brennelementen und radioaktiven Betriebsabfällen einerseits sowie um Rückstellungen für die Stilllegung und den Rückbau der kontaminierten Anlagenteile andererseits handelt. Diese Rückstellungen basieren auf öffentlich-rechtlichen Verpflichtungen und Auflagen in den Betriebsgenehmigungen.[856]

Auch im Rahmen der Berichterstattung zu den Rückstellungen kann positiv hervorgehoben werden, dass die einzelnen Entsorgungssachverhalte betragsmäßig offen gelegt und den Vorjahreswerten gegenübergestellt werden, wodurch ein zwischenbetrieblicher Vergleich ermöglicht wird. Zu den Rückstellungen für die Stilllegung und den Rückbau der kontaminierten Anlagenteile wird berichtet, dass diese zum Zeitpunkt der Inbetriebnahme der Anlage mit dem abgezinsten Erfüllungsbetrag angesetzt und gleichzeitig unter den Erzeugungsanlagen ausgewiesen sowie planmäßig abgeschrieben werden. Die Höhe des unter den Erzeugungsanlagen aktivierten Teils der Rückstellungen für die Stilllegung und Beseitigung der Anlagen beträgt zum 31.12.2006 EUR 262,7 Mio. und ist im Anlagenspiegel in der Linie „Technische Anlagen und Maschinen" enthalten.[857] Die Rückstellungen werden jährlich aufgezinst. Im Berichtsjahr betrug der Diskontierungszins unverändert zum Vorjahr 5,5 %. Schätzänderungen werden erfolgsneutral durch eine gleichzeitige Anpassung des korrespondierenden Bilanzpostens berücksichtigt.[858]

Die Rückstellungen zur Entsorgung bestrahlter Brennelemente und radioaktiver Betriebsabfälle enthalten die Kosten der Wiederaufarbeitung einschließlich der Kosten der Entsorgung der Abfälle aus der Wiederaufarbeitung sowie die Kosten der direkten Endlagerung und werden in Höhe des Barwerts der erwarteten zukünftigen Verpflichtungen periodisch angesammelt.[859]

Wesentliche Unklarheiten

1. Unklarheit über den Einbezug der Kernkraftwerke Neckarwestheim und Philippsburg und die Höhe der mit diesen Kraftwerken verbundenen nuklearen Entsorgungsverpflichtungen

---

[856] Vgl. ebd., Rückstellungen im Kernenergiebereich, S. 152.

[857] Vgl. hierzu Angaben zu den Sachanlagen. Hiernach beinhalten die technischen Anlagen und Maschinen vor allem auch Erzeugungsanlagen. Vgl. ebd., Sachanlagen, S. 141.

[858] Vgl. ebd., Rückstellungen im Kernenergiebereich, S. 152 f.

[859] Vgl. ebd., S. 153.

In der Standortübersicht des Konzerngeschäftsberichts[860] werden drei inländische und zwei ausländische Kernkraftwerksstandorte aufgeführt. Indessen enthält die Beteiligungsübersicht[861] der EnBW lediglich das Kernkraftwerk Obrigheim in der Übersicht der voll konsolidierten Unternehmen im Geschäftsfeld Strom. Die anderen Kernkraftwerke aus der Standortübersicht sind weder bei den voll konsolidierten noch bei den quotal oder et equity konsolidierten Unternehmen oder in der Übersicht der Beteiligungen aufgeführt. Insofern müsste davon ausgegangen werden, dass ausschließlich das Kernkraftwerk Obrigheim in den Erzeugungsanlagen der Sachanlagen enthalten ist und sich die Stilllegungsrückstellungen und Verpflichtungen zur Entsorgung von Brennelementen und radioaktiven Anfällen auch nur auf dieses Kernkraftwerk beziehen. Diese Annahme ist vor allem in Anbetracht der Information, dass sich die inländischen Kernkraftwerke insgesamt im Eigenbetrieb der EnBW befinden, sehr irreführend. Darüber hinaus erhält der Abschlussadressat auch keine Informationen zu den anderen Anteilseignern der ausländischen Kernkraftwerke.

2. Rückstellungen zur Entsorgung bestrahlter Brennelemente und radioaktiver Betriebsabfälle

Zunächst ist positiv hervorzuheben, dass der Abschlussadressat durch die betragsmäßige Offenlegung[862] dieser Entsorgungssachverhalte in die Lage versetzt wird, einen unmittelbaren Unternehmensvergleich durchzuführen. Darüber hinaus vermitteln auch die Angaben zur Bewertung dieser Rückstellungen – zumindest auf den ersten Blick – einen scheinbar vollständigen Einblick in die bilanzielle Abbildung dieser Verpflichtungen. Bei genauerem Hinsehen kann der Abschlussleser jedoch nicht mit Sicherheit feststellen, ob die „Ansammlung der Rückstellungen [...] in Höhe des Barwerts der erwarteten zukünftigen Verpflichtungen“[863] erfolgsneutral erfolgt oder alternativ zu periodischen Belastungen der Erfolgsrechnung führt. Eine Bewertung zum Barwert lässt im Grunde eine volle erfolgsneutrale Berücksichtigung der zukünftigen Verpflichtung zum Abschlussstichtag (Ansatzrückstellung) annehmen, während eine Rückstellungsansammlung regelmäßig gleichbedeutend ist mit einer erfolgswirksamen Ansammlung der künftigen Verpflichtung über die Perioden. Insofern könnte man meinen, dass hier zwei Bewertungsmethoden miteinander vermischt werden.

---

860 Vgl. Unternehmensbericht 2006, Standorte, S. 8 f.

861 Vgl. Zusätzliche Angaben zum Jahresabschluss, Wesentliche Beteiligungen, S. 182-185.

862 Vgl. Konzernanhang, Erläuterungen zur Gewinn- und Verlustrechnung und zur Bilanz, Rückstellungen im Kernenergiebereich, S. 152.

863 Ebd., Rückstellungen im Kernenergiebereich, S. 153.

Unter der Annahme einer erfolgsneutralen Ansammlung des Verpflichtungsbarwerts verbleibt immer noch die Frage nach dem Ausweis. In der Berichterstattung zu den Vorräten werden keine diesbezüglichen Angaben gemacht. Ferner stellt sich die Frage nach der Dauer der Ansammlung, die sich sowohl auf die Einsatzzeit der Brennelemente als auch auf die Nutzungszeit des Kernkraftwerks beziehen könnte.

3. Rückstellungen für die Stilllegung und den Rückbau der kontaminierten Anlagenteile

Die Verpflichtungen für Stilllegung und Rückbau werden zum Zeitpunkt der Inbetriebnahme der Anlage mit ihrem Barwert passiviert und gleichzeitig unter den Erzeugungsanlagen aktiviert. Der Abschlussadressat wird sowohl über die Höhe der Stilllegungs- und Rückbauverpflichtungen als auch über den Betrag des unter den Erzeugungsanlagen aktivierten Teils der Stilllegungsrückstellung informiert. Dies ist positiv hervorzuheben. Darüber hinaus wäre jedoch auch die Angabe der Gründe für die negative Schätzanpassung im Berichtsjahr wünschenswert gewesen.

Unklarheit herrscht indessen in Bezug auf die Angaben zum Materialaufwand. Hiernach umfassen die Roh-, Hilfs- und Betriebsstoffe auch „die erforderlichen Zuführungen – mit Ausnahme der Aufzinsung – zu Rückstellungen für die Stilllegung der Kernkraftwerke“[864]. Es stellt sich die Frage, welche erfolgswirksamen Zuführungen es zu den Stilllegungsrückstellungen geben kann, die sich im Materialaufwand niederschlagen. Sowohl die Rückstellungsbildung als auch die periodischen Anpassungen aufgrund von Schätzänderungen werden nach Aussagen der Gesellschaft erfolgsneutral gebucht. Einzig die über den Buchwert der Kernkraftwerke hinausgehenden Anpassungsbeträge müssten nach den Regelungen des IFRIC 1 direkt erfolgswirksam erfasst werden. Die Buchung hat jedoch gegen die Position zu erfolgen, gegen die die Rückstellung vormals gebildet worden ist. Da eine Anpassung der Verpflichtung nach „unten“ impliziert, dass in der Vergangenheit zu hohe Abschreibungsbeträge das Ergebnis belastet haben, sind die Anpassungen auch in der Position „Abschreibungen“, und zwar negativ zu erfassen.

[864] Ebd., Materialaufwand, S. 132.

4. Fehlende Informationen zum Stilllegungsprojekt Obrigheim

Am 11.5.2005 ist der Betrieb des Kernkraftwerks Obrigheim, eine 100 %-Tochter im EnBW-Konzern, aufgrund des Atomkonsenses eingestellt worden,[865] so dass sich dieses Kraftwerk zurzeit in seiner Nachbetriebsphase befindet. Der Abschlussadressat erhält keine Informationen zum Stilllegungsprojekt Obrigheim, so dass auch Angaben zu Inanspruchnahmen aus den für dieses Kraftwerk zurückgestellten Entsorgungsrückstellungen fehlen. Da gerade aus diesen Angaben auch Rückschlüsse auf die Vorsorge für die zukünftige Stilllegung noch in Betrieb befindlicher Kraftwerke geschlossen werden könnten, ist diese Informationslücke auch vor diesem Hintergrund zu bemängeln.

Vergleich mit dem Vorjahr:

Eine Ausweis- bzw. Angabenänderung betrifft die Darstellung der Sachanlagen im Anlagenspiegel. Während im Vorjahr die Erzeugungsanlagen noch gesondert mit ihren Zugängen, Abgängen und Umbuchungen in ihren Anschaffungskosten und Abschreibungen aufgeführt worden sind, erfolgt in 2006 eine weniger detaillierte Darstellung, da die Erzeugungsanlagen nicht mehr separat dargestellt, sondern in der Linie „Technische Anlagen und Maschinen" miterfasst werden. Da es sich jedoch auch in 2005 um eine aggregierte Darstellung handelte, d. h. die Erzeugungsanlagen sind auch 2005 zusammen mit den Gasübernahmestationen der Gesellschaft in einer Sachanlagenlinie ausgewiesen worden, liegt durch diese Änderung in der Berichterstattung keine eigentliche Beeinträchtigung für eine externe Abschlussanalyse vor.

Positiv ist indes zu beurteilen, dass erstmals in 2006 die Rückstellungen im Kernenergiebereich nach Fristigkeiten getrennt ausgewiesen werden. In 2005 ist lediglich der Gesamtbetrag der Rückstellungen in langfristige sowie kurzfristige Rückstellungen aufgeteilt worden. Darüber hinaus kann mit der Offenlegung der Beträge für die einzelnen Rückstellungssachverhalte im Kernenergiebereich die wesentlichste Änderung in der Berichterstattung in diesem Bereich konstatiert werden. Erst durch diese Erweiterung ermöglicht die Gesellschaft einen zwischenbetrieblichen Vergleich auf Basis der Rückstellungswerte, was positiv hervorzuheben ist.

---

865 Vgl. Unternehmensbericht 2006, Standorte, S. 8 f.

324 Konzerngeschäftsberichte der Vattenfall Europe AG

Allgemeines

Gegenstand der Vattenfall Europe AG ist unter anderem „die Erzeugung, Beschaffung, Verteilung, der Handel und der Vertrieb von Energien jeder Art, insbesondere von elektrischer Energie, Gas, Fernwärme und Dampf einschließlich der Errichtung und des Betriebs der hierzu notwendigen Einrichtungen."[866] Der Konzern ist entlang der gesamten Wertschöpfungskette der Energiewirtschaft aktiv und strukturiert seine Kerngeschäftsfelder in die fünf Business Units Mining & Generation, Transmission, Distribution, Sales and Heat. Die Aktivitäten zur Stromgewinnung aus Kernkraft sind unter dem Dach der Business Unit „Mining & Generation" angesiedelt und werden von der Vattenfall Europe Nuclear Energy GmbH, einer 100 %-Tochter der Vattenfall Europe AG, verantwortet. Gemeinsam mit E.ON ist diese Gesellschaft an den Kernkraftwerken Brunsbüttel (66,7 %), Krümmel (50 %), Brokdorf (20 %) und Stade (33,33 %) beteiligt. Das Kernkraftwerk Stade ist 2003 aus dem Betrieb genommen worden. In 2006 wurden entsprechend der Vorgaben des Atomgesetzes die Standort-Zwischenlager Krümmel und Brunsbüttel in Betrieb genommen.[867] Der Konzernabschluss der Vattenfall Europe AG für das Geschäftsjahr 2006 wurde nach den IFRS aufgestellt, die von der Europäischen Union angenommen wurden.[868]

Bilanzierung und Bewertung von nuklearen Entsorgungsverpflichtungen

Zu den Bilanzierungs- und Bewertungsmethoden des **Sachanlagevermögens** heißt es im Anhang des Konzerngeschäftsberichts, dass „Verpflichtungen für den Abbruch und die Demontage von Vermögenswerten sowie die Rekultivierung der Tagebaue […] entsprechend IAS 16.16 (c) als Anschaffungskosten in dem Maße aktiviert (werden, d. Verf.), wie für diese Verpflichtungen gemäß IAS 37 Rückstellungen zu bilden sind."[869] Darüber hinaus berichtet die Gesellschaft, dass die Nutzungsdauern ihrer Stromerzeugungsanlagen zwischen 25 und 40 Jahren betragen.[870] Unter den **Vorräten** heißt es, dass die Verpflichtungen für die Entsorgung von abgebrannten Brennelementen als Anschaffungskosten in dem Maße aktiviert werden, wie für diese Verpflichtungen Rückstellungen

[866] Konzerngeschäftsbericht der Vattenfall Europe AG zum 31.12.2006, Konzernanhang, Allgemeine Erläuterungen, S. 56.

[867] Vgl. ebd., Lagebericht, Überblick über den Konzern, S. 16 ff. sowie Vattenfall, Homepage, abrufbar unter: http://www.vattenfall.de.

[868] Vgl. ebd., Konzernanhang, Grundlagen der Rechnungslegung, S. 56.

[869] Konzernanhang, Bilanzierungs- und Bewertungsmethoden, Sachanlagevermögen, S. 59.

[870] Vgl. ebd., S. 60.

gebildet werden.[871] Zur Bilanzierung und Bewertung der **Rückstellungen für ungewisse Verpflichtungen** wird berichtet, dass langfristige Rückstellungen mit ihrem Barwert angesetzt werden, sofern der Zinseffekt wesentlich ist, und die periodischen Aufzinsungen erfolgswirksam als Finanzierungsaufwand erfasst werden. Änderungen der Rückstellung infolge von Zinssatzanpassungen werden im operativen Ergebnis ausgewiesen, sofern keine Anpassung eines dazugehörigen Vermögenswerts erforderlich ist.[872]

Annahmen und Schätzungen bei der Aufstellung des Konzernabschlusses beziehen sich vor allem auch auf die Bilanzierung und Bewertung von **Rückstellungen**. Bei der Bewertung der Rückstellungen stellt die Wahl des Diskontierungszinssatzes eine wesentliche Annahme dar, so dass Änderungen im Diskontierungszinssatz insbesondere die langfristigen Rückstellungen für die Entsorgung im Kernenergiebereich betreffen. Diese Rückstellungen basieren auf geschlossenen Verträgen und Gutachten sowie auf dem derzeitigen Stand der Entsorgungstechnik, und ihre Bemessung macht insbesondere Schätzungen des Verpflichtungsumfangs, der Kostenentwicklung sowie der Zahlungszeitpunkte notwendig.[873]

Erläuterungen zur Konzern-Gewinn- und -Verlustrechnung und -bilanz

Die Gewinn- und Verlustrechnung der Vattenfall ist nach dem Umsatzkostenverfahren aufgestellt. Die **Herstellungskosten** werden tabellarisch aufgegliedert und beinhalten neben den Brennstoffen auch die in den sonstigen Herstellungskosten erfassten Zuführungen zu den Rückstellungen im Kernenergiebereich.[874] Annahmegemäß werden mit „Brennstoffen" die Kosten für die Entsorgung von bestrahlten Brennelementen und radioaktiven Abfällen sowie der Verbrauch an Kernbrennelementen und Kernbrennstoffen und an Brennstoffen konventioneller Kraftwerke berücksichtigt.[875] Es werden keine detaillierteren betragsmäßigen

[871] Vgl. ebd., Vorräte, S. 61.

[872] Vgl. ebd., Rückstellungen für ungewisse Verpflichtungen, S. 63.

[873] Vgl. ebd., Annahmen und Schätzungen, S. 65.

[874] Vgl. ebd., Erläuterungen zur Konzern-Gewinn- und Verlustrechnung, Herstellungskosten, S. 66.

[875] Diese Annahme stützt sich auch auf die Ausführungen im Anhang des Konzerngeschäftsberichts der EnBW AG zum 31.12.2006. EnBW weist ihre GuV nach dem Gesamtkostenverfahren aus und weist eben diese Kosten für den Einsatz und die Entsorgung von Brennelementen in den Roh-, Hilfs- und Betriebsstoffen im Materialaufwand aus. Vgl. EnBW, Konzernanhang, Erläuterungen zur Gewinn- und Verlustrechnung und zur Bilanz, Materialaufwand, S. 132.

Angaben gemacht. Da die Gesellschaft ihre GuV nach dem Umsatzkostenverfahren aufstellt, wird der **Materialaufwand** nicht als separate Position aufgeführt. Der Materialaufwand ist vielmehr in den Herstellungs-, Vertriebs- und Verwaltungskosten enthalten und beinhaltet vor allem auch den Verbrauch an Vorräten und anderen Roh-, Hilfs- und Betriebsstoffen und somit insbesondere auch die oben aufgeführten Kosten für den Einsatz und die Entsorgung von Brennelementen.[876] Im Hinblick auf den **Zinsanteil** der Zuführungen zu den Rückstellungen unter den Finanzierungsaufwendungen verzichtet die Gesellschaft auf eine weitere betragsmäßige Aufgliederung in die Zuführungen zu den einzelnen Rückstellungsarten.[877]

In Bezug auf die Anhangsangaben zur **Konzernbilanz**[878] weist die Gesellschaft ihre Stromerzeugungsanlagen mit ihren Zugängen, Abgängen, Umbuchungen in den Anschaffungs- und Herstellungskosten und Abschreibungen in einer separaten Linie im **Anlagenspiegel** aus. Gleichwohl fallen unter die Stromerzeugungsanlagen neben Kernkraftwerken auch andere Anlagen zur Stromerzeugung, wie etwa Braunkohlekraftwerke, so dass der Abschlussadressat - ungeachtet einer auf den ersten Blick detailliert erscheinenden Darstellung der Entwicklung der Sachanlagen - keinen Einblick in die Höhe und Entwicklung der in den Sachanlagen erfassten kerntechnischen Anlagen und der mit diesen verbundenen aktivierten Stilllegungsverpflichtungen erhält. Diesbezüglich werden auch keine verbalen Erläuterungen gemacht.[879]

In der tabellarischen Zusammenstellung der einzelnen **Vorratsbestandteile** sind die Brennstoffe als größte Position aufgeführt.[880] Unter Brennstoffe sind vor allem auch die aktivierten Verpflichtungen für die Entsorgung von abgebrannten Brennelementen erfasst worden.[881] Es werden keine betragsmäßigen Angaben zur Höhe dieser unter den Brennstoffen aktivierten Entsorgungsverpflichtungen gemacht. Die Gesellschaft stellt die Zusammensetzung und Entwicklung ihrer **sonstigen Rückstellungen** in einem Rückstellungsspiegel dar und weist die Rückstellungen für die Entsorgung im Kernenergiebereich in einer separaten Linie aus.[882] Es folgen verbale Erläuterungen, wonach sich die Rückstellungen

---

876 Vgl. ebd., Materialaufwand, S. 69.
877 Vgl. ebd., Finanzierungsaufwendungen, S. 67.
878 Vgl. ebd., S. 72-83.
879 Vgl. ebd., Entwicklung der Sachanlagen, S. 72 f.
880 Vgl. ebd., Vorräte, S. 75.
881 Vgl. Konzernanhang, Bilanzierungs- und Bewertungsmethoden, Vorräte, S. 61.
882 Vgl. ebd., Andere Rückstellungen, S. 79.

für die Entsorgung im Kernenergiebereich aus den Verpflichtungen für die Entsorgung bestrahlter Kernbrennelemente einerseits und der Pflicht zur Stilllegung und Beseitigung der Kraftwerksanlagen andererseits sowie die Entsorgung radioaktiver Betriebsabfälle zusammensetzen. Die Pflicht zur Stilllegung und Beseitigung der Kraftwerksanlagen kann sich dabei lediglich auf das Kernkraftwerk Brunsbüttel beziehen, denn die drei anderen Kernkraftwerke stellen assoziierte Unternehmen im Konzern der Vattenfall dar und werden nach der Equity-Methode bilanziert.[883] Dem Grundkonzept der Equity-Methode entspricht es, dass die anteiligen Verpflichtungen aus diesen Gesellschaften nicht gesondert ausgewiesen, sondern vielmehr in den Folgejahren im fortgeschriebenen Wertansatz der Beteiligung berücksichtigt werden.[884] In den Erläuterungen zur Bilanz stellt die Vattenfall den Konzernanteil an den nach der Equity-Methode bewerteten assoziierten Unternehmen dar,[885] deren nukleare Entsorgungsverpflichtungen annahmegemäß in den in Summe dargestellten langfristigen Rückstellungen der assoziierten Unternehmen enthalten sein dürften. Es werden keine Angaben zur Höhe der nuklearen Entsorgungsverpflichtungen aus diesen Gesellschaften gemacht.

Die Bemessung der Rückstellungen basiert auf geschlossenen Verträgen, Gutachten und dem derzeitigen Stand der Entsorgungstechnik.[886] Weiter wird ausgeführt, dass Rückstellungszuführungen aufgrund neuer Verpflichtungen in einer Höhe von EUR 93,9 Mio. zur gleichzeitigen Aktivierung von Sachanlagen geführt haben.[887] Im Wesentlichen dürften damit die Zuführungen zu den bergbaubedingten Rückstellungen gemeint sein, da gemäß Rückstellungsspiegel die Zuführungen zu den nuklearen Rückstellungen lediglich EUR 4,4 Mio. betragen. Langfristige Rückstellungen werden unverändert zum Vorjahr mit einem Zinssatz von 5,0 % abgezinst. Abschließend wird die voraussichtliche Inanspruchnahme der einzelnen Rückstellungsarten tabellarisch dargestellt, wonach die Rückstellungen für die Entsorgung im Kernenergiebereich mit EUR 465 Mio. innerhalb von fünf Jahren und mit EUR 333 Mio. nach zehn Jahren fällig werden. Irreführend ist in diesem Zusammenhang jedoch die Aussage, dass sich der Abfluss der Rückstellungen für die Entsorgung im Kernenergiebereich voraus-

---

883 Vgl. Konzernanhang, Konsolidierungskreis, S. 58.

884 Grundlegend zur Bilanzierung nach der Equity-Methode vgl. z. B. Wagenhofer (2005), S. 422 ff.

885 Vgl. Konzernanhang, Erläuterungen zur Konzernbilanz, Konzernanteil an den nach der Equity-Methode bilanzierten assoziierten Unternehmen, S. 74.

886 Vgl. ebd., Andere Rückstellungen, S. 79.

887 Vgl. ebd., S. 80.

sichtlich bis zum Jahr 2080 erstrecken wird,[888] was nicht mit den zuvor gemachten tabellarischen Angaben im Einklang steht.

Wesentliche Unklarheiten

1. Rückstellungen für die Stilllegung und Beseitigung der Kraftwerksanlagen

Die Verpflichtungen für die Stilllegung und Beseitigung der Kraftwerksanlagen werden zum Zeitpunkt der Inbetriebnahme der Anlage mit ihrem Barwert passiviert und gleichzeitig unter den Stromerzeugungsanlagen aktiviert. Äußerst kritisch ist zu bewerten, dass die Höhe dieser Rückstellungen nicht angegeben wird, so dass auf dieser Grundlage ein Vergleich mit anderen Unternehmen aus derselben Branche nicht möglich ist. Zudem ist irritierend, dass von Verpflichtungen für Kraftwerksanlagen berichtet wird, obwohl die Vattenfall – entsprechend der Darstellung des Konsolidierungskreises - einzig die Entsorgungskosten für das Kernkraftwerk Brunsbüttel in ihrem Abschluss erfasst haben dürfte.

Zudem erhält der Abschlussadressat keine betragsmäßigen Angaben zum Restbuchwert des Kernkraftwerks Brunsbüttel und zu den unter den Stromerzeugungsanlagen aktivierten Stilllegungs- und Beseitigungsrückstellungen. Unsicherheit herrscht auch in Bezug auf dic Abgrenzung der in den Stromerzeugungsanlagen erfassten Kraftwerke. Es ist davon auszugehen, dass in dieser Sachanlagenlinie neben den fortgeführten Anschaffungs- und Herstellungskosten des Kernkraftwerks Brunsbüttel untcr anderem auch die Braunkohlekraftwerke dcr Gesellschaft, die ja auch der Stromerzeugung dienen, ausgewiesen werden.

Es werden keine Angaben zu Parameter- und Schätzänderungen im Vergleich zum Vorjahr gemacht, so dass davon auszugehen ist, dass im Berichtsjahr keine Anpassungen des Verpflichtungsbetrags und des korrespondierenden Vermögenswerts vorgenommen worden sind. Diesbezüglich wäre eine explizite Negativ-Aussage sehr wünschenswert gewesen.

2. Verpflichtungen für die Entsorgung bestrahlter Kernbrennelemente und die Entsorgung radioaktiver Betriebsabfälle

Betrachtet man die Berichterstattung zu diesen Entsorgungsverpflichtungen, ist

[888] Vgl. ebd., S. 80.

positiv hervorzuheben, dass der Abschlussadressat in den Erläuterungen zu den Bilanzierungs- und Bewertungsmethoden explizit darüber informiert wird, dass Verpflichtungen für die Entsorgung von abgebrannten Kernbrennelementen in Höhe der passivierten Rückstellungen unter den Vorräten, d. h. unter „Brennstoffe" aktiviert werden. Zu bemängeln ist indes, dass aus diesen Angaben nicht entnommen werden kann, ob die periodisch hinzukommenden Verpflichtungen mit ihrem Barwert zugeführt oder die voraussichtlichen Entsorgungsverpflichtungen bereits zum Zeitpunkt der Inbetriebnahme des Kernkraftwerks in voller Höhe erfolgsneutral erfasst werden. Darüber hinaus fehlen betragsmäßige Angaben.

Zu den Verpflichtungen zur Entsorgung von radioaktiven Betriebsabfällen werden keine Angaben gemacht. Es fehlen sowohl betragsmäßige Angaben als auch verbale Ausführungen zur Bewertungsmethodik für diese Verpflichtungen.

Vergleich mit dem Vorjahr:

Im Vergleich zum Vorjahr sind keine Änderungen in der Berichterstattung vorgenommen worden.

325 Synoptische Darstellung der Untersuchungsergebnisse und Zusammenfassung

Mit der folgenden Tabelle werden die Untersuchungsergebnisse der einzelnen Unternehmen – unter Zugrundelegung der Fragestellungen im einleitenden Abschnitt – zusammengefasst und synoptisch gegenübergestellt.

		E.ON	**RWE**	**EnBW**	**Vattenfall**
Berichterstattung in:	**Bilanz**	nein	nein	nein	nein
	GuV	nein	nein	nein	nein
	Anhang	ja	ja	ja	ja
	Lagebericht	äußerst geringfügig	äußerst geringfügig	äußerst geringfügig	äußerst geringfügig
Einblick in Ansatz- u. Bewertungsmethodik		ja mit Einschränkung*	ja mit Einschränkung*	ja mit Einschränkung*	ja mit Einschränkung*
Betragsmäßige Angaben		ja	ja mit Einschränkung**	ja	ja mit Einschränkung**
Vergleich mit anderen Unternehmen		ja mit Einschränkung**	nein	ja mit Einschränkung**	nein
Entscheidungsnützliche Abschlussdaten		nein	nein	nein	nein

Abb. 19: Synoptische Darstellung der Untersuchungsergebnisse

Wesentliche Anmerkungen zu E.ON:
*: Im Wesentlichen ist unklar, ob die Ansammlung der Entsorgungsverpflichtungen für abgebrannte Brennelemente erfolgsneutral oder erfolgswirksam und in welcher Position die Gegenbuchung erfolgt ist. Ferner fehlen Angaben zur Bewertung der Entsorgungsverpflichtungen für radioaktive Betriebsabfälle.
**: Es fehlen im Wesentlichen Angaben zur Höhe des verwandten Diskontierungsfaktors sowie zu den Gründen für Anpassungen des Verpflichtungsbetrags infolge von Parameteränderungen. Zudem ist der Abschlussadressat – aufgrund der unzureichenden Angaben zu den Bewertungsmethoden (s. o.) – nicht in der Lage, die Bewertung der Entsorgungsverpflichtungen für abgebrannte Brennelemente sowie für radioaktive Abfälle mit der bilanziellen Abbildung bei anderen Unternehmen zu vergleichen.

Wesentliche Anmerkungen zu RWE:
*: Die Einschränkung betrifft vor allem die undifferenzierte Berichterstattung über Ansatz und Bewertung der einzelnen Entsorgungsverpflichtungen im Kernenergiebereich. Es werden keine expliziten Angaben zu Ansatz und Bewertung der Rückstellungen für die Entsorgung von Brennelementen und radioaktiven Betriebsabfällen gemacht.
**: Es fehlt vor allem eine betragsmäßige Aufgliederung der in den Rückstellungen für Entsorgungen im Kernenergiebereich berücksichtigten Entsorgungssachverhalte.

Wesentliche Anmerkungen zu EnBW:
*: Es bestehen vor allem Unklarheiten in Bezug auf die Bewertung der Rückstellungen für Verpflichtungen zur Entsorgung von Brennelementen und radioaktiven Abfällen.
**: Es fehlen verbale Erläuterungen zu den Gründen für Anpassungen des Verpflichtungsbetrags im Berichtsjahr. Zudem ist der Abschlussadressat – aufgrund der unzureichenden Angaben zu den Bewertungsmethoden (s. o.) – nicht in der Lage, die Bewertung der Entsorgungsverpflichtungen für abgebrannte Brennelemente sowie für radioaktive Abfälle mit der bilanziellen Abbildung bei anderen Unternehmen zu vergleichen.

Wesentliche Anmerkungen zu Vattenfall:
*: Die Beeinträchtigung betrifft die unzureichenden Angaben zur Bewertung der Entsorgungsrückstellungen für abgebrannte Brennelemente. Außerdem werden keine Angaben zur Bewertung der Rückstellungen für die Entsorgung von radioaktiven Betriebsabfällen gemacht.
**: Es fehlt vor allem eine betragsmäßige Aufgliederung der in den Rückstellungen für Entsorgungen im Kernenergiebereich berücksichtigten Entsorgungssachverhalte.

Beim Vergleich der einzelnen Untersuchungsergebnisse gelangt man zu dem Schluss, dass keinem der betrachteten Unternehmen eine vollständige, verständliche und zugleich vergleichbare Berichterstattung über ihre nuklearen Entsorgungsverpflichtungen attestiert werden kann. Während einzelne Offenlegungen positiv hervorgehoben werden können, wie beispielsweise die betragsmäßigen Angaben zu den einzelnen Entsorgungssachverhalten im Kernenergiebereich in den Konzernabschlüssen der E.ON AG und der EnBW AG, muss indes bei einer Zusammenfassung der Untersuchungsergebnisse festgestellt werden, dass die Angaben in den untersuchten Konzerabschlüssen zusammenbetrachtet unzureichend bis gar nicht dazu geeignet sind, dem Abschlussadressaten entscheidungsnützliche Informationen zu Art, Umfang, Bedeutung und bilanzieller Abbildung der Entsorgungssachverhalte im Kernenergiebereich zu liefern. Der Informationsgehalt vieler Angaben ist äußerst gering. Es muss insbesondere die mangelnde Vergleichbarkeit der Abschlussangaben zwischen den betrachteten Unternehmen und die daraus resultierende mangelnde Transparenz bemängelt werden, so dass der Abschlussadressat keinen vollständigen Einblick in die Bilanzierungspraktiken der Unternehmen – insbesondere in Bezug auf die Bilanzierung von Entsorgungsverpflichtungen für abgebrannte Brennelemente und radioaktive Betriebsabfälle – erhält.

Die auf die nuklearen Entsorgungsverpflichtungen bezogenen Bestandteile sind bei den analysierten Abschlüssen für externe Anspruchsgruppen weder in der Bilanz noch in der GuV ersichtlich, was vor allem auf die fehlenden Vorschriften des IASB zu einem diesbezüglichen gesonderten Ausweis zurückzuführen sein dürfte. Für den Anhang indes bestehen umweltschutzbezogene Publizitätspflichten. Darüber hinaus bietet er im Vergleich zur Bilanz und GuV weitergehende Möglichkeiten, Informationen zu nuklearen Entsorgungsverpflichtungen auf freiwilliger Basis zu publizieren. Deshalb enthält auch jeder analysierte Geschäftsbericht entsprechende Angaben. Es konnte festgestellt werden, dass insbesondere im Rahmen der Erläuterungen zu den sonstigen Rückstellungen entsorgungsbezogene Informationen bereitgestellt werden. Dem Lagebericht kann eher auf der Ebene von verbalen Erläuterungen zu den einzelnen Geschäftsbereichen des Unternehmens eine besondere Bedeutung beigemessen werden. Insbesondere bieten sich hier – über die Pflichtangaben hinausgehend – Möglichkeiten, zusätzliche freiwillige Angaben zu publizieren. Relevante und eindeutige Aussagen zu den betrachteten Entsorgungsverpflichtungen im Kernenergiebereich werden jedoch nur in einem sehr eingeschränkten Umfang bereitgestellt.

Als erstes Ergebnis kann festgehalten werden, dass die untersuchten Unternehmen ausnahmslos nur unzureichend über den Einbezug ihrer Kraftwerksanlagen in den Abschluss berichten und dass grundlegende Informationen zu Anzahl, Anteilsbesitz und bilanzieller Erfassung und Bewertung der Kernkraftwerke fehlen. Außer Vattenfall enthält keiner der betrachteten Geschäftsberichte eine vollständige Übersicht über die im Abschluss berücksichtigten Kernkraftwerke. Vielmehr werden lediglich partielle Einblicke gewährt, wie zum Beispiel die tabellarische Darstellung der Gemeinschaftskraftwerke bei E.ON oder die Angabe des Kernkraftwerks Obrigheim in der Beteiligungsübersicht des EnBW-Abschlusses.

In den Geschäftsberichten fehlen neben Angaben zu den Anteilsbesitzen und Hinweisen zu anderen Anteilseignern im Falle von Gemeinschaftskraftwerken oder at equity-Beteiligungen insbesondere Angaben dazu, welche Kernkraftwerke in den Sachanlagen ausgewiesen und in welcher Höhe die mit ihnen verbundenen nuklearen Entsorgungsverpflichtungen in den sonstigen Rückstellungen enthalten sind. In diesem Zusammenhang muss auch bemängelt werden, dass selbst in den Fällen, in denen die Stromerzeugungsanlagen in einer separaten Linie im Anlagenspiegel dargestellt werden, wie zum Beispiel in den Konzernabschlüssen von Vattenfall und EnBW, der Abschlussadressat keinen Einblick in die Höhe und Entwicklung der unter den Sachanlagen ausgewiesen Kernkraftwerke und zugehörigen Stilllegungs- und Rückbauverpflichtungen erhält, da diese Position dann immer noch eine Sammelposition darstellt, die neben Kernkraftwerken auch andere Erzeugungsanlagen wie zum Beispiel Braunkohlekraftwerke enthalten kann. In den Konzernabschlüssen von RWE und E.ON werden indes nicht einmal weitere Aufgliederungen der Position Technische Anlagen und Maschinen geliefert.

Das zweite Untersuchungsergebnis bezieht sich auf die Berichterstattungen zu den Stilllegungs- und Rückbauverpflichtungen der Unternehmen. Hierzu kann positiv hervorgehoben werden, dass die verbalen Erläuterungen zur bilanziellen Abbildung dieser Verpflichtungen in allen Abschlüssen recht ausführlich gehalten werden. Dies mag aber auch damit zusammenhängen, dass mit IAS 16 i. V. m. IAS 37 explizite Bilanzierungsregeln für derartige Verpflichtungssachverhalte existieren und die Unternehmen somit keine wirklichen Konzernspezifika offen legen. Gleichzeitig werden betragsmäßige Angaben, die für einen unmittelbaren Unternehmensvergleich erforderlich sind, indes sehr knapp gehalten: Die Höhe der einzelnen Entsorgungssachverhalte im Kernenergiebereich wird nur von der Hälfte der untersuchten Unternehmen offen gelegt.[889] Insofern ist ein unmittelbarer Unternehmensvergleich auf der Ebene der einzelnen Entsorgungsverpflichtungen im Kernenergiebereich nicht möglich, so

[889] Bei E.ON kann dies auch auf die Berichterstattungsgepflogenheiten und –erfordernisse eines SEC-notierten Unternehmens zurückgeführt werden.

dass der mit dem Rahmenkonzept fixierten Anforderung der Vergleichbarkeit von Abschlussinformationen nur auf der aggregierten obersten Ebene der Entsorgungsverpflichtungen im nuklearen Bereich genüge getan wird.

Zudem wird die Berichterstattung über die bei der Barwertermittlung zu Grunde gelegten Bewertungsparameter und Annahmen, wie beispielsweise der Diskontierungsfaktor oder die Fälligkeitszeitpunkte, sehr knapp gehalten. In diesem Zusammenhang kann positiv hervorgehoben werden, dass mit Ausnahme von E.ON die drei anderen Unternehmen die Höhe des verwandten Diskontierungszinssatzes offen legen. Positiv kann auch die betragsmäßige Angabe des aktivierten Teils der Stilllegungsrückstellungen im Abschluss der EnBW bewertet werden. In Bezug auf die Fälligkeitszeitpunkte der Stilllegungsverpflichtungen weist E.ON in 2006 ihre Nutzungsdauern nur noch auf der Ebene der technischen Anlagen und Maschinen auf. Bei RWE ist zudem fraglich, ob die Kernkraftwerke überhaupt in der Darstellung der konzerneinheitlichen Nutzungsdauern enthalten sind. In diesem Zusammenhang kann zumindest für RWE und Vattenfall positiv konstatiert werden, dass für den Verbrauch ihrer Stilllegungsrückstellungen ein Zeitraum bis zum Jahr 2080 angegeben wird. Es werden also erneut unterschiedliche Schwerpunkte in der Berichterstattung gesetzt, so dass ein unmittelbarer Unternehmensvergleich auf der Ebene einzelner Bewertungsparameter nicht möglich ist. Der Abschlussadressat wird nicht einmal einheitlich über die Höhe des zu Grunde gelegten Diskontierungsfaktors informiert.

Bei der Betrachtung von Anpassungen des Verpflichtungsbetrags und der zugehörigen Vermögenswerte infolge von Schätz- bzw. Parameteränderungen fällt zunächst auf, dass dieser Sachverhalt von jedem Unternehmen aufgegriffen worden ist. Der Umfang und die Art und Weise der Berichterstattung unterscheiden sich jedoch ganz wesentlich voneinander. Während E.ON lediglich die allgemeinen Regelungen des SFAS 143 zu Anpassungen dargelegt, ohne jedoch über konkrete Anpassungen im Berichtsjahr zu berichten und somit keine Informationen zu Änderungen im Zeitablauf preisgibt, beinhaltet der Konzernabschluss der RWE indes sowohl verbale als auch betragsmäßige Angaben zu den Gründen und den Auswirkungen von Parameter- und Schätzänderungen auf die Verpflichtungshöhe. Die Vattenfall und EnBW informieren zwar über betragsmäßige Auswirkungen von Anpassungen, vermeiden jedoch die Angabe von Anpassungsgründen.

Das dritte Untersuchungsergebnis bezieht sich auf die Berichterstattung zur bilanziellen Abbildung von Verpflichtungen zur Entsorgung von Brennelementen und radioaktiven Betriebsabfällen. Mit Ausnahme von RWE wird der Abschlussadressat zumindest auf den ersten Blick über die Bewertungsmethodik für diese Verpflichtungen informiert. Bei einer genaueren Betrachtung wird der Abschlussadressat jedoch unternehmensübergreifend mit vielen Unklarheiten in den Berichterstattungen konfrontiert. Als erstes muss bemängelt werden, dass RWE und Vattenfall keine betragsmäßigen Angaben zu diesen Rückstellungen liefern und somit einen unmittelbaren Unternehmensvergleich auf dieser Ebene unmöglich machen. Zweitens werden im Falle einer Rückstellungsansammlung, wie etwa explizit bei E.ON und EnBW berichtet, wesentliche Informationen zur Art der Ansammlung nicht offen gelegt. Grundsätzlich fehlen Angaben zur Gegenbuchung, da diesbezügliche Erläuterungen unter den Vorräten oder dem Materialaufwand nicht vorzufinden sind. Insofern kann auch nicht mit Sicherheit festgestellt werden, ob eine Ansammlung erfolgsneutral oder erfolgswirksam erfolgt ist.

Einzig die Vattenfall berichtet, dass Verpflichtungen für die Entsorgung von abgebrannten Brennelementen in Höhe der passivierten Rückstellungen unter den Vorräten aktiviert werden. Die RWE indes führt im Hinblick auf die Bewertung ihrer Entsorgungsverpflichtungen im nuklearen Bereich lediglich aus, dass diese überwiegend als langfristige Rückstellungen mit ihrem auf den Bilanzstichtag abgezinsten Erfüllungsbetrag angesetzt werden und verzichtet somit auf eine differenzierte Berichterstattung. Für die Verpflichtungen zur Entsorgung von Brennelementen kann somit festgehalten werden, dass der Abschlussadressat weder eindeutig und nachvollziehbar über die Bewertungsmethodik für diese Verpflichtungen noch einheitlich über ihre Höhe informiert wird, so dass die Verlässlichkeit der Berichterstattung zu diesen Verpflichtungen angezweifelt werden muss. Denn die Verlässlichkeit eines Abschlusses stützt sich gemäß Rahmenkonzept des IASB auch auf die vollständige Gewährung aller wesentlichen Informationen,[890] wobei die Wesentlichkeit der nuklearen Entsorgungsverpflichtungen für die betrachteten Unternehmen unzweifelhaft gegeben sein dürfte.

Die Berichterstattung zu den Entsorgungsverpflichtungen, die radioaktive Betriebsabfälle betreffen, fällt unternehmensübergreifend sehr knapp aus. Während E.ON und EnBW zumindest die Höhe dieser Verpflichtungen offen legen, enthalten die Abschlüsse von RWE und Vattenfall weder betragsmäßige noch verbale Angaben zu diesen Entsorgungsverpflichtungen. Annahmegemäß dürfte

[890] Vgl. Abschnitt B32.

dies daraus resultieren, dass diese Verpflichtungen aufgrund ihrer Unwesentlichkeit im Verhältnis zum Gesamtbetrag der nuklearen Entsorgungsverpflichtungen gemeinsam mit den Stilllegungs- oder alternativ Brennelemententsorgungsverpflichtungen bewertet werden. Nichts desto trotz fehlt selbst diesbezüglich eine eindeutige Aussage.

Als viertes Untersuchungsergebnis kann festgehalten werden, dass die betrachteten Unternehmen im Falle eines aus dem Betrieb genommenen Kernkraftwerks keine Angaben zu eben diesem Stilllegungsprojekt machen und vor allem nicht über die Höhe der Inanspruchnahmen aus den für diese Anlagen zurückgestellten Entsorgungsrückstellungen berichten. Diese Informationslücke verhindert eine sonst durchaus mögliche Prognose über zukünftige Inanspruchnahmen für die Stilllegung noch in Betrieb befindlicher Kraftwerke.

4 Zusammenfassung

Im Hinblick auf die Berücksichtigung von nuklearen Entsorgungsverpflichtungen im Periodenabschluss konnte für die Bilanz herausgearbeitet werden, dass eine sachbezogene Ergänzung der Positionen Sachanlagen, Vorräte und Rückstellungen um die explizite Angabe der in diesen Positionen erfassten nuklearen Entsorgungsverpflichtungen und ihrer korrespondierenden Vermögenswerte und Schulden zu für die Entscheidungsfindung des Abschlussadressaten nutzbringenden Informationen führt. Eine Ergänzung ist dabei für die Positionen Sachanlagen und Rückstellungen in Form eines davon-Vermerks und für die Position Vorräte in Form einer weiteren Untergliederung denkbar. Hierdurch erhielte der Adressat auf einen Blick Einsicht in die Höhe der nuklearen Entsorgungsverpflichtungen und ihrer Verhältnisse zum jeweiligen Bilanzposten respektive zur Bilanzsumme und damit vor allem auch vergleichbare Angaben. Gleiches gilt für die Erfolgsrechnung, die um einen davon-Vermerk bei den Abschreibungen modifiziert werden könnte. Ein darüber hinausgehender Ausweis in der Bilanz und GuV kann vor allem auch deshalb nicht empfohlen werden, weil die Klarheit und Übersichtlichkeit dieser beiden Berichtsformate nicht durch eine Vielzahl ausgewiesener Einzelpositionen beeinträchtigt werden darf.

In Bezug auf den Informationsgehalt von IFRS-Anhängen, konnte vorab konstatiert werden, dass neben den allgemeinen Rechnungslegungsstandards des IASB mit IAS 16 und IAS 37 bereits umfangreiche Anhangsangaben gefordert werden. Gleichwohl konnte für die Anhänge von Energieversorgungsunternehmen eine Vielzahl an möglichen Modifizierungen und Erweiterungen dieser Pflichtangaben mit informationsbringenden und entscheidungsrelevanten Nutzen für den Abschlussadressaten eruiert werden. Hierbei handelt es sich im Wesentlichen um eine gesonderte Darstellung von Kernkraftwerken und dazugehörigen Abbruch- und Wiederherrichtungskosten im Anlagenspiegel und die tabellarische Darstellung der Zusammensetzung der Buchwerte des Vermögenswerts. Ferner sollten die Informationen zu den Vorräten zumindest eine betragsmäßige Angabe der erfassten Entsorgungskosten enthalten. Für den Rückstellungsspiegel wird eine gesonderte Darstellung der Verpflichtungen zur Entsorgung von Brennelementen und radioaktiven Betriebsabfällen einerseits und der Verpflichtungen zur Stilllegung und zum Rückbau von kerntechnischen Anlagen andererseits empfohlen. In den Angaben zu den Rückstellungen sollten auf jeden Fall die einzelnen nuklearen Entsorgungssachverhalte nach Art und Betrag aufgegliedert enthalten sein. Angesichts der mit der Langfristigkeit der nuklearen Entsorgungsverpflichtungen einhergehenden Unwägbarkeiten sollten vor allem auch die in die Rückstellungsbemessung einfließenden Schätzparameter und Annahmen dargelegt, näher erläutert und ihre Änderungen zumindest in Bandbreiten betragsmäßig diskutiert werden.

Die IASB-Rechnungslegungsnormen enthalten keine gesonderten Angabepflichten für die Erläuterung einzelner GuV-Positionen im Anhang, so dass gerade auch für die GuV vielfältige Anhangsangaben in Bezug auf nukleare Entsorgungsverpflichtungen zu eruieren waren, wie zum Beispiel für den Materialaufwand die gesonderte Darstellung der Zuführungen zu dem Teil der Rückstellungen, der auf die variablen Entsorgungskosten für Brennelemente entfällt oder in Bezug auf die Abschreibungen die betragsmäßige Angabe der Abschreibungen auf Kernkraftwerke und dazugehörige Rückbau- und Wiederherrichtungskosten einerseits und der Abschreibungen auf Brennelemente andererseits.

Für die Modifizierung der Lageberichterstattung um nukleare Entsorgungsaspekte sind die vage gehaltenen Anforderungen an die Darstellung und Analyse des Geschäftsverlaufs und der wirtschaftlichen Lage des Unternehmens sowie die Ansprüche an den Prognosebericht inhaltlich konkretisiert worden. Das entworfene Muster mit den wesentlichen inhaltlichen Anforderungen an diese beiden Berichtsinhalte macht bereits deutlich, dass eine Vielzahl an Informationen zu einerseits grundlegenden und andererseits komplexen Sachverhalten gefordert ist, damit der Abschlussadressat einen adäquaten Einblick in die Geschäftstätigkeit „Betrieb von nuklearen Kraftwerken“ erhält. Neben den allgemeinen Angaben zu den im Abschluss erfassten Kernkraftwerken sind insbesondere die rechtlichen und technischen Aspekte der nuklearen Entsorgung sowie ihre voraussichtlichen Änderungen zu erläutern. Darüber hinaus ist neuerdings auch die voraussichtliche Entwicklung der Chancen darzustellen. Zu den Chancen können beispielsweise die positive Entwicklung der Marktpreise und Entsorgungskosten, die Aussicht auf längere Restlaufzeiten für deutsche Kernkraftwerke, erwartete Kostenvorteile durch die Optimierung von technischen Spezifikationen oder auch eine positive Entwicklung bei der Endlagerfrage gezählt werden.

Die Ergebnisse aus der Untersuchung der Geschäftsberichte der vier großen Energieversorgungsunternehmen in Deutschland stehen im Einklang mit den zuvor identifizierten Beeinträchtigungen bei der Bilanzierung und Offenlegung von nuklearen Entsorgungsverpflichtungen. Zusammenfassend konnte festgestellt werden, dass die untersuchten Abschlüsse zwar allesamt Informationen in Bezug auf nukleare Entsorgungsaspekte enthalten, sich allerdings inhaltlich und in ihrer Ausführlichkeit teilweise deutlich unterscheiden. Insgesamt waren die offen gelegten Informationen zu nuklearen Entsorgungsverpflichtungen eher spärlich gehalten. Das vorgefundene breite Spektrum der Publizität deutet darauf hin, dass die Gestaltungsspielräume, die sich dem Unternehmen insbesondere bei der Aufstellung des Anhangs und des Lageberichts bieten, auf unterschiedliche Art und Weise von der Berichtspraxis genutzt werden. Dennoch lassen sich für die einzelnen Abschlussbestandteile „typische" branchenbezogene Berichtsinhalte ableiten. In der Bilanz und Erfolgsrechnung werden – erwartungsgemäß – in keinem Geschäftsbericht umweltschutzbezogene Bestandteile einzelner Positionen ausgewiesen. Dagegen werden im Anhang Informationen bereitgestellt, die sich vor allem auf die Erläuterung der Bildung von Rückstellungen für Entsorgungen im Kernenergiebereich beziehen. Darüber hinaus werden auch vereinzelt weitere entsorgungsrelevante Informationen im Anhang publiziert, z. B. bei der Darstellung angewandter Bilanzierungs- und Bewertungsmethoden oder in Form von zusätzlichen Angaben zum Materialaufwand.

E Prüfung: Ableitung der Konsequenzen fehlender oder unbestimmter Rechnungslegungsnormen auf die Prüfung von nuklearen Entsorgungsverpflichtungen

1 Vorbemerkungen und weiteres Vorgehen

In den Kapitelpunkten C und D sind die Bilanzierung von nuklearen Entsorgungsverpflichtungen im Hinblick auf eine ordnungsgemäße und zweckadäquate Abbildung der verschiedenen Verpflichtungssachverhalte umfassend analysiert sowie die Offenlegung von nuklearen Entsorgungsverpflichtungen zwecks Verbesserung der Berichterstattung über derartige Verpflichtungen eingehend diskutiert worden. Der Blickwinkel der Untersuchungen war dabei stets auf die Zielsetzung gerichtet, entsprechend der Zwecksetzung eines IFRS-Abschlusses die Abschlussadressaten mit Informationen zu versorgen, die einer betriebswirtschaftlich fundierten Entscheidungsfindung dienlich sind.[891] Mit der Analyse der Prüfung von nuklearen Entsorgungsverpflichtungen schließt der vorliegende Kapitelabschnitt ganzheitlich den zugrunde liegenden Forschungsansatz dieser Arbeit. Auf der Grundlage der identifizierten Problembereiche, die durch nukleare Entsorgungsaspekte im Rahmen der Abschlussprüfung verursacht werden, sollen insbesondere praktikable Vorgehensweisen für die Prüfung von nuklearen Entsorgungsverpflichtungen entwickelt werden. Es ist davon auszugehen, dass bei diesem zugrunde gelegten Prüfungsobjekt hohe Anforderungen an die Prüfungssicherheit zu stellen sind. Nichts desto trotz wird aufgrund der mit großen Ermessensspielräumen und Unsicherheiten behafteten Wertermittlung bei nuklearen Entsorgungsverpflichtungen[892] ein in akzeptabler Höhe verbleibendes Prüfungsrisiko zwangsläufig bestehen bleiben.

Kapitalmarktorientierte Unternehmen mit Sitz in einem EU-Mitgliedsstaat müssen gemäß § 315a Abs. 1 HGB ihre Konzernabschlüsse nach IFRS erstellen.[893] Während die Erstellung von IFRS-Abschlüssen mittlerweile auch im deutschsprachigen Raum auf Konzernebene üblich geworden ist (Stichwort: Harmonisierung der Rechnungslegung), wird die Prüfung nach internationalen Grundsätzen und Normen noch nicht ihrer zukünftigen Bedeutung entspre-

891 Zur Zwecksetzung eines IFRS-Abschlusses vgl. Abschnitt B32.

892 Zu den Ermessensspielräumen und Unsicherheiten bei der Wertermittlung von nuklearen Entsorgungsverpflichtungen vgl. Abschnitt C313 u. C324.

893 Für US-GAAP-Bilanzierer gilt eine Übergangsfrist bis 2007.

chend wahrgenommen (Stichwort: Harmonisierung der Prüfungsgrundsätze).[894] In diesem Sinne wegweisend sind die Vorgaben der novellierten 8. EU-Richtlinie (Abschlussprüferrichtlinie 2006)[895], nach welchen künftig alle gesetzlichen Abschlussprüfungen unter unmittelbarer Anwendung der internationalen fachtechnischen Prüfungsnormen[896] durchzuführen sind.[897] Hierzu müssen die ISA zuvor von der EU-Kommission angenommen und damit in Europäisches Recht übernommen werden.[898]

Vor diesem Hintergrund werden zunächst die relevanten internationalen Institutionen dargestellt und die dynamischen Entwicklungen des Standard-Setting im Prüfungsbereich skizziert. Der Hauptteil behandelt die Besonderheiten der Prüfung von nuklearen Entsorgungsverpflichtungen in IFRS-Abschlüssen und schließt jeweils ab mit der Entwicklung einer adäquaten Prüfungsstrategie, die zu einem hinreichend sicheren Prüfungsurteil über nukleare Entsorgungsverpflichtungen führt.

---

894 Vgl. auch Ruhnke, DB 2006, S. 1169. Zu der Notwendigkeit und den Vorteilen einer internationalen Harmonisierung der Prüfungsstandards vgl. Brinkmann/Spieß, KoR 2006, S. 396-399.

895 Richtlinie 2006/43/EG des Europäischen Parlaments und des Rates vom 17.5.2006, Amtsblatt der Europäischen Union vom 09.6.2006, Nr. L 157, S. 87-107, abrufbar unter http://ec.europa.eu/internal_market/auditing/directives/index_de.htm (im Folgenden: Abschlussprüferrichtlinie 2006); vgl. hierzu Naumann/Feld, WPg 2006, S. 873 ff., Klein/Klaas, WPg 2006, S. 885 ff., Tiedje, WPg 2006, S. 593 ff., Brinkmann/Spieß, KoR 2006, S. 395 ff., Lanfermann, DB 2005, S. 2645 ff. u. ders., WPK-Magazin 1/2006, S. 40 ff.

896 Hierzu zählen die International Standards on Auditing (ISA) und die International Auditing Practice Statements (IAPS). Dabei ist die Übernahme der IAPS in europäisches Recht noch fraglich. Vgl. hierzu im Einzelnen Ferlings/Poll/Schneiß, WPg 2007, S. 102.

897 Vgl. Art. 26 Abs. 1 der Abschlussprüferrichtlinie 2006; hierzu auch Naumann/Feld, WPg 2006, S. 873 ff. u. Lanfermann, WPK-Magazin 1/2006, S. 40 ff.

898 Vgl. IDW, FN-IDW 2006, S. 655. Zu den Einzelheiten des sog. Komitologieverfahrens vgl. Klein/Klaas, WPg 2006, S. 885 ff.

2 Prüfung von nuklearen Entsorgungsverpflichtungen in IFRS-Abschlüssen

21 Abschlussprüfung nach International Standards on Auditing

211 Bedeutung, Organisation und Standard Setting des IAASB

Auf der internationalen Ebene fungiert die International Federation of Accountants (IFAC) als Standard Setter. Diese Organisation setzt sich auseinander mit den Berufsgrundsätzen der Accountancy Profession und Fragen der Prüfung und strebt über die Herausgabe qualitativ hochwertiger Prüfungsnormen die Förderung einer qualitativ hochwertigen Berufsausübung an. Die IFAC ist ein weltweiter Zusammenschluss von derzeit 155 Berufsorganisationen aus 118 Ländern und repräsentiert weltweit rund 2,5 Mio. Berufsangehörige.[899] Deutsche Vertreter bei der IFAC sind das IDW und die WPK. Über die Zusammenarbeit mit der International Organization of Securities Commissions (IOSCO) wird die Anerkennung der IFAC-Normen als einheitlicher Maßstab für die Börsenzulassung angestrebt. Die Fédération des Experts Comptables Européens (FEE) als die führende Berufsorganisation der Accountants in Europa erkennt die Normensetzungskompetenz der IFAC ausdrücklich an und fordert explizit, dass eine Prüfung von internationalen Konzernabschlüssen börsennotierter EU-Unternehmen mit den Prüfungsnormen der IFAC übereinstimmen soll.[900]

Zur Verwirklichung ihrer Zielsetzung hat die IFAC diverse Fachausschüsse installiert. Besondere Bedeutung hat das International Auditing and Assurance Standards Board (IAASB), dem Mitglieder aus 14 Ländern angehören und das sich mit Prüfungsfragen befasst. Diesem Gremium obliegt die Entwicklung der fachtechnischen Prüfungsnormen. Daneben bestehen Ausschüsse für Aus- und Fortbildung, Berufsgrundsätze, Public Sector, Financial and Management Accounting und für die Überwachung der Einhaltung der Mitgliedschaftspflichten durch die einzelnen Mitgliedsorganisationen. Besondere Bedeutung hat auch das Forum of Firms (FoF) als Zusammenschluss grenzüberschreitend tätiger Wirtschaftsprüfungsgesellschaften, welches zusammen mit der IFAC weltweit auf eine Verbesserung der Bilanzierungs- und Prüfungsstandards hinwirkt. Das Transnational Auditors Committee (TAC) als ständiger Ausschuss

---

899 Vgl. IFAC, Fakten, abrufbar unter: http://www.ifac.org/MediaCenter/files/-facts_about_IFAC.pdf.

900 Vgl. Ruhnke, DB 2006, S. 1169, ders., KoR 2002, S. 156, Brinkmann/Spieß, KoR 2006, S. 399 f. u. IDW (2006), S. 217 ff.

der IFAC fungiert dabei als der ausführende Arm des FoF. Ein Public Interest Oversight Board (PIOB), das mit berufsstandsunabhängigen Personen besetzt ist, überwacht den Standard-Setting-Prozess durch die einzelnen Fachausschüsse der IFAC. Die Interessen der Öffentlichkeit werden im Standard-Setting-Prozess der IFAC von den Consultative Advisory Groups (CAG) bei allen Standard Setting Committees berücksichtigt.[901]

Die Entwicklung der Prüfungsnormen erfolgt in einem genau festgelegten Verfahren, dem sog. Due Process[902], das über die Einbindung von Mitgliedsorganisationen, anderen internationalen Organisationen und der interessierten Öffentlichkeit eine weltweite Akzeptanz der Normen erreichen möchte. Die IFAC veröffentlicht grundsätzlich zunächst einen Exposure Draft (ED) sowie ein Explanatory Memorandum, mit dem die Ziele und wesentlichen Vorschläge eines ED herausgestellt werden. Die Sitzungen sind öffentlich, und Einzelheiten zu den Sitzungen sowie die eingegangenen Kommentare zu den ED können auf der Homepage der IFAC eingesehen werden.[903]

Das IAASB unterscheidet Prüfungsleistungen und verwandte Dienstleistungen. Mit dem IFAC Framework und dem International Standard on Assurance Engagements (ISAE) 3000 existieren zwei Rahmennormen für die Erbringung von Prüfungsleistungen. Darüber hinaus bestehen Normen, die sich auf einzelne Prüfungsgegenstände beziehen. Für die Jahresabschlussprüfung sind als allgemeine Normen das IFAC Framework und als abschlussspezifische Normen die ISA und IAPS zu beachten.[904]

212 Ordnungskonzept, Inhalt und Bindungswirkung der ISA

Globale und damit grenzüberschreitende Kapital- und Gütermärkte führen neben einer Harmonisierung von internationalen Rechnungslegungsgrundsätzen auch zu der Notwendigkeit, internationale Prüfungsgrundsätze zu vereinheitlichen.[905] Vor diesem Hintergrund begann das IDW 1998 damit, die ISA im

---

901 Vgl. Ruhnke, DB 2006, S. 1169 u. ders., KoR 2002, S. 156 f. Ausführlich vgl. IFAC, Committees, abrufbar unter: http://www.ifac.org/Committees/.

902 Zu den einzelnen Schritten des Due-Process vgl. Brinkmann/Spieß, KoR 2006, S. 400. Ausführlich vgl. IFAC, Due Process abrufbar unter: http://www.ifac.org/Downloads/-PIAC_Due_Process.pdf.

903 Vgl. Ruhnke, DB 2006, S. 1170 u. ders., KoR 2002, S. 158.

904 Vgl. Ruhnke, DB 2006, S. 1170.

905 Zu der Notwendigkeit und den Vorteilen einer internationalen Harmonisierung der Prüfungsstandards vgl. Brinkmann/Spieß, KoR 2006, S. 396-399.

Rahmen der Transformation in deutsche Prüfungsgrundsätze umzusetzen.[906] Mit der Abschlussprüferrichtlinie 2006 werden nahezu alle Bereiche des Berufsstands[907] modernisiert und die künftig verpflichtende Anwendung der ISA in der EU fixiert.[908] Die Verpflichtung zur Anwendung der ISA ergibt sich dabei erst nach Annahme der Standards durch die EU-Kommission (Adoption).[909] Mit der Adoption erhalten die ISA Gesetzescharakter und werden – nach Transformation der Richtlinie durch die Mitgliedstaaten –[910] für die Durchführung gesetzlicher Abschlussprüfungen unmittelbar verbindlich. Die Abschlussprüferrichtlinie 2006 hat damit das Ende der IDW-PS eingeläutet, soweit diese inhaltlich durch die internationalen Prüfungsstandards abgedeckt

---

906 Vgl. im Einzelnen hierzu Brinkmann/Spieß, KoR 2006, S. 401 f.

907 Hierunter fallen Gegenstand und Begriffsbestimmungen, Zulassung zum Prüferberuf, Fortbildung und gegenseitige Anerkennung von Berufsqualifikationen, Registrierung und Transparenzbericht, Ethikgrundsätze und Verschwiegenheitspflichten, Unabhängigkeit des Abschlussprüfers, Prüfungsgrundsätze und Bestätigungsvermerk, Qualitätssicherung, Sonderuntersuchungen und Disziplinarmaßnahmen, Öffentliche Aufsicht, Bestellung, Abberufung und Kommunikation mit dem Abschlussprüfer, Besondere Bestimmungen für die Abschlussprüfung bei Unternehmen von öffentlichem Interesse, Internationale Aspekte; abrufbar unter http://ec.europa.eu/internal_market/auditing/-directives/index_de.htm. Für eine Erläuterung der einzelnen Bereiche und Regelungen der Richtlinie vgl. Lanfermann, DB 2005, S. 2645 ff., Tiedje, WPg 2006, S. 593 ff. u. IDW, FN-IDW 2005, S. 756 ff.

908 Siehe hierzu im Einzelnen Naumann/Feld, WPg 2006, S. 883 f. Eine umfassende Darstellung über aktuelle Entwicklungen durch die Abschlussprüferrichtlinie 2006, das Clarity-Projekt des IAASB und die Auswirkungen auf die IDW Prüfungsstandards findet sich bei Brinkmann/Spieß, KoR 2006, S. 402 ff. u. Brinkmann, KoR 2006, S. 668 ff.

909 Vgl. Art. 26 Abs. 1 S. 2 der Abschlussprüferrichtlinie 2006. Mit einer Übernahme der ISA durch die EU wird frühestens 2009 gerechnet. Vgl. Lanfermann, WPK Magazin 1/2006, S. 41.

910 Die EU-Mitgliedsstaaten haben nach In-Kraft-Treten der Abschlussprüferrichtlinie 2006 24 Monate Zeit, die Vorgaben der Richtlinie in nationales Recht umzusetzen, so dass bis spätestens Mitte 2008 die nationalen Rechtsvorschriften an die Vorgaben dieser Richtlinie angepasst sein müssten. Vgl. Art. 53 Abs. 1 der Abschlussprüferrichtlinie 2006. Einzelne Regelungen der Abschlussprüferrichtlinie 2006 erfordern jedoch zunächst ein Tätigwerden der EU-Kommission, bevor die nationalen Gesetzgeber handeln müssen. Dies gilt insbesondere für die künftige Verpflichtung zur unmittelbaren Anwendung der ISA bei sämtlichen Pflichtprüfungen innerhalb der EU. Denn eine Verpflichtung der Mitgliedstaaten, die Anwendung der ISA vorzuschreiben, entsteht erst nach Annahme der ISA durch die EU-Kommission. Vgl. Lanfermann, WPK Magazin 1/2006, S. 41.

werden.[911] Daher erübrigt sich künftig die bisherige Transformationsstrategie des IDW.[912]

Veränderte Rahmenbedingungen führten im Herbst 2004 dazu, dass das IDW seine ursprüngliche Transformationsstrategie als beendet ansah und einen neuen Ansatz, den so genannten ISA-Plus-Approach[913], beschloss. In Zukunft sollten die ISA unverändert übersetzt werden und deutsche Besonderheiten durch sog. IDW-PS zur ISA-Ergänzung (IDW-IPS) berücksichtigt werden. Daneben sollten durch die ISA nicht erfasste Regelungsbereiche unverändert durch eigenständige IDW PS abgedeckt werden.[914]

Im Rahmen des Clarity-Projekts[915] überarbeitet das IAASB derzeit seine Normen und wird die Grundsatzentscheidung zwischen Principle-Based and Objective-Based Auditing Standards auf der einen Seite und Rule-Based and Checklist-Oriented Auditing Standards auf der anderen Seite in den Mittelpunkt der Reformbemühungen gestellt. Das Projekt soll bis 2008 abgeschlossen werden, und die für das öffentliche Interesse besonders wichtigen ISA sollen bereits bis Mitte 2007 auf die neue Struktur umgestellt werden.[916]

Vor dem Hintergrund dieses Entwicklungsprozesses hat das IDW vorerst seinen ISA-Plus-Approach ausgesetzt, um Unsicherheiten und vor allem auch doppelte Normensetzungsarbeit zu vermeiden. Das IDW hat sich vielmehr für eine Interimslösung entschieden, die vorsieht, die ISA bis zum Abschluss des Clarity-Projekts und der sich anschließenden Adoption durch die EU unverändert in der bisherigen Form zu transformieren (sog. eingeschränktes Trans-

---

911 Vgl. Brinkmann/Spieß, KoR 2006, S. 683.

912 Vgl. Ruhnke, DB 2006, S. 1171.

913 Vgl. hierzu im Einzelnen Brinkmann/Spieß, KoR 2006, S. 675.

914 Hierunter fällt bspw. die Prüfung des Risikofrüherkennungssystems gem. § 317 Abs. 4 HGB, die mit IDW PS 340 geregelt ist.

915 Im Rahmen des Clarity-Projekts werden alle ISA – aufgrund der Kritik an Umfang, Struktur und Sprache der ISA – grundlegend überarbeitet, um eine einheitliche Struktur und deutlichere Terminologie im Hinblick auf eine bessere Verständlichkeit und Anwendbarkeit der Standards zu erzielen. Vgl. IDW, FN-IDW 2005, S. 837 f. Zu den mit dem Clarity-Projekt verbundenen Zielvorstellungen vgl. auch Ferlings/Poll/Schneiß, WPg 2007, S. 103.

916 Zum jeweils aktualisierten Zeitplan zur Umsetzung des ISA-Clarity-Projekts vgl. IFAC, Project Timetable, abrufbar unter: http://www.ifac.org/IAASB/downloads/-Current_IAASB_Project_Timetable.doc sowie Ferlings/Poll/Schneiß, WPg 2007, S. 145 f. Zu den Auswirkungen des Clarity-Projekts des IAASB vgl. Brinkmann, KoR 2006, S. 668 ff.

formationsverfahren). Das bedeutet, dass die wichtigsten inhaltlichen Änderungen der geänderten und bisher nicht transformierten ISA, die bereits für 2005 anzuwenden sind, im Rahmen einer Überarbeitung der IDW-PS transformiert werden. Der ISA-Plus-Approach soll im Zeitpunkt des ISA-Endorsements in der EU wieder aufgenommen werden.[917]

Strukturell zeichnen sich die Verlautbarungen des IAASB durch eine Dreiteilung der Prüfungsstandards aus. Nach einem allgemeinen Teil, die sog. Introductory Matters mit ISA 100-199, folgen die jeweiligen Standards zur Abschlussprüfung sowie die Standards zu den „Specialized Areas“, die nach Sachgebieten geordnet sind und thematisch zu Sachgebietsgruppen zusammengefasst werden. Der die IAPS umfassende ergänzende Teil hat weitgehend eigenständigen Charakter. Die IAPS enthalten jedoch Querverweise zu den ISA, damit die IAPS den Prüfer bei der Anwendung der ISA unterstützen können.[918]

213 Einflussnahme der IFRS auf die Abschlussprüfung

Die Besonderheiten bei der Prüfung eines IFRS-Abschlusses[919] resultieren nicht etwa aus den Besonderheiten der fachtechnischen Prüfungsnormen für internationale Abschlüsse, sondern vielmehr aus den Besonderheiten der anzuwendenden Rechnungslegungsnormen, denen eine ganz eigene Rechnungslegungsphilosophie zugrunde gelegt ist. Die Informationen, die ein IFRS-Abschluss preisgibt, schließen Erwartungen über zukünftige Ereignisse und Entwicklungen mit ein. Es handelt sich um zukunftsorientierte Informationen, die den Abschlussprüfer mit erhöhten Schätz- und Beurteilungserfordernissen konfrontieren. Hierdurch erlangt das eigene Urteilsvermögen des Abschlussprüfers eine zentrale Bedeutung im Rahmen der Abschlussprüfung.[920] Bezogen auf die IDW Prüfungsstandards erlangen deshalb vor allem die IDW PS 314 und 315 als relevante Normen für die Prüfung von geschätzten Werten und Zeitwerten eine besondere Bedeutung. Es kann also festgehalten werden, dass Schätz- und Ermessensspielräume sowie Unsicherheiten bei der Wertermittlung durch den

917 Zu den Vorgehensweisen des IDW – eingeschränktes Transformationsverfahren vgl. Brinkmann, KoR 2006, S. 678-682.

918 Vgl. ISA aus IFAC-Handbook 2006 Edition, 2006. Die Übersicht umfasst alle ab dem Geschäftsjahr 2005 und für spätere Geschäftsjahre relevanten ISA, soweit bei Drucklegung bereits verabschiedet.

919 Vgl. z. B. Böcking/Orth/Brinkmann, WPg 2000, S. 216 ff., Ruhnke, KoR 2002, S. 155 ff. und Ruhnke, DB 2006, S. 1169 ff.

920 Vgl. Ruhnke/Lubitzsch, WPg 2006, S. 375.

Einbezug von Zukunftserwartungen auch auf die Abschlussprüfung ausstrahlen und hierdurch ernsthafte Verifizierungsprobleme im Rahmen der Abschlussprüfung ausgelöst werden können.[921]

Vor diesem Hintergrund steht der Berufsstand der Abschlussprüfer vor großen Herausforderungen, und es besteht insbesondere die Gefahr, dass die Öffentlichkeit unterstellt, dass eine Abschlussprüfung in der Lage sei, in die Zukunft gerichtete Informationen eine der Natur der Sache nicht entsprechende Glaubwürdigkeit zu verleihen. Deshalb definiert das IAASB ein Audit als ein „lediglich" Reasonable Assurance Engagement, das darauf abzielt, das Prüfungsrisiko bezogen auf den jeweiligen Einzelfall auf ein niedrigstmögliches und damit akzeptables Niveau zu reduzieren.[922] Das bedeutet, dass abhängig vom jeweiligen Prüfungsobjekt die Anforderungen an die Prüfungssicherheit unterschiedlich ausfallen können. So müsste bei der Prüfung des Best Estimate für Rückstellungen ein wesentlich höheres Prüfungsrisiko akzeptabel sein als beispielsweise bei der Prüfung der Angemessenheit von Pauschalwertberichtigungen auf Forderungen, da sich diese regelmäßig anhand von Erfahrungswerten der Vergangenheit hinreichend sicher bestimmen lassen.[923]

Das Prüfungsobjekt Rückstellungen stellt den Abschlussprüfer gerade vor diese Problemstellungen und konfrontiert ihn mit zahlreichen Unsicherheiten und Ungewissheiten. So fixieren IFRS-Framework und IAS 37 die Wahrscheinlichkeit und die hinreichend sichere Ermittlung zukünftiger Ressourcenabflüsse ausdrücklich als Bilanzierungsvoraussetzungen für Rückstellungen für ungewisse Verbindlichkeiten. Die in diesem Sinne verstandene 51%-Wahrscheinlichkeit stellt eine argumentative Größe[924] dar und will Sicherheit über eine Scheinquantifizierung vermitteln. Die zukunftsorientierte Bewertung von

---

[921] Vgl. Ruhnke, DB 2006, S. 1174 f. u. ders., KoR 2002, S. 164. Neben der gestiegenen Bedeutung von eigenem Urteilsvermögen und Schätzungen in der Rechnungslegung (z. B. gestiegene Bedeutung von beizulegenden Zeitwerten (Fair Values) in IFRS-Abschlüssen), kann insbesondere auch der zunehmende Erfolgsdruck auf die Unternehmensverantwortlichen zu einer größeren Bereitschaft führen, die Rechnungslegung zu manipulieren. Der Abschlussprüfer muss auch dieses inhärente Risiko beurteilen. Vgl. hierzu Ruhnke/Lubitzsch, WPg 2006, S. 369.

[922] Acceptable Low Level in the Circumstances of the Engagement; ISA 200.17 i. V. m. IFAC Framework. 11; insofern abweichend (der nicht transformierte) IDW PS 200.24 ff., der eine absolute Prüfungssicherheit unabhängig vom Prüfungsgegenstand festlegt.

[923] Vgl. Ruhnke, DB 2006, S. 1175.

[924] Zur argumentativen Größe vgl. Lüdenbach/Hoffmann, KoR 2003, S. 11.

Rückstellungen unterliegt ebenfalls Grenzen, wobei die Wahrscheinlichkeit von einzelnen Ereignissen weniger ein Methoden- als vielmehr ein Prämissen- bzw. Input-Daten-Problem darstellt. Die Herausforderung für den Abschlussprüfer besteht somit insbesondere darin, Zukunftswerte zu objektivieren und nachzuvollziehen.

Aus diesem Blickwinkel betrachtet müssen gerade an die Prüfung von nuklearen Entsorgungsrückstellungen ganz besondere Anforderungen gestellt werden. Der Prüfer von derartigen Verpflichtungen muss sich u. a. mit verschiedenen Verpflichtungsstrukturen und teilweise sehr komplexen Verpflichtungsaspekten auseinandersetzen.[925] Insbesondere im Rahmen der Rückstellungsbemessung bzw. ihrer Prüfung wird der Prüfer mit beträchtlichen Verpflichtungsbeträgen, die sich auf einen sehr langen Planungs- bzw. Projekthorizont beziehen und deshalb mit vielfältigen und großen Unsicherheiten behaftet sind, konfrontiert. Fehlende oder nur unzureichende Rechnungslegungsnormen, wie sie im Bilanzierungsteil ausführlich problematisiert worden sind,[926] erschweren zudem deutlich die Formulierung eines hinreichend sicheren Prüfungsurteils über die angesetzten Rückstellungen.

22 Prüfung von nuklearen Entsorgungsverpflichtungen

Zunächst soll der Grundsatzfrage nachgegangen werden, welche Besonderheiten die Prognose verstanden als eine Aussage über zukünftige Tatbestände im Rahmen der Prüfung aufweist. Anschließend erfolgt eine Analyse der wesentlichen Anforderungen, die eine Prüfung von nuklearen Entsorgungsverpflichtungen zu erfüllen hat. Die Prüfungsanforderungen werden dabei aus den fachtechnischen Prüfungsnormen des IDW – und nicht etwa aus den ISA – abgeleitet, und Verweise auf die jeweils relevanten ISA werden in den Fußnoten aufgenommen.[927] Die Zugrundelegung der deutschen Prüfungsstandards kann zum einen damit gerechtfertigt werden, dass der Fokus dieser Arbeit auf der Prüfung von deutschen Unternehmen, die gemäß § 315a Abs. 1 HGB ihre Konzernabschlüsse nach IFRS erstellen, liegt. Diese Unternehmen haben nach wie vor ihre Prüfung auf Grundlage der §§ 316 ff. HGB und der fachtechnischen Prüfungsnormen des IDW durchzuführen. Zum anderen erscheint dieses Vor-

925 Vgl. hierzu im Einzelnen Abschnitt B2.
926 Vgl. Abschnitt C3.
927 Für den Fall, dass eine internationale Prüfungsnorm über eine nationale Norm hinausgeht, wird die internationale Norm zu Grunde gelegt. Vgl. Ruhnke, DB 2006, S. 1171.

gehen auch vor dem Hintergrund, dass infolge der Transformationsstrategie des IDW die nationalen fachtechnischen Prüfungsnormen bereits heute eine hohe Übereinstimmung mit den ISA aufweisen,[928] als unkritisch.

In einem ersten Schritt muss sich der Prüfer umfassend mit der Geschäftstätigkeit und dem wirtschaftlichen und rechtlichen Umfeld des zu prüfenden Unternehmens auseinandersetzen. Diese Anforderungen konkretisieren sich in den Normen des IDW PS 230[929]. Anschließend werden die Normen des IDW PS 314[930] zur Prüfung von geschätzten Werten in der Rechnungslegung und des IDW PS 315[931] zur Prüfung von Zeitwerten sowie der IDW PS 322[932] zur Verwertung der Arbeit von Sachverständigen untersucht. Da eine Rechnungslegung nach IFRS-Normen ihrer Zwecksetzung entsprechend vermehrt auf den Einbezug von zukünftigen Erwartungen gerichtet ist, hat der Prüfer vor allem auch analytische Prüfungshandlungen im Sinne von Plausibilitätsbeurteilungen durchzuführen. IDW PS 312[933] regelt die ordnungsgemäße Durchführung von analytischen Prüfungshandlungen. Darüber hinaus müssen auch die Normen des IDW PS 300[934] im Hinblick auf Prüfungsnachweise im Rahmen der Ab-

928 Vgl. IDW (2006), R 18.

929 Vgl. IDW Prüfungsstandard: Kenntnisse über die Geschäftstätigkeit sowie das wirtschaftliche und rechtliche Umfeld des zu prüfenden Unternehmens im Rahmen der Abschlussprüfung (IDW PS 230), WPg 2000, S. 842 ff. u. WPg 2006, S. 218. Dieser Standard setzt zusammen mit dem IDW Prüfungsstandard: Feststellung und Beurteilung von Fehlerrisiken und Reaktionen des Abschlussprüfers auf die beurteilten Fehlerrisiken (IDW PS 261) die Anforderungen des im Zuge der Restrukturierung der IAASB-Pronouncements überarbeiteten ISA 315 „Understanding the Entity and ist Environment and Assessing the Risks of Material Misstatement“ um. Vgl. ISA 315, in: IFAC (2006).

930 Vgl. IDW Prüfungsstandard: Die Prüfung von geschätzten Werten in der Rechnungslegung (IDW PS 314), WPg 2001, S. 906 ff. Dieser Standard entspricht dem ISA 540 „Audit of Accounting Estimates“. Vgl. ISA 540, in: IFAC (2006).

931 Vgl. IDW Prüfungsstandard: Die Prüfung von Zeitwerten (IDW PS 315), WPg 2006, S. 309 ff. Dieser Standard setzt zusammen mit IDW PS 314 die Anforderungen des ISA 545 „Auditing Fair Values Measurements and Disclosures“ um. Vgl. ISA 545, in: IFAC (2006).

932 Vgl. IDW Prüfungsstandard: Verwertung der Arbeit von Sachverständigen (IDW PS 322), WPg 2002, S. 689 ff. Dieser Standard entspricht dem ISA 620 „Using the Work of an Expert“. Vgl. ISA 620, in: IFAC (2006).

933 Vgl. IDW Prüfungsstandard: Analytische Prüfungshandlungen (IDW PS 312), WPg 2001, S. 903 ff. Dieser Standard entspricht dem ISA 520 „Analytical Procedures“. Vgl. ISA 520, in: IFAC (2006).

934 Vgl. IDW Prüfungsstandard: Prüfungsnachweise im Rahmen der Abschlussprüfung (IDW PS 300), WPg 2006, S. 1445 ff. Dieser Standard setzt die Anforderungen des

schlussprüfung berücksichtigt werden. Aufgrund der Neuausrichtung des Lageberichts[935] insbesondere im Hinblick auf eine vermehrte Berichterstattung von nichtfinanziellen Daten sowie Informationen zu Chancen und Risiken der künftigen Entwicklung kommt vor allem auch der zukunftsorientierten Prüfung des Lageberichts eine besondere Bedeutung zu. Die Prüfung des Lageberichts wird in IDW PS 350[936] konkretisiert.

Es ist sehr positiv zu bewerten, dass auf der internationalen Ebene mit IAPS 1010: Die Berücksichtigung von Umweltangelegenheiten im Rahmen der Abschlussprüfung zumindest praktische Hinweise für die Prüfung von für das bilanzierende Unternehmen wesentlichen Umweltangelegenheiten gegeben werden und damit auch den Unsicherheiten bei der Prüfung von Umweltaspekten Rechnung getragen wird. Der Standard vermittelt ergänzende Stellungnahmen zur Anwendung von ISA 310: Kenntnis der Geschäftstätigkeit, ISA 400: Risikobeurteilung und interne Kontrolle sowie ISA 250: Beachtung von Gesetzen und Vorschriften im Rahmen der Abschlussprüfung und sollte daher in engem Zusammenhang mit IDW PS 230 zu Kenntnissen der Geschäftstätigkeit und dem wirtschaftlichen und rechtlichen Umfeld des zu prüfenden Unternehmens berücksichtigt werden.

Von den Anforderungen an eine Prüfung von nuklearen Entsorgungsverpflichtungen ausgehend, soll abschließend analysiert werden, welche Ansprüche an das abschlusserstellende Unternehmen als Prognostizierender gestellt werden sollten. Zugleich werden die Anforderungen an die Berichterstattung von eben solchen Prognosen bzw. Zukunftserwartungen skizziert.

ISA 500 (Revised) „Audit Evidence" um, soweit nicht nationale gesetzliche Besonderheiten Abweichungen erfordern. Vgl. ISA 500, in: IFAC (2006).

935 Vgl. hierzu ausführlich unter Abschnitt D24. Die Lageberichterstattung hat mit dem Bilanzrechtsreformgesetz und dem DRS 15 wesentliche Erneuerungen, Konkretisierungen und Erweiterungen erfahren. Zu den Neuerungen in den Lageberichtsnormen vgl. z. B. Krawitz/Hartmann, WPg 2006, S. 1264 ff. Mit DRS 15 wird eine wert- und zukunftsorientierte Berichterstattung angestrebt, mit welcher eine Einschätzung der künftigen Entwicklung des Unternehmens erleichtert werden soll. Vgl. z. B. Buchheim/-Knorr, WPg 2006, S. 416.

936 Vgl. IDW Prüfungsstandard: Prüfung des Lageberichts (IDW PS 350), WPg 2006, S. 1293 ff.

221 Zur grundsätzlichen Problematik der Prognoseprüfung

„Prognoseaussagen im Geschäftsbericht sollen über vergangene wirtschaftliche Ereignisse hinausgehendes zukunftsbezogenes Wissen vermitteln, indem sie Auskunft über künftige Ergebniskonstellationen und Zustände geben.“[937] Die Prüfung von Prognosen und in diesem Sinne insbesondere die Prüfung von in die Bewertung von Vermögenswerten und Schulden einfließende Erwartungen über künftige Ereignisse und Entwicklungen ist allein deshalb schon problematisch, weil sich die „empirische Wahrheit einer Prognoseaussage ex ante nicht ermitteln lässt.“[938] Aus diesem Grunde werden Prognosen auch sehr gerne zu bilanzpolitischen Gestaltungen im Jahresabschluss „missbraucht“.[939]

“Die Übereinstimmung eines Aussageninhaltes mit der Realität ist nur dann unmittelbar überprüfbar, wenn die Aussage sich auf Tatbestände in der Gegenwart oder Vergangenheit bezieht. Die empirische Wahrheit einer Prognoseaussage lässt sich somit erst ex post ermitteln.“[940] Die Prüfung darf sich daher nicht auf die Prognoseaussage selbst beschränken, sondern muss sich insbesondere auf die gesamte Herleitung dieser Aussage, d. h. ihr Zustandekommen, sowie ihrer Wohlbegründetheit erstrecken. „Eine ex ante Beurteilung hat sich (somit, d. Verf.) auf die Güte der Prognoseherleitung zu stützen.“[941] In diesem Sinne hat der Prüfer Dokumentationen einzufordern, die die wesentlichen Tatsachen und Annahmen, die zu dieser Aussage geführt haben, offen legen. Die relevanten Annahmen werden sich dabei im Wesentlichen zusammensetzen aus sog. Randbedingungen, wie zum Beispiel Gesetzeslage und voraussichtliche Änderungen, unternehmensinterne Erfahrungssätze, künftige Kostenentwicklungen und technische Fortschritte. Es fehlen operationale Maßstäbe für eine Beurteilung der „Begründungsqualität einer Prognose“, so dass „lediglich in logischer Hinsicht [...] die Prognoseherleitung eindeutig auf Widerspruchsfreiheit und Begründungsgeschlossenheit geprüft werden“[942] kann. „Damit ist jedoch die Willkürfreiheit nicht völlig sichergestellt.“[943]

937 Hagest/Kellinghusen, WPg 1977, S. 408.
938 Ebd., S. 406.
939 Vgl. ebd., S. 413 ff.
940 Ebd., S. 408 f.
941 Ebd., S. 406.
942 Beide Zitate ebd., S. 415.
943 Ebd., S. 415. Vgl. ebd., S. 408 ff.

222 Grundsätzliche Anforderungen an eine Prüfung von nuklearen Entsorgungsverpflichtungen

Eine Prüfung von nuklearen Entsorgungsverpflichtungen, die nach dem IFRS-Regelwerk bilanziert werden, setzt zunächst die grundsätzliche Auseinandersetzung mit dem Wesen von Rückstellungen in einem IFRS-Abschluss und dem ihnen inhärenten Prüfungsrisiko voraus. Erst im Anschluss daran ist die Prüfung von Rückstellungen für Umweltverpflichtungen im Allgemeinen und die für Verpflichtungen im Hinblick auf nukleare Entsorgungen im Besonderen problemorientiert zu untersuchen. Die folgende Abbildung veranschaulicht die mit der Prüfung von nuklearen Entsorgungsverpflichtungen verbundenen Unsicherheiten und Probleme:[944]

I. Prüfung von Rückstellungen in einem IFRS-Abschluss

- unsichere Schulden im Hinblick auf Fälligkeit und Höhe der Verpflichtung
- Rückstellungsvolumina mit materiellem Einfluss auf das Periodenergebnis und auf Kennzahlen des bilanzierenden Unternehmens
- breite Ermessens-, Auslegungs- und Schätzspielräume bei der Ermittlung des Best Estimate
- Notwendigkeit zu regelmäßigen Anpassungen in Folgeperioden aufgrund neuer Erkenntnisse und geänderter Schätzparameter
- Regelungslücken und unbestimmte Rechtsbegriffe (wie zum Beispiel sachkundiges Ermessen des Managements, Wesentlichkeit, hinreichend sichere Ermittlung oder ausreichend objektive Hinweise)
- stärkere Zukunftsorientierung einer auf entscheidungsnützlichen Informationen ausgerichteten Rechnungslegung mit dem Dilemma des Optimierungsproblems zwischen relevanten und zuverlässigen Informationen
- Dynamik des internationalen Standard-Setting

II. Prüfung von Rückstellungen für Umweltschutzverpflichtungen:

- Vielzahl von Umweltschutzverpflichtungen mit teilweise sehr komplexen Verpflichtungsstrukturen und -komponenten
- Regelungsdynamik im Umweltschutzbereich
- mögliche Inanspruchnahmen infolge eines zunehmenden Umweltbewusstseins der Öffentlichkeit

---

944 Als Basis dienen die Ausführungen unter Abschnitt B u. C.

- erhebliche finanzielle Belastungen für das betroffene Unternehmen mit wesentlichem Einfluss auf die wirtschaftliche Lage und die künftige Entwicklung des Unternehmens

III. Prüfung von nuklearen Entsorgungsverpflichtungen:

- verschiedene Verpflichtungsstrukturen und unterschiedliche Verpflichtungsaspekte
- keine eigenständigen Rechnungslegungsvorgaben
- wesentlicher Einfluss von technischen und rechtlichen Rahmenbedingungen und Entwicklungen auf die Höhe der Verpflichtungen
- Problem der unvollständigen und fehlenden Informationen über künftige Ereignisse und Entwicklungen
- ausgeprägte Finanzbedarfsunsicherheit aufgrund der Langfristigkeit der Verpflichtungen (langer Planungs- bzw. Projekthorizont)
- hoher Finanzbedarf für die nukleare Entsorgung

Damit wird deutlich, dass sich der Abschlussprüfer bereits im Rahmen der Prüfungsvorbereitung bzw. –planung mit einer Vielzahl von Problemstellungen auseinandersetzen sowie ein kritisches Bewusstsein für vielfältige Unsicherheiten und Unwägsamkeiten, die mit den zu prüfenden Entsorgungsverpflichtungen verbunden sind, entwickeln muss.

223 Kenntnisse des Abschlussprüfers über die Geschäftstätigkeit sowie das wirtschaftliche und rechtliche Umfeld

Zu Beginn einer Prüfung muss sich der Abschlussprüfer umfassende Kenntnisse über die Branche und Geschäftstätigkeit des bilanzierenden Unternehmens, die rechtlichen und technischen Rahmenbedingungen und insbesondere die Spezifika von nuklearen Entsorgungsverpflichtungen verschaffen. Aufgrund der Komplexität der Rahmenbedingungen sowie der Dynamik von Entwicklungen und Änderungen im Zeitablauf muss als eine der ersten Prüfungshandlungen – gerade im Rahmen der Folgeprüfungen – die Auseinandersetzung mit neuen Entwicklungen und geänderten Rahmenbedingungen erfolgen, um deren möglichen Einfluss auf die VFE-Lage des Unternehmens würdigen zu können. Beispielsweise muss sich der Abschlussprüfer im Klaren sein über die Auswirkungen aus der Novellierung des Atomgesetzes in 2002 – insbesondere der angestrebte Ausstieg aus der Atomenergie über das Verbot von neuen Kernkraftwerken und die Verkürzung von Restlaufzeiten der bestehenden Anlagen –

oder die Folgen aus dem Ende einer Wiederaufarbeitung von Brennelementen im Ausland ab Mitte 2005. Daneben sind Entwicklungen im technischen Bereich bzw. in der Abwicklung der nuklearen Entsorgung – beispielsweise die Endlagerung von nuklearen Abfällen in Deutschland –, Preis- und Kostenentwicklungen sowie allgemeine Umfeldänderungen in Erfahrung zu bringen. Darüber hinaus muss der Prüfer bei seiner Prüfung geänderte Vertragsverhältnisse – beispielsweise Verträge mit Logistikunternehmen, über die Zwischenlagerung von radioaktiven Abfällen und vormals über die Wiederaufarbeitung von Brennelementen – berücksichtigen.

Erst durch umfassende Kenntnisse aller relevanten mit nuklearen Entsorgungsverpflichtungen verbundenen Sachverhalte ist der Prüfer in der Lage, eine Prüfungsstrategie für derartige Verpflichtungen zu entwickeln. In diesem Sinne setzt IDW PS 230 für eine ordnungsgemäße Durchführung von Abschlussprüfungen ausreichende Kenntnisse des Abschlussprüfers über die Geschäftstätigkeit sowie das wirtschaftliche und rechtliche Umfeld des zu prüfenden Unternehmens voraus.[945] Dabei geht es insbesondere um die Eruierung von Kenntnissen, die auf solche Ereignisse und Geschäftsvorfälle schließen lassen, die sich voraussichtlich wesentlich auf den Jahresabschluss bzw. konkret auf die nuklearen Entsorgungsverpflichtungen auswirken können.[946] Erst diese Kenntnisse ermöglichen eine „Risikobeurteilung und die Identifikation möglicher Problemfelder, die wirksame und sachgerechte Prüfungsplanung und –durchführung und die Würdigung von Prüfungsnachweisen."[947]

Unter Zugrundelegung von IDW PS 230 gestattet das Wissen um die besonderen Merkmale der nuklearen Entsorgung insbesondere:[948]

- die Bestimmung von Prüfungsgebieten, die besondere Aufmerksamkeit oder Fähigkeiten erfordern

  Die folgenden Bilanz- und GuV-Positionen dürften regelmäßig eine besondere Aufmerksamkeit bei der Prüfung von nuklearen Entsorgungsverpflichtungen erfordern:

  - *Sachanlagen und korrespondierende Abschreibungen*
    - *aktivierte Kernkraftwerke*
    - *Abbruch- und Wiederherrichtungskosten*
    - *Zinssatz- und Zahlungsstromänderungen im Zeitablauf*

945 Vgl. IDW PS 230 Abs. 1.
946 Vgl. IDW PS 230 Abs. 5.
947 IDW PS 230 Abs. 6.
948 Vgl. IDW PS 230 Abs. 7.

- *Finanzanlagen*
  - *Anteile an Entsorgungsfonds i. S. v. IFRIC 5*
- *Vorräte und korrespondierender Materialaufwand*
  - *Kernbrennelemente*
  - *Entsorgungskosten für Kernbrennelemente (fixe Kosten)*
  - *periodische Rückstellungszuführungen für variable Entsorgungskosten von Brennelementen*
- *Forderungen und sonstige Vermögenswerte*
  - *Rückgriffs- und Erstattungsansprüche i. S. v. IFRIC 5*
- *Rückstellungen und korrespondierender Materialaufwand sowie Zinsaufwand*
  - *Verpflichtungen zur Entsorgung von Brennelementen und radioaktiven Betriebsabfällen*
  - *Verpflichtungen zur Stilllegung und zum Rückbau kerntechnischer Anlagen*

- die Würdigung von Unternehmensrisiken
  - *singuläre Risiken wie Kosten- und Zinssatzrisiken infolge von veränderten rechtlichen und technischen Rahmenbedingungen, Kapitalmarktindikationen sowie politisch-gesellschaftlichen Entwicklungen*
  - *allgemeines Fortbestandsrisiko aufgrund der finanziellen Dimension von nuklearen Entsorgungsverpflichtungen für das einzelne Unternehmen*
- die Beurteilung der Aussagekraft von Prüfungsnachweisen

  Als Prüfungsnachweise können beispielsweise in Betracht kommen:
  - *Verträge (z. B. Logistik, Lagerung, Endlagerung)*
  - *eigene Dokumentationen, Berechnungen und Schätzungen des bilanzierenden Unternehmens*
  - *Stellungnahmen und technische Gutachten von sachverständigen Dritten*
  - *Sachverständigengutachten über die Höhe der Entsorgungskosten sowie zu Grunde gelegte Input-Daten*
- die Würdigung von Schätzungen, die sich in Jahresabschluss und Lagebericht niederschlagen
  - *Schätzungen und Berechnungen und ihr Einfluss auf das Periodenergebnis, wesentliche Kennzahlen und die Berichterstattung des bilanzierenden Unternehmens*
  - *Beurteilungen im Hinblick auf mögliche Risiken, künftige Entwicklungen und Änderungen*
- die Beurteilung der dem Abschlussprüfer erteilten Auskünfte

Beurteilungen insbesondere im Hinblick auf:
  - *Plausibilität*
  - *Vollständigkeit*
  - *Relevanz*
  - *Zuverlässigkeit*
  - *Wahrheit*
  - *objektive Nachprüfbarkeit der erhaltenen Auskünfte*
- die Beurteilung der Angemessenheit von Bilanzierungs- und Bewertungsmethoden sowie von Angaben in Jahresabschluss und Lagebericht
  - *Verpflichtungen zur Entsorgung von abgebrannten Brennelementen und radioaktiven Betriebsabfällen*
  - *Verpflichtungen zur Stilllegung und zum Rückbau von Kernkraftwerken*

Dabei können insbesondere die folgenden Quellen der Informationsbeschaffung in Betracht kommen:[949]
- in der Wirtschaftsprüferpraxis vorhandene Kenntnisse und Erfahrungen mit dem Unternehmen und der Branche
  Ebenso hilfreich sind Kenntnisse und Erfahrungen mit Unternehmen aus vergleichbaren Branchen bzw. mit vergleichbaren Verpflichtungen, wie zum Beispiel Unternehmen aus der Telekommunikationsbranche im Hinblick auf den Rückbau von Sendemasten
- Gespräche mit Personen innerhalb des Unternehmens
  Gespräche müssen insbesondere geführt werden mit
  - *der Geschäftsführung*
  - *Verantwortlichen aus dem Rechnungswesen*
  - *der technischen Abteilung (v. a. Ingenieure)*
- Gespräche mit anderen Prüfern oder sonstigen Fachleuten
  Gespräche können insbesondere geführt werden mit
  - *den Prüfern von Unternehmen mit vergleichbaren Geschäftstätigkeiten sowie ähnlichem rechtlichen und wirtschaftlichen Umfeld (Beispiel: Telekommunikation)*
  - *Fachgruppen (beispielsweise IFRS-Fachgruppe)*
- Gespräche mit und Informationen von sonstigen sachkundigen Personen außerhalb des Unternehmens
  - *Vereinigung Deutscher Elektrizitätswerke (VDEW)*
  - *Nuklear-Ingenieur-Service GmbH (NIS)*

[949] Vgl. IDW PS 230 Abs. 14.

    - *Aber auch: Hochschulen, Forschungseinrichtungen*
- Rechtsvorschriften mit wesentlicher Bedeutung für das Unternehmen
    - *insbesondere Atomgesetz sowie alle in Kapitel B222: Rechtliche Aspekte von Stilllegung und Rückbau kerntechnischer Anlagen aufgeführten Gesetze und Vorschriften*
    - *Verträge (z. B. Zwischenlagerung, Transport, Aufarbeitung, Konditionierung etc.)*
- Besichtigungen[950] des Unternehmens und seiner Produktionsanlagen
    - *in Betrieb befindliche Kernkraftwerke*
    - *in Stilllegungsphasen befindliche Kernkraftwerke*
    - *kraftwerksnahe Zwischenlager*
- vom Unternehmen erstellte Unterlagen
    - *Input-Daten für Sachverständigengutachten und Stellungnahmen*
    - *eigene Berechnungen, Dokumentationen und Schätzungen des Unternehmens*

  Hierbei kann zwischen Unterlagen, die auf Vollständigkeit und Übereinstimmung geprüft werden können (Soll-Ist-Vergleiche; beispielsweise Anzahl der Kernkraftwerke, Entwicklung der Stilllegungskosten) auf der einen Seite und Unterlagen, die die Schätzungen der Geschäftsleitung wiedergeben (Plausibilitätsbeurteilungen, analytische Prüfungshandlungen; beispielsweise Parameteränderungen durch technische und rechtliche Entwicklungen sowie der Einbezug von Risikoaufschlägen) auf der anderen Seite unterschieden werden
- sonstige Unterlagen
    - *Zeitungen und Fachzeitschriften (z. B. „et", „atw")*
    - *Berichte von Umweltorganisationen*
    - *Informationen aus dem Internet (z. B. Homepage des BMU)*

Die Prüfung von nuklearen Entsorgungsverpflichtungen macht darüber hinaus auch die ergänzende Berücksichtigung der Empfehlungen des IAPS 1010 notwendig, wonach sich die Prüfungshandlungen im Wesentlichen auf die Kenntnis der Geschäftstätigkeit des Unternehmens und die Beurteilung der Risiken wesentlicher Falschaussagen beziehen sollten. Hierzu hat der Prüfer auch die Beachtung von Umweltgesetzen und –verordnungen zu beurteilen.[951] In den Anhängen zum Standard werden zum einen ausgewählte Fragen aufgelistet, die sich der Abschlussprüfer zur Erlangung von Kenntnissen der Geschäftstätigkeit

---

[950] Besichtigungen verschaffen insbesondere Verständnis über technische Aspekte, Projekthorizont sowie Art und Höhe der Entsorgungskosten.

[951] Vgl. IAPS 1010 (deutsche Fassung) Abs. 3.

stellen kann.[952] Zum anderen werden Beispiele für Einzelprüfungen aufgeführt, die dazu geeignet sind, wesentliche Falschaussagen aufgrund von Umweltangelegenheiten aufzudecken.[953] Kritisch anzumerken ist, dass die Hinweise des IAPS 1010 erstens nicht verbindlich wie die ISAs sind, da sie ja gerade Leitlinien mit Empfehlungscharakter darstellen, und sie zweitens doch sehr allgemeiner Natur sind und somit den Problemen bei der Prüfung von nuklearen Entsorgungsaspekten nur unzureichend gerecht werden.

224 Prüfung von geschätzten Werten

Die vorliegende Arbeit hat deutlich gemacht, dass nukleare Entsorgungskosten schon von ihrer Natur her – und damit unabhängig vom zu Grunde gelegten Rechnungslegungssystem – sehr komplex und vielschichtig sind. So haben zunächst das bilanzierende Unternehmen und nachfolgend der Abschlussprüfer vielfältige Determinanten dieser Kosten zu berücksichtigen und ihrer Zwecksetzung entsprechend zu würdigen. Der Abschlussprüfer hat zunächst zu berücksichtigen, dass die Kosten für die Entsorgung von abgebrannten Brennelementen von den Kosten für die Entsorgung von radioaktiven Betriebsabfällen und insbesondere von den Kosten für die Stilllegung und den Rückbau von Kernkraftwerksanlagen zu unterscheiden sind. Die verschiedenen Entsorgungssachverhalte basieren wiederum auf unterschiedlichen Entsorgungskonzepten[954] und variieren in der Höhe der künftigen Entsorgungskosten. Darüber hinaus sind bei der Kostenermittlung mehrere Projektphasen zu unterscheiden.[955] So wird insbesondere erst in der weit in der Zukunft liegenden Stilllegungsphase der wesentliche Teil der zurückgestellten Entsorgungskosten fällig, während in der Betriebs- bzw. Nutzungsphase vor allem die Kosten für die Entsorgung von Brennelementen und radioaktiven Abfällen anfallen.

Damit weisen die Stilllegungs- und Rückbaukosten schon aufgrund ihrer Langfristigkeit große Unsicherheitspotenziale auf und erfordern eine intensive Auseinandersetzung mit Annahmen über zukünftige Entwicklungen und Ereignisse, den Einbezug von Erfahrungswerten sowie Schätzparametern und –methoden. In diesem Zusammenhang muss sich der Abschlussprüfer regelmäßig auch den Änderungen im Zeitablauf widmen und Anpassungen der Entsor-

952 Vgl. Anhang 1 zu IAPS 1010 (deutsche Fassung).
953 Vgl. Anhang 2 zu IAPS 1010 (deutsche Fassung).
954 Vgl. Kapitel B.232 und B.2231.
955 Vgl. Abb. 9 in Abschnitt C3.

gungskosten und ihre Ermittlung kritisch hinterfragen. Die Besonderheit einer IFRS-Rechnungslegung liegt ja gerade darin, dass Rückstellungen für ungewisse Verpflichtungen mit ihrem Best Estimate anzusetzen und bei hinreichend objektiven Anhaltspunkten die Verhältnisse zum Erfüllungsstichtag maßgeblich sind. In Bezug auf die Kosten für die Entsorgung von Brennelementen führen insbesondere unzureichende Rechnungslegungsvorschriften zu beträchtlichen Prüfungsunsicherheiten.

Die Prüfung von geschätzten Werten in der Rechnungslegung wird von IDW PS 314 geregelt. Der Standard stellt explizit heraus, dass Rückstellungen ein erhöhtes Risiko für falsche Angaben in der Rechnungslegung darstellen und komplexe Schätzungen stets umfangreiche Spezialkenntnisse und Beurteilungen erforderlich machen.[956] Der Prüfungsstandard sieht vor, dass sich der Abschlussprüfer deshalb zunächst „ausreichende und angemessene Prüfungsnachweise der geschätzten Werte in der Rechnungslegung“[957] zu verschaffen hat, um sie anschließend einer Plausibilitätsbeurteilung unterziehen zu können. Eine angemessene Prüfung setzt dabei vor allem das Verständnis für die vom Unternehmen verwandten Bewertungs- bzw. Schätzverfahren und –methoden voraus.[958]

IDW PS 314 ist nicht als detaillierter Leitfaden für das prüferische Vorgehen zu verstehen. Vielmehr werden allgemeine Anforderungen formuliert, aus denen wiederum konkrete Prüfungshandlungen abzuleiten sind. Der Abschlussprüfer hat insbesondere all diejenigen Annahmen des Unternehmens kritisch zu hinterfragen, die in besonderem Umfang ermessensabhängig und / oder großen Schwankungen unterworfen sind.[959] IDW PS 314 Abs. 13 bestimmt, dass der Abschlussprüfer zunächst die einer Schätzung zu Grunde gelegten Daten und Annahmen auf Richtigkeit, Vollständigkeit und Relevanz hin zu überprüfen hat. Dazu hat der Prüfer gegebenenfalls auch Nachweise aus externen Quellen, wie zum Beispiel aus direkten Kontakten mit Umweltgutachtern oder technischen Sachverständigen, einzuholen.[960] In Bezug auf den die Barwertermittlung zu Grunde gelegten Zinssatz können beispielsweise Branchenstatistiken und Finanzmarktinformationen herangezogen werden.

956 Vgl. IDW PS 314 Abs. 6 u 7.
957 IDW PS 314 Abs. 9.
958 Vgl. IDW PS 314 Abs. 10.
959 Vgl. IDW PS 314 Abs. 18.
960 Vgl. IDW PS 314 Abs. 14.

Im Anschluss an die Beurteilung der Annahmen und Daten (Input-Daten) hat der Abschlussprüfer die verwandten Berechnungs- bzw. Schätzverfahren zu überprüfen. Diese Prüfung schließt auch die Prüfung in Bezug auf mathematische Richtigkeit und stetige Anwendung mit ein.[961] Eine weitere Prüfungshandlung stellt die ex post-Beurteilung auf Übereinstimmung von in vorhergehenden Geschäftsjahren vorgenommenen Schätzungen mit tatsächlichen Ergebnissen dar.[962]

Eine abschließende Beurteilung des Abschlussprüfers, ob die Schätzungen der Unternehmensleitung angemessen sind, basiert im wesentlichen auf den Kenntnissen des Abschlussprüfers über die Geschäftstätigkeit und das wirtschaftliche und rechtliche Umfeld des Unternehmens[963] und schließt die Einschätzung ein, ob die geschätzten Werte mit anderen während der Prüfung erlangten Kenntnissen und Nachweisen übereinstimmen.[964] Dabei hat der Prüfer sein Augenmerk vor allem auf die stetige Anwendung der Bilanzierungsmethode – Stetigkeit insbesondere auch im Verhältnis zu Vorperioden – zu richten.[965]

Zur Prüfung der Bewertung der Rückstellungen für nukleare Entsorgungsverpflichtungen hat der Abschlussprüfer ergänzend den IDW PS 315 zur Prüfung von Zeitwerten und ihrer Darstellung in der Rechnungslegung heranzuziehen. IDW PS 314 und 315 setzen zusammen die Anforderungen des ISA 545: Auditing Fair Values Measurements and Disclosures um. IDW PS 315 betont in diesem Zusammenhang, dass insbesondere Bewertungen auf der Grundlage von Schätzungen – bei nuklearen Entsorgungsverpflichtungen vor allem Prognosen über künftige Kostenentwicklungen sowie Annahmen über rechtliche und technische Veränderungen und Ereignisse – vielfältige Unsicherheiten in sich bergen. Unsicherheiten bei der Ermittlung von insbesondere weit in der Zukunft liegenden Stilllegungs- und Rückbaukosten resultieren dabei vor allem aus dem sehr langen Prognosezeitraum, aus der großen Anzahl bedeutender und teilweise sehr komplexer Annahmen über rechtliche und technische Ge-

961 Vgl. IDW PS 314 Abs. 19 f.

962 Vgl. IDW PS 314 Abs. 21.

963 Vgl. Ausführungen zu IDW PS 230 bzw. ISA 315.

964 Vgl. IDW PS 314 Abs. 26 ff.

965 Die stetige Anwendung einer Bilanzierungsmethode sollte auch gerade deshalb einen Prüfungsschwerpunkt bilden, da abschlusspolitische Gestaltungsmaßnahmen eben in diesem Gebot ihre Grenzen erfahren. Siehe auch Ausführungen unter B44 zu Grenzen der Abschlusspolitik.

setzmäßigkeiten sowie ihrer Rahmenbedingungen und den vielfältigen Ermessensspielräumen bei den zugrunde liegenden Annahmen.[966]

Im Hinblick auf die Prüfungshandlungen unterscheidet IDW PS 315 zwischen der Prüfung der vom Unternehmen eingerichteten organisatorischen Vorkehrungen zur Ermittlung von Zeitwerten[967] einerseits und aussagebezogenen Prüfungshandlungen[968] andererseits. Während erstere das Erlangen eines Verständnisses der organisatorischen Ausgestaltung des Prozesses zur Ermittlung von Zeitwerten,[969] die Beurteilung der Angemessenheit der Bewertungsverfahren[970] sowie der zugrunde liegenden Annahmen und Informationen und die Prüfung der Berechnungsverfahren, insbesondere auf mathematische Richtigkeit, beinhaltet, kann der Abschlussprüfer im Rahmen von aussagebezogenen Prüfungshandlungen auch unternehmensunabhängige Schätzungen des Zeitwerts selbst vornehmen und diese mit der Zeitwertermittlung des Unternehmens verproben. Darüber hinaus umfassen aussagebezogene Prüfungshandlungen die Prüfung der stetigen Anwendung der Ermittlungsverfahren und die Beurteilung von Ereignissen nach dem Abschlussstichtag, mit denen sich die Schätzungen bestätigen lassen.[971]

Im Falle von Bewertungswahlrechten oder fehlenden Rechnungslegungsvorgaben – so insbesondere bei der Bewertung der Entsorgungskosten für abgebrannte Brennelemente – muss der Abschlussprüfer beurteilen, ob die angewandte Bewertungsmethode im Einklang steht mit den allgemeinen Rechnungslegungsgrundsätzen und stetig angewandt ist. In diesem Blickwinkel ist auch eine Prüfung dahingehend notwendig, ob die angewandte Bewertungsmethode mit der Bewertungspraxis im jeweiligen branchenspezifischen Umfeld übereinstimmt.[972] Eine Beurteilung der zugrunde gelegten Annahmen und In-

---

966 Vgl. IDW PS 315 Abs. 9 f. Im Einzelnen zur Prüfung von Zeitwerten gem. IDW PS 315 vgl. Ferlings/Poll/Schneiß, WPg 2007, S. 109 f.

967 Vgl. IDW PS 315 Abs. 20-39.

968 Vgl. IDW PS 315 Abs. 40-51.

969 Erst ein Verständnis für die eingerichteten Prozesse zur Ermittlung von Zeitwerten und die relevanten Kontrollen ermöglicht eine zielgerichtete Prüfungsplanung, die Art, Umfang und zeitlichen Ablauf der Prüfungshandlungen festlegt. Vgl. IDW PS 315 Abs. 23.

970 Eine Beurteilung der Angemessenheit ist in diesem Sinne zu verstehen als eine Beurteilung, ob das Bewertungsverfahren geeignet ist, Zeitwerte in Übereinstimmung mit den IASB-Rechnungslegungsgrundsätzen zu ermitteln. Vgl. IDW PS 315 Abs. 25.

971 Vgl. IDW PS 315 Abs. 20-51.

972 Vgl. IDW PS 315 Abs. 28.

formationen hat anhand der Kriterien Relevanz, Zuverlässigkeit, Neutralität, Verständlichkeit und Vollständigkeit zu erfolgen.[973] So ist bei der Ermittlung des Barwerts der künftigen Stilllegungs- und Rückbaukosten insbesondere eine Prüfung der Annahmen über die Höhe und den zeitlichen Anfall der Entsorgungskosten, den Prognosezeitraum und den Abzinsungssatz notwendig. Im Rahmen der Vollständigkeitsprüfung muss beurteilt werden, ob alle bedeutsamen Annahmen und Einflussfaktoren berücksichtigt worden sind. Darüber hinaus hat eine Prüfung der Annahmen auch so genannte Sensitivitätsanalysen im Hinblick auf Veränderungen von bedeutenden Annahmen und Marktbedingungen zu umfassen.[974]

225 Verwertung der Arbeit von Sachverständigen

Regelmäßig wird es jedoch gängige Praxis bei Energieversorgungsunternehmen sein, einen sachverständigen Dritten mit der Ermittlung der künftigen voraussichtlichen Stilllegungs- und Rückbaukosten in Form eines unabhängigen Gutachtens zu beauftragen. So nennt denn auch der Prüfungsstandard zur Verwertung der Arbeit von Sachverständigen (IDW PS 322) explizit die Bewertung von Schulden als einen Bereich, für den eine Hinzuziehung eines Sachverständigen regelmäßig geboten erscheint.[975] In diesem Sinne stellt die Nuklear-Ingenieur-Service GmbH (NIS) eine private Gutachterfirma dar, die sich auf die Berechnung der Kosten für die Stilllegung und Beseitigung kerntechnischer Anlagen in Deutschland spezialisiert hat und für die kernkraftwerksbetreibenden Unternehmen periodische Gutachten erstellt.[976] Der Abschlussprüfer darf dabei jedoch keineswegs die Entsorgungskosten unreflektiert aus den Gutachten entnehmen. Vielmehr muss der Prüfer unter Zugrundelegung der Normen des IDW PS 322 die Arbeitsergebnisse und / oder Untersuchungen eines Sachverständigen kritisch hinterfragen.

Bevor die eigentlichen Arbeitsergebnisse des Sachverständigen[977] zu einer prüferischen Durchsicht herangezogen werden, hat sich der Abschlussprüfer zu-

---

973 Vgl. IDW PS 315 Abs. 30.

974 Vgl. IDW PS 315 Abs. 33.

975 Vgl. IDW PS 322 Abs. 8.

976 Siehe auch Ausführungen unter B224 zu Stilllegungs- und Rückbaukosten.

977 Sollte sich der Abschlussprüfer damit schwer tun, die Arbeitsergebnisse des Sachverständigen nachzuvollziehen, bietet sich zur Klärung von Unsicherheiten insbesondere auch ein direkter Kontakt mit dem jeweiligen Sachverständigen an.

nächst mit der beruflichen Qualifikation und der fachlichen Kompetenz[978] sowie der Unparteilichkeit und Unbefangenheit des Sachverständigen auseinanderzusetzen.[979] Darüber hinaus hat der Prüfer die Art, den Umfang und die Zielsetzung der Tätigkeit des Sachverständigen zu beurteilen.[980]

Im Rahmen der Beurteilung der eigentlichen Arbeitsergebnisse des Sachverständigen hat der Abschlussprüfer zunächst die dem Gutachten des Sachverständigen zu Grunde gelegten Ausgangsdaten zu beurteilen. So muss insbesondere geprüft werden, ob alle relevanten Daten und Informationen in dem Gutachten verarbeitet worden sind. Darüber hinaus sind vor allem die angewandten Ermittlungsmethoden und deren stetige Anwendung im Verhältnis zu Vorperioden kritisch zu hinterfragen.[981] Prüfungshandlungen in Bezug auf Gutachtenergebnisse sind grundsätzlich vergleichbar mit denen im Hinblick auf die eigenen Ermittlungen des bilanzierenden Unternehmens. Der eigentliche Unterschied liegt darin, dass die Ergebnisse eines Gutachtens eine hinreichende Objektivität annehmen lassen und damit eine gewisse Scheinrichtigkeit vermitteln.

226 Prüfung des Lageberichts

Gegenstand und Umfang der Prüfung des Lageberichts ergeben sich aus § 317 HGB sowie §§ 321 und 322 HGB. So hat der Abschlussprüfer insbesondere zu prüfen, ob „der Lagebericht mit dem Jahresabschluss sowie mit den bei der Prüfung gewonnenen Erkenntnissen in Einklang steht und ob der Lagebericht insgesamt ein zutreffendes Bild von der Lage des Unternehmens vermittelt."[982] Darüber hinaus ist die zutreffende Darstellung der Chancen und Risiken der zukünftigen Entwicklung im Lagebericht im Sinne von IDW PS 350 zu beurteilen.[983] In Bezug auf den Prüfungsumfang hat der Abschlussprüfer insbesondere sämtliche prognostischen Angaben zu prüfen. Da die Unternehmenspraxis regelmäßig zu eher spärlichen Angaben neigt, wird eine Prüfung der Angaben im Lagebericht im Wesentlichen untersuchen, ob alle relevanten

978 In Bezug auf die betrachteten nuklearen Entsorgungskosten muss der Gutachter insbesondere umfangreiche Spezialkenntnisse und Erfahrungen mit der Geschäftstätigkeit und Branche eines kernkraftwerksbetreibenden Unternehmens aufweisen.

979 Vgl. IDW PS 322 Abs. 12-15.

980 Vgl. IDW PS 322 Abs. 16.

981 Vgl. IDW PS 322 Abs. 17-21.

982 IDW PS 350 Abs. 6. Vgl. § 317 Abs. 2 S. 1 HGB

983 Vgl. IDW PS 350 Abs. 8 mit Bezug auf § 317 Abs. 2 S. 2 HGB.

der Ermittlung der voraussichtlichen Entsorgungskosten zu Grunde gelegten Annahmen und ihre Wirkungszusammenhänge sowie die angewandten Schätzverfahren sachgerecht offen gelegt worden sind.[984]

Die Prüfungshandlungen umfassen eine vergangenheitsorientierte und eine zukunftsorientierte Prüfung des Lageberichts. Erstere beinhaltet im Wesentlichen eine Analyse des globalen Umfelds, d. h. eine Analyse des rechtlich-politischen, des wissenschaftlich-technischen sowie des ökologischen Umfelds, eine Analyse des Unternehmensumfelds, d. h. insbesondere eine Analyse der Branchenentwicklung, sowie eine Untersuchung unternehmensinterner Faktoren und Strategien[985].[986] Neben den Angaben, die sich unmittelbar auf die Vermögens-, Finanz- und Ertragslage beziehen, sind auch insbesondere solche Angaben zu prüfen, die sich auf die Gesamtsituation des Unternehmens wesentlich auswirken, wie zum Beispiel das Ansehen des Unternehmens in der Öffentlichkeit.[987] Eine zukunftsorientierte Prüfung konzentriert sich indessen vornehmlich auf prognostische und wertende Angaben und beinhaltet im Wesentlichen Plausibilitätsprüfungen und Prüfungen im Hinblick auf Übereinstimmung mit während der Abschlussprüfung gewonnenen Erkenntnissen. Darüber hinaus lässt sich die Prognosesicherheit des Unternehmens auch durch einen Vergleich der Vorjahreslageberichte mit der tatsächlich eingetretenen Entwicklung verproben.[988] Abschließend schließt eine Prüfung des Lageberichts auch eine Beurteilung der Vorgänge von besonderer Bedeutung nach dem Abschlussstichtag mit ein.[989]

Die Lageberichtsnormen haben mit DRS 15 wesentliche Neuerungen erfahren, die zu Konkretisierungen und Erweiterungen der Lageberichtsinhalte führen. Hierzu zählen insbesondere die Aufnahme der Analysepflicht und die Neufassung der Anforderungen an die zukunftsgerichteten Jahresabschlusselemente.[990] Hieraus ergeben sich auch erhöhte Anforderungen an die Prüfung von Lageberichten und die Notwendigkeit, Prüfungsansätze beispielsweise um eine Chancenanalyse weiter zu entwickeln. Die Art der Prüfung ändert sich je-

984 Vgl. IDW PS 350 Abs. 10.
985 So insbesondere Entscheidungen des Unternehmens in Bezug auf mögliche Auslagerungen von Entsorgungskosten, den Bau von kraftwerksnahen Zwischenlagern oder die Entscheidung zwischen einzelnen Entsorgungskonzepten.
986 Vgl. IDW PS 350 Abs. 18.
987 Vgl. IDW PS 350 Abs. 20.
988 Vgl. IDW PS 350 Abs. 22 ff.
989 Vgl. IDW PS 350 Abs. 27 f.
990 Vgl. hierzu ausführlich unter Abschnitt D24.

doch nicht und wird auch künftig weitgehend eine Plausibilitätsprüfung darstellen.[991]

Eine abschließende Anmerkung ist dahin gehend zu machen, dass insbesondere auch die gemäß § 315a Abs. 1 HGB erstellten Konzernabschlüsse – Gegenstand der Forschungsarbeit sind ja gerade IFRS-Abschlüsse nach dieser Rechtsnorm – mit dem nach § 289 HGB erstellten Lagebericht im Einklang stehen müssen.

227 Anforderungen an den Prognostizierenden und seine Berichterstattung

Prognosen verstanden als Aussagen über zukünftige Ereignisse und Entwicklungen unter Zugrundelegung von zukunftsbezogenen Annahmen sind insbesondere notwendig bei der Ermittlung des Best Estimate der Stilllegungs- und Rückbaukosten von Kernkraftwerksanlagen. Ziel dieses Kapitels ist zum einen die Entwicklung von Anforderungen an die Prognosebildung und –herleitung sowie die zugrunde gelegten Prognoseannahmen (Grundsätze ordnungsgemäßer Prognosebildung). Zum anderen sollen Anforderungen an die Veröffentlichung von Prognosen (Grundsätze ordnungsgemäßer Prognosepublizität) eruiert werden. Dabei wird angenommen, dass sich die Anforderungen an Bildung und Berichterstattung decken, so dass im Folgenden eine gemeinsame Betrachtung erfolgen kann.

Prognosebildung und -veröffentlichung haben zunächst einmal dem Grundsatz der Wahrheit zu genügen. Hierbei ist zu trennen zwischen einer so genannten realitätsbezogenen Wahrheit der Prognoseaussage auf der einen Seite und einer logischen Wahrheit der Prognoseherleitung auf der anderen Seite. Während sich der Realitätsbezug der Prognoseaussage gesichert erst ex post feststellen lässt[992] – so lassen sich die tatsächlichen Stilllegungs- und Rückbaukosten erst im Zeitpunkt der eigentlichen Stilllegung gesichert feststellen – kann die logische Wahrheit einer Prognose über die Prüfung der Schlüssigkeit und Widerspruchsfreiheit der Aussagenherleitung festgestellt werden. Prognostizierte Kostenentwicklungen können beispielsweise mit den Erfahrungen in der Vergangenheit verprobt oder mit den Prognosen von Unternehmen der gleichen Branche verglichen werden. Zur Verifizierung der Annahmen über recht-

---

[991] Vgl. Kajüter, BB 2004, S. 432 f.

[992] Siehe auch Ausführungen unter E221.

liche Entwicklungen bieten sich die Recherche von Fachzeitschriften und Informationen des Bundesumweltministeriums an. Informationen über technische Rahmenbedingungen und Entwicklungen lassen sich vor allem aus Gesprächen mit Ingenieuren, Fachverbänden oder Forschungseinrichtungen gewinnen.

Vor diesem Hintergrund muss das bilanzierende Unternehmen insbesondere darlegen, dass die der Prognoseaussage zu Grunde gelegten Annahmen und die verwandten Argumente richtig, geeignet, zuverlässig und vollständig sind für die Herleitung einer adäquaten Prognoseaussage. Darüber hinaus müssen die Annahmen mit den in der Abschlussprüfung gewonnenen Erkenntnissen im Einklang stehen. Es besteht also eine umfassende Erklärungs- und Darlegungspflicht für das prognostizierende Unternehmen. Die Einhaltung der Schlüssigkeit und Widerspruchsfreiheit in der Prognoseherleitung sichert jedoch keineswegs vollumfänglich gegen eine Willkürfreiheit des Prognostizierenden. So wird das Unternehmen stets einen Spielraum bei der Auswahl von geeigneten Informationen und Argumenten zur Verfügung haben. Diese Willkürfreiheit des Prognostizierenden ließe sich zum einen durch die Pflicht zur Offenlegung der Prognose mitsamt ihren Herleitungen und zu Grunde gelegten wesentlichen Annahmen zumindest einschränken.[993] Die Aussagefähigkeit der veröffentlichten Prognosen würde dadurch auf jeden Fall erhöht werden. Der Abschlussadressat erhielte die Möglichkeit, den Prozess zur Gewinnung der Prognosen nachzuvollziehen.

Eine andere Möglichkeit, den Prognoseersteller zu möglichst fundierten Prognosen zu bewegen, könnte in der Pflicht zur Veröffentlichung von ex post-festgestellten Soll-Ist-Abweichungen liegen. Hierzu müsste das prognostizierende Unternehmen die publizierten Prognoseaussagen mit den tatsächlich eingetretenen ex post-Zuständen bzw. -Ereignissen vergleichend gegenüberstellen. Eine solche ex post-Prognoseprüfung macht jedoch nur dann Sinn, wenn die Prognoseaussagen kontinuierlich offen gelegt werden (Grundsatz der Kontinuierlichkeit). Das bedeutet zum einen, dass die Aussage in gleicher Darstellungsweise veröffentlicht werden muss. Zum anderen muss das Prognoseverfahren stetig im Verhältnis zu den Vorperioden angewandt werden. Andernfalls hat das Unternehmen über wesentliche Methodenänderungen zu unterrichten.

Die Darstellung der künftigen Entwicklung muss zudem verständlich sein (Grundsatz der Klarheit), was insbesondere über eine klare Begrifflichkeit und

993 Siehe auch Ausführungen zur Verbesserung der Berichterstattung über nukleare Entsorgungsverpflichtungen in Kapitel D.

Abgrenzung der einzelnen Determinanten erreicht werden kann. Abschließend muss auch dafür Sorge getragen werden, dass sämtliche zur Verfügung stehenden Daten in der Prognoseerstellung adäquat berücksichtigt worden sind (Grundsatz der Vollständigkeit).

Mit der Entwicklung von wesentlichen Anforderungen an die Prognoseerstellung und -berichterstattung ist deutlich geworden, dass dem Wahrheitsgrundsatz eine ganz besondere Rolle zukommt. Prognosen eignen sich sehr gut zu abschlusspolitisch motivierten Beeinflussungen und Gestaltungen des Jahresabschlusses, und eine Sicherstellung der Willkürfreiheit des Prognoseerstellers ist nicht vollumfänglich möglich. Aus diesem Grunde hat sich der Abschlussprüfer insbesondere mit der eigentlichen Herleitung der Prognose und ihrer Widerspruchsfreiheit und Begründungsgeschlossenheit intensiv auseinanderzusetzen.

3 Zusammenfassung

Die Prüfung von nuklearen Entsorgungsverpflichtungen in IFRS-Abschlüssen setzt ein weitreichendes Verständnis des Abschlussprüfers für die Besonderheiten dieser Verpflichtungen voraus.[994] Vor allem die Ermittlung der erst weit in der Zukunft fällig werdenden Stilllegungs- und Rückbaukosten für den Abbau von Kernkraftwerken basiert auf vielfältigen zukunftsbezogenen Annahmen über Entwicklungen, deren empirische Wahrheit sich erst ex post, d. h. im Zeitpunkt ihres Eintritts, ermitteln lässt. So ist die Bewertung dieser Verpflichtungen aufgrund ihres weit in der Zukunft liegenden Bezugs mit vielfältigen Unsicherheiten verbunden, die auch auf die Abschlussprüfung ausstrahlen. Diese Unsicherheiten werden durch die Dimension dieser Kosten und ihrer Vielschichtigkeit noch verstärkt. Darüber hinaus muss sich der Abschlussprüfer über die Anfälligkeit der Wertermittlung für abschlusspolitische Gestaltungen und Manipulationen infolge von eher weichen Bilanzierungsregeln im Klaren sein.

Vor diesem Hintergrund hat der Abschlussprüfer die der Bewertung zu Grunde gelegten Annahmen über zukünftige Zustände und Entwicklungen und die einbezogenen Erfahrungssätze auf Richtigkeit, Vollständigkeit, Relevanz und Zuverlässigkeit hin zu prüfen. Im Anschluss an die Beurteilung der so genannten Input-Daten hat der Prüfer die verwendeten Ermittlungsverfahren insbesondere

[994] Siehe auch Anforderungen des IDW PS 230.

auf mathematische Richtigkeit und stetige Anwendung zu prüfen. Es muss zumindest die logische Wahrheit einer auf die Zukunft gerichteten Aussage durch eine Prüfung der Schlüssigkeit und Widerspruchsfreiheit der Aussagenherleitung festgestellt werden können.[995] Aufgrund der Dynamik der Entwicklungen muss sich der Prüfer unbedingt bereits vor Aufnahme der eigentlichen Prüfungshandlungen mit Änderungen im Vergleich zu Vorperioden auseinandersetzen, um ihren möglichen Einfluss auf die Vermögens-, Finanz- und Ertragslage würdigen zu können. Die genannten Anforderungen setzen vor allem umfassende Branchenerfahrungen und Expertenwissen des Abschlussprüfers voraus.

Die dargestellten Erkenntnisse führen fast zwangsläufig zu der Frage einer möglichen Branchenspezialisierung von Wirtschaftsprüfungsgesellschaften.[996] Eine Spezialisierung könnte dabei zu einer höheren Qualität und Glaubwürdigkeit der publizierten Abschlussinformationen führen, da grundsätzlich eine geringere Fehlerwahrscheinlichkeit im Abschluss zu erwarten wäre.

[995] Siehe auch Anforderungen des IDW PS 314 u. 315.

[996] Vgl. Grothe (2005).

F Empfehlungskatalog

Entsprechend der Zielsetzung der vorliegenden Arbeit werden mit der nachfolgenden Abbildung die wesentlichen Untersuchungsergebnisse aus den drei Bereichen Bilanzierung, Offenlegung und Prüfung von nuklearen Entsorgungsverpflichtungen in IFRS-Abschlüssen zu einem Empfehlungskatalog zusammengefasst.

	Entsorgung von Brennelementen und radioaktiven Betriebsabfällen		**Stilllegung u. Rückbau kerntechnischer Anlagen**
1. Bilanzierung	**fixe Kosten**	**variable Kosten**	
Ansatzbewertung	erfolgsneutrale Bildung einer Ansatzrückstellung mit gleichzeitiger Aktivierung des zurückgestellten Betrags unter den Vorräten	verursachungsgerechte Rückstellungsansammlung über die Betriebszeit des Kernkraftwerks	erfolgsneutrale Bildung einer Ansatzrückstellung mit gleichzeitiger Aktivierung des zurückgestellten Betrags unter den Sachanlagen
Folgebewertung	periodische Aufzinsungen u. Parameteranpassungen sowie Abschreibungen des aktivierten Rückstellungsbetrags über die Nutzungsdauer des Reaktors	erfolgswirksame Rückstellungszuführungen	periodische Aufzinsungen u. Parameteranpassungen sowie Abschreibungen des aktivierten Rückstellungsbetrags über die Nutzungsdauer des Reaktors
2. Offenlegung	**Modifizierung der Bilanzgliederung:**		
	Aktivseite ... Vorräte Roh-, Hilfs- u. Betriebsstoffe Brennelemente u. dazugehörige Entsorgungskosten Unfertige Erzeugnisse, unfertige Leistungen ... Passivseite ... Rückstellungen ... Sonstige Rückstellungen davon Rückstellungen für Entsorgungen im Kernenergiebereich		Aktivseite ... Sachanlagen davon Kernkraftwerke u. dazugehörige Abbruch- u. Wiederherrichtungskosten Passivseite ... Rückstellungen ... Sonstige Rückstellungen davon Rückstellungen für Entsorgungen im Kernenergiebereich
	Modifizierung der GuV-Gliederung:		
	... Abschreibungen davon Abschreibungen auf Kernkraftwerke u. Brennelemente		... Abschreibungen davon Abschreibungen auf Kernkraftwerke u. Brennelemente

	Modifizierung der Anhangsangaben:	
	Berichterstattung über Kostenaufteilung (fix vs. variabel) u. ggf. Änderungen im Vergleich zum Vorjahr IAS 2: Vorräte IAS 2.36 ▪Bilanzierungs- u. Bewertungsmethoden für BE ▪gesonderte Darstellung der Buchwerte der BE u. ihrer Veränderungen ▪gesonderte Angabe des unter den Vorräten aktivierten Teils der Rückstellungen für die Entsorgung von BE (fixe Kosten) IAS 37: Rückstellungen IAS 37.84 mit Bezug auf IAS 1.74 u. 75d ▪gesonderte Darstellung der Rückstellungen für die Entsorgung von BE u. radioaktiven BA im Rückstellungsspiegel zzgl.: Aufgliederung der Entsorgungssachverhalte nach Art u. Betrag IAS 37.85 u. IAS 37.85 mit Bezug auf IAS 37.48 ▪Art der Entsorgungsverpflichtungen u. vorauss. Fälligkeiten der erwarteten Ressourcenabflüsse ▪Unsicherheiten bzgl. des Betrags u. der Fälligkeiten der Ressourcenabflüsse u. wesentliche Annahmen für künftige Ereignisse nach IAS 37.48 zzgl.: in der Schätzung der Rückstellungsbeträge berücksichtigte Faktoren / Annahmen u. ggf. Bandbreite im Falle unterschiedlicher Annahmen ▪wesentliche Parameteränderungen u. ihre Auswirkungen auf den Wertansatz d. Verpflichtungen IAS 37 Bsp. 2 Anhang D ▪Diskontierungssatz Materialaufwand ▪periodische Zuführungen zu den Rückstellungen für die Entsorgung von BE u. radioaktiven BA (variable Kosten) ▪Abschreibungsmethoden u. Nutzungsdauern der BE ▪periodische u. kumulierte Abschreibungen auf BE ▪wesentliche Aspekte und Änderungen im Vergleich zum Vorjahr Abschreibungen ▪Abschreibungsmethoden u. Nutzungsdauern der BE ▪periodische u. kumulierte Abschreibungen auf BE u. dazugehörige Entsorgungskosten ▪wesentliche Aspekte und Änderungen im Vergleich zum Vorjahr Finanzergebnis ▪periodische Aufzinsungen im Zshg. mit der Barwertfortschreibung der Rückstellungen für die Entsorgung	IAS 16: Sachanlagen IAS 16.73 ▪Bewertungsgrundlagen für die AHK der KKW ▪Abschreibungsmethoden u. Nutzungsdauern der KKW ▪periodische u. kumulierte Abschreibungen auf KKW ▪gesonderte Darstellung der KKW u. dazugehöriger Abbruch- u. Wiederherrichtungskosten im AS zzgl.: tabellarische Darstellung der Zusammensetzung der Buchwerte IAS 16.74b ▪Bilanzierungsmethode für die geschätzten Abbruch- u. Wiederherrichtungskosten IAS 16.76 ▪Art u. Betrag einer Schätzänderung in Bezug auf Restwerte, geschätzte Kosten für Abbruch, Beseitigung u. Wiederherstellung von Sachanlagen, Nutzungsdauern u. Abschreibungsmethoden IAS 16.77 ▪Neubewertungsrücklage aus der Neubewertung der korrespondierenden Sachanlage (KKW) mit Angabe von Veränderungen in der Periode IAS 37: Rückstellungen IAS 37.84 mit Bezug auf IAS 1.74 u. 75d ▪gesonderte Darstellung der Rückstellungen für Stilllegung u. Rückbau kerntechnischer Anlagen im Rückstellungsspiegel zzgl.: Aufgliederung der Entsorgungssachverhalte nach Art u. Betrag IAS 37.85 u. IAS 37.85 mit Bezug auf IAS 37.48 ▪Art der Entsorgungsverpflichtungen u. vorauss. Fälligkeiten der erwarteten Res-

	von BE (fixe Kosten) ▪Diskontierungssatz ▪Änderungen im Vergleich zum Vorjahr	sourcenabflüsse ▪Unsicherheiten bzgl. des Betrags u. der Fälligkeiten der Ressourcenabflüsse u. wesentliche Annahmen für künftige Ereignisse nach IAS 37.48 zzgl.: in der Schätzung der Rückstellungsbeträge berücksichtigte Faktoren / Annahmen u. ggf. Bandbreite im Falle unterschiedlicher Annahmen ▪wesentliche Parameteränderungen u. ihre Auswirkungen auf den Wertansatz d. Verpflichtungen IAS 37 Bsp. 2 Anhang D ▪Diskontierungssatz Abschreibungen ▪periodische u. kumulierte Abschreibungen auf KKW u. dazugehörige Abbruch- u. Wiederherrichtungskosten ▪Abschreibungsmethoden u. Nutzungsdauern der KKW ▪Anpassungen infolge einer Reduzierung des Erfüllungsbetrags i. S. v. IFRIC 1. Finanzergebnis ▪periodische Aufzinsungen im Zshg. mit der Barwertfortschreibung der Rückstellungen für Stilllegung und Rückbau kerntechnischer Anlagen ▪Diskontierungssatz ▪Änderungen im Vergleich zum Vorjahr
	Modifizierung der Lageberichterstattung:	
	Darstellung von Konzernstruktur und Geschäftstätigkeit	
	Betrieb von nuklearen Kraftwerken ▪erfasste KKW / KKW-Standorte ▪ Anteilsbesitz (ggf. andere Anteilseigner) u. Methode des Einbezugs in KA ▪ Reaktortyp ▪ Baujahr ▪ Restlaufzeit ▪ Produktionskapazität u. Ä. sowie Angabe der Reststrommenge ▪ durchschnittliche Stillstände **Entsorgungsverpflichtungen aus dem Betrieb von nuklearen Kraftwerken** ▪rechtliche Aspekte ▪ Atomgesetz, Vereinbarung zwischen Bundesregierung u. Energieversorgungsunternehmen v. 14.6.2000 u. Ä. ▪ wesentliche Verträge mit Wiederaufarbeitungsunternehmen, sonst. Entsorgungs-	

unternehmen, Transport- u. Lagerungsunternehmen u. Ä.
- technische Aspekte
  - Entsorgungspfade für abgebrannte BE u. radioaktive BA
    - Entsorgungsszenarien (technische Aspekte, rechtliche / vertragliche Situation / Vertragspartner, Zeithorizont u. Ä.)
    - Entsorgungskosten (ggf. Bandbreiten) gesondert für schadhafte BE, abgebrannte BE u. radioaktive BA
  - Stilllegungskonzepte
    - Entsorgungsszenarien (technische Aspekte, rechtliche / vertragliche Situation / Vertragspartner, Zeithorizont u. Ä.)
    - vorauss. Stilllegungskosten für einzelne KKW
- Bilanz- und GuV-Positionen, die entsorgungsrelevante Posten enthalten (inkl. Verweis auf Anhang)

Darstellung, Analyse und Beurteilung des Geschäftsverlaufs und der wirtschaftlichen Lage

Betrieb von nuklearen Kraftwerken
- Anlagenspiegel bezogen auf die AHK der KKW mit gesonderter Darstellung der Grundstücke, Gebäude u. technischen Anlagen u. Maschinen (inkl. Verweis auf Anhang)
- Störfälle, Stillstände u. wesentliche Vorkommnisse im Berichtsjahr
- Investitionen in neue / alte KKW (Inland, Ausland)
- Kooperationsvereinbarungen
- Rechtsstreitigkeiten
- Gesetzesänderungen

Entsorgungsverpflichtungen aus dem Betrieb von nuklearen Kraftwerken
- geänderte entsorgungsrelevante Sachverhalte inkl. Kosten (ggf. Bandbreite) in Bezug auf
  - technische Entsorgungsaspekte (geänderte technische Entsorgungsspezifikationen, Änderung von Entsorgungspfaden / Stilllegungskonzepten, Austausch v. BE, schadhafte BE u. Ä.)
  - Kooperationsvereinbarungen
  - Rechtsstreitigkeiten
  - Gesetzesänderungen
  - Bau v. standortnahen Zwischenlagern
  - geänderte Beschaffungsmöglichkeiten für Zwischenlagerbehälter u. Ä.

Stilllegungsprojekte
- aus dem Betrieb genommene KKW
- Gründe für Außerbetriebnahme
- Stilllegungskonzept
- radioaktives Abfallaufkommen
- vorauss. Stilllegungskosten (ggf. Bandbreiten)

Prognosebericht

Entwicklung rechtlicher und technischer Rahmenbedingungen
- insb. Änderungen der Schätzparameter
  - geänderte rechtliche Rahmenbedingungen (geänderte politische Mehrheiten) für Betrieb u. Entsorgung / Stilllegung
  - geänderte Restlaufzeiten der KKW
  - geänderter Kalkulationszinssatz
  - Kosten- und Preisentwicklungen
  - geänderte technische Aspekte bezogen auf Entsorgungspfade / Stilllegungskonzepte

Chancen
- positive Entwicklung der Marktkalkulationszinssätze
- positive Entwicklung der Marktpreise u. Entsorgungskosten
- Aussicht auf längere Restlaufzeiten der KKW in Deutschland
- Kostenvorteile durch Optimierung von technischen Spezifikationen
- positive Entwicklung bei der Endlagerfrage, Aussicht auf kostengünstigere Endlagerlösung

<table>
<tr><td></td><td colspan="2">▪Chancen aus Investitionsprojekten (neue KKW im Ausland, neue Zwischenlager, neue Transportwege u. Ä.)</td></tr>
<tr><td rowspan="4">3. Prüfung</td><td colspan="2">Kenntnisse des Abschlussprüfers über die Geschäftstätigkeit sowie das wirtschaftliche u. rechtliche Umfeld (IDW PS 230 bzw. ISA 315)</td></tr>
<tr><td colspan="2">Mögliche Quellen der Informationsbeschaffung:
▪Kenntnisse u. Erfahrungen mit dem betreffenden UN oder ähnliche UN, z. B. aus der Telekommunikation sowie Erfahrungen mit UN aus der Energieversorgerbranche
▪Gespräche mit Geschäftsführung, Rechnungswesen, technische Abteilung für KKW
▪Gespräche mit den Prüfern von UN mit vergleichbaren Verpflichtungen u. Problemstellungen oder sonstigen Fachleuten, z. B. IFRS-Fachgruppen
▪Gespräche mit u. Informationen von sonstigen sachkundigen Personen / Einrichtungen außerhalb des UN, wie z. B. VDEW, NIS, Hochschulen
▪Rechtsvorschriften, wie z. B. Atomgesetz oder Verträge über Konditionierung, Transport, Wiederaufarbeitung u. Lagerung der radioaktiven Abfälle
▪Besichtigung der KKW, BE-Lager etc.
▪vom UN erstellte Unterlagen, wie z. B: Input-Daten für Gutachten u. Stellungsnahmen zu technischen Aspekten / Entwicklungen u. Höhe der Entsorgungskosten sowie eigene Berechnungen, Dokumentationen u. Schätzungen zu den (künftigen) nuklearen Entsorgungskosten des UN
▪sonstige Unterlagen, wie z. B. Zeitungen u. Fachzeitschriften wie z. B. „atw“, Berichte von Umweltorganisationen, Homepage des BMU</td></tr>
<tr><td>Relevante Prüfungsgebiete:
▪unter den Vorräten ausgewiesene BE u. zugehörige Entsorgungskosten (fixe Kosten)
▪Rückstellungen für die Entsorgung von BE u. radioaktiven BA
▪im Materialaufwand berücksichtigte Rückstellungszuführungen (variable Kosten) u. Abschreibungen auf BE (alternativ in den Abschreibungen)
▪Abschreibungen auf BE (allternativ im Materialaufwand)
▪im Zinsergebnis berücksichtigte Aufzinsungen im Zshg. mit der Barwertfortschreibung der Rückstellungen für die Entsorgung von BE (fixe Kosten)</td><td>Relevante Prüfungsgebiete:
▪unter den Sachanlagen ausgewiesene KKW u. zugehörige Abbruch- u. Wiederherrichtungskosten
▪Rückstellungen für Stilllegung u. Rückbau kerntechnischer Anlagen
▪in den Abschreibungen abgebildete Abschreibungen auf KKW u. zugehörige Abbruch- u. Wiederherrichtungskosten
▪im Zinsergebnis berücksichtigte Aufzinsungen im Zshg. mit der Barwertfortschreibung der Rückstellungen für Stilllegung u. Rückbau kerntechnischer Anlagen</td></tr>
<tr><td>In Betracht kommende Prüfungsnachweise:
▪Gutachten u. Stellungnahmen zu rechtlichen u. technischen Aspekten u. Rahmenbedingungen sowie Kosten für die Entsorgung von BE u. radioaktiven BA
▪Verträge zu Konditionierung, Transport, Wiederaufarbeitung u. Zwischen- u. Endlagerung von BE u radioaktiven BA
▪Dokumentationen, Berechnungen u. Schätzungen des bilanzierenden UN zu technischen Determinanten, zum Einbezug von künftigen Ereignissen u. Entwick-</td><td>In Betracht kommende Prüfungsnachweise:
▪Gutachten u. Stellungnahmen zu rechtlichen u. technischen Aspekten u. Rahmenbedingungen sowie Kosten für Stilllegung u. Rückbau kerntechnischer Anlagen
▪Verträge zu Konditionierung, Transport, Zwischen- u. End-</td></tr>
</table>

	lungen u. zum Wertansatz inkl. zu Grunde gelegter Basisdaten der Rückstellungen für die Entsorgung von BE u. radioaktiven BA	lagerung von radioaktiven Abfällen ▪Gesetze, Verordnungen u. Richtlinien zu Stilllegung u. Rückbau kerntechnischer Anlagen ▪Dokumentationen, Berechnungen u. Schätzungen des bilanzierenden UN zu technischen Determinanten, zum Einbezug von künftigen Ereignissen u. Entwicklungen u. zum Wertansatz inkl. zu Grunde gelegter Basisdaten der Rückstellungen für Stilllegung u. Rückbau kerntechnischer Anlagen
	Berücksichtigung der Empfehlungen des IAPS 1010	
	▪ausgewählte Fragen zu Kenntnissen der Geschäftstätigkeit ▪Einzelfallprüfungen zur Aufdeckung wesentlicher Falschaussagen	
	Prüfung von geschätzten Werten (IDW PS 314 bzw. ISA 540 sowie IDW PS 315 bzw. ISA 545)	
	▪prüferische Durchsicht der Prüfungsnachweise zu geschätzten Werten, insb. Dokumentationen, Berechnungen u. Schätzungen des bilanzierenden UN ▪Beurteilung der den Schätzungen zu Grunde gelegten Daten u. Annahmen (Input-Daten) im Hinblick auf Richtigkeit, Vollständigkeit u. Relevanz ▪Prüfung der Berechnungs- u. Schätzverfahren, z. B. auf mathematische Richtigkeit, stetige Anwendung ▪Ex post-Beurteilungen von in Vorjahren vorgenommenen Schätzungen u. Berechnungen ▪ergänzende Berücksichtigung von IDW PS 315 (Hinweis auf ISA 545)	
	Verwertung der Arbeit von Sachverständigen (IDW PS 322 bzw. ISA 620)	
	▪Beurteilung der beruflichen Qualifikation und der fachlichen Kompetenz sowie der Unparteilichkeit des Sachverständigen ▪Beurteilung von Art, Umfang u. Zielsetzung der Tätigkeit des Sachverständigen ▪Beurteilung der Arbeitsergebnisse des Sachverständigen	
	Prüfung des Lageberichts (§§ 317, 321 u. 322 HGB sowie IDW PS 350)	
	▪Prüfung auf Einklang von Lagebericht mit dem Jahresabschluss u. den in der Prüfung gewonnenen Erkenntnissen ▪Beurteilung der Darstellung und (neuerdings auch) der Analyse der wirtschaftlichen Lage sowie Chancen u. Risiken der künftigen Entwicklung des UN ▪Prüfung von prognostischen Angaben	

Abb. 20: Empfehlungskatalog

Diese Zusammenfassung der Untersuchungsergebnisse veranschaulicht abermals die Sinnhaftigkeit und außerdem die Notwendigkeit, sich mit dem Untersuchungsobjekt „Nukleare Entsorgungsverpflichtungen" zu befassen. Eine Vielzahl an Anforderungen, Modifizierungen und Erweiterungen wurde herausgearbeitet, die bereits für sich betrachtet dazu geeignet sind, die Berichterstattung zu nuklearen Entsorgungsverpflichtungen in IFRS-Abschlüssen zu vereinheitlichen und zu verbessern. Zusammen betrachtet stellen diese Vorschläge eine adäquate Basis für die Entwicklung eines spezifischen Rechnungslegungsstandards für die Energieversorgungsbranche dar.

G Schlussbetrachtung

1 Zusammenfassung

Nukleare Entsorgungsverpflichtungen stellen sowohl das abschlusserstellende Unternehmen als auch den Abschlussadressaten und den Prüfer von diesen Verpflichtungen vor vielfältige Herausforderungen. Neben der Größenordnung der künftigen finanziellen Belastungen aus der nuklearen Entsorgung, die bis zu zweistellige Milliardenbeträge betragen kann, erschwert insbesondere eine Vielzahl an Imponderabilien eine eindeutige bilanzielle Abbildung sowie eine einheitliche Offenlegungspraxis von nuklearen Entsorgungsverpflichtungen. Unsicherheiten, die zwangsläufig aus dem Einbezug von Schätzungen und Annahmen in Bezug auf künftige Preis- und Kostenentwicklungen, Gesetzeslagen und technische Fortschritte resultieren, beeinflussen ganz wesentlich den Wertansatz von Verpflichtungen und werden durch den weiten Zukunftsbezug bei den nuklearen Entsorgungsverpflichtungen, die bis in das Jahr 2080 reichen können, noch deutlich verstärkt. Hinzu kommen Unklarheiten bei der künftigen Endlagerung von radioaktiven Abfällen.

Vor diesem Hintergrund verwundert umso mehr, dass der IASB keine expliziten Rechnungslegungsnormen für nukleare Entsorgungsverpflichtungen und ähnliche unsichere Verpflichtungen vorsieht und dadurch bewusste Verfälschungen der Abschlussdaten sowie Verschleierungen von Informationen begünstigt. Die wissenschaftliche Auseinandersetzung mit diesen Verpflichtungen liefert auch einen wichtigen Beitrag zu dem nach wie vor von großen Diskussions- und Konfliktpotenzialen kennzeichnenden Rechnungslegungsbereich der Rückstellungen für ungewisse Verpflichtungen. Die wissenschaftliche Relevanz dieser Analyse lässt sich darüber hinaus auch damit begründen, dass Entsorgungsverpflichtungen in dem definierten Sinne für eine Vielzahl von Unternehmen entstehen und somit die Untersuchungsergebnisse auf ähnliche Entsorgungsverpflichtungen übertragbar sind. So zum Beispiel für die bilanzielle Abbildung von Kosten für den Abbau von Mobilfunksendemasten. Die Verpflichtungen zum Abbau von Sendemasten werden ebenfalls rechtlich in dem Zeitpunkt begründet, wenn der Mast aufgestellt wird. Ausgehend von diesen Befunden bestand das Ziel der vorliegenden Untersuchung darin, eine umfassende in sich geschlossene Konzeption zur Bilanzierung, Offenlegung und Prüfung von nuklearen Entsorgungsverpflichtungen in IFRS-Abschlüssen zu entwickeln.

Diese Zielsetzung erforderte in Kapitel B zunächst eine grundlegende Auseinandersetzung mit der Bedeutung, begrifflichen Abgrenzung und Systematisierung von Umweltschutzverpflichtungen. In einer ersten inhaltlichen Konkretisierung wurden unter die nuklearen Entsorgungsverpflichtungen – als ausgewählte Umweltschutzverpflichtungen – sämtliche Maßnahmen zur Entsorgung von Brennelementen und radioaktiven Betriebsabfällen einerseits und zur Stilllegung und zum Rückbau von kerntechnischen Anlagen andererseits subsumiert. Während abgebrannte Brennelemente nur noch bis zum 30.6.2005 in speziellen Anlagen wiederaufgearbeitet werden konnten und nunmehr ausschließlich über eine direkte Endlagerung entsorgt werden müssen, vollziehen sich Stilllegung und Rückbau kerntechnischer Anlagen entweder über eine unmittelbare Beseitigung der Anlage oder zeitverzögert nach einem gesicherten Einschluss. Daran anschließend sind die Zielsetzung eines IFRS-Abschlusses und mit der Verständlichkeit, Relevanz, Verlässlichkeit und Vergleichbarkeit die vier qualitativen Anforderungen an die Abschlussinformationen eines IFRS-Abschlusses dargestellt worden, um das abschlusspolitische Gestaltungspotenzial in einem IFRS-Abschluss, das vor allem wegen der stärkeren Zukunftsorientierung einer auf entscheidungsnützlichen Informationen ausgerichteten internationalen Rechnungslegung im Wesentlichen auf Ermessens- und Schätzspielräume zurückgeführt werden kann, in einem nächsten Schritt analysieren zu können. Dabei zeigte sich, dass Regelungslücken und unbestimmte Rechtsbegriffe im IFRS-Normensystem diese Tendenz noch verstärken und zu einer stillen und meist unsichtbaren Beeinflussung der Abschlussdaten führen.

Ausgehend von einer grundlegenden Analyse der Merkmale, der rechtlichen und technischen Aspekte sowie Rahmenbedingungen nuklearer Entsorgungsverpflichtungen wurde in den Kapiteln C, D und E die Betrachtung auf die Bilanzierung, Offenlegung und Prüfung von nuklearen Entsorgungsverpflichtungen in IFRS-Abschlüssen konzentriert. Vorweg war es hierzu nötig, die nuklearen Entsorgungsverpflichtungen in die Verpflichtungen zur Entsorgung von Brennelementen und radioaktiven Betriebsabfällen einerseits und den Verpflichtungen zur Stilllegung und zum Rückbau kerntechnischer Anlagen andererseits zu unterteilen. Die wesentlichen Untersuchungsergebnisse sind unter Kapitel F zu einem Empfehlungskatalog zusammengefasst worden.

Die Untersuchung führte vor allem zu den folgenden Erkenntnissen:

Im Hinblick auf die Bilanzierung von nuklearen Entsorgungsverpflichtungen in Kapitel C wurden insbesondere für die Verpflichtungen zur Entsorgung von Brennelementen explizite Rechnungslegungsvorgaben entwickelt, mit denen eine einheitliche und für die Abschlussadressaten entscheidungsnützliche Rechnungslegung über derartige Verpflichtungen erzielt werden kann. Es konnte aufgezeigt werden, dass eine nach der Kostenart differenzierende Bilanzierungsmethode am ehesten den Anforderungen an eine IFRS-Rechnungslegung gerecht wird. Darüber hinaus konnte gezeigt werden, dass sich insbesondere bei der Barwertermittlung wesentliche ermessensbehaftete Entscheidungen einschränken lassen, wenn beispielsweise künftige rechtliche oder vertragliche Entwicklungen und Ereignisse erst im Zeitpunkt ihrer Normierung berücksichtigt oder Risiken ausschließlich in den erwarteten Zahlungsabflüssen abgebildet würden. Gleichwohl konnte resümiert werden, dass sich die mit einer an Marktwerten orientierten Rechnungslegung zwangsläufig verbundenen Unsicherheiten – also unabhängig von einem Gestaltungswillen des bilanzierenden Unternehmens – nicht vollumfänglich beseitigen lassen. Sie lassen sich jedoch mit den herausgearbeiteten Empfehlungen der vorliegenden Arbeit sinnvoll einschränken und können durch eine angemessene Berichterstattung transparent gemacht werden.

Ausgehend von den Untersuchungsergebnissen aus dem Bereich der Bilanzierung kam auch die Analyse im Bereich der Offenlegung von nuklearen Entsorgungsverpflichtungen in Kapitel D zu dem Ergebnis, dass eine normierte Berichterstattung dazu geeignet ist, vielfältige Informationslücken und Unklarheiten auf der Seite der Abschlussadressaten zu beseitigen. Vor dem Hintergrund, dass insbesondere die Bilanz und Erfolgsrechnung eines Abschlusses nicht mit unnötigen Informationen überladen werden sollte, kam die Arbeit zu dem Ergebnis, dass bereits mit einem davon-Vermerk zu den Vorräten, Sachanlagen sowie Rückstellungen vergleichbare und aussagefähige Informationen zu der Höhe der Verpflichtungen für Entsorgungen im Kernenergiebereich und dem Anteil der unter den Vorräten und Sachanlagen aktivierten Rückstellungen vermittelt werden könnten. Da eine Vergleichbarkeit von Informationen nur dann hergestellt werden kann, wenn alle in den Vergleich einbezogenen Unternehmen die gleichen Informationen offen legen, kam die Arbeit auch für den Anhang und Lagebericht zu dem Ergebnis, dass sich einheitliche Angaben nur über eindeutige Rechnungslegungsvorgaben erzielen lassen.

Eine Untersuchung der Konzerngeschäftsberichte der vier großen Energieversorgungsunternehmen in Deutschland führte zu der Erkenntnis, dass sich die

Angaben zu den Entsorgungsverpflichtungen im nuklearen Bereich in ihrem Umfang und der Art ihrer Berichterstattung untereinander wesentlich unterscheiden und dadurch die Abschlussdaten nicht miteinander vergleichbar sind. In Summe konnte festgehalten werden, dass sich noch keine einheitliche Berichterstattung oder Schwerpunktsetzung in der Berichterstattung zu den Entsorgungsverpflichtungen im nuklearen Bereich herauskristallisiert hat und mit den Geschäftsberichten keine entscheidungsnützlichen Informationen zu den im Abschluss abgebildeten nuklearen Entsorgungsverpflichtungen vermittelt werden. Neben ganz grundlegenden Informationen, wie zum Beispiel Angaben zu der Anzahl und bilanziellen Abbildung der Kernkraftwerke, fehlen insbesondere der Bedeutung dieser Verpflichtungen angemessene Aussagen zur Bewertungsmethode und den der Rückstellungsbemessung zu Grunde gelegten Parametern sowie Angaben zu den bebuchten Bilanz- und GuV-Posten.

Ausgangspunkt von Kapitel E, das sich mit der Prüfung von nuklearen Entsorgungsverpflichtungen befasst, war die Annahme, dass die im Bereich der Bilanzierung und Offenlegung identifizierten Unsicherheiten auch auf die Abschlussprüfung ausstrahlen. Die grundsätzliche Schwierigkeit liegt darin, dass sich die auf vielfältigen und teilweise sehr komplexen Annahmen basierende Bewertung von nuklearen Entsorgungsverpflichtungen erst ex post verifizieren lässt. Der weite Zukunftsbezug und die Dimension der untersuchten Verpflichtungen führen zu materiellen Unsicherheitspotenzialen in der Prüfung. Vor diesem Hintergrund setzt eine Prüfung von nuklearen Entsorgungsverpflichtungen zunächst umfassende Kenntnisse über die Geschäftstätigkeit und die rechtlichen und technischen Aspekte und Entwicklungen sowie Umfeldbedingungen von nuklearen Entsorgungsverpflichtungen voraus. Die Prüfung der geschätzten Entsorgungskosten im Sinne von ISA 540 umfasst vor allem eine Beurteilung und Plausibilitätsprüfung der so genannten Input-Daten sowie eine Bewertung der Aussagenherleitung und verwendeten Berechnungsverfahren. Darüber hinaus darf sich der Abschlussprüfer nicht von einer gewissen Scheinobjektivität und –richtigkeit der durch einen sachverständigen Dritten ermittelten Stilllegungs- und Rückbaukosten täuschen lassen, da die zu Grunde gelegten Basisdaten vom bilanzierenden Unternehmen zur Verfügung gestellt werden.

2 Ausblick

Im Zuge der vorliegenden Untersuchung wurde eine umfassende Betrachtung von nuklearen Entsorgungsverpflichtungen in IFRS-Abschlüssen vorgenommen, die sich nicht nur auf die Bilanzierung von derartigen Verpflichtungen beschränkte, sondern darüber hinaus auch die Offenlegung und die Bedeutung von mit diesen Verpflichtungen einhergehenden Unsicherheiten für die Prüfung von nuklearen Entsorgungsverpflichtungen einschloss. Die Untersuchung stützte sich dabei auf die Anforderungen an IFRS-Abschlüsse im Sinne des IASB-Rahmenkonzepts sowie auf die allgemeinen Rechnungslegungsregeln des IAS 37 zu Rückstellungen, des IAS 16 zu Sachanlagen und des IAS 2 zu Vorräten. Bei der Untersuchung konnte eine Vielzahl an Problemstellungen identifiziert werden, so dass die Entscheidungsnützlichkeit der Abschlussdaten zu diesen Verpflichtungssachverhalten in der heute üblichen Form grundsätzlich angezweifelt werden muss.

An die aktuellen Diskussionen um eine regelbasierte versus prinzipienorientierte Rechnungslegung schließt die vorliegende Arbeit insofern an, als mit dem herausgearbeiteten Empfehlungskatalog in Kapitel F der Eindruck entstehen könnte, dass ausschließlich mit einer fallbasierten Rechnungslegung über nukleare Entsorgungsverpflichtungen ein adressatenorientierter Nutzen im Sinne des IASB-Rahmenkonzepts erreicht werden könnte. Die Verfasserin vertritt die Meinung, dass es auch gerade vor dem Hintergrund der Konvergenzbemühungen[997] zwischen dem IASB und dem FASB nicht darum gehen kann - wie nun im Schrifttum gehäuft beobachtbar[998] - ein auf Prinzipien basiertes Rechnungslegungssystem uneingeschränkt zu befürworten und als das „Non plus ultra" eines Rechnungslegungssystems gegen Bilanzpolitik zu erheben. Vielmehr ist eine differenzierte Herangehensweise zu empfehlen. Während ein fallbasiertes Rechnungslegungssystem Gefahr läuft, auf legitimem Wege umgangen zu werden,[999] birgt ein prinzipienbasiertes System gleichwohl das Risiko, unverbindlich zu bleiben und allen alles zu erlauben.[1000] Deshalb sollte es darum gehen, die rechte Mischung von Prinzip und Regel zu finden.

---

997 Vgl. hierzu Erchinger/Melcher, KoR 2007, S. 245 ff.

998 So jüngst die ablehnende Haltung gegen ein regelbasiertes Rechnungslegungssystem bei Hommel/Wich, WPg 2007, S. 511 f.

999 Vgl. v. a. Hommel/Wich, WPg 2007, S. 511.

1000 So auch Lüdenbach/Hoffmann, in: Lüdenbach/Hoffmann (2007), S. 42 f.

Die Verfasserin geht davon aus, dass sich in Zukunft bei der Betrachtung der Rückstellungen für nukleare Entsorgungsverpflichtungen so langsam der Fokus ändern wird, und zwar weg von der Bilanz hin zur Cash-Flow-Rechnung. Schließlich müssen die zurückgestellten Milliarden schon in naher Zukunft verfügbar sein, denn mit jedem abgeschalteten Kernkraftwerk fließen mehr Mittel in den Rückbau. Und diese Mittel müssen erst einmal operativ verdient werden.

Mit der vorliegenden Untersuchung ist die Grundlage für eine Ausgestaltung von branchenspezifischen Rechnungslegungsregeln für nukleare Entsorgungsverpflichtungen geschaffen worden. Eine Branchenspezifizierung ist dabei in Form eines Rechnungslegungsstandards[1001] oder auch alternativ als Interpretation für Energieversorgungsunternehmen denkbar. Eine andere Möglichkeit könnte sein, Aspekte, die speziell für die Rechnungslegung von Energieversorgungsunternehmen mit nuklearen Entsorgungsverpflichtungen relevant sind, durch die Verwendung von gesonderten Gliederungspunkten innerhalb der allgemein gültigen Anwendungsleitlinien des IAS 37 hervorzuheben. Grundsätzlich wird bei dieser Vorgehensweise jedoch durchaus die Gefahr einer Überfrachtung eines Rechnungslegungsstandards gesehen, so dass es aus Sicht der Verfasserin geboten erscheint, dass sich Wissenschaft und Praxis noch intensiver als in den letzten Jahren mit der Zielsetzung, den Inhalten und Auslegungsproblemen von Rechnungslegungssystemen befassen müssen.

[1001] So existiert beispielsweise mit IFRS 6 ein spezifischer Standard für die Bilanzierung von Explorations- und Evaluierungsausgaben.

Literaturverzeichnis

Adler, Hans/Düring, Walther/Schmaltz, Kurt, Rechnungslegung und Prüfung der Unternehmen, bearbeitet v. Forster, Karl-Heinz u. a., 6. Auflage, Stuttgart 1995-2000.

Adler, Hans/Düring, Walther/Schmaltz, Kurt, Rechnungslegung nach internationalen Standards, bearbeitet v. Gelhausen, Hans-Friedrich u. a., Stuttgart 2003.

Adler, J./Rudolf, Ch./Sander, H., Aspekte der Entsorgung von Reststoffen aus dem Rückbau von Kernkraftwerken, in: Stilllegung und Rückbau kerntechnischer Anlagen: Auswirkungen aktueller Regelungen und Randbedingungen, hrsg. v. VDI, VDI-Berichte 1671, Düsseldorf 2002, S. 79-91.

Alisch, Katrin/Arentzen, Ute/Winter, Eggert, Gabler Wirtschaftslexikon, 16., vollständig überarbeitete und aktualisierte Auflage, Wiesbaden 2004.

Ammann, Helmut/Müller, Stefan, IFRS – International Financial Reporting Standards: Bilanzierungs-, Steuerungs- und Analysemöglichkeiten, Herne/Berlin 2004.

Arbeitskreis "Externe Unternehmensrechnung" der Schmalenbach-Gesellschaft, Vereinbarkeit internationaler Konzernrechnungslegung mit handelsrechtlichen Grundsätzen, in: ZfbF Sonderheft 43, hrsg. v. Busse von Colbe, Walther/Seeberg, Thomas, 2. Auflage, Düsseldorf 1999.

Arndt, Sven J., Internationale Rechnungslegung und Rechnungslegungspolitik, Marburg 1999.

Bäcker, Roland, Rückstellungen für die Altlastensanierung – Anmerkungen zum Urteil des BFH vom 19.10.1993 – VIII R 14/92, BB 1994 S. 37 ff., in: BB 1995, S. 503-513.

Baetge, Jörg, Meinungen zum Thema: Neue Vermögensdarstellung in der Bilanz, in: BfuP 2003, S. 480-490.

Baetge, Jörg, Gesellschafterhorientierung als Voraussetzung für Kunden- und Marktorientierung, in: Marktorientierte Unternehmensführung: Reflexionen – Denkanstöße - Perspektiven, hrsg. v. Bruhn, Manfred u. a., Festschrift für Heribert Meffert zum 60. Geburtstag, Wiesbaden 1997, S. 103-117.

Baetge, Jörg/Ballwieser, Wolfgang, Probleme einer rationalen Bilanzpolitik, in: BFuP 1978, S. 511-530.

Baetge, Jörg/Bruns, Carsten/Klaholz, Thomas, IAS 28. Anteile an assoziierten Unternehmen (Investments in Associates), Stand 31.12.2005, in: Rechnungslegung nach IFRS, Kommentar auf der Grundlage des deutschen Bilanzrechts, hrsg. v. Baetge, Jörg u. a., 2. Auflage, Stuttgart 2002, 3. Erg. Lfg. Dez. 2006.

Baetge, Jörg/Fischer, Thomas R./Paskert, Dierk, Der Lagebericht: Aufstellung, Prüfung und Offenlegung, Stuttgart 1989.

Baetge, Jörg/Kirsch, Hans-Jürgen/Thiele, Stefan, Bilanzen, 8., wesentlich überarb. Auflage, Düsseldorf 2005.

Baetge, Jörg/Schulze, Dennis, IAS 27. Konzernabschlüsse und Bilanzierung von Anteilen an Tochterunternehmen (Consolidated Financial Statements and Accounting for Investments in Subsidiaries), in: Rechnungslegung nach International Accounting Standards, Kommentar auf der Grundlage des deutschen Bilanzrechts, hrsg. v. Baetge, Jörg u. a., 2. Auflage, Stuttgart 2002.

Baetge, Jörg/Thiele, Stefan/Matena, Sonja, Mittelbare Sicherung der Prüfungsqualität durch Enforcement geprüfter Jahres- und Konzernabschlüsse – Überlegungen aus ökonomischer Sicht, in: BFuP 2004, S. 201-218.

Ballwieser, Wolfgang, Die Berücksichtigung von Umweltlasten und Umweltrisiken im Jahresabschluss, in: Unternehmensführung und externe Rahmenbedingungen, hrsg. v. Schmalenbach-Gesellschaft für Betriebswirtschaft e. V., Köln 1994, S. 143-160.

Bamberg, Günter/Coenenberg, Adolf G., Betriebswirtschaftliche Entscheidungslehre, 13., überarb. Auflage, München 2006.

Bartels, Peter, Jahresabschlussrelevante Umweltrisiken, in: Umweltrisiken im Jahresabschluss, hrsg. v. Baetge, Jörg, Düsseldorf 1994, S. 1-25.

Bartels, Peter, Umweltrisiken und Jahresabschluss, Frankfurt am Main 1992.

Bartels, Peter, Bilanzielle Berücksichtigung von Altlastenfällen, in: WPg 1992, S. 74-83.

Bartels, Peter, Rückstellungen für öffentlich-rechtliche Umweltschutzverpflichtungen bei Altlastenfällen, in: BB 1992, S. 1095-1102.

Bartels, Peter, Rückstellungen für öffentlich-rechtliche Umweltschutzverpflichtungen bei Neulastenfällen, in: BB 1992, S. 1311-1319.

Bartels, Peter, Öffentlich-rechtliche Umweltschutzverpflichtungen. Eine Systematisierung unter Rückstellungsaspekten, in: BB 1991, S. 2044-2050.

Basche, Kerstin/Nölte, Uwe, Reporting Comprehensive Income und bilanzielle Behandlung von Entsorgungs-, Rekultivierungs- und ähnlichen Verpflichtungen – Bericht über das zweite IAS-Forum des Instituts für Unternehmungsführung und Unternehmensforschung an der Ruhr-Universität Bochum, in: KoR 2004, S. 36-39.

Bauer, Jörg, Grundlagen einer handels- und steuerrechtlichen Rechnungspolitik der Unternehmung, Wiesbaden 1981.

Bauer, Jörg, Zur Rechtfertigung von Wahlrechten in der Bilanz, in: BB 1981, S. 766-772.

Baumgärtel, Günther/Huppert, Karl-Ludwig/Merz, Erich, Brennstoff aus der Asche. Die Wiederaufarbeitung von Kernbrennstoffen, Essen 1984.

Baumgärtner, Franz, Wiederaufarbeitung ausgedienter Leichtwasserreaktor-Brennelemente, in: Entsorgung von Kernkraftwerken – Symposiumsbericht, hrsg. v. Bayer. Staatsministerium für Landesentwicklung u. Umweltfragen, Düsseldorf u. a. 1987, S. 48-66.

Becker, Rolf, Umweltschutz im Jahresabschluss: Rechtliche und ökonomische Analyse, Frankfurt am Main 1999.

Beiersdorf, Kati/Buchheim, Regine, IASB-Diskussionspapier „Management Commentary“ – Export des deutschen Lageberichts als Managementbericht?, in: BB 2006, S. 96-100.

Beine, Frank, Scheinkonflikte mit dem True and Fair View, in: WPg 1995, S. 467-475.

Bergius, Susanne, Kuponschneider für den Klimaschutz, in: Die Zeit vom 29.3.2007, S. 27.

Bitz, Michael/Schneeloch, Dieter/Wittstock, Wilfried, Der Jahresabschluss – Rechtsvorschriften, Analyse, Politik, 4., überarbeitete und erweiterte Auflage, München 2003.

Böcking, Hans-Joachim, Anpassungsverpflichtungen und Rückstellungsbildung, in: Bilanzierung von Umweltlasten und Umweltschutzverpflichtungen, hrsg. v. Herzig, Norbert, Köln 1994, S. 124-146.

Böcking, Hans-Joachim/Orth, Christian/Brinkmann, Ralph, Die Anwendung der International Standards on Auditing (ISA) im Rahmen der handelsrechtlichen Konzernabschlussprüfung und deren Berücksichtigung im Bestätigungsvermerk, in: WPg 2000, S. 216-234.

Bohl, Werner, Mangliers, Olaf, § 2. Ansatz, Bewertung und Ausweis sowie zugrunde liegende Prinzipien, in: Beck'sches IFRS-Handbuch, Kommentierung der IFRS/IAS, hrsg. v. Bohl, Werner/Riese, Joachim/Schlüter, Jörg, 2., vollst. überarb. und erw. Auflage, München/Wien/Bern 2006, S. 17-55.

Böhm, Horst/Krause, Helmut, Die Behandlung radioaktiver Abfälle, in: Entsorgung von Kernkraftwerken – Symposiumsbericht, hrsg. v. Bayer. Staatsministerium für Landesentwicklung u. Umweltfragen, Düsseldorf u. a. 1987, S. 66-79.

Bonneberg, Heinrich/Mischke, J., Allgemeiner Überblick über Stilllegung und Rückbau kerntechnischer Anlagen, in: Stilllegung und Rückbau kerntechnischer Anlagen: wirtschaftliche, rechtliche und politische Aspekte, hrsg. v. VDI, VDI-Berichte 1268, Düsseldorf 1996, S. 9-20.

Born, Karl, Rechnungslegung international. IAS/IFRS im Vergleich mit HGB und US-GAAP, 5., aktualisierte und erweiterte Auflage, Stuttgart 2007.

Brinkmann, Ralph, Abschlussprüfung nach International Standards on Auditing – Überblick über aktuelle Entwicklungen durch die 8. EU-Richtlinie und das Clarity-Project des IAASB sowie Auswirkungen auf die IDW-Prüfungsstandards, in: KoR 2006, S. 668-685 (Teil 2).

Brinkmann, Ralph/Spieß, Alexander, Abschlussprüfung nach International Standards on Auditing – Überblick über aktuelle Entwicklungen durch die 8. EU-Richtlinie und das Clarity-Project des IAASB sowie Auswirkungen auf die IDW-Prüfungsstandards, in: KoR 2006, S. 395-409 (Teil 1).

Buchheim, Regine, IAS-Improvements Project – Weiterentwicklung der IAS/IFRS erfordert aktive Mitarbeit auch in Deutschland, in: BB 2002, S. 1475-1479.

Buchheim, Regine/Knorr, Liesel, Der Lagebericht nach DRS 15 und internationale Entwicklungen, in: WPg 2006, S. 413-425.

Buchheim, Regine/Ulbrich, Philipp, EU-Transparenz-Richtlinie: Neuregelung der periodischen und laufenden Berichterstattung kapitalmarktnotierter Unternehmen, in: KoR 2004, S. 273-287.

Budde, Wolfgang Dieter, Berücksichtigung von Umweltschäden und Altlasten bei der Bodenbewertung, in: Rechnungslegung, Festschrift für Karl-Heinz Forster, hrsg. v. Moxter, Adolf/Müller, Hans-Peter/Windmöller, Rolf/v. Wysocki, Klaus, Düsseldorf 1992, S. 101-124.

Bürger, Veit, Energiewirtschaftliche Bewertung der Rückstellungen für die Entsorgung und Beseitigung der deutschen Kernkraftwerke, hrsg. v. Öko-Institut e. V., Freiburg (Breisgau) 1998.

Büscher, Tim, Gedanken zur Kerntechnik, in: et 2006, H. 4, S. 30-31.

Buschmann, Winfried, Die Beseitigung von stillgelegten Kernkraftwerken mit Druckwasserreaktoren am Beispiel des Kernkraftwerkes Obrigheim, hrsg. v. VDI, VDI-Bericht Nr. 52, Düsseldorf 1978.

Busse von Colbe, Walther/Seeberg, Thomas, Vereinbarkeit internationaler Konzernrechnungslegung mit handelsrechtlichen Grundsätzen, in: ZfbF 1997, Sonderheft 39.

Cairns, David, Applying International Accounting Standards, 3. ed. repr. edition, London, Edinburgh & Dublin 2003.

Coenenberg, Adolf G./Meyer, Martin A., Kapitalflussrechnung als Objekt der Bilanzpolitik, in: Wirtschaftsprüfung und Unternehmensüberwachung: Festschrift für Prof. Dr. Dr. h. c. Wolfgang Lück, hrsg. v. Wollmert, Peter/Schönbrunn, Norbert/Jung, Udo et. al., Düsseldorf 2003, S. 335-383.

Coenenberg, Adolf G., Jahresabschluss und Jahresabschlussanalyse: betriebswirtschaftliche, handelsrechtliche, steuerrechtliche und internationale Grundsätze. HGB, IAS/IFRS, US-GAAP, DRS, 19., völlig überarb. und erw. Aufl., Stuttgart 2003.

Clemm, Hermann, Bilanzpolitik und Ehrlichkeits-(„true and fair view"-)Gebot, in: WPg 1989, S. 357-366.

Crezelius, Georg, Rückstellungen bei Umweltschutzmaßnahmen, Stuttgart 1993.

Crezelius, Georg, Zur Bildung von Rückstellungen für Umweltschutzmaßnahmen, in: DB 1992, S. 1353-1363.

Daldrup, Herbert, Publizität umweltschutzbezogener Informationen in Geschäftsberichten – Ergebnisse einer empirischen Analyse der Berichtspraxis -, in: WPg 1999, S. 734-748.

Delaney, L. J., Marktchancen und Firmenstrukturen für Stilllegung und Rückbau von Kernkraftwerken, in: Stilllegung und Rückbau kerntechnischer Anlagen: wirtschaftliche, rechtliche und politische Aspekte, hrsg. v. VDI, VDI-Berichte 1268, Düsseldorf 1996, S. 161-172.

Depenbrock, Gerd, Kernkraft bleibt zentrales Thema, in: et 2006, H. 1/2, S. 6.

Deutsche Shell AG, Die Ereignisse um Brent Spar in Deutschland, bearbeitet v. Wolfgang Mantow, Hamburg 1995.

Drasdo, Peter/Drillisch, Jens/Hensing, Ingo, Konzentration und Wettbewerb in der deutschen Energiewirtschaft, München 1998.

Eichkorn, Jörg, Der Einbezug umweltrelevanter unternehmerischer Aktivitäten in die finanzielle Rechnungslegung in Deutschland, der Schweiz und den USA, Hallstadt 1996.

Eilers, Stephan, Rückstellungen für Altlasten und Umweltschutzverpflichtungen, München 1993.

EnBW AG (Hrsg.), Geschäftsbericht 2006, Karlsruhe 2007.

EnBW AG (Hrsg.), Geschäftsbericht 2005, Karlsruhe 2006.

Engel-Ciric, Dejan, Einschränkung der Aussagekraft des Jahresabschlusses nach IAS durch bilanzpolitische Spielräume, in: DStR 2002, S. 780-784.

E.ON AG (Hrsg.), Geschäftsbericht 2006, Düsseldorf 2007.

E.ON AG (Hrsg.), Geschäftsbericht 2005, Düsseldorf 2006.

E.ON Kernkraft GmbH (Hrsg.), Vom Kernkraftwerk zur „Grünen Wiese" – Stilllegung und Rückbau des Kernkraftwerks Stade, Hannover 2002.

Epstein, Barry J./Nach, Ralph/Bragg, Steven M., WILEY GAAP 2007, Interpretation and Application of GENERALLY ACCEPTED ACCOUNTING PRINCIPLES, New Jersey 2006.

Erchinger, Holger/Melcher, Winfried, Stand der Konvergenz zwischen US-GAAP und IFRS: Anerkennung der IFRS durch die SEC. Eine kritische Bestandsaufnahme, in: KoR 2007, S. 245-254.

Erdmann, Georg, Gut gemeint – das Gegenteil von gut gemacht: Das Kyoto-Protokoll und die globalen Co_2–Emissionen, in: et 2007, H. 1/2, S. 92-92.

Erdmann, Mark-Ken/Zülch, Henning/Palfner, Alexander, Liabilities – Bilanzielle Auswirkungen des ED IAS 37, in: KoR 2007, S. 445-452.

Erlei, Matthias/Leschke, Martin/Sauerland, Dirk, Neue Institutionenökonomik, 2. überarbeitete und erweiterte Auflage, Stuttgart 2007.

Ernst & Young (Hrsg.), International GAAP 2007, Generally Accepted Accounting Practice under International Financial Reporting Standards, London 2006.

Ernsting, Ingo/v. Keitz, Isabel, Bilanzierung von Rückstellungen nach IAS 37 – Eine kritische Analyse des neuen Standards sowie ein Vergleich zu IAS 10, in: DB 1998, S. 2477-2484.

Euler, Roland/Engel-Ciric, Dejan, Rückstellungskriterien im Vergleich – HGB versus IFRS, in: WPg-Sonderheft 2004, S. 139-154.

Ewert, Ralf, Agencytheorie, in: Handwörterbuch der Betriebswirtschaft, hrsg. v. Köhler, Richard/Küpper, Hans-Ulrich/Pfingsten, Andreas, Stuttgart 2007, S. 1-10.

Ewert, Ralf, Rechnungslegung, Gläubigerschutz und Agency-Probleme, Wiesbaden 1986.

Fama, Eugene F., Agency Problems and the Theory of the Firm, in: Journal of Financial Economics 1980, S. 288-307.

Fatouros, Nikos, Rückstellungen für ungewisse Verbindlichkeiten – Beginn einer Kehrtwende in der Rechtsprechung?, in: DB 2005, S. 117-124.

Ferlings, Josef/Poll, Jens/Schneiß. Ulrich, Aktuelle Entwicklungen im Bereich nationaler und internationaler Prüfungs- und Qualitätssicherungsstandards – Unter besonderer Berücksichtigung der Prüfung von KMU, in: WPg 2007, S. 101-113 (Teil 1), S. 145-153 (Teil 2).

Fey, Gerd, Rückstellungen für ungewisse Verbindlichkeiten aufgrund der Verordnungen zur Abfallbewältigung – Dargestellt am Beispiel der Verpackungsverordnung, in: DB 1992, S. 2353-2360.

Fink, Christian/Keck, Barbara, Lageberichterstattung nach BilReG und DRS 15: Eine kritische Würdigung, in: KoR 2005, S. 137-146.

Fischer, Thomas M./Klöpfer, Elisabeth, Bilanzpolitik nach IFRS: Sind die IFRS objektiver als das HGB?, in: KoR 2006, S. 709-719.

Fladt, Guido/Feige, Peter, Die Änderungsvorschläge des IASB zu IAS 37 und IAS 19 – Analyse und kritische Würdigung, in: WPg 2006, S. 274-281.

Flanderka, Fritz/Winter, Bernhard, Die Rücknahmepflicht von Transportverpackungen nach der Verpackungsordnung, in: BB 1992, S. 149-153.

Förschle, Gerhart, Umweltschutz und Rechenschaftslegung, in: Rechenschaftslegung im Wandel: Festschrift für Wolfgang Dieter Budde, hrsg. v. Förschle, Gerhart, München 1995, S. 181-201.

Förschle, Gerhart/Kroner, Matthias/Heddäus, Birgit, Ungewisse Verpflichtungen nach IAS 37 im Vergleich zum HGB, in: WPg 1999, S. 41-54.

Förschle, Gerhart/Scheffels, Rolf, Die Bilanzierung von Umweltschutzmaßnahmen aus bilanztheoretischer Sicht, in: DB 1993, S. 1197-1203.

Freisleben, Norbert/Leibfried, Peter, Warum IAS/IFRS-Abschlüsse nicht (miteinander) vergleichbar sind, in: KoR 2004, S. 101-109.

Friedrichs, Ralf, Rechnungslegung bei Umweltschutzmaßnahmen, in: DB 1987, S. 2580-2588.

Führich, Gregor, Theorie und Praxis der Rückstellungsbildung für die Entsorgung von Kernbrennelementen nach deutschem Bilanzrecht, in: WPg 2006, S. 1271-1278 (Teil 1), S. 1349-1354 (Teil 2).

Gail, Winfried, Umweltschutz und Wirtschaftsgut, in: Steuerberater-Jahrbuch 1990/91, hrsg. v. Herzig, Norbert/Curtius-Hartung, Rudolf/Niemann, Ursula, Köln 1991, S. 67-95.

Gantzkow, Marcus/Gröner, Susanne, Bilanzierung von Umweltlasten und –maßnahmen nach IAS, in: DB 1998, S. 993-997.

Gelhausen, Wolf/Fey, Gerd, Rückstellungen für ungewisse Verbindlichkeiten und Zukunftsbezogenheit von Aufwendungen – Anmerkung zu dem BFH-Urteil vom 12.12.1991 IV R 28/91 -, in: DB 1993, S. 593-597.

Georg Gafron Media Service GmbH (GGMS), Beilage der GGMS in Zusammenarbeit mit dem Informationskreis KernEnergie zum Thema Kernkraft, Comeback der Kernkraft?, in: FAZ-Beilage vom 30.4.2006, S. 1.

Glaschke, Michael, Rückstellungen für Umweltschutzmaßnahmen im Bilanzsteuerrecht – Aktuelle Entwicklungen in Rechtsprechung und Gesetzgebung -, in: StuB 2004, S. 897-903.

Graumann, Mathias, Bilanzierung der sonstigen Rückstellungen und Eventualverbindlichkeiten nach IAS – Sonderprobleme und Vergleich IAS-HGB, in: BBK 2004, S. 551-558.

Greenpeace, Brent Spar und die Folgen, Göttingen 1997.

Grothe, Jörn, Branchenspezialisierungen von Wirtschaftsprüfungsgesellschaften im Rahmen der Jahresabschlussprüfung – Ergebnisse einer empirischen Untersuchung des deutschen Prüfungsmarktes, Düsseldorf 2005.

Grünberger, David, IAS/IFRS 2007. Ein systematischer Praxis-Leitfaden. Stand: 1.11.2006, 5., überarbeitete Auflage, Hamm 2006.

Günkel, Manfred, Rückstellungen für Umweltschutzverpflichtungen, in: Steuerberater-Jahrbuch 1990/91, hrsg. v. Herzig, Norbert/Curtius-Hartung, Rudolf/Niemann, Ursula, Köln 1991, S. 97-121.

Haaker, Andreas, Das Wahrscheinlichkeitsproblem bei der Rückstellungsbilanzierung nach IAS 37 und IFRS 3, in: KoR 2005, S. 8-13.

Hagemeister, Christina, Bilanzierung von Sachanlagevermögen nach dem Komponentenansatz des IAS 16, Düsseldorf 2004.

Hagest, Joachim/Kellinghusen, Georg, Zur Problematik der Prognoseprüfung und der Entwicklung von Grundsätzen ordnungsmäßiger Prognosebildung, in: WPg 1977, S. 405-415.

Hahn, Klaus, Die neuen Stellschrauben der Bilanzpolitik – Bilanzpolitische Weichenstellungen in der IAS/IFRS-Eröffnungsbilanz, in: BC 2003, S. 245-249.

Haller, Axel, Positive Accounting Theory – Die Erforschung der Beweggründe bilanzpolitischen Verhaltens, in: Die Betriebswirtschaft 1994, S. 597-612.

Haller, Axel/Dietrich, Ralph, Kapitalmarktorientierte Gestaltung der Lageberichterstattung, in: KoR 2001, S. 164-174.

Hanson, Ernest I., Accounting Measurements and the Time Value of Money, in: The Magazine of Bank Administration 1973, S. 36-39.

Hartmann-Wendels, Thomas, Rechnungslegung der Unternehmung und Kapitalmarkt aus informationstheoretischer Sicht, Heidelberg 1991.

Hauschildt, Jürgen, Erfolgs-, Finanz- und Bilanzanalyse, 3., völlig überarb. Auflage, Köln 1996.

Hax, Herbert, Theorie der Unternehmung – Information, Anreize und Vertragsgestaltung, in: Betriebswirtschaftslehre und Ökonomische Theorie, hrsg. v. Ordelheide, Dieter/Rudolph, Bernd/Büsselmann, Elke, Stuttgart 1991, S. 51-72.

Hayn, Benita, § 34. Equity-Methode, in: Beck'sches IFRS-Handbuch, Kommentierung der IFRS/IAS, hrsg. v. Bohl, Werner/Riese, Joachim/Schlüter, Jörg, 2., vollst. überarb. und erw. Auflage, München/Wien/Bern 2006, S. 943-978.

Hayn, Benita, § 35. Quotenkonsolidierung, in: Beck'sches IFRS-Handbuch, Kommentierung der IFRS/IAS, hrsg. v. Bohl, Werner/Riese, Joachim/-Schlüter, Jörg, 2., vollst. überarb. und erw. Auflage, München/Wien/Bern 2006, S. 979-987.

Hayn, Sven, Abschnitt 12: Kurzfristige Schulden, Rückstellungen, Erfolgsunsicherheiten und Ereignisse nach dem Bilanzstichtag, in: WILEY Kommentar zur internationalen Rechnungslegung nach IFRS 2007, hrsg. v. Ballwieser, Wolfgang/Beine, Frank/Hayn, Sven/Peemöller, Volker H./Schruff, Lothar/Weber, Claus-Peter, 3. Auflage, Weinheim 2007, S. 589-636.

Hayn, Sven/Pilhofer, Jochen, Die neuen Rückstellungsregeln des IASC im Vergleich zu den korrespondierenden Regeln der US-GAAP, in: DStR 1998, S. 1729-1732 (Teil I), S. 1765-1772 (Teil II).

Hebestreit, Gernot/Dörges, Claudia E., § 13. Rückstellungen, in: Beck'sches IFRS-Handbuch, Kommentierung der IFRS/IAS, hrsg. v. Bohl, Werner/Riese, Joachim/Schlüter, Jörg, 2., vollst. überarb. und erw. Auflage, München/Wien/Bern 2006, S. 349-403.

Heigl, Anton, Konzepte betrieblicher Umweltrechnungslegung, in: DB 1974, S. 2265-2270.

Heinhold, Michael, Instrumente der unternehmerischen Bilanzpolitik, in: WiSt 1984, S. 449-454.

Henselmann, Klaus, Ungewisse Verpflichtungen nach IFRS – Fallstudie zur Bildung von Rückstellungen nach IAS 16, 18, 37, in: KoR 2007, S. 232-239.

Herzig, Norbert, Aktivische Abwertung versus Rückstellungsbildung bei Umweltschutzverpflichtungen, in: Betriebswirtschaft und Umweltschutz, hrsg. v. Wagner, Gerd Rainer, Stuttgart 1993, S. 161-176.

Herzig, Norbert, Rückstellungsbildung versus Teilwertabschreibung – Statement zu den Anmerkungen von Bartels, in: WPg 1992, S. 83.

Herzig, Norbert, Konkurrenz von Rückstellungsbildung und Teilwertabschreibung bei Altlastenfällen, in: WPg 1991, S. 610-619.

Herzig, Norbert, Rückstellungen wegen öffentlich-rechtlicher Verpflichtungen, insbesondere Umweltschutz, in: DB 1990, S. 1341-1354.

Herzig, Norbert/Gellrich, Kai M., Geplante Änderungen von IAS 37 zur Passivierung ungewisser Verbindlichkeiten – Ausstrahlung auf die steuerliche Gewinnermittlung, in: WPg 2006, S. 505-515.

Herzig, Norbert/Köster, Thomas, Rückstellungen wegen Umweltschutzverpflichtungen, in: Handbuch des Umweltschutzes, hrsg. v. Vogl, Josef/-Heigl, Anton/Schäfer, Kurt, Landberg/Lech 1992, Kap. III – 8.1.

Herzig, Norbert/Köster, Thomas, Die Rückstellungsrelevanz des neuen Umwelthaftungsgesetzes, in: DB 1991, S. 53-57.

Hettich, Silvia, Mängel und Inkonsistenzen in den derzeitigen Rechnungslegungsregeln nach IFRS – Beseitigung durch Neuregelungen?, in: KoR 2007, S. 6-14.

Heumann, Rainer, Value Reporting in IFRS-Abschlüssen und Lageberichten, Düsseldorf 2005.

Heuser, Paul J./Theile, Carsten, IFRS Handbuch. Einzel- und Konzernabschluss, 3., neu bearbeitete Auflage, Köln 2007.

HFA des IDW, IDW Stellungsnahme zur Rechnungslegung: Einzelfragen zur Anwendung der IAS (IDW RS HFA 2, Stand: 18.10.2005), in: WPg 2005, S. 1402-1415.

Hofmann, Christian, Bilanzielle Darstellungsspielräume und langfristige Anreize, in: ZfbF 2004, S. 137-171.

Hoffmann, Karsten, Sachverhaltsgestaltende Jahresabschlusspolitik im Einzelabschluss bei gegebener Unternehmenskonstitution, Frankfurt am Main/-Berlin/Bern et. al. 1994.

Hoffmann, Wolf-Dieter, Die ökonomischen Grenzen der Aussagekraft einer Bilanz, in: StuB 2000, S. 822-828.

Hoffmann, Wolf-Dieter, § 8. Anschaffungs- und Herstellungskosten, Neubewertung, in: Haufe IFRS-Kommentar, hrsg. v. Lüdenbach, Norbert/Hoffmann, Wolf-Dieter, 5. Auflage, Freiburg i. Br. 2007, S. 321-363.

Hoffmann, Wolf-Dieter, § 13. Immaterielle Vermögenswerte des Anlagevermögens, in: Haufe IFRS-Kommentar, hrsg. v. Lüdenbach, Norbert/-Hoffmann, Wolf-Dieter, 5. Auflage, Freiburg i. Br. 2007, S. 507-569.

Hoffmann, Wolf-Dieter, § 21. Rückstellungen, Verbindlichkeiten, in: Haufe IFRS-Kommentar, hrsg. v. Lüdenbach, Norbert/Hoffmann, Wolf-Dieter, 5. Auflage, Freiburg i. Br. 2007, S. 885-966.

Hoffmann, Wolf-Dieter/Lüdenbach, Norbert, Zur Offenlegung der Ermessensspielräume bei der Erstellung des Jahresabschlusses – Rechnungslegung in euklidischen Räumen?, in: DB 2003, S. 1965-1969.

Hommel, Michael, Rückstellungen für Abbruchkosten nach HGB, IAS/IFRS und US-GAAP, in: Der Konzern 2003, S. 746-754.

Hommel, Michael/Wich, Stefan, Neues zur Entwicklung der Rückstellungsbilanzierung nach IFRS, in: WPg 2007, S. 509-516.

Hommel, Michael/Wich, Stefan, Die Bilanzierung von Entfernungsverpflichtungen gemäß HGB und SFAS 143 in der kritischen Betrachtung, in: KoR 2004, S. 16-28.

Hortmann, W., Stilllegungsvarianten und Weiterbeschäftigungsmöglichkeiten des Betriebspersonals, in: Stilllegung und Rückbau kerntechnischer Anlagen: wirtschaftliche, rechtliche und politische Aspekte, hrsg. v. VDI, VDI-Berichte 1268, Düsseldorf 1996, S. 173-183.

IASCF (Hrsg.), International Financial Reporting Standards (IFRS) including International Accounting Standards (IASs) and Interpretations as at 1 January 2007, London 2007.

IASCF (Hrsg.), IASB Update September 2004, London 2004.

IASCF (Hrsg.), IASB Update October 2004, London 2004.

IFAC (Hrsg.), Handbook of International Auditing, Assurance, and Ethics Pronouncements, New York 2006.

IDW (Hrsg.), WP Handbuch 2006. Wirtschaftsprüfung, Rechnungslegung, Beratung, 13. Auflage, Düsseldorf 2006.

IDW, IDW Prüfungsstandard: Prüfungsnachweise im Rahmen der Abschlussprüfung (IDW PS 300) v. 6.9.2006, in: WPg 2006, S. 1445.

IDW, IDW Prüfungsstandard: Prüfung des Lageberichts (IDW PS 350) v. 6.9.2006, in: WPg 2006, S. 1293.

IDW, IDW Prüfungsstandard: Die Prüfung von Zeitwerten (IDW PS 315) v. 8.12.2005, in: WPg 2006, S. 309.

IDW, IDW Prüfungsstandard: Kenntnisse über die Geschäftstätigkeit sowie das wirtschaftliche und rechtliche Umfeld des zu prüfenden Unternehmens im Rahmen der Abschlussprüfung (IDW PS 230) v. 8.12.2005, in: WPg 2006, S. 218.

IDW, IDW Prüfungsstandard: Verwertung der Arbeit von Sachverständigen (IDW PS 322) v. 6.5.2002, in: WPg 2002, S. 689.

IDW, IDW Prüfungsstandard: Analytische Prüfungshandlungen (IDW PS 312) v. 2.7.2001, in: WPg 2001, S. 903.

IDW, IDW Prüfungsstandard: Die Prüfung von geschätzten Werten in der Rechnungslegung (IDW PS 314) v. 2.7.2001, in: WPg 2001, S. 906.

IDW, IDW Prüfungsstandard: Prüfung des Lageberichts (IDW PS 350) v. 26.6.1998, in: WPg 1998, S. 663.

IDW, IDW Rechnungslegungsstandard: Aufstellung des Lageberichts (IDW RS HFA, Stand: 26.6.1998), in: WPg 1998, S. 653-662.

Jäckel, Andreas/Poppe, Hartmut, Krisendiagnose durch qualitative Bilanzanalyse, in: Krisendiagnose durch Bilanzanalyse, hrsg. v. Hauschildt, Jürgen/Leker, Jens, Köln 2000, S. 88-113.

Jäger, Bernd, Zur Abzinsungsproblematik im Falle erwarteter Verpflichtungsüberschüsse aus Dauerschuldverhältnissen, in: WPg 1992, S. 557-570.

Jensen, Michael, C./Meckling, William H., Theory of the Firm: Managerial Behaviour, Agency Costs and Ownership Structure, in: Journal of Financial Economics 1976, S. 305-360.

Jost, Peter-Jürgen, Die Prinzipal-Agenten-Theorie in der Betriebswirtschaftslehre, Stuttgart 2001.

Junker, Wolf-Hendrik, Die Stilllegungs-, Einschluss- und Abbaugenehmigung für Kernkraftwerke nach § 7 Abs. 3 des Atomgesetzes, Köln/Berlin/-Bonn/München 1990.

Kaiser, Karin, Auswirkungen des Bilanzrechtsreformgesetzes auf die zukunftsorientierte Lageberichterstattung, in: WPg 2005, S. 405-418.

Kajüter, Peter Der Lagebericht als Instrument einer kapitalmarktorientierten Rechnungslegung – Umfassende Reformen nach dem Entwurf zum BilReG und E-DRS 20, in: DB 2004, S. 197-203.

Kajüter, Peter, Berichterstattung über Chancen und Risiken im Lagebericht – Auswirkungen des Referentenentwurfs für das Bilanzrechtsreformgesetz, in: BB 2004, S. 427-433.

Kasperzak, Rainer/Beiersdorf, Kati, Diskussionspapier Management Commentary: eine erste Auswertung der Stellungnahmen an das IASB, in: KoR 2007, S. 121-130.

Kayser, Marc, Ansatz und Bewertung von Rückstellungen nach HGB, US-GAAP und IAS, Aachen 2002.

v. Keitz, Isabel, Praxis der IASB-Rechnungslegung: Derzeit (noch) uneinheitlich und HGB-orientiert, in: DB 2003, S. 1801-1806.

v. Keitz, Isabel/Dörner, Dietrich/Wollmert, Peter/Oser, Peter, IAS 37: Rückstellungen, Eventualschulden und Eventualforderungen (Provisions, Contingent Liabilities ans Contingent Assets), Stand: 31.07.2003, in: Rechnungslegung nach IFRS, Kommentar auf der Grundlage des deutschen Bilanzrechts, hrsg. v. Baetge, Jörg u. a., 2. Auflage, Stuttgart 2002.

Kellinghusen, Georg/Irrgang, Wolfgang, Der optimale Geschäftsbericht – Praktische Hinweise auf der Grundlage von Marktforschungsergebnissen, in: DB 1978, S. 2277-2283.

Kiener, Stefan, Die Principal-Agent-Theorie aus informationsökonomischer Sicht, Heidelberg 1990.

Kirsch, Hanno, Beurteilung des bilanzpolitischen Instrumentariums der IFRS-Rechnungslegung, in: BB 2006, S. 1266-1271.

Kirsch, Hanno, Schätzungen und Absichten des Managements als wesentliche Einflussgrößen der internationalen Rechnungslegung, in: Betrieb und Wirtschaft 2002, S. 1013-1019.

Kirsch, Hans-Jürgen/Scheele, Alexander, Diskussionspapier des IASB zum „Management Commentary“, in: WPg 2006, S. 89-91.

Kirsch, Hans-Jürgen/Scheele, Alexander, Neugestaltung von Prognose- und Risikoberichterstattung im Lagebericht durch das Bilanzrechtsreformgesetz, in: WPg 2005, S. 1149-1154.

Kirsch, Hans-Jürgen/Scheele, Alexander, Die Auswirkungen der Modernisierungsrichtlinie auf die (Konzern-)Lageberichterstattung – unter Berücksichtigung von E-DRS 20 und des Entwurfs eines Bilanzrechtsreformgesetzes vom 15.12.2003, in: WPg 2004, S. 1-12.

Kirsch, Hans-Jürgen/Scheele, Alexander, E-DRS 20: Ausweitung der Lageberichterstattung zum Value Reporting?, in: BB 2003, S. 2733-2739.

Klaholz, Thomas, Rückbau- und Wiederherstellungsverpflichtungen im IFRS-Abschluss, Düsseldorf 2005.

Klein, Klaus-Günter/Klaas, Helmut, Die Entwicklung der neuen Abschlussprüferrichtlinie in den Beratungen von Kommission, Ministerrat und Europäischem Parlament, in: WPg 2006, S. 885-894.

Klein, Birte, Umweltschutzverpflichtungen im Jahresabschluss, Wiesbaden 1998.

Kleinmanns, Hermann, „Enhanced Business Reporting“ – aktuelle Bestrebungen des AICPA im Bereich der externen Rechnungslegung, in: StuB 2004, S. 1021-1024.

Klix, Volker/Weh, Rudolf, Entsorgung der deutschen Kernkraftwerke – Status und Perspektiven zum Jahrtausendwechsel, in: jahrbuch der atomwirtschaft 2000, S. 41-57.

Köster, Thomas, Umweltschutzverpflichtungen im handelsrechtlichen Jahresabschluss und in der Steuerbilanz, Düsseldorf 1994.

Kowalewsky, Reinhard, Shell – Begossene Pudel. Der Rückzug des Ölmultis kam zu spät. Der Ruf war bereits ramponiert, in: WirtschaftsWoche vom 22.6.1995, S. 48-51.

KPMG (Hrsg.), US-GAAP, Rechnungslegung nach US-amerikanischen Grundsätzen. Grundlagen der US-GAAP und SEC-Vorschriften, 4. überarbeitete Auflage, Berlin 2006.

KPMG (Hrsg.), IFRS aktuell. Neuerungen bis 2006: IFRS 6 und 7, Amendments zu IAS 19, 21 und 39 sowie IFRIC 1, 2 und 4 bis 9, 2. Auflage, Stuttgart 2006.

KPMG (Hrsg.), International Financial Reporting Standards, Einführung in die Rechnungslegung nach den Grundsätzen des IASB, 3. überarbeitete Auflage, Stuttgart 2004.

Krawitz, Norbert, Rechnungslegung nach internationalen Grundsätzen, Wiesbaden 2006.

Krawitz, Norbert, Anhang und Lagebericht nach IFRS: Prinzipien, Anforderungen, Strukturierung, München 2005.

Krawitz, Norbert/Hartmann, Christina, Aktueller handelsrechtlicher Lage- und Konzernlagebericht im Rahmen eines IAS/IFRS-Abschlusses, in: WPg 2006, S. 1262-1270.

Küffner, Georg, Ferngesteuert und unter Wasser wird Strahlendes in Fässer gepackt, in: FAZ v. 17. 5.2005, S. T1.

Kühne, Mareike, Konzeptionelle Basis der Rückstellungsbilanzierung: Verbesserung durch Bilanzierung von „Stand Ready"-Verpflichtungen? – kritische Würdigung ausgewählter Aspekte des aktuellen Entwurfs zu Änderungen von IAS 37, in: KoR 2006, S. 171-178.

Kühne, Mareike/Nerlich, Christoph, Vorschläge für eine geänderte Rückstellungsbilanzierung nach IAS 37: Darstellung und kritische Würdigung, in: BB 2005, S. 1839-1844.

Kuhnle, Helmut/Banzhaf, Jürgen, Gewinn- und Verlustrechnung nach IFRS. Aufstellung, Anforderungen, Analysemöglichkeiten, Stuttgart 2007.

Kümpel, Thomas, Änderungsvorschläge des IASB zur Rückstellungsbilanzierung gemäß ED IAS 37, in: DSWR (Datenverarbeitung, Steuer, Wirtschaft, Recht) 2006, S. 201-204.

Kümpel, Thomas, Verbindlichkeiten und Rückstellungen im IFRS-Regelwerk, in: b&b 2005, S. 265-285.

Kümpel, Thomas, Bilanzielle Behandlung von Entsorgungs-, Rekultivierungs- und ähnlichen Verpflichtungen im IFRS-Regelwerk, in: DStR 2004, S. 1227-1232.

Küting, Karlheinz, Das Spannungsverhältnis zwischen Bilanzpolitik und Bilanzanalyse – Zur Interdependenz von Jahresabschlussgestaltung und Jahresabschlussbeurteilung, in: DStR 1996, S. 934-944.

Küting, Karlheinz, Erkennung von Unternehmenskrisen anhand der angewandten Bilanzpolitik – Die angewandte Bilanzpolitik als Krisenindikator, in : Controlling 2005, S. 223-232.

Küting, Karlheinz/Dawo, Sascha, Bilanzpolitische Gestaltungspotentiale im Rahmen der International Financial Reporting Standards (IFRS) – Ansatzfragen am Beispiel der Abbildung immaterieller Werte, in: StuB 2002, S. 1157-1163.

Küting, Karlheinz/Kaiser, Thomas, Bilanzpolitik in der Unternehmenskrise, in: BB 1994, Beilage 2, S. 1-18.

Küting, Karlheinz/Ranker, Daniel, Behandlung von Anschaffungskostenbestandteilen gem. IAS 16.16 lit. c in der Fair Value-Bewertung, in: KoR 2007, S. 193-199.

Küting, Karlheinz/Reuter, Michael, Werden stille Reserven in Zukunft (noch) stiller? – Machen die IFRS die Bilanzanalyse überflüssig oder weitgehend unmöglich?, in: BB 2005, S. 706-713.

Küting, Karlheinz/Weber, Claus-Peter, Die Bilanzanalyse: Lehrbuch zur Beurteilung von Einzel- und Konzernabschlüssen, 8., grundlegend überarbeitete Auflage, Stuttgart 2006.

Küting, Karlheinz/Wohlgemuth, Frank, Möglichkeiten und Grenzen der internationalen Bilanzanalyse – Erkenntnisfortschritte durch eine internationale Strukturbilanz?, in: DStR 2004, Beihefter 3, S. 1-19.

Kunz, Willfried, Rückführung der Abfälle aus den Wiederaufarbeitungsanlagen La Hague und Sellafield, in: Jahrestagung Kerntechnik 2004 – FACHSITZUNG – Entsorgung und Stilllegung, hrsg. v. Deutsches Atomforum e. V., Berlin 2004, S. 5-9.

Kupsch, Peter, Bilanzierung von Umweltlasten in der Handelsbilanz, in: BB 1992, S. 2320-2329.

Kurz, Alexander, Normative Anforderungen an die Stilllegung und Beseitigung nuklearer Anlagen, in: Technische und rechtliche Fragen der Stilllegung und Beseitigung nuklearer Anlagen in der Bundesrepublik Deutschland, hrsg. v. Blümel, Willi/Wagner, Helmut, Baden-Baden 1993, S. 37-86.

Kußmaul, H./Lutz, R., Instrumente der Bilanzpolitik – Systematisierungsmöglichkeiten und Bewertungskriterien, in: WiST 1993, S. 399-403.

Kußmaul, H./Lutz, R., Grundlagen der Bilanzpolitik, in: WiSt 1993, S. 340-348.

Kußmaul, Heinz, Angemessene Verrechnungspreise im internationalen Konzernbereich, in: Recht der internationalen Wirtschaft (RiW) 1987, S. 679-693.

Lanfermann, Georg, Neue EU-Richtlinie zur Abschlussprüfung, in: WPK-Magazin 1/2006, S. 40-43.

Lanfermann, Georg, Modernisierte EU-Richtlinie zur gesetzlichen Abschlussprüfung, in: DB 2005, S. 2645-2650.

Lauerwald, Uwe, Die Bilanzierung und Prüfung von behebungspflichtigen und nicht behebungspflichtigen ökologischen Lasten, Lohmar 2001.

Löschhorn, U./Kuczera, B., Erfahrungen mit durchgeführten Projekten der Stilllegung und des Rückbaus nuklearer Anlagen – national und international, in: VDI, Stilllegung und Rückbau kerntechnischer Anlagen: wirtschaftliche, rechtliche und politische Aspekte, hrsg. v. VDI, VDI-Berichte 1268, Düsseldorf 1996, S. 63-91.

Loose, Matthias, Rückstellungen für Umweltverbindlichkeiten, Köln 1993.

Ludewig, Rainer, Möglichkeiten der verdeckten Bilanzpolitik für Kapitalgesellschaften auf der Grundlage des neuen Rechts, in: ZfB 1987, S. 426-433.

Lüdenbach, Norbert, § 32. Tochterunternehmen im Konzern- und Einzelabschluss, in: Haufe IFRS-Kommentar, hrsg. v. Lüdenbach, Norbert/-Hoffmann, Wolf-Dieter, 5. Auflage, Freiburg i. Br. 2007, S. 1719-1809.

Lüdenbach, Norbert, § 33. Anteile an assoziierten Unternehmen, in: Haufe IFRS-Kommentar, hrsg. v. Lüdenbach, Norbert/Hoffmann, Wolf-Dieter, 5. Auflage, Freiburg i. Br. 2007, S. 1811-1854.

Lüdenbach, Norbert, § 34. Anteile an Joint Ventures, in: Haufe IFRS-Kommentar, hrsg. v. Lüdenbach, Norbert/Hoffmann, Wolf-Dieter, 5. Auflage, Freiburg i. Br. 2007, S. 1855-1893.

Lüdenbach, Norbert, Rückbauverpflichtungen nach internationaler Rechnungslegung und deutschem Bilanzrecht: Praktische Unterschiede und kritischer Rechtsvergleich, in: BB 2003, S. 835-840.

Lüdenbach, Norbert/Hoffmann, Wolf-Dieter, § 1. Rahmenkonzept (Framework), in: Haufe IFRS-Kommentar, hrsg. v. Lüdenbach, Norbert/Hoffmann, Wolf-Dieter, 5. Auflage, Freiburg i. Br. 2007, S. 27-84.

Lüdenbach, Norbert/Hoffmann, Wolf-Dieter, Imparitätische Wahrscheinlichkeit – Zukunftswerte im IAS-Regelwerk, in: KoR 2003, S. 5-15.

Lüdenbach, Norbert/Hoffmann, Wolf-Dieter, Enron und die Umkehrung der Kausalität bei der Rechnungslegung, in: DB 2002, S. 1169-1175.

Luig, Heinrich, Ein Vorbescheid des Bundesfinanzhofs zu den Rückstellungen für Altlasten, in: BB 1993, S. 2051-2056.

Maier-Siegert, Ernst, Das Vorsichtsprinzip im „Schredder“ internationaler Rechnungslegungsstandards? – Expertendiskussion zur deutschen Rechnungslegungszukunft, in: BC 2001, S. 129-132.

Mandl, Gerwald/Rabel, Klaus, Unternehmensbewertung, Wien 1997.

Marettek, A., Ermessensspielräume bei der Bestimmung wichtiger aktienrechtlicher Wertansätze, in: WiSt 1976, S. 515-520.

Marten, Kai-Uwe/Quick, Reiner/Ruhnke, Klaus, Wirtschaftsprüfung: Grundlagen des betriebswirtschaftlichen Prüfungswesens nach nationalen und internationalen Normen, 3., überarbeitete Auflage, Stuttgart 2007.

Marten, Kai-Uwe/Klopsch, E., Steuerbilanzpolitik – Darstellung empirischer Ergebnisse anhand einer Fallstudie, in: DStR 1994, S. 1910-1918.

Marx, Franz Jürgen/Köhlmann, Sarah, Bilanzierung von Entsorgungsverpflichtungen nach HGB und IFRS (I), in: StuB 2005, S. 653-659.

Marx, Franz Jürgen/Köhlmann, Sarah, Bilanzierung von Entsorgungsverpflichtungen nach HGB und IFRS (II), in: StuB 2005, S. 693-702.

Marx, Franz Jürgen/Köhlmann, Sarah, Bilanzielle Abbildung von Rücknahmeverpflichtungen nach HGB und IFRS, in: BB 2005, S. 2007-2011.

Meyer, Claus/Meisenbacher, Michaela, Bilanzpolitik auf Basis von IAS /IFRS, insbesondere in Zeiten der Krise, in DStR 2004, S. 567-572.

Michaelis, Hans/Salander, Carsten, Handbuch Kernenergie – Kompendium der Energiewirtschaft und Energiepolitik, 4. Aufl., Frankfurt am Main 1995.

Mihm, Andreas, Parteipolitik dominiert Energiepolitik, in: et 2007, H. 4, S. 6.

Milburn, J. Alex, Incorporating the Time Value of Money within Financial Reporting, Toronto 1988.

Mittler, M./Lukacs, G., Nationale und internationale Kostenaspekte bei Stilllegung und Rückbau, in: Stilllegung und Rückbau kerntechnischer Anlagen: wirtschaftliche, rechtliche und politische Aspekte, hrsg. v. VDI, VDI-Berichte 1268, Düsseldorf 1996, S. 105-126.

Moxter, Adolf G., Neue Ansatzkriterien für Verbindlichkeitsrückstellungen?, in: DStR 2004, S. 1057-1060 (Teil I), S. 1098-1102 (Teil II).

Moxter, Adolf G., Rückstellungen nach IAS: Abweichungen vom geltenden deutschen Bilanzrecht, in: BB 1999, S. 519-525.

Moxter, Adolf G., Rückstellungskriterien im Streit, in: ZfbF 1995, S. 311-326.

Moxter, Adolf G., Einführung, in: Bilanzrechtstheorie und Verzinslichkeit, hrsg. v. Böcking, Hans-Joachim, Wiesbaden 1988, S. 1-26.

Moxter, Adolf G., Grundsätze ordnungsmäßiger Unternehmensbewertung, 2., vollständig umgearbeitete Auflage, Nachdruck, Wiesbaden 1991.

Müller, Stefan/Wulf, Inge, Abschlusspolitisches Potenzial deutscher Unternehmen im Jahr 2005 unter besonderer Berücksichtigung der IFRS-Erstanwendung, in: BB 2005, S. 1267-1273.

Müller, Stefan/Wulf, Inge, Jahresabschlusspolitik nach HGB, IAS und US-GAAP, in: BB 2001, S. 2206-2213.

Naumann, Klaus-Peter/Feld, Klaus-Peter, Die Transformation der neuen Abschlussprüferrichtlinie – Erwartungen des Berufsstands der Wirtschaftsprüfer an den deutschen Gesetzgeber, in: WPg 2006, S. 873-885.

Naumann, Klaus-Peter, Das Spannungsverhältnis zwischen Relevanz und Verlässlichkeit in der Rechnungslegung – Ein Beitrag zur Fortentwicklung von HGB und IFRS, in: ZfB Special 6/2006, S. 43-75.

Niehus, Rudolf J., Die Prüfung der internationalen Rechnungslegung von deutschen Kapitalgesellschaften – zu Auswirkungen für den Abschlussprüfer und seinen Berufsstand, in: Unternehmensberatung und Wirtschaftsprüfung, FS für Günter Sieben, hrsg. v. Matschke, Manfred J., Stuttgart 1998, S. 483-514.

Nobach, Kai, Bedeutung der IAS/IFRS für die Bilanzpolitik deutscher Unternehmen, Herne 2006.

O. V., LICHT ODER NICHT – Kritische Erfolgsfaktoren der zukünftigen Energieversorgung, in: et 2007, H. 3, S. 43.

O. V., Kernenergie: Weltreport 2006, in: atw 2007, S. 273-277.

Öko-Institut e. V./Wuppertaler Institut für Klima, Umwelt und Energie (Hrsg.), Kernkraftwerksscharfe Analyse im Rahmen des Projekts: Bewertung eines Ausstiegs aus der Kernenergie aus klimapolitischer und volkswirtschaftlicher Sicht, Wuppertal u. a. 2000.

Ossadnik, Wolfgang, Rechnungslegungspolitik – Die Instrumente, in: Rechnungslegungspolitik: eine Bestandsaufnahme aus handels- und steuerrechtlicher Sicht, hrsg. v. Freidank, Carl-Christian, Berlin/Heidelberg/New York 1998, S. 155-193.

Paulitschek, Patrick/Wiese, Roland, Abbildung der tatsächlichen wirtschaftlichen Lage – HGB oder IFRS? – Tagungsbericht zur gleichnamigen Veranstaltung des Ulmer Forums für Wirtschaftswissenschaften (UFW) e. V. an der Universität Ulm, in: KoR 2006, S. 634-638.

Peemöller, Volker H., Abschnitt 8: Sachanlagevermögen, in: WILEY Kommentar zur internationalen Rechnungslegung nach IFRS 2007, hrsg. v. Ballwieser, Wolfgang/Beine, Frank/Hayn, Sven/Peemöller, Volker H./Schruff, Lothar/Weber, Claus-Peter, 3. Auflage, Weinheim 2007, S. 315-366.

Peemöller, Volker H., Bilanzanalyse und Bilanzpolitik: Einführung in die Grundlagen, 3., aktualisierte Auflage, Wiesbaden 2003.

Peemöller, Volker H./Zwingel, Thomas, Analyse der ökologischen Berichterstattung im handelsrechtlichen Jahresabschluss ausgewählter Branchen, in: WPg 1996, S. 50-64.

Peemöller, Volker H./Zwingel, Thomas, Ökologische Aspekte im Jahresabschluss – Bilanzierung, Bilanzpolitik und Bilanzanalyse, Düsseldorf 1995.

Pellens, Bernhard/Fülbier, Rolf Uwe/Gassen, Joachim, Internationale Rechnungslegung. IFRS 1 bis 7, IAS 1 bis 41, IFRIC-Interpretationen, Standardentwürfe, 6., überarbeitete Auflage, Stuttgart 2006.

Pfitzer, Norbert/Oser, Peter/Orth, Christian, Reform des Aktien-, Bilanz- und Aufsichtsrechts, 2. Auflage, Stuttgart 2006.

Pfleger, Günter, Die neue Praxis der Bilanzpolitik: Strategien und Gestaltungsmöglichkeiten im handels- und steuerrechtlichen Jahresabschluss, 4., völlig überarbeitete und erweiterte Auflage, Freiburg im Breisgau 1991.

Pfleger, Günter, Zur Gestaltung der Bewertung im Jahresabschluss als Mittel künftiger Bilanzpolitik, in: DB 1984, S. 785-789.

Pfleger, Günter, Bilanzierungsprobleme bei der Bildung von Rückstellungen für Rekultivierungsverpflichtungen, in: DB 1981, S. 1686-1691.

Philipps, Holger, Kontaminierte Grundstücke im Jahresabschluss – Rückstellungen, außerplanmäßige Abschreibungen und sonstige finanzielle Verpflichtungen bei Boden- und Grundwasserverunreinigungen -, Düsseldorf 1995.

Posser, Herbert/Schmans, Malte/Müller-Dehn, Christian, Atomgesetz – Kommentar zur Novelle 2002, Köln u. a. 2003.

Rautenberg, Hans, Die bilanzielle Abbildung von Altlasten – Rückstellung oder Teilwertabschreibung?, in: WPg 1993, S. 265-277.

Rebentisch, Manfred, Überlegungen zu atomrechtlichen Nachsorgepflichten, in: Stilllegung und Beseitigung kerntechnischer Anlagen, hrsg. v. Pelzer, Norbert, Baden-Baden 1993, S. 191-209.

Rehs, B./Warnecke, E., Leitfaden Stilllegung, hrsg. v. VDI, Stilllegung und Rückbau kerntechnischer Anlagen: Auswirkungen aktueller Regelungen und Randbedingungen, VDI-Berichte 1671, Düsseldorf 2002, S. 49-61.

Reich, Johannes, Finanzierung der nuklearen Entsorgung, Wiesbaden 1989.

Reinhard, Herbert, Die Bildung von Rückstellungen für die Kosten der Stilllegung und Beseitigung von Kernkraftwerken, in: et 1982, S. 657-661.

Reinhard, Herbert, Bewertung und Bilanzierung von Kernbrennstoffe, in: et 1982, S. 744-752.

Reinhard, Herbert, Rückstellungen für die Entsorgung von Kernkraftwerken, Vortrag v. 10. Juni 1986 an der Westfälischen Wilhelms-Universität Münster, S. 11-37.

Reinhard, Herbert/Schmidt, Dietrich, Betriebswirtschaftliche Aspekte der Entsorgung von Kernkraftwerken, in: BFuP 1984, S. 120-131.

Riese, Joachim, § 8. Vorräte, in: Beck'sches IFRS-Handbuch, Kommentierung der IFRS/IAS, hrsg. v. Bohl, Werner/Riese, Joachim/Schlüter, Jörg, 2., vollst. überarb. und erw. Auflage, München/Wien/Bern 2006, S. 241-264.

Roese, Bernd, Bilanzielle Verbindlichkeiten nach HGB und US-GAAP, Wiesbaden 1999.

Roller, Götz, Altlast oder Verdachtsfläche? – Zur Begriffsverwirrung bei der Teilwertabschreibung, in: WPg 2001, S. 492-500.

Ruhnke, Klaus, Prüfung von Jahresabschlüssen nach internationalen Prüfungsnormen, in: DB 2006, S. 1169-1175.

Ruhnke, Klaus, Rechnungslegung nach IFRS und HGB, Stuttgart 2005.

Ruhnke, Klaus, Internationale Einflüsse auf die deutsche Prüfungspraxis, in: KoR 2002, S. 155-165.

Ruhnke, Klaus/Lubitzsch, Kay, Abschlussprüfung und das neue Aussagen-Konzept der IFAC: Darstellung, Beweggründe und Beurteilung, in: WPg 2006, S. 366-375.

Rüdinger, Andreas, Regelungsunschärfe bei Rückstellungen, Normkonkretisierung und Anwendungsermessen nach GoB, IAS/IFRS und US-GAAP, Wiesbaden 2004.

Rürup, Lebrecht, Rückstellungen für Verpflichtungen aus Umwelthaftung, in: Rechnungslegung: Entwicklungen bei der Bilanzierung und Prüfung von Kapitalgesellschaften, Festschrift zum 65. Geburtstag von Karl-Heinz

Forster, hrsg. v. Moxter, Adolf/ Müller, Hans-Peter/Windmöller, Rolf/-Wysocki, Klaus v., Düsseldorf 1992, S. 520-545.

RWE AG (Hrsg.), Geschäftsbericht 2006, Essen 2007.

RWE AG (Hrsg.), Geschäftsbericht 2005, Essen 2006.

Schedlbauer, Hans, Erfolgsbereinigung um stille Reserven, in: Bilanzanalyse nach neuem Recht, hrsg. v. Coenenberg, Adolf G., 2. Auflage, Landsberg am Lech 1989, S. 135-152.

Scheffler, Eberhard, Auslegungs- und Ermessensfragen beim Enforcement, in: BB-Special 4 2006, S. 2-8.

Scheffler, Wolfram, Bilanzplanung und Bilanzpolitik, in: Handwörterbuch Unternehmensrechnung und Controlling, hrsg. v. Küpper, Hans-Ulrich/-Wagenhofer, Alfred, 4. völlig neu gestaltete Auflage, Stuttgart 2002, Sp. 186-194.

Scheinpflug, Patrick, § 5. Sachanlagen, in: Beck'sches IFRS-Handbuch, Kommentierung der IFRS/IAS, hrsg. v. Bohl, Werner/Riese, Joachim/Schlüter, Jörg, 2., vollst. überarb. und erw. Auflage, München/Wien/Bern 2006, S. 129-191.

Scheren, Michael, Artikel 5. Möglichkeiten und Grenzen der Konzernbilanzpolitik, in: Handbuch der Konzernrechnungslegung, Kommentar zur Bilanzierung und Prüfung, hrsg. v. Küting, Karlheinz/Weber, Claus-Peter, 2. grundlegend überarbeitete Auflage, Stuttgart 1998, Band II, S. 153-203.

Schildbach, Thomas, Zeitwertbilanzierung in USA und nach IAS, in: BFuP 1998, S. 580-592.

Schildbach, Thomas, Jahresabschluss und Markt, Berlin u. a. 1986.

Schmidt, Richard/Roth, Barbara, Bilanzielle Behandlung von Umweltschutzverpflichtungen, in: DB 2004, S. 553-558.

Schmidbauer, Rainer, Die Konsolidierung von "Special Purpose Entities" nach IAS und HGB, insbesondere unter Berücksichtigung von E-DRS 16, in: DStR 2002, S. 1013-1017.

Schmidbauer, Rainer, Bilanzierung umweltschutzbedingter Aufwendungen im Handels- und Steuerrecht sowie nach IAS, in: BB 2000, S. 1130-1137.

Schneider, Dieter, Aktienrechtlicher Gewinn und ausschüttungsfähiger Betrag, in: WPg 1971, S. 611-616.

Schruff, Wienand/Rothenburger, Manuel, Zur Konsolidierung von Special Purpose Entities im Konzernabschluss nach US-GAAP, IAS und HGB, in: WPg 2002, S. 755-765.

Schulz, Rüdiger, Die Akzeptanz der Kernenergie in Deutschland in längerfristiger Perspektive, in: et 2006, H. 10, S. 34-37.

Schulze zur Wiesch, D. W., Bilanzpolitik durch Sachverhaltsgestaltung – Tendenzen und Grenzen, in: 50 Jahre Wirtschaftsprüferberuf: Bericht über die Jubiläumsfachtagung vom 21. bis 23. Oktober 1981 in Berlin, hrsg. v. Institut der Wirtschaftsprüfer in Deutschland e. V., Düsseldorf 1981, S. 61-70.

Schwarz, Günther, Beförderung radioaktiver Stoffe im Kernbrennstoffkreislauf, et 1997, S. 458-464, S. 655-661.

Seidel, Jürgen, Kernenergie: Fragen und Antworten, Düsseldorf u. a. 1990.

Selchert, F. W./Karsten, J., Konzernabschlusspolitik und Konzerneinheitlichkeit – Gestaltungsmöglichkeiten der Rechnungslegung im Konzernabschluss, in: DB 1989, S. 837-843.

Senger, Thomas/Brune, Jens Wilfried/Elprana, Kai/Prengel, André/Diersch, Ulrich, § 33. Vollkonsolidierung, in: Beck'sches IFRS-Handbuch, Kommentierung der IFRS/IAS, hrsg. v. Bohl, Werner/Riese, Joachim/Schlüter, Jörg, 2., vollst. überarb. und erw. Auflage, München/Wien/Bern 2006, S. 859-942.

Sieben, G./Coenenberg, M., Grundlagen der Bilanzpolitik (II), in: WISU 1997, S. 1143-1147.

Siegel, Theodor, Schadstoffbelastete Grundstücke und Rückstellungen: Der I. Senat des BFH auf der Zielgeraden – Anmerkungen zum BFH-Urteil vom 19.11.2003 – I R 77/01 -, in: StuB 2004, S. 506-509.

Siegel, Theodor, Umweltschutzbedingte Aufwendungen – Zur Diskussion ihrer Berücksichtigung im Jahresabschluss, in: DB 1995, S. 537-542.

Siegel, Theodor, Umweltschutz im Jahresabschluss – Probleme und Lösungsansätze, in: BB 1993, S. 326-336.

Siegel, Theodor, Umweltschutz im Jahresabschluss: Probleme und Lösungsansätze, in: Betriebswirtschaft und Umweltschutz, hrsg. v. Wagner, Gerd Rainer, Stuttgart 1993, S. 129-160.

Siegel, Theodor/Koths, Daniel, Anpassungsrückstellungen aus der Sicht des I. Senats des BFH und aus der Sicht der GoB – Erwiderung von Siegel zu dem Beitrag von Koths und Anmerkung von Siegel zu dem BFH-Urteil vom 27.6.2001 I R 45/97, in: DB 2002, S. 707-709.

Spremann, Klaus, Stakeholder-Ansatz versus Agency-Theorie, in: ZfB 1989, S. 742-746.

Steiner, Helmut/Priesmeyer, Ulrich, Zerlegung der aktivierten Komponenten im Kernkraftwerk Gundremmingen Block A, in: Jahrestagung Kerntechnik 2004 – FACHSITZUNG – Entsorgung und Stilllegung, hrsg. v. Deutsches Atomforum e. V., Berlin 2004, S. 77-87.

Stephan, Wolfgang, Atomkraftwerk wird in Lego-Teile zerlegt, Cuxhavener Nachrichten CN v. 12.1.2007, S. 10.

Tanski, Joachim S., Bilanzpolitik und Bilanzanalyse nach IFRS: Instrumentarium, Spielräume, Gestaltung, München 2006.

Tanski, Joachim S., Bilanzpolitische Spielräume in den IFRS, in: DStR 2004, S. 1843-1847.

Thiele, Stefan, Das Eigenkapital im handelsrechtlichen Jahresabschluss, Düsseldorf 1998.

Thierfeldt, Stefan, Stilllegung und Rückbau kerntechnischer Anlagen, hrsg. v. Bundesministerium für Forschung und Technologie, Düsseldorf 1993.

Thierfeldt, Stefan, Die Stilllegung kerntechnischer Anlagen, hrsg. v. BMU, Berlin 2001, S. 1-31.

Tiedje, Jürgen, Die neue EU-Richtlinie zur Abschlussprüfung, in: WPg 2006, S. 593-605.

Tschätsch, Hans-Ulrich, E.ON startet Technologie-Offensive, in: et 2006, H. 12, S. 43-44.

Trittin, Jürgen, Atomkraft gefährdet Versorgungssicherheit: AKW-Betreiber müssen finanzielle Verantwortung für die Endlagerung von Atommüll übernehmen, Pressearchiv des BMU 178/03 v. 7.10.2003.

Vattenfall Europe AG (Hrsg.), Geschäftsbericht 2006, Berlin 2007.

Vattenfall Europe AG (Hrsg.), Geschäftsbericht 2005, Berlin 2006.

VDI (Hrsg.), Stilllegung und Rückbau kerntechnischer Anlagen: wirtschaftliche, rechtliche und politische Aspekte, VDI-Berichte 1268, Düsseldorf 1996.

Vogt, Fritz J., Bilanztaktik. Wahlrechte des Unternehmers beim Jahresabschluss, 6. Auflage, Heidelberg 1963.

Volkmer, Martin, Basiswissen zum Thema Kernenergie, in: Kernenergie Basiswissen, hrsg. v. Informationskreis KernEnergie, überarb. Auflage, Berlin 2006.

Wagenhofer, Alfred, Internationale Rechnungslegung – IAS/IFRS: Grundkonzepte, Bilanzierung, Bewertung, Angaben, Umstellung und Analyse, 5., überarb. u. erw. Aufl., Frankfurt 2005.

Wagenhofer, Alfred, International Accounting Standards: Bilanzierung und Bewertung, Auswirkungen auf den Jahresabschluss, 3., aktualisierte und erw. Aufl., Wien u. a. 2001.

Wagenhofer, Alfred/Ewert, Ralf, Externe Unternehmensrechnung, Berlin u. a. 2003.

Warnecke, Ernst, Die Entsorgung von Kernkraftwerken im internationalen Vergleich, in: et 1993, S. 86-101.

Waschbusch, Gerd, Die Instrumente der handelsrechtlichen Jahresabschlusspolitik: Ein Systematisierungsansatz (I), in: WISU 1994, S. 807-816.

Wasgindt, Volker/Viehl, Eckart, Die Endlagerung radioaktiver Abfälle in Deutschland, hrsg. v. Informationskreis KernEnergie, Bonn 2006, S. 1-12.

Weber, Claus-Peter, Abschnitt 10: Anlagen in Finanzinstrumenten, Beteiligungen an assoziierten Unternehmen und Joint Ventures und als Finanzinvestition gehaltene Immobilien, in: WILEY Kommentar zur internationalen Rechnungslegung nach IFRS 2007, hrsg. v. Ballwieser, Wolfgang/-Beine, Frank/Hayn, Sven/Peemöller, Volker H./Schruff, Lothar/Weber, Claus Peter, 3. Auflage, Weinheim 2007, S. 407-525.

Wendling, R. D., Neue gesetzliche Regelungen, hrsg. v. VDI, Stilllegung und Rückbau kerntechnischer Anlagen: Auswirkungen aktueller Regelungen und Randbedingungen, VDI-Berichte 1671, Düsseldorf 2002, S. 1-9.

Wendling, R. D., Faltblatt zur Stilllegung kerntechnischer Anlagen – Fragen und Antworten, hrsg. v. BMU, Berlin 2002.

Wielenberg, Stefan/Blecher, Christian/Puchala, Andrzej, Die Reform der Bilanzierung von Non Financial Liabilities: Eine systematische Auswertung der Kommentare zum ED IAS 37, in: KoR 2007, S. 453-459.

Wöhe, Günter, Bilanzierung und Bilanzpolitik: betriebswirtschaftlich, handelsrechtlich, steuerrechtlich, 9., völlig überarbeitete Auflage, München 1997.

Wohlgemuth, Frank, IFRS: Bilanzpolitik und Bilanzanalyse. Gestaltung und Vergleichbarkeit von Jahresabschlüssen, Berlin 2007.

Wohlgemuth, Michael/Radde, Jens, Der Bewertungsmaßstab „Anschaffungskosten“ nach HGB und IAS, Darstellung der Besonderheiten und kritische Gegenüberstellung, in: WPg 2000, S. 903-911.

Wolf, Klaus, Neuerungen im (Konzern-)Lagebericht durch das Bilanzrechtsreformgesetz (BilReG) – Anforderungen und ihre praktische Umsetzung, in: DStR 2005, S. 438-442.

Wolf, Klaus, Anmerkungen zur Risikoberichterstattung vor dem Hintergrund der aktuellen Entwicklungen im Value Reporting, in: DStR 2003, S. 1089-1095.

Wüstemann, Jens, Vorschlag zur Novellierung der Rückstellungsbilanzierung nach IAS 37: eine verpasste Gelegenheit, in: BB 2005, Die Erste Seite.

Zeimes, Markus, Fair Value-Bewertung von Rückstellungen nach IFRS – IFRIC-Interpretationsentwurf D2 zur bilanziellen Behandlung von Entsorgungs-, Rekultivierungs- und ähnlichen Verpflichtungen, DB 2003, S. 2077-2080.

Ziesemer, Stefan, Rechnungslegungspolitik in IAS-Abschlüssen und Möglichkeiten ihrer Neutralisierung, Düsseldorf 2002.

Ziesing, Hans-Joachim, Co_2 –Emissionen in Deutschland 2006 – nach wie vor keine Trendwende in Sicht, in: et 2007, H. 5, S. 80-88.

Zülch, Henning, Das IASB Improvement Project – Wesentliche Neuerungen und ihre Würdigung, in: KoR 2004, S. 153-167.

Zülch, Henning, Das IASB-Improvement Project: Eine abschließende Betrachtung (Teil A), in: StuB 2004, S. 692-695.

Zülch, Henning, Das IASB-Improvement Project: Eine abschließende Betrachtung (Teil B), in: StuB 2004, S. 737-739.

Zülch, Henning/Willms, Jesco, Rückstellungen für Entsorgungs-, Wiederherstellungs- und ähnliche Verpflichtungen: Umstellung von HGB auf IFRS, in: DB 2005, S. 1178-1183.

Verzeichnis der Gesetze und Verordnungen

Gesetz über die friedliche Verwendung der Kernenergie und den Schutz gegen ihre Gefahren (Atomgesetz – AtG) v. 23.12.1959, BGBl. I 1959, S. 814, neugefasst durch Bek. v. 15.7.1985, BGBl. I 1985, S. 1565, zuletzt geändert am 31.10.2006, BGBl. I 2006, S. 2407.

Umwelthaftungsgesetz (UmweltHG – UmwHG) v. 10.12.1990, BGBl. I 1990, S. 2634, zuletzt geändert am 19.4.2006, BGBl. I 2006, S. 866.

Gesetz zur Förderung der Kreislaufwirtschaft und Sicherung der umweltverträglichen Beseitigung von Abfällen (Kreislaufwirtschafts- und Abfallgesetz – KrW-/AbfG) v. 27.9.1994, BGBl. I 1994, S. 2705, zuletzt geändert am 19.7.2007, BGBl. I 2007, S. 1462.

Verordnung über das Verfahren bei der Genehmigung von Anlagen nach § 7 des Atomgesetzes (Atomrechtliche Verfahrensordnung – AtVfV) v. 3.2.1995, BGBl. I 1995, S. 180; zuletzt geändert am 25.3.2002, BGBl. I 2002, S. 11.

Gesetz zum Schutz vor schädlichen Bodenveränderungen und zur Sanierung von Altlasten (Bundes-Bodenschutzgesetz – BBodSchG) v. 17.3.1998, BGBl. I 1998, S. 502, zuletzt geändert am 9.12.2004, BGBl. I 2004, S. 3214.

Verpackungsverordnung über die Vermeidung und Verwertung von Verpackungsabfällen (Verpackungsverordnung – VerpackV) v. 21.8.1998, BGBl. I 1998, S. 2379, zuletzt geändert am 19.7.2007, BGBl. I 2007, S. 1462.

Verordnung über den Schutz vor Schäden durch ionisierende Strahlen (Strahlenschutzverordnung – StrlSchV) v. 20.7.2001, BGBl. I 2001, S. 1714; zuletzt geändert am 1.9.2005, BGBl. I 2005, S. 2618.

Gesetz zur geordneten Beendigung der Kernenergienutzung zur gewerblichen Erzeugung von Elektrizität v. 22.4.2002, BGBl. I 2002, S. 1351.

Verordnung über die Überlassung, Rücknahme und umweltverträgliche Entsorgung von Altfahrzeugen (Altfahrzeug-Verordnung – AltfahrzeugV) i. d.

F. v. 21.6.2002, BGBl. I 2002, S. 2214, zuletzt geändert am 31.10.2006, BGBl. I 2006, S. 2407.

Gesetz zur Einführung internationaler Rechnungslegungsstandards und zur Sicherung der Qualität der Abschlussprüfung (Bilanzrechtsreformgesetz – BilReG) v. 4.12.2004, BGBl. I 2004, S. 3166.

Richtlinie (EG) Nr. 2004/109 v. 15.12.2004 zur Harmonisierung der Transparenzanforderungen in Bezug auf Informationen über Emittenten, deren Wertpapiere zum Handel auf einem Geregelten Markt zugelassen sind, und zur Änderung der Richtlinie 2001/34/EG, ABlEU Nr. L 390/38 v. 31.12.2004.

Gesetz über das Inverkehrbringen, die Rücknahme und die umweltverträgliche Entsorgung von Elektro- und Elektronikgeräten (Elektro- und Elektronikgerätegesetz – ElektroG) v. 16.3.2005, BGBl. I 2005, S. 762, zuletzt geändert am 19.7.2007, BGBl. I 2007, S. 1462.

Gesetz über die Umweltverträglichkeitsprüfung (UVPG) i. d. F. v. 25.6.2005, BGBl. I 2005, S. 1757, 2797, zuletzt geändert am 21.12.2006, BGBl. I 2006, S. 3316.

Verzeichnis der Internetquellen
(Stand: 24.8.2007)

Bockhorst, Michael, Energielexikon zu Thermischen Kraftwerken, abrufbar unter: http://www.energieinfo.de/eglossar/node173.html
(Energie Lexikon, Thermische Kraftwerke).

Bundesamt für Strahlenschutz, Das Zwischenlager Nord in Lubmin / Greifswald, abrufbar unter: http://www.bfs.de/de/transport/publika/transport/-lubmin.html
(BfS, Zwischenlager Nord).

Bundesamt für Strahlenschutz, Daten der Abfallerhebung für das Jahr 2005, abrufbar unter: http://www.bfs.de/de/transport/endlager/abfall_prog-nosen.html
(BfS, Abfallerhebung 2005).

Bundesamt für Strahlenschutz, Endzulagerndes Abfallgebindevolumen, abrufbar unter: http://www.bfs.de/de/kerntechnik/stilllegung/erfahrungen.html
(BfS, Abfallgebindevolumen).

Bundesamt für Strahlenschutz, Technische und rechtliche Aspekte der Stilllegung, abrufbar unter: http://www.bfs.de/de/kerntechnik/stilllegung
(BfS, Stilllegung I).

Bundesamt für Strahlenschutz, Technische Aspekte der Stilllegung, abrufbar unter: http://www.bfs.de/kerntechnik/stilllegung/erfahrungen.html
(BfS, Stilllegung II).

Bundesministerium für Umwelt, Naturschutz und Reaktorsicherheit, Auflistung der Gesetze und Verordnungen des Bundesumweltministeriums, abrufbar unter: http://www.bmu.de/gesetze_verordnungen/alle_gesetze_verord-nungen_bmu/doc/35501.php
(BMU, Gesetze und Verordnungen).

Bundesministerium für Umwelt, Naturschutz und Reaktorsicherheit, Ausbau erneuerbarer Energien im Stromsektor bis zum Jahr 2020, abrufbar unter: http://www.bmu.de/erneuerbare_energien/downloads/doc/36550.php

(BMU, Ausbau erneuerbarer Energien).

Bundesministerium für Umwelt, Naturschutz und Reaktorsicherheit, Pressemitteilung v. 7.10.2003 zur finanziellen Verantwortung für die Endlagerung von Atommüll, abrufbar unter: http://www.bmu.de/pressearchiv/15_legislaturperiode/pm/4747.php
(BMU, Finanzielle Verantwortung für Endlagerung von Atommüll).

Bundesministerium für Umwelt, Naturschutz und Reaktorsicherheit, Pressemitteilungen aus der 16. Legislaturperiode zur Endlagerung radioaktiver Abfälle, abrufbar unter: http://www.bmu.de/pressemitteilungen/aktuelle_-pressemitteilungen/doc/20334.php?
(BMU, Pressemitteilungen zur Endlagerung radioaktiver Abfälle).

Bundesministerium für Umwelt, Naturschutz und Reaktorsicherheit, Pressemitteilung v. 21.12.2006 zum EnBW-Antrag auf Reststrommengenübertragung abrufbar unter: http://www.bmu.de/pressemitteilungen/aktuelle_-pressemitteilungen/pm/38419.php
(BMU, ENBW Reststrommengenübertragung).

Bundesministerium für Umwelt, Naturschutz und Reaktorsicherheit, Pressemitteilung v. 18.5.2007 zur Ablehnung des RWE-Antrags auf Reststrommengenübertragung, abrufbar unter: http://www.bmu.de/pressemitteilungen/-aktuelle_pressemitteilungen/pm/39382.php
(BMU, RWE Reststrommengenübertragung).

Bundesministerium für Umwelt, Naturschutz und Reaktorsicherheit, Vereinbarung zwischen der Bundesrepublik Deutschland und den Energieversorgungsunternehmen v. 14.6.2000, abrufbar unter: http://www.bmu.de/-atomenergie/doc/4497.php
(BMU, Vereinbarung Energieversorger).

Bundesrepublik Deutschland Finanzagentur GmbH, Bundesanleihen „Bunds", abrufbar unter: http://www.deutsche-finanzagentur.de/nn_104000/DE/-InstitutionelleInvestoren/Produkte/BundesanleihenBunds/bundesanleihen-bunds__node.html?__nnn=true
(Deutsche Finanzagentur, Bundesanleihen).

Conseil National de la Comptabilité, Comment Letter on IFRIC Draft Interpretation D2 (Comment Letter 6), in: Comment Letters on IFRIC Draft Interpretation D2 Changes in Decommissioning, estoration and Similar Liabilities, abrufbar unter: http://archive.iasb.org.uk/docs/ifric-d02/d2-cl06.pdf
(Conseil National de la Comptabilite, Comment Letter on IFRIC D2).

Deloitte Touche Tohmatsu, Comment Letter on IFRIC Draft Interpretation D2, (Comment Letter 13), in: Comment Letters on IFRIC Draft Interpretation D2 Changes in Decommissioning, Restoration and Similar Liabilities, abrufbar unter: http://archive.iasb.org.uk/docs/ifric-d02/d2-cl13.pdf
(Deloitte Touche, Comment Letter on IFRIC D2).

Deutsche Physikalische Gesellschaft, Klimaschutz und Energieversorgung in Deutschland 1990-2020, abrufbar unter: http://www.dpg-physik.de/info/-broschueren/index.html
(DPG-Physik, Klimaschutz und Energieversorgung).

Deutsches Rechnungslegungs Standards Committee e.V., E-DRS 20 – Lageberichterstattung, abrufbar unter http://www standardsetter.de/drsc/docs/-press_releases/E-DRS%2020_website_131103.pdf
(DRSC, E-DRS 20).

Deutsches Rechnungslegungs Standards Committee e.V., Projektübersicht, abrufbar unter http://www.standardsetter.de/drsc/projects_drsc/index.php
(DRSC, Projektübersicht).

EnBW, Homepage, abrufbar unter: http://www.enbw.com
(EnBW, Homepage).

EnBW, Erläuterungen zum Antrag auf Reststrommengenübertragung auf Neckarwestheim I, abrufbar unter: http://www.enbw.com/content/de/der-_konzern/enbw/reststrommengenuebertragung/erlauerterung_argumente/-index.jsp;jsessionid=FD0D71E2555CBDB89DF44C2D929BC0F5.nbw05
(EnBW, Neckarwestheim I).

E.ON, Homepage, abrufbar unter: http://www.eon.com
(EON, Homepage).

E.ON, Jahrespressekonferenz der E.ON Energie AG v. 26.6.2007 zum geplanten Bau eines Kernkraftwerks in Finnland und in England, abrufbar unter: http://www.eon-energie.com/pages/eea_de/Presse/Reden_und_Praesentationen/_documents/070626_Rede_JPK_Maubach_de.pdf (EON, Bau eines Kernkraftwerks in Finnland und England).

Europäische Union, Schwere Unfälle mit gefährlichen Stoffen: Seveso-II-Richtlinie, abrufbar unter: http://europa.eu/scadplus/leg/de/lvb/l21215.htm (EU, Seveso-II-Richtlinie).

EuGH, Urteil des EuGH vom 26.1.2006 – T-92/02, abrufbar unter: http://eur-lex.europa.eu/LexUriServ/LexUriServ.do?uri=CELEX:62002A0092:DE:HTML (EuGH, Urteil).

Fraunhofer Institut für System- und Innovationsforschung, CO_2-Minderung im Stromsektor durch den Einsatz erneuerbarer Energien, abrufbar unter: http://www.bmu.de/erneuerbare_energien/downloads/doc/35187.php (BMU-FISI, CO_2-Minderung im Stromsektor).

GNS Gesellschaft für Nuklear-Service mbH, Homepage der GNS, abrufbar unter: http://www.gns.de/generator.aspx/templateId=renderPage/lang=de-/id=35724.html (GNS, Homepage).

Greenpeace, Exxon Valdez: 15 Jahre nach der Katastrophe, abrufbar unter: http://www.greenpeace.at/799.html (Greenpeace, Exxon Valdez).

Greenpeace, Wiederaufarbeitung: Die wichtigsten Fakten, abrufbar unter: http://www.greenpeace.de/themen/atomkraft/atommuell_wiederaufarbeitung/artikel/wiederaufarbeitung_die_wichtigsten_fakten/ (Greenpeace, Wiederaufarbeitung).

IASB, Aktueller Projektstatus zu „Liabilities“ nach IAS 37, abrufbar unter: http://www.iasb.org/Current+Projects/IASB+Projects/Liabilities/Liabilities.htm (IASB, Projektstatus Liabilities).

IASB, Exposure Draft of Proposed Amendments to IAS 37, abrufbar unter: http://www.iasb.org/NR/rdonlyres/1CFBC1A8-50F1-4BF3-9A33-579F849560C8/0/EDAmendstoIAS37.pdf
(IASB, ED IAS 37).

IASB, IASB Proposes Wide-Ranging Improvements, abrufbar unter: http://www.iasb.org/News/Press+Releases/Archive/2002/IASB+Proposes+Wide+Ranging+Improvements.htm
(IASB, Improvements Project).

IASB, Discussion Paper Management Commentary, abrufbar unter: http://www.iasb.org/NR/rdonlyres/0FE78C14-8AF9-4CFB-A764-40B1A08E0DF5/0/DPManagementCommentary.pdf
(IASB, Discussion Paper Management Commentary).

IASB, Projekte zu branchenspezifischen IFRS-Regelungen, abrufbar unter: http://www.iasb.org/News/Press+Releases/Archive/2002/IASB+Announces+New+Work+Programme.htm
(IASB, Branchenspezifische IFRS-Regelungen).

IDW, Comment Letter on IFRIC Draft Interpretation D2 (Comment Letter 2), in: Comment Letters on IFRIC Draft Interpretation D2 Changes in Decommissioning, Restoration and Similar Liabilities, abrufbar unter: http://-archive.iasb.org.uk/docs/ifric-d02/d2-cl02.pdf
(IDW, Comment Letter on IFRIC D2).

IDW, Stellungnahme zu den Änderungsvorschlägen des ED IAS 37, abrufbar unter: www.idw.de/idw/download/IAS37_IAS19.pdf?id=392502&property=inhalt
(IDW, Stellungnahme zu ED IAS 37).

Informationskreis KernEnergie, Definition der Grundlast, abrufbar unter: http://www.kernenergie.de/r2/de/Gut_zu_wissen/Lexikon/g/grundlast.php?navanchor=1210056
(Informationskreis KernEnergie, Grundlast).

Informationskreis KernEnergie, Geschichte zur Nutzung der Kernenergie, abrufbar unter: http://www.kernenergie.de/r2/de/Gut_zu_wissen/Geschichte/-?navanchor=1210014
(Informationskreis KernEnergie, Geschichte Kernenergie).

Informationskreis KernEnergie, Kernenergie auf einen Blick, abrufbar unter: http://www.kernenergie.de/r2/de/Gut_zu_wissen/KE_auf_einen_Blick/-?navanchor=1210012
(Informationskreis KernEnergie, Kernenergie auf einen Blick).

Informationskreis KernEnergie, Kernkraftwerk Würgassen, abrufbar unter: http://www.kernenergie.de/r2/de/Gut_zu_wissen/Stilllegung/wurgassen.php
(Informationskreis KernEnergie, Würgassen).

Informationskreis KernEnergie, Übersicht der in Deutschland in Betrieb befindlichen Kernkraftwerke, abrufbar unter: http://www.kernenergie.de/r2/-de/Gut_zu_wissen/KE_auf_einen_Blick/?navanchor=1210012
(Informationskreis KernEnergie, In Betrieb befindliche Kernkraftwerke).

Informationskreis KernEnergie, Übersicht der stillgelegten Kernkraftwerke in Deutschland, abrufbar unter: http://www.kernenergie.de/r2/de/Gut_zu_-wissen/KKW/Deutschland/?navanchor=1210016
(Informationskreis KernEnergie, Stillgelegte Kernkraftwerke).

International Federation of Accountants, Fakten, abrufbar unter: http://www.ifac.org/MediaCenter/files/Facts_About_IFAC.pdf
(IFAC, Fakten).

International Federation of Accountants, Committees, abrufbar unter: http://www.ifac.org
(IFAC, Committees).

International Federation of Accountants, IAASB Project Timetable as of September 2007, abrufbar unter: http://www.ifac.org/IAASB/-downloads/Current_IAASB_Project_Timetable.doc
(IFAC, Project Timetable).

International Federation of Accountants, IFAC's Standards-Setting Public Interest Activity Committees' Due Process and Working Procedures – March 2006, abrufbar unter: http://www.ifac.org/Downloads/PIAC_-Due_Process.pdf
(IFAC, Due Process).

Koelzer, Winfried, Lexikon der Kernenergie, hrsg. v. Forschungszentrum Karlsruhe GmbH, aktualisierte online-Version v. Juni 2007, Karlsruhe 2007, abrufbar unter: http://www.kernenergie.de/r2/documentpool/de/Gut_zu_-wissen/Materialen/Downloads/021lexikon2007_06.pdf
(Koelzer 2007, Lexikon Kernenergie).

KPMG International, Comment Letter on IFRIC Draft Interpretation D2 (Comment Letter 39), in: Comment Letters on IFRIC Draft Interpretation D2 Changes in Decommissioning, Restoration and Similar Liabilities, abrufbar unter: http://archive.iasb.org.uk/docs/ifric-d02/d2-cl39.pdf
(KPMG, Comment Letter on IFRIC D2).

O. V., Basiswissen zum Schnellen Brüter, abrufbar unter: http://www.schneller-brueter.de/downloads/basiswissen_schneller_brueter_stichpunkte_dr_-marth_2001.pdf
(O.V., Schneller Brüter).

RWE, Homepage, abrufbar unter: http://www.rwe.com
(RWE, Homepage).

RWE, Stromübertragung für Kernkraftwerk Biblis A, abrufbar unter: http://www.rwe.com/generator.aspx/rwe-power-icw/biblis/language=de/-id=373026/biblis.html
(RWE, Biblis A).

Stuttgarter Zeitung, Giftgas-Katastrophe in Bhopal, abrufbar unter: http://www.stuttgarter-zeitung.de/stz/page/detail.php/836717?_skip=5
(Stuttgarter Zeitung, Bhopal).

Tagesschau, Restlaufzeiten deutscher Atomkraftwerke, abrufbar unter: http://www.tagesschau.de/aktuell/meldungen/0,1185,OID2684932_-REF2_NAV_BAB,00.html
(Tagesschau, Restlaufzeiten AKW).

Vattenfall, Homepage, abrufbar unter: http://www.vattenfall.de
(Vattenfall, Homepage).

SPRINGER NATURE

GPSR Compliance

The European Union's (EU) General Product Safety Regulation (GPSR) is a set of rules that requires consumer products to be safe and our obligations to ensure this.

If you have any concerns about our products, you can contact us on ProductSafety@springernature.com

In case Publisher is established outside the EU, the EU authorized representative is:

Springer Nature Customer Service Center GmbH
Europaplatz 3
69115 Heidelberg, Germany

FSC
www.fsc.org
MIX
Papier | Fördert gute Waldnutzung
FSC® C083411

Kolibri 360 GmbH
Ferdinand-Jühlke-Straße 7
99095 Erfurt, Deutschland
produktsicherheit@kolibri360.de